Historische Waffen

V. Dolínek/J. Durdík

HISTORISCHE WAFFEN

BECHTERMÜNZ VERLAG

Die abgebildeten Objekte stammen aus dem Besitz folgender Sammlungen, denen wir für die freundliche Zustimmung zur Veröffentlichung der Fotos unseren Dank aussprechen möchten:
Berlin, Museum für deutsche Geschichte
Bítov, Státní zámek (Schloß)
Dresden, Historisches Museum
Frýdlant v Čechách (Friedland), Státní zámek (Schloß)
Hluboká nad Vltavou (Frauenberg), Státní zámek (Schloß)
Konopiště, Státní zámek (Schloß)
Kraków (Krakau), Muzeum Narodowe (Nationalmuseum)
London, Royal Armouries HM, Tower of London; Wallace Collection
Mnichovo Hradiště (Münchengrätz), Státní zámek (Schloß)
München, Bayerisches Nationalmuseum
Orlík, Zámek (Schloß)
Paris, Musée de l'Armée
Prag, Muzeum hlavního města Prahy (Museum der Hauptstadt Prag);
Národní muzeum (Nationalmuseum);
Uměleckoprůmyslové muzeum (Kunstgewerbemuseum);
Vojenské muzeum (Heeresgeschichtliches Museum)
Sankt Petersburg, Eremitage
Stockholm, Livrustkammaren; Statens historiska Museer
Tábor, Městské muzeum (Stadtmuseum)
Warschau, Muzeum Wojska Polskiego (Museum der polnischen Armee)
Wien, Kunsthistorisches Museum
Žleby, Státní zámek (Schloß)

HISTORISCHE WAFFEN

Sonderausgabe für Bechtermünz Verlag im Weltbild Verlag, Augsburg 1996,
mit Genehmigung des Verlages Werner Dausien, Hanau,

Text Vladimír Dolínek und Jan Durdík, ins Deutsche übertragen von Rudolf Rada.
Fotografien von Pavel Vácha, Miroslav Ciunowicz, Jaroslav Guth, Jürgen Karpinski,
Dagmar Landová, Josef Šechtl.
Zeichnungen von Petr Moudrý.
Grafische Gestaltung von Pavel Helísek.

Umschlagsgestaltung: Gertrude Tierbs
Printed in the Czech Republic
ISBN-Nr.: 3-86047-226-7
2/13/03/52-02

Inhaltsverzeichnis

Einleitung

Die Waffenentwicklung ist ein wesentlicher Bestandteil der Geschichte der menschlichen Gesellschaft. An den Waffen zeigt sich der technische Stand der einzelnen Zeitabschnitte, aber auch die ästhetischen Vorstellungen und die Fähigkeit zur kunsthandwerklichen Verarbeitung des Werkstoffs.

Die Waffe war zunächst vor allem für die Jagd, also den Lebensunterhalt bestimmt. Gleichzeitig kam es, vermutlich im Kampf um die Nahrung, zum Einsatz der Waffen gegen benachbarte Sippen. Im Lauf der Zeit entwickelten sich daraus besondere Kampfmittel, später militärische Waffen für organisierte Kriege. Die Jagdwaffe wandelte sich schrittweise auch zu einem Instrument für Sport und Unterhaltung.

So dient die Waffengeschichte dazu, die Vergangenheit kennenzulernen. Diese Wissenschaft findet inzwischen ein beachtliches Interesse in der Öffentlichkeit, was offenbar auf die ständig wachsende Zahl von Waffensammlern zurückzuführen ist.

Diesem Interesse möchte auch das Buch entgegenkommen. Es befaßt sich mit europäischen historischen Waffen vom frühen Mittelalter bis zum Ende des 19. Jahrhunderts. Die Urzeit und die Antike werden nur gestreift, soweit dies zum Verständnis der weiteren Entwicklung erforderlich ist. Die andere Zeitgrenze wird dadurch bestimmt, daß um die Wende des 19. zum 20. Jahrhundert die gegenwärtige Epoche der Waffenentwicklung beginnt — das Zeitalter der Technik und Automation. Im ausgehenden 19. Jahrhundert liegt bei den meisten gesetzlichen Vorschriften auch die Grenze, die eine historische Waffe von einer Waffe im Sinn des Gesetzes unterscheidet.

Das Buch beschränkt sich auf Waffen im eigentlichen Sinn, d. h. die offensiven oder Trutzwaffen. Alle anderen, also die Schutzwaffen, berücksichtigt es nicht. Sie stellen einen gesonderten Bereich innerhalb der Waffengeschichte dar, der weitgehend spezifische Kenntnisse und andere Methoden erfordert. Das Buch verfolgt also die Entwicklung der Blankwaffen und der Feuerwaffen, von diesen wiederum vor allem der Handfeuerwaffen. Es beschäftigt sich nicht mit den Kriegsmaschinen und den Artilleriewaffen, ebensowenig mit anderer Kriegstechnik, die eine Bedienung durch mehrere Personen erfordert.

Die Besonderheiten in den beiden Hauptgruppen von Waffen und ihrer Entwicklung führten zu einer unterschiedlichen Behandlung der Themen. Während die Feuerwaffen im Grunde eine in sich abgeschlossene Entwicklungslinie darstellen, ist die Problematik der blanken Waffen etwas komplizierter. Sie vereinen ein ganzes System von Gattungen, das zwar gemeinsame Hauptmerkmale einer historischen Entwicklung trägt, in dem jedoch die Entwicklung der einzelnen Gattungen zugleich eine wesentliche Rolle spielt. Aus diesem Grund wurde hier dem kurzen historischen Überblick eine umfangreichere Systematik angefügt.

BLANKWAFFEN

DEFINITION

Zu den Blankwaffen rechnet man eine Reihe von Gegenständen, die im Laufe der Geschichte aus den verschiedensten geeigneten Werkstoffen, wie Stein, Holz oder Metallen, gefertigt wurden. Sie waren so konstruiert oder präpariert, daß sie, unmittelbar gesteuert durch die Muskelkraft ihres Besitzers, zum Nahkampf, zur Jagd oder später zu sportlichen Zwecken dienen konnten. Das charakteristische Merkmal der Blankwaffen ist ihre direkte physische Einwirkung durch Hieb, Stoß (Stich) oder Schlag.

Nach der Verwendung unterscheidet man die Hiebwaffen (Hauptarten des Schwerts, Haudegen, Säbel, Messer, Streitaxt), die Stichwaffen (Dolch, Degen, Speer, Spieß) und die Schlagwaffen (Keule, Streitkolben, Kettenmorgenstern, Kriegsflegel). Die Grenzen zwischen diesen Hauptgruppen waren keineswegs scharf. Ein Großteil der Schwerter, Haudegen und einige Messer hatten sowohl Hieb- als auch Stichfunktion, einige Degenarten waren Hieb- und Stichwaffen zugleich. Außerdem zeichneten sich manche Waffen durch gezielt kombinierte Funktionen aus. In diesen Bereich gehören die Kombination von Stoßspitze und Barte (Axt) bei Hellebarden oder von Streitaxt und -hammer, manchmal noch durch eine Stoßspitze ergänzt.

Die Waffen lassen sich auch nach der Handhabung aufteilen in Griffwaffen, die mit einer Hand geführt und nach der Position beim Tragen zugleich zu den Seitenwaffen gerechnet werden, und die Stangenwaffen, die mit beiden Händen geführt werden. Es gibt jedoch auch Ausnahmen. Der Zweihänder ist für beide Hände bestimmt, ist aber keine Stangenwaffe. Er ist allerdings auch keine Seitenwaffe, weil er wegen seiner Länge auf der Schulter getragen wurde. Andererseits wurde der Stoßdegen, eine lange Stichwaffe des 16. bis 18. Jahrhunderts, einhändig geführt, konnte aber angesichts seiner Länge keine Seitenwaffe sein; er wurde am Pferdesattel aufgehängt. Die Streitaxt war für eine Hand bestimmt, wenn sie einen kurzen Stiel hatte. Es gab jedoch auch langschäftige Äxte für beide Hände — diese gehören zweifelsohne zu den Stangenwaffen. Nicht eindeutig einzuordnen sind auch einige Schlagwaffen, zu denen Reiterhämmer und Morgensterne mit kurzem Stiel wie auch die langstieligen Streithämmer der Fußsoldaten gehören.

Auch die Regel vom Blankwaffeneinsatz im direkten Nahkampf gilt nicht ganz. Der Speer war vor allem eine Wurfwaffe, auch wenn seine Einsatzfähigkeit durch die individuelle Stärke des Kämpfers beschränkt war. Ähnlich wurde im späten Mittelalter die Wurfhacke verwendet.

Das Gebiet der Blankwaffen ist also sehr umfangreich. Ihre Entwicklung unterlag im Lauf der Jahrhunderte beträchtlichen Wandlungen, sei es beim Werkstoff, sei es bei den Gattungen und Typen sowie ihrem Einsatz.

Historischer Überblick

DIE ERSTEN WAFFEN

Die Entstehung der Blankwaffen fällt in das Paläolithikum. Die Holzkeule oder der Faustkeil der Mammutjäger, die bei Tierjagden verwendet wurden, stehen am Anfang einer langen Entwicklung. Einen Fortschritt stellte die Bearbeitung von Stein zu wirksameren Formen dar. So entstand die mit Tiersehnen am Schaft befestigte Steinkeule und aus ihr später die Steinaxt, die im Neolithikum mit einem Loch für das Einsetzen des Schafts versehen wurde. Durch Spalten von Feuerstein erzielte der Mensch Formen, die als Messer, als Speerspitzen oder aus Bögen abgeschossene Pfeile geeignet waren. Waffen, die zugleich Arbeitsinstrumente waren, dienten vor allem zur Jagd, konnten aber auch im Kampf zwischen den einzelnen Gruppen von Urzeitmenschen oder neolithischen Bauern verwendet werden. Der Doppelcharakter dieser Gegenstände — als Jagdwerkzeug und Arbeitsinstrument einerseits und als Waffe andererseits — hielt sich lange.

Erst mit der Metallverarbeitung kamen für den Kampf Mensch gegen Mensch spezielle Waffen auf. Am Ende der jüngeren Steinzeit, dem Neolithikum, erscheinen in der ersten Hälfte des 3. Jahrtausends v. Chr. in Europa erste Metallwaffen — Kupferdolche und -äxte. Doch die Kupferzeit war nur eine kurze Periode. Aus der Ägäis verbreitete sich im ausgehenden 3. Jahrtausend die Bronze; dieses Metall war für die Waffenfertigung viel vorteilhafter.

Die Bronze — eine Legierung aus ungefähr 90 % Kupfer und 7—10 % Zinn und weiteren Zusatzmetallen — war ein ausreichend hartes, dabei

1. Steinkeule. Neolithikum, um 3000 v. Chr.
Zwei Steinäxte. Spätes Neolithikum, um 2000 v. Chr.

2. Bronzedolch. Aunjetitzerkultur, 1900—1500 v. Chr.
Kupferdolch. Glockenbecherkultur, um 2000 v. Chr.

3. Kupferaxt, Glockenbecherkultur, um 2000 v. Chr.
Bronzene Zeremonialaxt. Bylaner Kultur, 900—500 v. Chr.

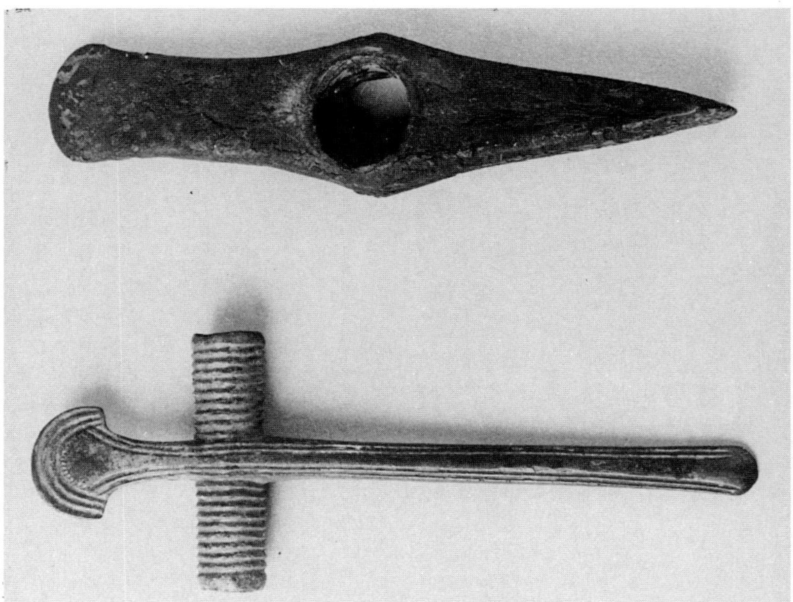

4. Bronzeschwert. Bylaner Kultur, 900—500 v. Chr.

aber in der Hand versierter Gießer formbares Material. Während das Kupfer den Dolch zur Entwicklung der Blankwaffen beisteuerte, war der größte Beitrag der Bronzezeit das Schwert. Das Bronzeschwert erfuhr im Verlauf von mehr als tausend Jahren eine große Entwicklung. Ältere Schwerter zeichnen sich durch eine längere Klinge aus, die eher eine Stoßklinge ist, später eine gerade oder Blattklinge, geeignet zum Hieb und Stoß. In der jüngeren Bronzezeit wurden die Schwerter einschließlich des Griffes, der meist mit einem Knauf verschiedener Formen endete, im ganzen gegossen. Eine Besonderheit sind die sogenannten Antennenschwerter mit Knauf in Form zweier gleichmäßig eingerollter Voluten, die eine menschliche Gestalt mit erhobenen Armen zu symbolisieren scheinen. Die Bronzedolche behalten im Grunde ihre Blattform bei, haben jedoch größere Abmessungen.

Neben Schwertern erschienen in den meisten Regionen Europas mehrere Streitaxttypen. Einige weisen eine offene Mulde auf, in die der gebogene Schaft eingelegt und mit einem schmalen Riemen oder Tier-

5. Bronzeaxt; Mulde zum Einlegen und Befestigen des gebogenen Schafts. Um 1000 v. Chr.
Bronzeaxt; Öse und Nackentülle für den Schaft. Um 1000 v. Chr.

6. Blatteisen und kegelförmiges Ende eines Bronzespießes. Bylaner Kultur, 900—500 v. Chr. Rituell gebogene Spitze eines Eisenspießes. Um die Zeitwende. ▶

7. Keltisches Eisenschwert (Spatha) in der Scheide. 1. Jh. n. Chr.

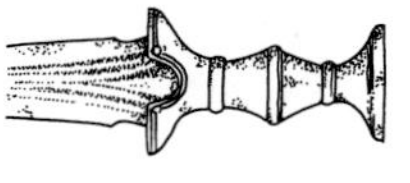

Bronzeschwert, 900—750 v. Chr.

Bronzenes Antennenschwert, 900 bis 750 v. Chr.

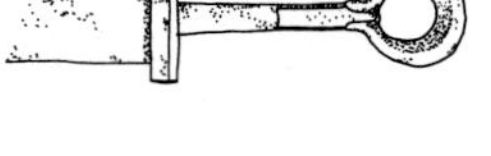

Römisches Schwert, 2.—3. Jh. n. Chr.

sehnen befestigt wurde. Bei anderen, die häufig eine Öse am Hals hatten, war am Nacken eine kurze Öffnung, in die ein gebogener Schaft eingesetzt wurde. Ein weiterer Typ verfügte, ähnlich wie im Neolithikum, in der verstärkten Mitte über eine Kreisöffnung zum Einstecken des Schaftes. Ein letzter Typ, wahrscheinlich eine Zeremonienaxt, zeichnete sich durch eine nicht sehr große bogenförmige Klinge und einen langgezogenen Nacken aus. Zur Befestigung des Holms diente eine zu beiden Seiten auslaufende Tülle.

Von den weiteren Waffen der Bronzezeit sind aus Funden Spießspitzen mit Rippe und Tülle, in einigen Fällen auch kegelförmige Schaftenden bekannt.

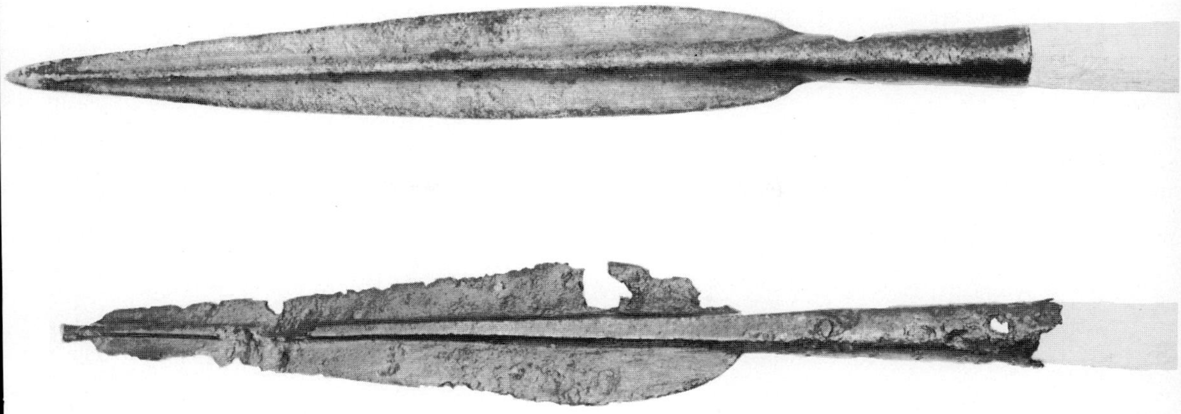

8. Bronzene und eiserne Speerspitze mit deutlicher Mittelrippe. 3.—1. Jh. v. Chr.

Zu der Zeit, als die bronzenen Schwerter der jüngeren Bronzezeit sich auf dem Höhepunkt ihrer Entwicklung befanden, war die Verarbeitung eines weiteren zur Fertigung von Werkzeug, aber besonders von Waffen geeigneten Metalls bereits lange bekannt. Obwohl Eisenschwerter vereinzelt bereits vor dem Ende des 3. Jahrtausends im Nahen Osten und später, im 14. Jahrhundert v. Chr., in Ägypten erschienen, ist das eigentliche Zeitalter der Eisenwaffen erst das 1. Jahrtausend v. Chr. Waffen vom Hallstatt-Typ (nach dem Fundort in Österreich) unterschieden sich kaum von älteren Waffen: Schwert und Spieß blieben die Hauptgattungen, und anfangs kamen lange Zeit noch Bronze- und Eisenwaffen nebeneinander vor. Aber Eisen machte einige typologische Änderungen möglich. Die Schwerter aus Hallstatt, mit einer relativ langen Klinge (bis 90 cm), waren oft mit Bronzegriffen oder später mit Knäufen und Griffen aus Elfenbein, besetzt mit Bernstein, manchmal mit Gold ausgelegt. Bei Dolchen, zuweilen auch bei Schwertern, kamen sogenannte Antennenknäufe vor, wie bereits in der Bronzezeit.

Um die Mitte des 1. Jahrtausends folgte auf die Hallstattzeit die nächste Periode der Eisenzeit, die Latènezeit (nach dem Fundort La Tène in der Schweiz), in der die Bedeutung der keltischen Stämme in West- und Mitteleuropa zunahm. Frühe Latène-Schwerter waren etwas kürzer als ihre Vorgänger und hatten den Charakter von Stich- oder Stich-Hieb-Waffen. Später, gegen Ende dieses Zeitalters, verlängerten sich die Klingen wieder, die meist abgerundeten Spitzen weisen deutlich auf die Hiebfunktion hin. Die Speerspitzen waren verschieden geformt, meist jedoch breit-blattförmig mit Mittelrippe. In einigen Gegenden kamen gekrümmte Messer vor, öfters mit Bronze ausgelegt.

In diese Epoche fallen auch das antike Griechenland und später Rom. Zur Ausrüstung der Hopliten (Schwerbewaffneten), der Hauptkomponente der griechischen Phalanx, gehörten vor allem Speere (Doren). In der Regel waren es zwei, ein leichterer und ein schwererer, mit denen die Hopliten Kämpfe auf Distanz begannen. Beim Nahkampf wurde meist das Schwert Xiphos mit zugespitzter Klinge eingesetzt, das vor allem zum

9. Spätrömisches Schwert; kreisförmiger Knauf, mit gelbem Metall ausgelegt. 2.—3. Jh. n. Chr.

Stoß, aber auch zum Hieb verwendbar war. Das griechische Wort Spatha, das ein anderes Schwert bezeichnete, wurde zur Grundlage für die Benennung der Waffe nicht nur im Lateinischen, sondern auch in zahlreichen weiteren Sprachen. In der hellenistischen Zeit gebrauchte ein Teil des mazedonischstämmigen Fußvolks den bis 5 m langen Spieß Sarissa.

Die Hauptwaffe der Römer war das Schwert Gladius, eine verhältnismäßig kurze Waffe mit zweischneidiger Klinge für Stoß und Hieb. Später erschien zur Kaiserzeit an der Zeitenwende ein Hiebschwert, die bereits erwähnte Spatha, die hauptsächlich von der römischen Reiterei gebraucht wurde. Die spätrömischen Schwerter aus dem 2. und 3. Jahrhundert n. Chr. hatten häufig einen kreisförmigen Knauf mit einem Loch in der Mitte. Der Name des römischen Dolches Pugio erhielt sich in einer Reihe von Sprachen, namentlich den romanischen. Ähnlich wie die Griechen, verwendete auch das römische Fußvolk zwei Speere (Pilum), von denen der kürzere und leichtere oft mit langem Hals und einer bis zur Mitte reichenden Tülle versehen war und zugleich als Wurfspeer diente. Aus dem langen Speer, der Lancea, ging der spätere mittelalterliche Reiterspeer hervor; sein Name erscheint in einer Reihe von Sprachen.

DAS MITTELALTER

Im Mittelalter verloren die für die Ausrüstung des Fußvolkes der Stämme typischen Waffen an Bedeutung, der germanische Sax (Sahs) und der Wurfspeer Framea, später auch die besonders für die germanischen und slawischen Kämpfer typische und ebenfalls bei den Wikingern beliebte Streitaxt. Hauptgattung des Heeres wurde die Reiterei, die vor allem mit Schwert und Spieß ausgerüstet war. Die Eisenherstellung und die Fertigung von eisernen Waffen entwickelten sich im frühen Mittelalter namentlich in Frankreich, und zwar in einigen Dominien, in Klosterwerkstätten und den Überresten einstiger römischer Städte. Fränkische Schwertklingen wurden auch weit in den Norden ausgeführt, wo sie mit einheimischen Wikingergefäßen versehen wurden. Wikingerschwerter erschienen im 8. bis 10. Jahrhundert praktisch in ganz Europa von England bis Rußland. Die Verbreitung der fränkischen Klingen vermochten auch die zahlreichen Ausfuhrverbote (zum Beispiel Dekrete Karls des Großen) nicht zu verhindern. Mancherorts ermöglichte andererseits die Entwicklung der Eisenverarbeitung eine eigene Schwertfertigung nach fränkischen Vorbildern.

Von nicht geringem Einfluß auf die weitere Entwicklung der Ausrüstung waren die Kreuzzüge vom Beginn des 11. Jahrhunderts an. Sie brachten nicht nur die mechanische Armbrust, sondern schlugen sich auch in der Typologie weiterer Waffengattungen, insbesondere des Schwertes, nieder.

Die Entwicklung der mittelalterlichen Städte im Westen vom 12. Jahrhundert, in Mitteleuropa und im Osten vom 13. Jahrhundert an war gleichzeitig eine Grundlage für die Entfaltung der Waffenfertigung. Die Spezialisierung der Handwerker schuf Bedingungen für eine höhere Qualität der Erzeugnisse. Neben den Klingenschmieden waren es die Schleifer, Feiler und schließlich die Schwertfeger, die der Waffe ihr endgültiges

10. Flügellanzeneisen; Hals und Tülle mit gravierten Lilien verziert. 9—10. Jh.

11. Stoßschwert; im Hohlschliff ein Kreuz auf einem stilisierten Herzen, mit gelbem Metall ausgelegt; Scheibenknauf mit Umfangrille. Dětenice (Böhmen), um 1400

Aussehen gaben. Im Hochmittelalter findet man Blankwaffenhersteller in jeder größeren Stadt. In Prag wirkten im 14. Jahrhundert insgesamt 13 Klingenschmiede und 20 Schwertfeger, außerdem beteiligten sich an der Blankwaffenfertigung Spießmacher (Hastatore) und Pfeilmacher.

Auf noch höherem Stand war die Spezialisierung in den großen Reichsstädten, wie zum Beispiel Frankfurt am Main. Bereits zu dieser Zeit entstanden bedeutende Herstellungszentren, die ihre Stellung in der Blankwaffenfertigung für lange Jahrhunderte beibehielten. Die Stadt Passau gehörte dazu, deren Kennzeichen, der sogenannte Passauer Wolf, abgeleitet vom Stadtwappen, noch im 17. Jahrhundert verwendet wurde (in den späteren Jahren auch häufig nachgeahmt). Im Hochmittelalter wurden die Grundlagen eines bedeutenden Schmiedezentrums in Solingen gelegt, wo sich die Klingenschmiederei bis zum 20. Jahrhundert erhielt. Zahlreiche Schwertfeger und Klingenschmiede gab es auch im hochmittelalterlichen Nürnberg und anderen deutschen Städten.

In dieser Zeit begann auch die Schwertfertigung in den italienischen Zentren, namentlich in Mailand, Brescia und Genua. Sie entfaltete sich ebenso in Spanien. In Toledo arbeiteten Schwertfeger bereits zur Zeit der maurischen Vorherrschaft (8.—11. Jahrhundert); nach deren Sturz entwickelte sich die Fertigung nach alten Traditionen weiter.

Die Waffen des Hochmittelalters erfuhren gewisse Veränderungen in Typ und Form. Es erhöhte sich die Wirksamkeit der zwar schmäleren, dafür aber längeren Schwerter, deutlich trat deren Doppelfunktion — Stoß und Hieb — in den Vordergrund. Im Zusammenhang mit dem Anwachsen der Plattenteile der Rüstungen erschienen Klingen von ausgeprägtem Stoßcharakter, im 14. Jahrhundert nahmen Stoßschwerter als frühe Vorgänger des späteren Degens zu. Die Reiterlanze nahm eine schlankere Form an, hatte eine kürzere, aber durchdringendere Spitze und eine längere Tülle. Die Reiterturniere brachten nicht nur spezielle Formen und Teile von Ausrüstungen, sondern auch besondere Spießtypen, die ausschließlich für diese, heute könnte man sagen sportlichen Zwecke bestimmt waren.

Die Entstehung und Verarbeitung von Eisenhandschuhen, die aus beweglich miteinander verbundenen Schienen bestanden, machte eine wesentliche Verlängerung des Schwertgriffs erforderlich. Dadurch war die Waffe besser zu handhaben. Unverzichtbarer Bestandteil der Bewaffnung des feudalen Ritters wurde im 13. Jahrhundert der Dolch, der im 14. und 15. Jahrhundert mannigfaltige Formen annahm. Im Laufe des 15. Jahrhunderts erschien in Mittel- und Osteuropa häufiger der Säbel, eine Waffe mit einschneidiger, gekrümmter Klinge und meist einem dem Schwertgriff ähnlichen Griff. Es handelt sich zweifelsohne um eine Waffe östlichen Ursprungs, deren Verbreitung offenbar durch die kriegerische Auseinandersetzung mit den Türken auf osteuropäischen Kriegsschauplätzen vorangetrieben wurde.

Mit der Entwicklung der Städte als Herstellungs- und Handelszentren ergab sich die Notwendigkeit, den wachsenden Reichtum wirksam zu verteidigen. Das Fußvolk und seine Waffen gewannen wieder an Bedeutung. Die Feuerwaffen, deren Erfindung und schrittweise Entwicklung untrennbar mit den Städten verbunden ist, bedeutete unter den Kampfmitteln noch nicht so viel wie der Bogen und noch mehr die davon abgeleitete Armbrust. Vom Reiterspieß unterschied sich der Fußkampfspieß durch eine mächtigere, längere und breitere Spitze. Weitere Stangenwaffen wurden entwickelt und so konstruiert, daß sie zum Stoß und Hieb geeignet waren. Hierher gehören der flämische Godendag, den die flandrischen Städte in der sogenannten Sporenschlacht gegen die französischen Ritter 1302 bei Kortrijk führten, genauso wie die frühen schweizerischen Hellebarden, die sich bei Kämpfen Schweizer Fußsoldaten gegen österreichische Ritter in der Schlacht bei Morgarten und besonders 1386 bei Sempach bewährten.

Vom 13. Jahrhundert an sind namentlich in ikonographischen Quellen Waffen mit kürzerer, im Unterteil verbreiterter Klinge zu finden, deren Schneide mehr oder weniger gekrümmt ist. Diese Waffen, dargestellt insbesondere in biblischen Illustrationen in der Hand von Heiden, waren offensichtlich in fast ganz Europa stark verbreitet. In Italien sind sie mit

12. Landsknechtsschwert Katzbalger (Klinge jünger). 16 Jh.

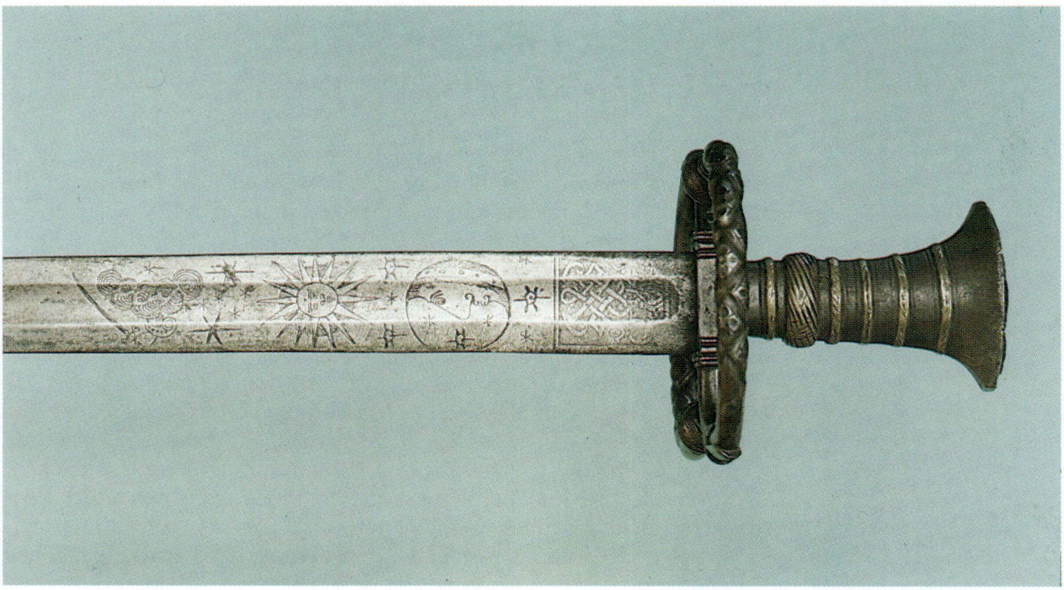

dem Namen Storta verbunden, in Frankreich hießen sie wahrscheinlich Baudelaire, häufiger jedoch Fauchon. Dieser Name war auch in England bekannt, wo er später zu Falchion wurde. In Deutschland und in Mitteleuropa hießen sie Malchus.

Mit dem Fußkampf war naturgemäß das Fußknechtsschwert (gladius pedestris) verknüpft, das Ende des 14. Jahrhunderts in der Schweiz erschien und sich Anfang des 15. Jahrhunderts in Deutschland und den Nachbarstaaten verbreitete.

In den Hussitenkriegen gelangten Feuerwaffen erstmals in größerem Umfang zum Einsatz, und die Hussiten entwickelten eine Taktik, die das Fußvolk mit Hilfe von Wagen gegen Ritter zu Pferde kampffähig machte. Eingesetzt wurden auch weitere Waffengattungen, vor allem Schlagwaffen. Der böhmische Kriegsflegel, in alten deutschen Quellen als „der bohaimische Drischel" bezeichnet, wurde für eine geraume Zeit die Kriegswaffe der Fußsoldaten nicht nur in Böhmen, sondern auch in den Nachbarländern; nach sächsischen, polnischen und anderen Inventaren gab es ihn noch im 16. Jahrhundert. Die böhmische Hellebarde des 14. und 15. Jahrhunderts war eine zweite Entwicklungslinie der Hellebarde.

In der weiteren Entwicklung der Kampftaktik des Fußvolks im 15. Jahrhundert spielten die Schweizer und später die deutschen Landsknechte eine wichtige Rolle. Bei beiden bildete das Fußvolk eine geschlossene Schar mit mehreren Tausend Mann, unter denen die Stangenwaffenkämpfer die entscheidende Rolle spielten. Bei den Schweizern stellten die Schützen in der ersten Hälfte des 15. Jahrhunderts nur 7 bis 10 % dar, am Ende des Jahrhunderts 25—30 %. Auch in der Landsknechtsschar waren die Handfeuerwaffenschützen im ausgehenden 15. Jahrhundert in der Minderheit, rund 30 % oder nur wenig mehr. Die Hauptkraft repräsentierten die Hellebardiere und Pikeniere mit langen Piken, die den Kern einer Kampfformation bildeten, die zur Verteidigung gegenüber Reitern und Fußsoldaten sowie zum Angriff fähig war. Doch hier stehen wir bereits am Ende des Mittelalters.

VON DEN SÖLDNERHEEREN BIS ZU DEN RENAISSANCEWAFFEN

In den ersten Jahrzehnten des 16. Jahrhunderts überwogen weiterhin Kampftaktik und -organisation der geschlossenen Formation, in der die Hauptrolle den Pikenieren, den Hellebardieren und den Doppelsöldnern mit Zweihandschwertern zufiel. Zum Nahkampf nach dem Durchbrechen der gegnerischen Reihen taugte der Katzbalger, das kurze Landsknechtsschwert, besonders gut. Die Feuerwaffenschützen stellten immer noch einen verhältnismäßig kleinen Anteil des Fußvolks dar; ihre Aufgabe war es, den Kampf zu eröffnen.

Das mehrtausendköpfige, mächtige Landsknechts-Quadrat war zwar sowohl beim Angriff als auch bei der Verteidigung erfolgreich, jedoch nur schwer manövrierbar. Diesen Nachteil versuchte die spanische Infanterie durch Aufteilung der Formation in sogenannte Terzios wettzumachen. Das waren kleinere Pikeniere-Quadrate, die von an den Ecken der Formation verstärkten Schützenreihen umgeben waren. Die schachbrettartige Plazierung der Terzien (in der Regel waren es fünf) ermöglichte eine leichtere Manövrierung während der Schlacht.

Aus der Infanterieausrüstung verschwanden zunächst um die Mitte des 16. Jahrhunderts die Zweihänder, später immer mehr auch die Hellebarden. Beide wurden in der nachfolgenden Zeit zu Waffen der Trabanten (Hofleibwachen); sie nahmen oft stark gegliederte, nicht selten reich verzierte Formen an. Die Gewichtsverminderung der Feuerwaffen im Lauf des 16. Jahrhunderts ermöglichte eine größere Anzahl Musketiere in der Kampfformation. Die Anzahl der Musketiere und der Pikeniere war zu Beginn des 17. Jahrhunderts ausgeglichen. Dieser Prozeß setzte sich weiter fort — die schwedischen Heere Gustav Adolfs hatten im Dreißigjährigen Krieg nur noch ein Drittel Pikeniere. Die Musketiere waren in selbständigen flachen Formationen zu je sechs Reihen angeordnet. Dadurch erhöhte sich nicht nur die Feuerkraft der Infanterie, sondern auch ihre Manövrierfähigkeit erheblich. Das Übergewicht des schwedischen Systems über den Terzien der österreichischen Habsburger und der deutschen Katholischen Liga in der Schlacht bei Breitenfeld im Jahr 1631 war so offensichtlich, daß auch diese Armeen von der tiefen Formation abgingen und ihre Infanterie in zehnreihigen Formationen organisierten. Diese Tendenz setzte sich fort, und als um 1700 das am Gewehr aufgesetzte Bajonett eingeführt wurde, verschwanden auch die Pikeniere und die langen Spieße völlig aus der Infanterieausrüstung.

Von den Stangenwaffen blieb die Partisane als Zeichen der Befehlskompetenz der Infanterieoffiziere und -unteroffiziere; später wurde sie zu einem kleineren und völlig kampfunfähigen Symbol — dem Sponton. Weder die Pikeniere noch die Musketiere kamen ohne die für den Nahkampf bei einem Zusammenstoß von Formationen nötigen Griffwaffen aus. Ein Schwert oder ein Degen zählte fast das ganze 17. Jahrhundert über zur festen Ausrüstung der Infanteristen.

Die reguläre Reiterei legte zu Beginn des 17. Jahrhunderts die Lanze ab. Eine Ausnahme blieben noch lange die polnische schwere Kavallerie Hussaria und leichte Reitertruppen von nationalem Charakter in Osteuropa. Von den Blankwaffen blieb nur ein kräftiges Schwert in der Ausrüstung der Kavallerie, später erschien der einschneidige Pallasch, in einigen Regionen (Polen, Ungarn) setzte sich der gekrümmte Säbel durch. Für die meisten Griffwaffen war charakteristisch, daß die Elemente des Handschutzes zunahmen, die schrittweise ein mehr oder weniger vollständiges Gefäß bildeten. Nach und nach verschwanden einzelne Teile der Rüstung, die noch am Anfang des 16. Jahrhunderts den Körper des Reiters völlig bedeckten. Übrig waren um die Mitte des 17. Jahrhunderts nur der Helm sowie der Brust- und der Rückenharnisch, die den Küraß bildeten, der den Kürassieren ihren Namen gab. Vervollständigt wurde die Ausrüstung der Kürassiere und Reiter durch Feuerwaffen mit Radschloß, ein Pistolenpaar und die Arkebuse, ein kurzes Gewehr, das im Laufe des 17. Jahrhunderts durch den noch kürzeren Karabiner ersetzt wurde. Ein typischer Zug der Kavallerietaktik im ersten Drittel des 17. Jahrhunderts war die sogenannte Caracolla — beim schrittweisen Anreiten auf den Gegner feuerten abwechselnd einzelne Reihen aus ihren Pistolen. Daraufhin folgte ein Angriff in der geschlossenen Formation mit blanken Waffen.

Einen beachtlichen Einfluß auf den Charakter der Blankwaffen im 16. Jahrhundert hatte das Fechten. Seine Ursprünge reichen weit in die Vergangenheit zurück. Der Kampf zweier Menschen mit derselben Blankwaffengattung — das Duell — erschien bereits im Hochmittelalter als ein Mittel der Rechtsfindung (eine Art des Gottesurteils). Im späten

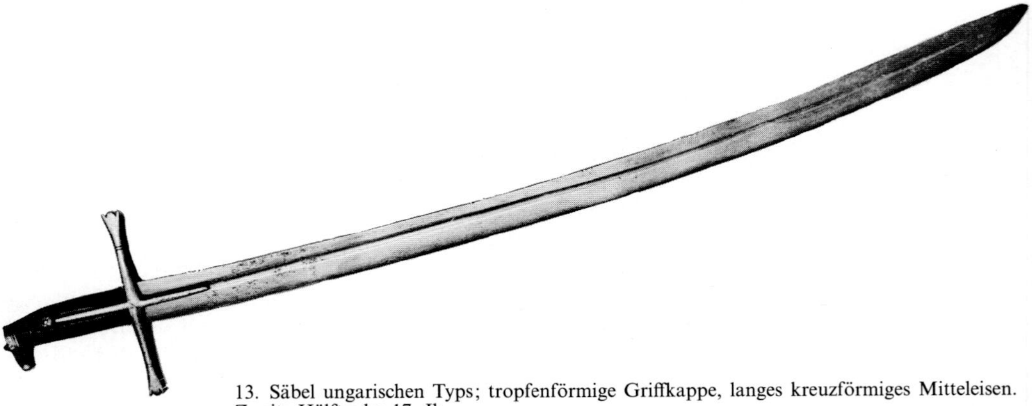

13. Säbel ungarischen Typs; tropfenförmige Griffkappe, langes kreuzförmiges Mitteleisen. Zweite Hälfte des 17. Jh.

Abschnitt dieser Epoche hielt Johann Talhofer in seinem Fechtbuch (aus den Jahren 1443, 1459, 1467) die Kämpfe mit Paaren verschiedener Waffen auf instruktive Weise in anschaulichen Illustrationen fest.

In den ersten Jahrzehnten des 16. Jahrhunderts erschienen das Fechten und damit auch das Duell, oder vielleicht umgekehrt — das Duell und die davon abgeleitete Fechttheorie — in einer völlig neuen, unterschiedlichen Gestalt. Diese gesellschaftliche Erscheinung hing zweifelsohne mit der Duellwelle zusammen, die die Renaissancekavaliere in Italien, Frankreich und später auch in weiteren Ländern Europas begleitete. Ihre Waffe wurde der Degen, eine ausgesprochene Stichwaffe. Der Duellmode fielen wohl Tausende Adelige zum Opfer, die ihre Waffe aus oftmals sehr kleinlichen und nur ihnen selbst verständlichen Gründen zogen.

Die Teilnahme an einem Duell setzte das vollendete Beherrschen der Waffe voraus. Und so entstanden Fechtschulen, zunächst in Italien, und ihre Meister veröffentlichten nach und nach eine Reihe von Arbeiten über Theorie und Praxis des Fechtens. Die erste gab Achille Marozzo 1536 in Modena heraus, darauf folgten Bücher von Agrippa (1553), Grassi (1570), und im selben Jahr die erste Arbeit jenseits der Alpen, von Joachim Mayer aus Straßburg. In Frankreich entstand 1567 die Fechtkunstakademie, 1573 kam das instruktive Werk H. de Saint Didiers heraus.

Seit Anfang des 16. Jahrhunderts entwickelten sich der Degen und seine ausschließlich stechende Abart, das Rapier, ein Stoßdegen mit langer, schmaler Klinge, und mit ihnen der Handschutz, dessen Anfänge sich bereits beim Schwert verfolgen lassen. Bei der Stoßkampfweise mußte die Waffe mit dem die Parierstange von unten umschlingenden Zeigefinger gehalten werden, und so verschoben sich die Schutzelemente unter die Parierstange, es entwickelte sich eine ganze Reihe von Spangen, die die Hand schützten. Ein Sondertyp des Rapiers entstand in Spanien, gewann aber im 17. Jahrhundert auch anderswo in Europa Beliebtheit — das Glockenrapier.

In der Renaissance wurde häufig auch der Dolch verwendet, dessen Gestaltung neue Formen annahm. Im Zusammenhang mit dem Fechten entwickelte sich eine neue Dolchform — die Linkehand; es wurde mit dem Degen in der rechten und dem Dolch in der linken Hand gefochten.

Die Neigung der Adeligen und Fürstenhöfe in der Renaissance, ihren Reichtum zur Schau zu stellen, führte zur Entfaltung der künstlerischen Formgebung und Verzierung von Waffen und Jagdzubehör. An den Waffen erschienen Gravierungen und Vergoldung, Ätzung und Eisenreliefschnitt; an der Verzierung arbeiteten Goldschmiede und Emailleure, die Gefäße wurden oft nach Vorlagen führender zeitgenössischer Künstler gefertigt.

DIE STEHENDEN HEERE DES ABSOLUTISMUS

Der Dreißigjährige Krieg war der letzte große Konflikt, der zum überwiegenden Teil mit Söldnerarmeen, angeheuert von Kriegsunternehmern wie Albrecht von Wallenstein, ausgefochten wurde.

Die zweite Hälfte des 17. Jahrhunderts war in allen wichtigen europäischen Staaten das Zeitalter des Absolutismus. Schrittweise wurden stehende Heere zusammengestellt, die von Staatsorganen finanziert, ausgerüstet und verpflegt wurden. Die Entwicklung der privaten und staatlichen Manufakturen ermöglichte eine relativ breite Fertigung von Waffentypen. So war es in Preußen (Potsdam), in Frankreich (Elsaß), in der Habsburger Monarchie (Pottenstein), auch in Rußland (Tula) und Schweden (Arboga, später Eskilstuna). Es dauerte jedoch mehrere Jahrzehnte, bis die Voraussetzungen zur Einführung von Einheitswaffen und Uniformen geschaffen waren, die für alle Soldaten aller Regimenter derselben Heeresgattung gleich waren. Dabei ist zu bedenken, daß die Waffen der Offiziere noch lange individuelle Stücke blieben; zum Beispiel wurden in Österreich vorschriftsmäßige Waffen für die Infanterieoffiziere erst in den Jahren 1798 bis 1811 eingeführt.

Es entwickelten sich spezialisierte Waffengattungen in der Kavallerie und der Infanterie. In der Kavallerie wurden überall Pistolen, Dragonergewehre, Musketons oder Karabiner mit französischem Steinschloß eingeführt. Die schwere Kavallerie, die Kürassiere und auch die Dragoner verwendeten schwere Palasche oder Haudegen.

Der gekrümmte Säbel war die entscheidende Waffe in der leichten Kavallerie, zu der vor allem die Husaren gehörten, die nach ungarischem Vorbild im 18. Jahrhundert in allen europäischen Armeen eingeführt wurden, und später nach polnischem Vorbild die Ulanen (Lanciers). Mit den Ulanen erschien im Laufe des 18. Jahrhunderts der lange Reiterspieß wieder auf dem Schlachtfeld.

In der mit Steinschloßgewehren ausgerüsteten Infanterie bildeten sich neben den gewöhnlichen Infanteristen, lange noch Musketiere genannt, Eliteeinheiten der Füsiliere (Schützen), Kompanien oder Bataillone von Grenadieren und schließlich auch Jägereinheiten. Die Einführung des Bajonetts machte es möglich, auf die Pike zu verzichten, in den meisten Armeen blieben jedoch Griffwaffen in der Ausrüstung der Infanterie; nur in der österreichisch-habsburgischen Armee war die Infanterie bis 1765 ohne Griffwaffe.

Griffwaffen — Säbel oder Messer — verwendeten auch die Jäger, Kanoniere und die entstehenden technischen Truppen der Sappeure, Minierer u. a. Bei ihnen kamen auch Waffen mit einer grobzähnigen Säge am schneidelosen Rücken vor. Die Armeen kamen natürlich nicht ohne Zimmerleute aus; Äxte haben sich jedoch nur selten erhalten.

Die Schlachtfelder des 18. Jahrhunderts wurden von der Lineartaktik beherrscht — die Infanterie in der flachen Formation in drei bis vier Reihen und zwei oder drei Wellen machte sich vor allem das Salvenfeuer aus den Gewehren zunutze, zum Schluß kam es zum Kampf mit dem Bajonett. Bei der schweren Kavallerie blieb der Angriff in geschlossener Formation mit gezogener Waffe, die leichte Kavallerie erfüllte ihre Aufgaben überall dort, wo es auf Schnelligkeit, Manövrierfähigkeit, unerwarteten Überfall, Aufklärung und Verfolgung ankam.

Bei den nichtmilitärischen Waffen, namentlich den Hofdegen, herrschte nahezu das ganze 17. Jahrhundert über als Material der Gefäße Eisen vor, im 18. Jahrhundert gewannen Bronze oder Messing an Übergewicht. Die Gefäße wurden gegenüber ihren Renaissancevorgängern konstruktionsmäßig vereinfacht, geändert hat sich jedoch ihre künstlerische Gestaltung. Das ornamentale bzw. figürliche Relief gewann an Plastizität, oft wurden Schlachtszenen dargestellt. Das nachfolgende Rokoko verfeinerte die ästhetische Gesamtauffassung des Degens, der den Charakter eines Schmuckaccessoires zur reichen Kleidung annahm.

Eine ähnliche stilistische Auffassung ist auch bei der Jagdausrüstung, den Waidmessern oder Hirschfängern zu verfolgen. Dort, wo der Säbel zur Ausstattung eines Adeligen gehörte, in Rußland, in Polen und besonders in Ungarn, zeigte sich die erwähnte Stilwandlung in der Waffengestaltung ebenfalls.

14. Jan van Huchtenburg: Schlacht bei Turin 1706. Kupferstich

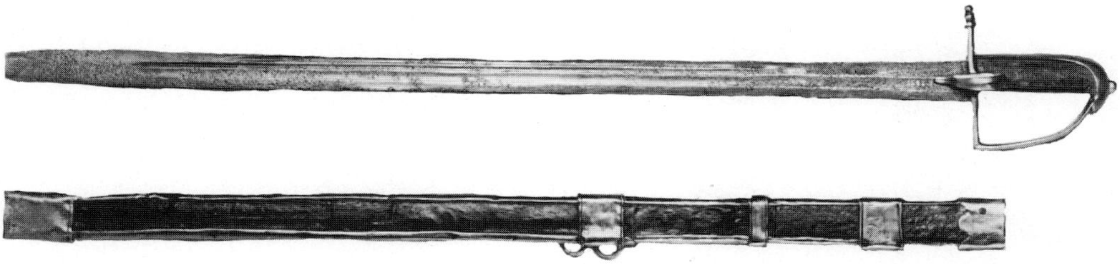

15. Pallasch für schwere Kavallerie Muster 1700/1705; Korb mit Daumenring; Scheide mit Rahmenbeschlag. Österreich

16. Preußische Husaren in der Schlacht bei Týn 1744. Kupferstich von J. S. Ringck nach L. Wolf

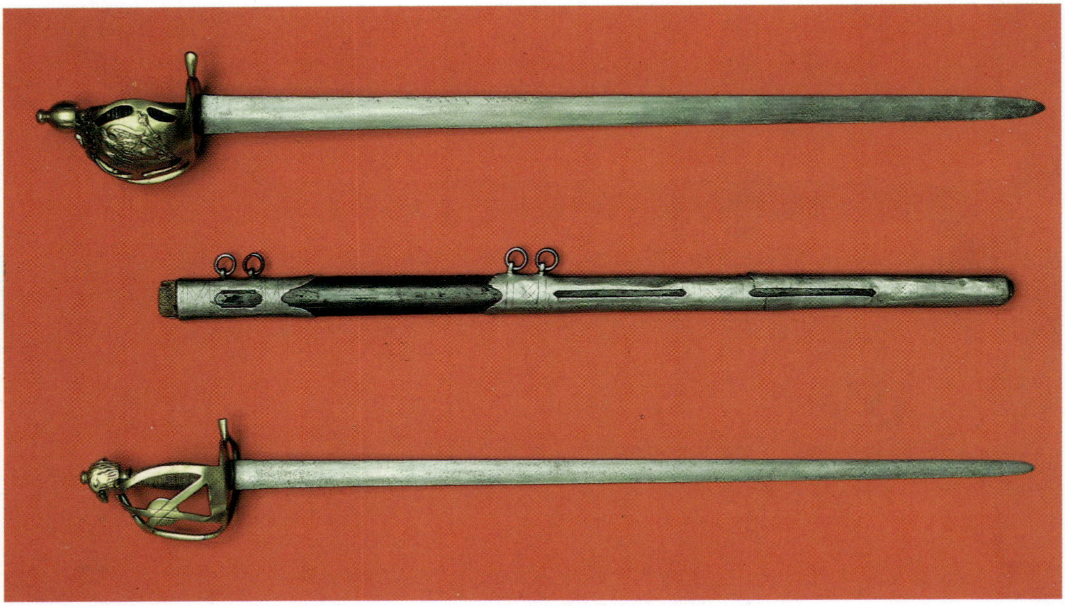

17. Preußischer Dragonerhaudegen Muster 1735 mit Scheide.
Kürassierhaudegen Muster 1732

18. Begegnung von Husar (mit Säbel) und Ulan (mit Spieß). Farbiger Kupferstich.
Ende des 18. Jh.

NACH DER FRANZÖSISCHEN REVOLUTION

Die siegreiche Revolution in Frankreich brachte nach 1789 eine von den bisherigen Streitkräften wesentlich unterschiedliche Armee hervor. Die Revolutionsarmee setzte den aufmarschierenden Interventionssoldaten, die immer noch in der starren linearen Formation kämpften, eine völlig neue taktische Organisation entgegen. Es waren Divisionen entstanden, die sowohl Infanterie als auch Kavallerie und Artillerie in sich einigten. Den Kern bildeten die Stoßkolonnen in tiefer Formation, abgeschirmt von den Elitenschützen, die vor Beginn des Kampfes mit Artilleriefeuer, vorwiegend aus Waffen mit gezogenem Lauf, den Feind zu verwirren suchten. Dann gingen die Kolonnen zum Bajonettangriff über und durchbrachen mit ihrer Masse oft die flachen Reihen der gegnerischen Formationen. Die Kavallerie vollendete den Angriff mit der Dezimierung und Verfolgung des Gegners. Diese Taktik war nicht ganz neu. Ihre Elemente tauchten vereinzelt bereits etwas früher auf, der Einsatz der Elitenschützen zum Beispiel im amerikanischen Unabhängigkeitskrieg in den siebziger Jahren. Den Bajonettangriff der Infanteriekolonnen praktizierten die russischen Heere unter Suworow im Krieg gegen die Türken im letzten Viertel des 18. Jahrhunderts.

Die Erfahrungen aus den Koalitionskriegen führten schrittweise bei allen europäischen Mächten zum Verzicht auf die lineare Taktik und zur Übernahme der von der französischen Revolution geschaffenen Armee-

19. Gefangennahme General Vandammes in der Schlacht bei Chlumec (Kulm) 1813. Farbiger Kupferstich von C. Ruhl nach J. A. Klein

organisation und Kampftaktik. Diese Organisation und Taktik bestanden dann mit einigen Modifikationen noch lange. Zum Beispiel schrumpften die Bataillonskolonnen zu Kompaniekolonnen zusammen, die sich durch eine bessere Manövrierfähigkeit auszeichneten. Erst die Ausrüstung der Heere mit wirksamen Hinterladern und Mehrladern bereitete dieser Kampfweise ein Ende. Die alten Kolonnen zerfielen, und es entstanden Schützenketten.

Die neue Infanterietaktik beeinflußte auch die Kampfweise der Kavallerie. Die Infanteriekolonne in geschlossener Formation war imstande, die Kavallerie durch wirksames Salvenfeuer aufzuhalten und zu zerstreuen. Erst die durch das Artilleriefeuer und das Feuer der Tirailleure gestörte gegnerische Formation war eine geeignete Zielscheibe geschlossener Kavalleriemassen, deren Angriff immer noch die Schlacht entscheiden konnte. So war es gewissermaßen noch im französisch-preußischen Krieg von 1870 und 1871. Ende des 19. und Anfang des 20. Jahrhunderts, als sich Mehrlader immer mehr durchsetzten und schon Maschinengewehre eingeführt wurden, fielen der Kavallerie als Hauptaufgaben die Aufklärung, der Schutz der Heere und die Verfolgung zu.

Mit dem Anwachsen der Armeen stieg auch der Bedarf an Waffen. Zu den bisherigen Manufakturen kamen neue hinzu. In Großbritannien waren es zunächst die Firmen in Birmingham, die einen beträchtlichen Anteil an der britischen Blankwaffenproduktion hatten; später verlagerte sich der Schwerpunkt dieser Fertigung nach Sheffield. In Frankreich wurde 1792 eine staatliche Manufaktur in Versailles gegründet, in den dreißiger Jahren des 19. Jahrhunderts wurde die staatliche Produktion auch aus dem Elsaß nach Chatellerault übertragen. In Deutschland entstanden ebenfalls neue Blankwaffenfertigungszentren, zum Beispiel im bayerischen Amberg oder in Oberndorf in Württemberg. Die preußischen Staatsaufträge, die nach 1813 an die Solinger Schwertfegerfirmen vergeben wurden, bildeten in den folgenden Jahrzehnten, zusammen mit der Einführung neuer Stahlsorten und neuer Maschinenfertigungsverfahren, die Grundlage zur Entstehung einer Reihe von Industriebetrieben. In Österreich war in den ersten Jahrzehnten Fischer aus Wien der Hauptlieferant, später besonders Jung und weitere. In Rußland kam 1814 zu Tula die neue Manufaktur in Slatoust hinzu, die spezialisiert war auf Blankwaffen und, zu einer modernen Fabrik umgewandelt, das ganze 19. Jahrhundert über der Hauptproduzent war. Die Manufaktur beschränkte sich nicht auf serienmäßige Militärwaffen; die in Slatoust wirkenden Meister schufen zahlreiche hervorragende Luxuswaffen mit reicher Verzierung.

Neben der aus Manufakturen und Fabriken bestehenden Massenproduktion existierten weiterhin Schwertfeger, die jedoch häufig fabrikmäßig hergestellte Klingen verwendeten und die Waffen komplettierten. Trotzdem ließ sich im ausgehenden 19. Jahrhundert der Verfall dieses Handwerks — wie in vielen anderen Sparten auch — nicht aufhalten, die Schwertfeger und ihre Werkstätten verschwanden allmählich.

Zu Beginn dieser Periode gab namentlich die französische Armee den Ton an. Die Palette von Blankwaffen der verschiedenen Kavalleriegattungen reichte von den Pallaschen der schweren Kavallerie über die Säbel der Linienkavallerie bis zu den Waffen der Jäger zu Pferde, der Grenadiere, Ulanen und Husaren. In der napoleonischen Armee gab es zudem auch repräsentativere Waffen für die einzelnen in die kaiserliche Garde eingegliederten Kavalleriegattungen. In geringerem Maße machten sich solche Tendenzen auch in den Armeen Preußens, Österreichs, Rußlands und weiterer europäischer Staaten bemerkbar.

Wie sich die Funktion der Kavallerie änderte, verringerte sich schrittweise die Zahl der Blankwaffen. Österreich führte sogar 1845 einen einheitlichen Säbel für alle Kavalleriegattungen ein. Als erstes Land hatte es den Pallasch für die schwere Kavallerie eingeführt, als erstes gab es ihn wieder auf. In einigen Armeen blieben jedoch Waffen mit gerader Klinge — der Pallasch (Haudegen) — bis zum ersten Weltkrieg, so in Frankreich, Deutschland oder Italien. Österreich entfernte 1884 ebenfalls als erstes Land die Reiterlanze für die Ulanen aus der Ausrüstung. Demgegenüber wurde 1893 in Deutschland eine neue Ganzmetallanze aus Stahlrohr eingeführt.

Die Infanterie zeigte andere Tendenzen. Mit der Entwicklung des Bajonetts, das mit einem Verschluß auf das Gewehr aufgesetzt wurde, nahmen die Griffwaffen der Infanterie, Säbel und Messer, ab. Das Bajonett mit Schalengriff wurde auch zur Griffwaffe (Seitengewehr). In den Stellungskämpfen des ersten Weltkrieges erschien eine neue Waffe — ein kurzes Angriffsmesser.

Die wachsende Rolle der Pioniertruppen brachte auch schwere Messer, häufig mit einer Säge am Rücken, die als Waffe und unentbehrliches Arbeitsinstrument zugleich dienten.

Spezielle Blankwaffen kamen auch bei der Marine zum Einsatz. Bordsäbel und andere Waffen zum Nahkampf auf einem vom Feind gezurrten Schiff hatten sehr ausgeprägte Formen und hielten sich ungefähr bis zum zweiten Drittel des 19. Jahrhunderts. Als gepanzerte und Dampfschiffe mit verschiedenen weitreichenden Geschützen an Bord überwogen, verschwanden die Bordwaffen. Die Marineoffiziere trugen andere Säbel als die Landtruppen, meist mit Ankersymbol. Für den Dienst an Bord, wo der ziemlich lange Säbel die Bewegungsfreiheit behindert hätte, wurden seit der Mitte des 19. Jahrhunderts Dolche eingeführt, selbstverständlich ebenfalls mit Marinesymbolen.

Die Offizierswaffen der napoleonischen Armeen stellten gleichfalls eine bunte Palette nach den Waffengattungen dar. Gemeinsam war ihnen jedoch der ausgeprägte Empirestil mit häufig antikisierenden Elementen. In den übrigen Ländern unterschieden sich die Offizierswaffen für die schwere und die leichte Kavallerie, für die Offiziere der Linieninfanterie, die Jäger oder die Grenadiere. Nach und nach kam es jedoch zu einer Vereinheitlichung.

Der Zivildegen, der aus der Vergangenheit geblieben war, verlor als Accessoire zur Bekleidung seine verspielten Rokokoformen und nahm bereits vor Ende des 18. Jahrhunderts die strengeren Züge des Klassizismus an, der bald vom Empirestil abgelöst wurde. Der Biedermeierstil beendete das Zeitalter des Degens als Accessoire zur Bekleidung höherer Gesellschaftsschichten. Dafür wurden Degen und manchmal auch Säbel zum Bestandteil der Uniformen von Beamten aller Art. Polizei- und Gendarmeriebeamte, Professoren und Verwaltungsbeamte, Post- und Eisenbahnbeamte trugen Uniformen mit Seitenwaffe. So war es in Rußland, Österreich, Deutschland und anderswo.

Noch im 19. Jahrhundert kamen Duelle mit Blankwaffen vor, meist jedoch nicht mehr mit dem Degen, sondern mit dem Säbel, einer ziemlich gefährlichen Waffe, denn sie war nicht nur zum Hieb, sondern auch zum Stich geeignet. Seit der Mitte des 19. Jahrhunderts wurde das Fechten zu einer wirklichen Sportart, bei der es nach genauen Regeln nicht mehr um eine Verwundung oder die Tötung des Gegners, sondern den Beweis von mehr Erfahrung und Wendigkeit handelte, auch im Umgang mit der Waffe. Für das Sportfechten entstanden Spezialwaffen mit leichter elastischer Klinge und gedeckter Spitze. Im Laufe des 19. Jahrhunderts entstand ein spezieller Sportsäbel mit leicht gebogener Klinge und bogenförmigem Korb als Handschutz. Das Fechten mit Degen, Florett und Säbel hat sich bis heute erhalten und gilt als olympische Disziplin.

Der erste Weltkrieg versetzte der Rolle der Kavallerie und der Blankwaffen einen schweren Schlag. Im zweiten Weltkrieg gab es anfangs zwar noch die Kavallerie, doch nur in Polen mit Ulanenlanze. Die Weiterentwicklung und das Übergewicht der Kampftechnik, der Panzer und anderer Kampffahrzeuge führten zu einer schrittweisen Abschaffung der Kavallerie in allen Armeen. Die Blankwaffen haben heute nur noch ihre feierliche Funktion, sie werden von Ehrenformationen, bei Paraden und ähnlichen Anlässen getragen. Im Kampf dient heute nur noch das Angriffsmesser.

Systematik der Blankwaffen

GRIFFWAFFEN

Eine große Gruppe der Blankwaffen sind die Seitenwaffen oder Griffwaffen. Sie werden einhändig geführt und je nach Einsatz in Hieb- und Stichwaffen unterteilt.

Hiebwaffen

In diese Gruppe gehören das Schwert, der Haudegen (Pallasch), der Säbel und die Messer.

Das Schwert

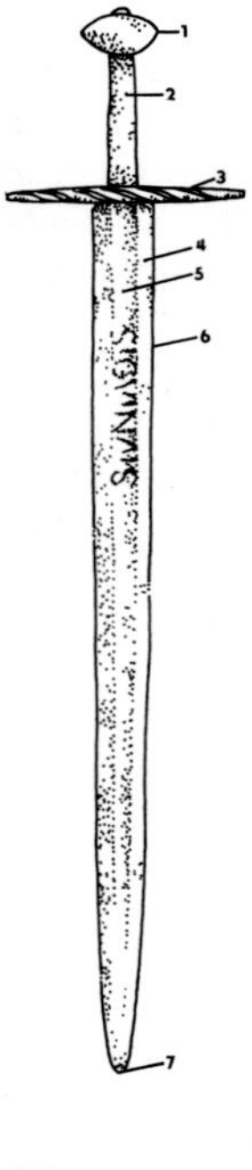

Schwert
1 Knauf
2 Griff, Angel
3 Parierstange
4 Klinge
5 Hohlschliff (Hohlkehle)
6 Schneide
7 Spitze (Ort)

Beim Schwert handelt es sich um eine Waffe mit gerader zweischneidiger Klinge, die allmählich in eine Spitze ausläuft, mit Parierstange, Griff (Angel) und Knauf. Es ist vor allem eine Hiebwaffe, ihr Einsatz als Stichwaffe war jedoch nicht ausgeschlossen. Entstehung und Entwicklung des Schwertes in der Antike wurden bereits erwähnt.

Der erste bedeutende frühhistorische Schwerttyp ist die Spatha, eine Waffe mit griechischer Bezeichnung, abgeleitet vom älteren Schwert vielleicht keltischer Herkunft, das von der römischen Reiterei unter diesem Namen verwendet wurde. Die Spatha erschien zur Zeit der Völkerwanderung (Ende des 4. Jahrhunderts n. Chr.) und blieb ungefähr bis um 700 im Einsatz.

Die Grundform des Schwertes wurde im Mittelalter weiterentwickelt. Es handelt sich um das sogenannte Wikingerschwert, das sich im 8. bis 10. Jahrhundert in nahezu ganz Europa von England bis Rußland verbreitete. Typologisch handelt es sich um eine Reihe variabler Formen (Jan Petersen verwendete 1920 zu ihrer typenmäßigen Unterscheidung das ganze Alphabet), deren Heimat Skandinavien, namentlich Norwegen ist. Schwerter dieser Art verbreiteten sich infolge der Wikinger-Expansionen gewaltig. Gemeinsames Merkmal ist stets eine relativ breite zweischneidige Klinge mit breitem Hohlschliff (in der Frühzeit erschienen vereinzelt auch einschneidige Klingen). Die kurze ovale oder längliche Parierstange war in der Regel ziemlich massiv, der Knauf war oft, besonders bei älteren Typen, zusammengesetzt, mit Basis und drei oder mehr Vorsprüngen. Unter den erhaltenen Schwertern befindet sich eine Reihe exklusiver Exemplare, deren Knauf mit Edelmetall, Silber oder Kupfer ausgelegt oder belegt war. Bei den prunkvollsten waren sogar der Griff mit Knauf und die Parierstange mit getriebenem Goldblech bedeckt. Gegen Ende dieser Periode erschienen auch einfachere Knäufe aus massivem Eisen, meist pilz- oder hutförmig, die die weitere Entwicklung vorzeichneten.

20. Empire-Säbel, frühes 19. Jh.
Säbel der leichten Kavallerie; gebläute Klinge. Anfang des 19. Jh.

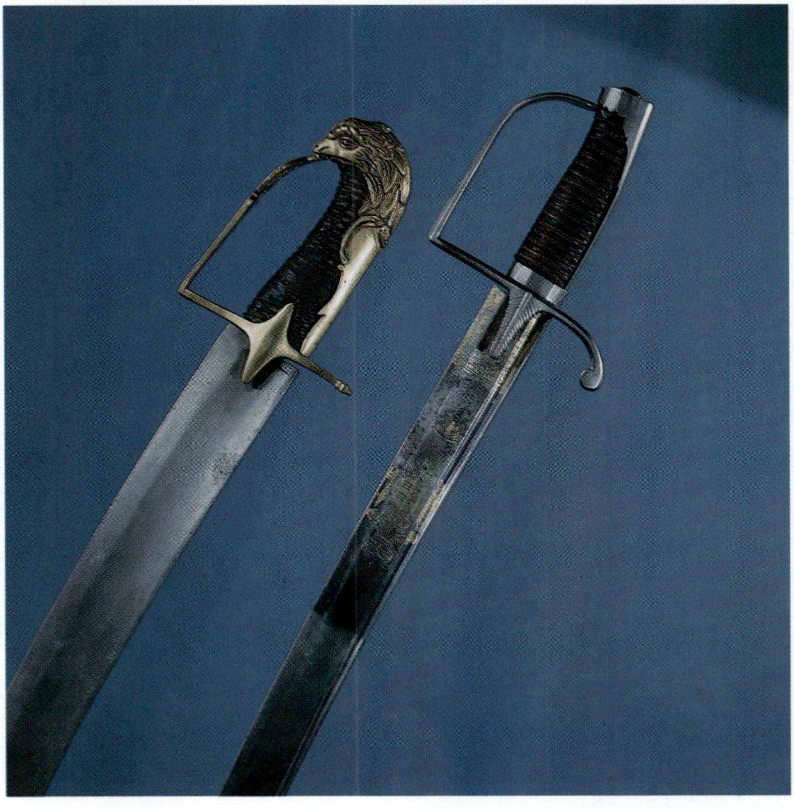

21. Schwert vom Wikingertyp; Knauf und Parierstange mit Silber belegt (Kopie). 9.—10. Jh.

Im 12. bis 13. Jahrhundert nahm neben den aus der Vergangenheit überdauernden Typen ein Schwert mit einem Knauf in Paranußform die Vorrangstellung ein. Die Form der Parierstange änderte sich wesentlich, sie verlängerte sich zu einer 18—21 cm langen Querstange von quadratischem Querschnitt, so daß der Oberteil des Schwertes ein Kreuz darstellte, das sich in der nachfolgenden Zeit erhielt. Die Entstehung dieser Form wird mit den Kreuzzügen seit dem 11. Jahrhundert erklärt; das Schwert symbolisierte nach dieser Auslegung ein Kreuz in der Hand des christlichen Ritters.

Auf der Klinge dieser Schwerter erschienen mit Silber inkrustierte Inschriften oder Buchstabengruppen, am häufigsten Kürzel und Symbole von religiösem Inhalt (zum Beispiel *IN NOMINE DOMINI*).

Vom Paranußknauf ist wahrscheinlich die Knaufform abgeleitet, die an die dritte Mondphase erinnert. Sie erschien im 13. und 14. Jahrhundert. Vom 11. bis zum 13. Jahrhundert kamen daneben auch pagodendachförmige Knäufe vor. Von der geographischen Verbreitung dieses Typs in Europa zeugen Funde aus Nordeuropa, aber auch aus Mitteleuropa. Etwas später gibt es Schwerter mit der Mitra ähnlichem Knauf. Noch bis ins 13. Jahrhundert hinein sind Schwerter mit einem Knauf, der im Unterteil die Form eines abgerundeten Trapezes hat, zu verfolgen.

Auch im Hoch- und Spätmittelalter blieb das Schwert die wichtigste Waffe des Ritters zu Pferd. Allerdings erfuhr es einige Veränderungen in Form und Funktion. Die Entwicklung der Rüstung — zum Ringpanzerhemd kamen seit dem 13. Jahrhundert auch Teile aus Platten hinzu — zwang zur Suche nach Mitteln, die geeignet wären, auch zwischen solche Teile vorzudringen, die bisher einem Hieb widerstanden. Deshalb er-

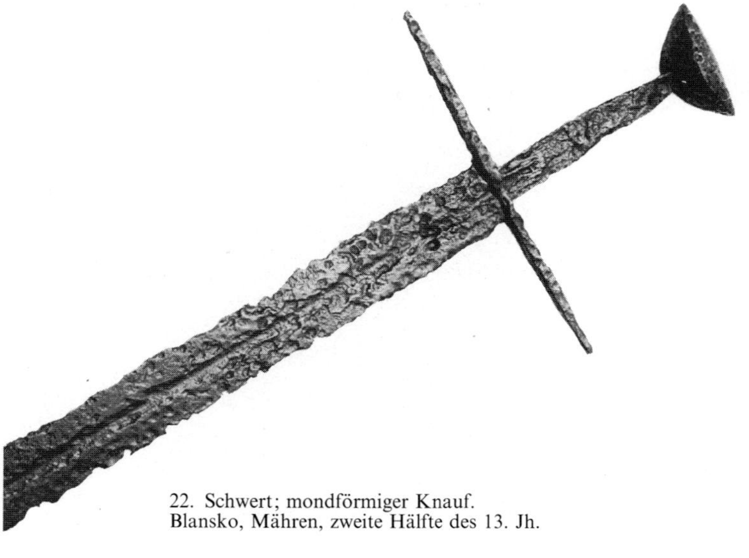

22. Schwert; mondförmiger Knauf.
Blansko, Mähren, zweite Hälfte des 13. Jh.

23. Schwert; mitrenförmiger Knauf (Parierstange sekundär gebogen). Böhmen, 13./14. Jh.
Schwert; hutförmiger Knauf (Bruchstück). Böhmen, 13. Jh.

schienen seit Ende des 13. Jahrhunderts zunächst sporadisch, dann immer häufiger auch etwas schmälere Klingen, die scharf in eine Spitze ausliefen — es entstand das Stoßschwert, der Vorgänger des späteren Degens.

Der geschiente Handschuh, der zu Beginn des 14. Jahrhunderts aufkam, machte eine Verlängerung des bisher kurzen Griffes, der bis dahin für die Hand mit Maschenhandschuhen ausgelegt war, erforderlich. Der Griff verlängerte sich schrittweise bis zu anderthalb Hand Länge.

Die Notwendigkeit, die sich verlängernde Klinge auszugleichen, führte auch zur Veränderung des Knaufs. Bereits um 1200 erschien ein runder Knauf in Form einer ziemlich massiven flachen Scheibe. Bis zum 15. Jahrhundert finden sich bei den Schwertern von dieser Grundform abgeleitete Knäufe, zum Beispiel ein flacher kreisförmiger Knauf mit einer Rille am Umfang oder ein ähnlicher ovaler Knauf. Eine andere Abart ist ein runder, in der Mitte ziemlich verstärkter und an den Seiten abgeflachter Knauf, der wie zwei an der Basis verbundene spitzenlose Kegel wirkt. Die Plastizität des Knaufs wird durch eine kreisförmige Vertiefung in den Mittelflächen unterstrichen, die oft mit einem gestanzten oder mit einem aus Buntmetall eingelegten Symbol versehen sind. In der Regel ist dies eine Rosette, ein gleicharmiges Kreuz, manchmal auch das Wappen des Waffenbesitzers.

Schwerter mit der Grundform eines Kreuzes mit ovalem oder kreisförmigem Knauf waren im 14. und zu Beginn des 15. Jahrhunderts in fast ganz Europa verbreitet. Sie wurden in Österreich, in Böhmen, im heuti-

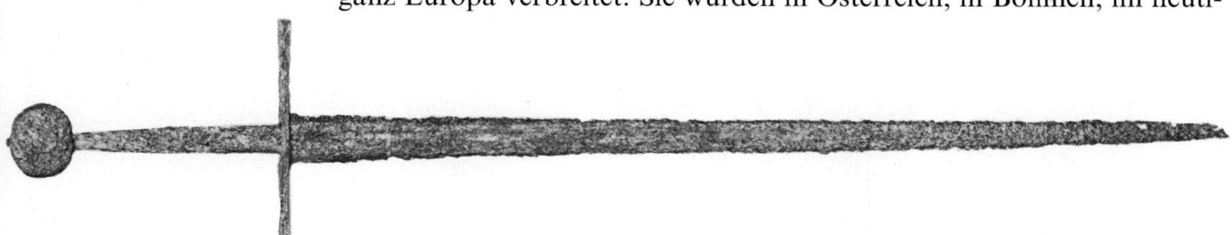

24. Schwert; kreisförmiger Knauf und gerade Parierstange. Böhmen, 14.—15. Jh.

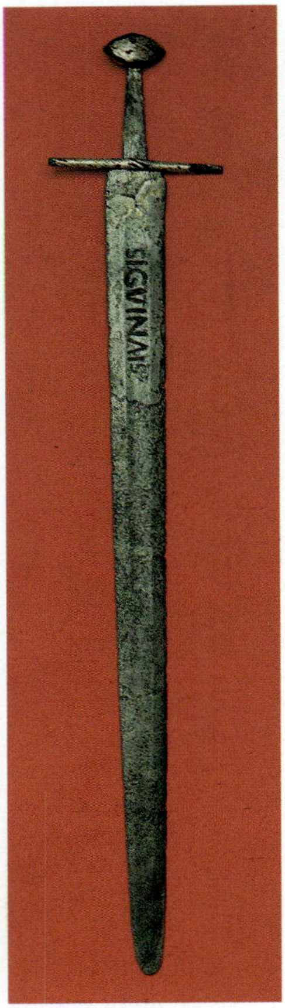

◀ 25. Prunkschwert; Knauf in Paranußform, Knauf und Parierstange mit Silber, Kupfer und gelbem Metall (Gold?) ausgelegt: Motive aus dem Alten Testament (Baum) und dem Neuen Testament (Fisch); auf der Klinge in der Hohlkehle die Inschrift *SIGVINAIS*, ursprünglich mit Eisendrähten intarsiert. Wahrscheinlich das Schwert des Kölner Erzbischofs Siguin (1079—1089)

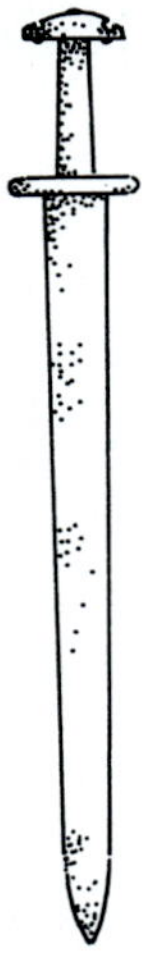

Spatha, 7.—8. Jh.

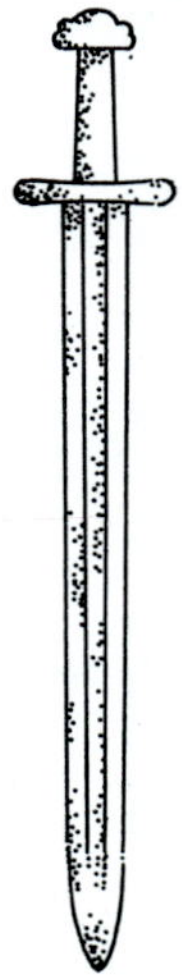

Schwert, 9.—10. Jh.

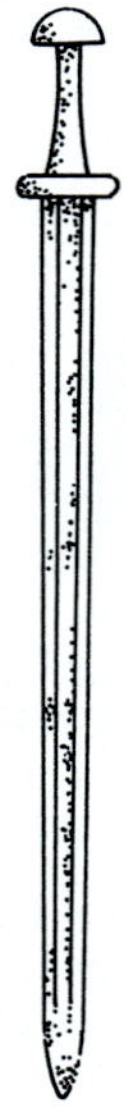

Schwert, 10. Jh.

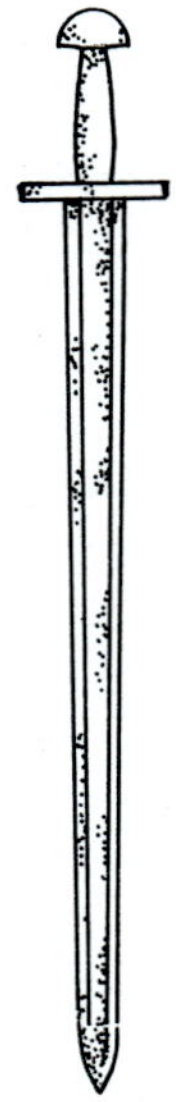

Schwert, 10.—11. Jh.

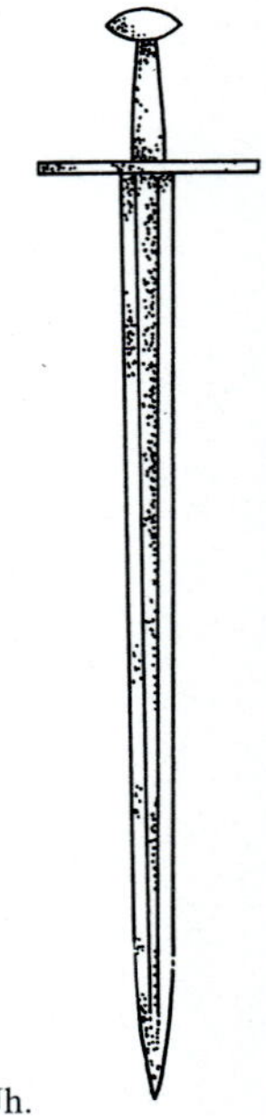

Schwert, 11.—12. Jh.

Detail des Gefäßes

Schwert, 11.—13. Jh.

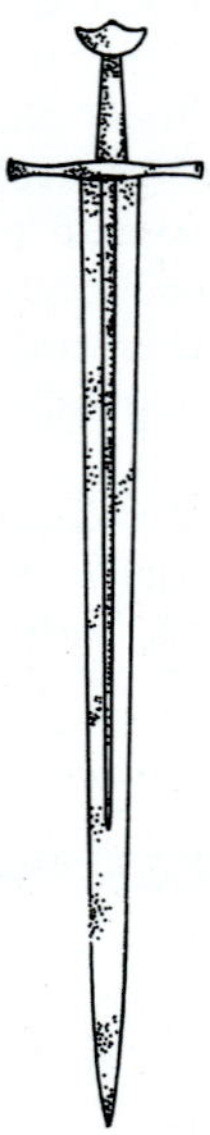

◀ 26. Schwert; rautenförmiger Knauf, gerade Parierstange (Bruchstück). Böhmen, 13. Jh.

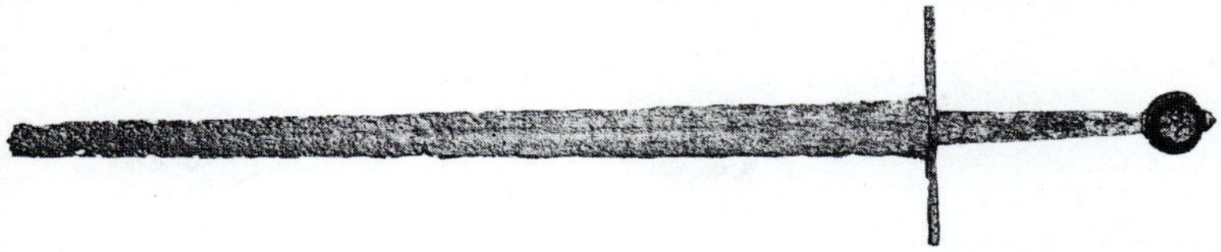

▲

27. Schwert; runder, doppelt konischer Knauf mit Nietknopf. Böhmen, Ende des 14. oder Anfang des 15. Jh.
Schwert; achteckiger Knauf, in der Vertiefung eingestanzte neunblättrige Rosette; Stoßklinge. Raudnitz (Roudnice) an der Elbe, Böhmen, 14.—15. Jh.

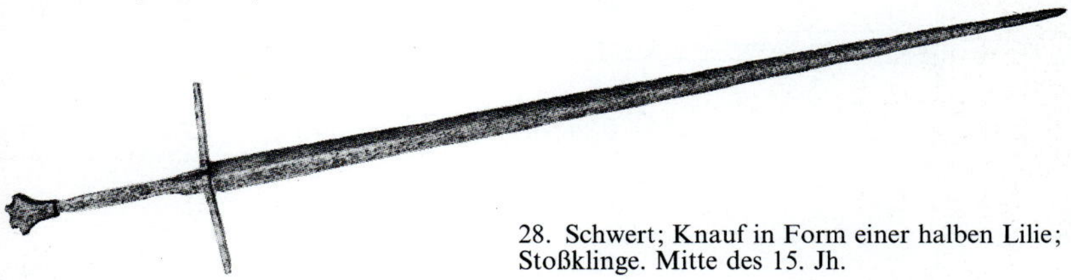

28. Schwert; Knauf in Form einer halben Lilie; Stoßklinge. Mitte des 15. Jh.

Schwert, 13. Jh.

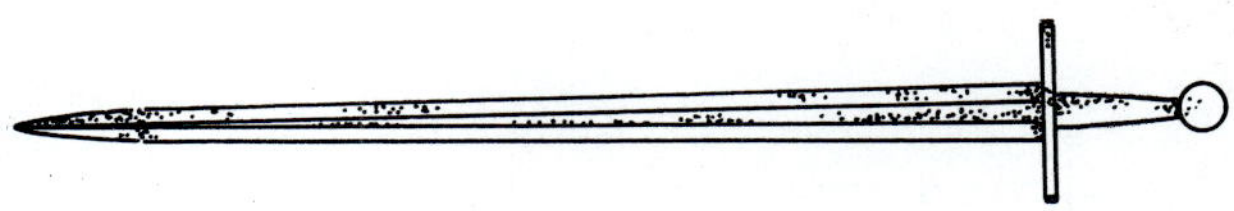

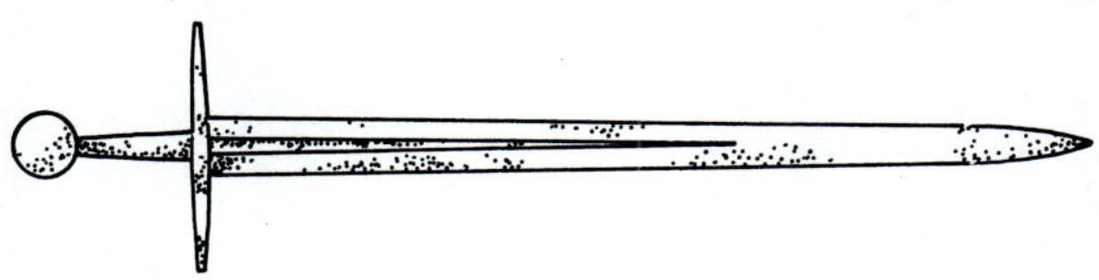

Schwert, 13. Jh.

29. Prunkschwert; Klinge mit vergoldetem, graviertem und ziseliertem Ornament, Gefäß mit Klingenbügeln vergoldet. Mitteleuropa, Mitte des 16. Jh.

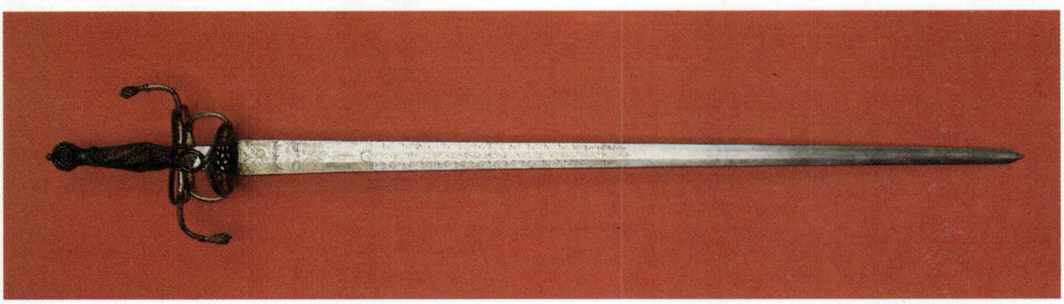

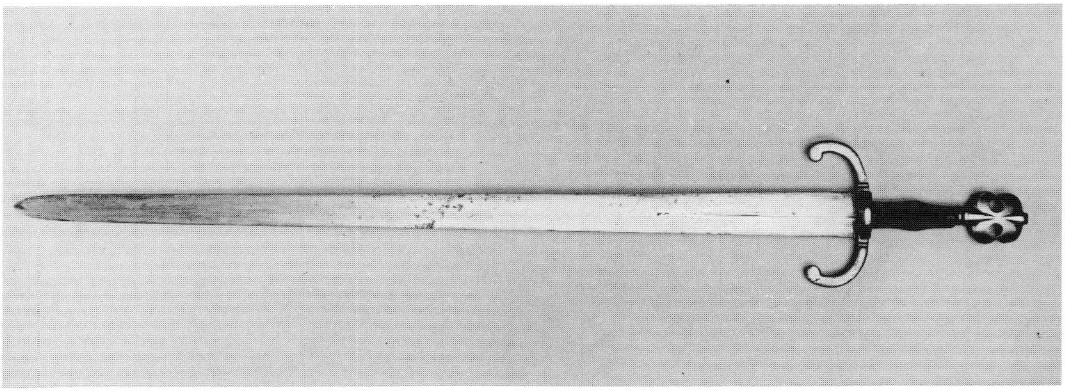

30. Schwert; bogenförmige Parierstange und Parierring; auf der Klinge kupferintarsierter Reichsapfel und gravierte Schlange. Norditalien oder Süddeutschland, um 1500

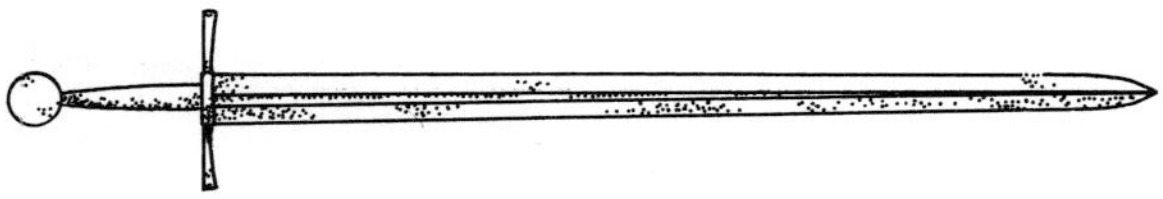

Schwert, 14. Jh.

31. Schwert; reliefartig geschnittenes Gefäß vom Schweizersäbeltyp. Schweiz, Anfang des 17. Jh.

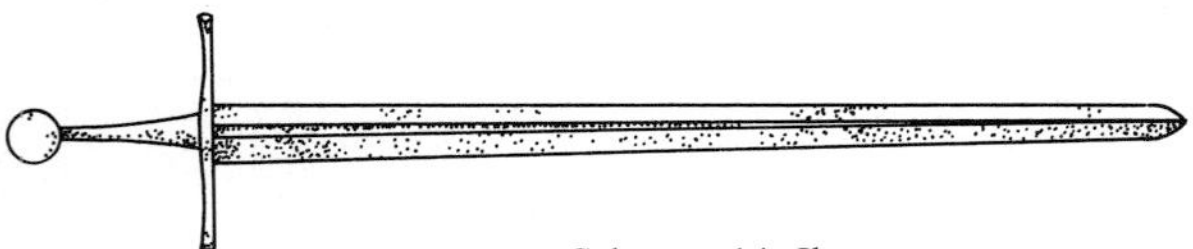

Schwert, 14. Jh.

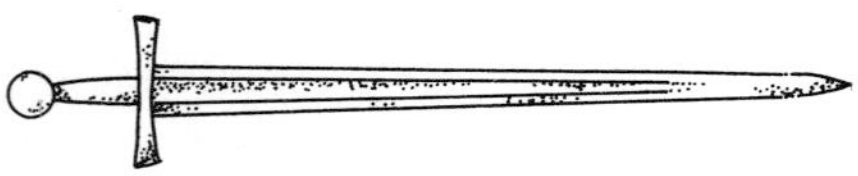

Schwert, 14. Jh.

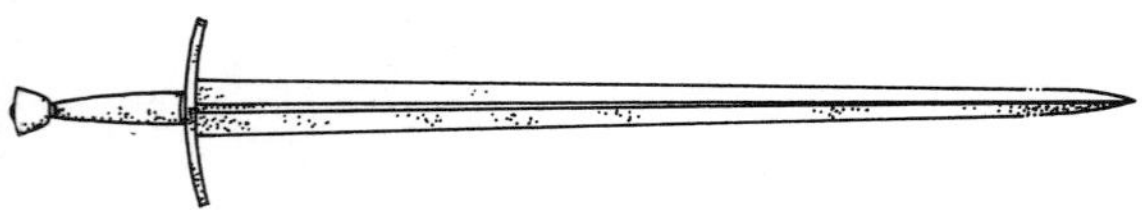

Schwert, 14. Jh.

Schwert, 14.—15 Jh.

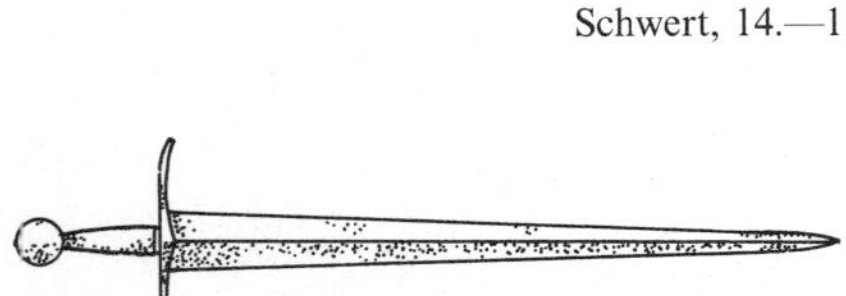

Schwert, 15. Jh.

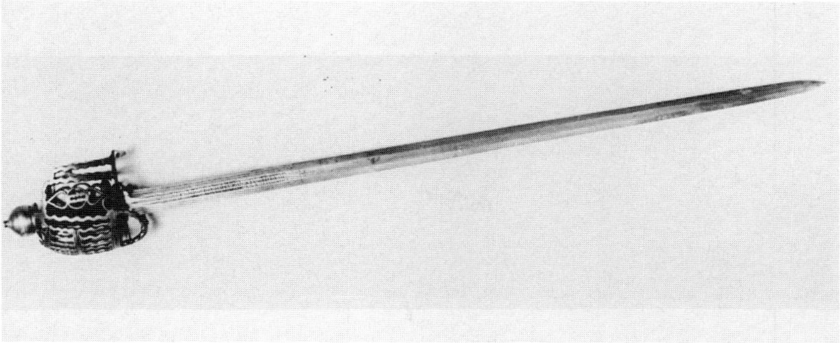

32. Schottisches Schwert (basket hilted sword). 18.—19. Jh.

gen Deutschland wie auch in England gefunden. Vom ovalen oder kreisförmigen Knauf war es nur noch ein Schritt zur Form eines achteckigen Doppelpyramidenstumpfes mit häufiger kreisförmiger Vertiefung. Die Form des Knaufs wies an der Wende vom 14. zum 15. Jahrhundert eine beträchtliche Vielfalt auf. Immer häufiger trat auch ein vertikal am Ende der Angel aufgesetzter mehrkantiger Doppelpyramidenstumpf auf.

Die Parierstange, oft immer noch vierkantig, nahm kompliziertere, mehrkantige, an den Enden etwas verdickte Formen an. Manchmal war sie auch leicht zur Klinge hin gebogen.

Von etwas unterschiedlichem Typ ist das Schwert, das auf den Britischen Inseln gebräuchlich war — die Claymore, offensichtlich schottischen Ursprungs; es erschien im Hochmittelalter und war noch am Anfang des 16. Jahrhunderts im Einsatz. Es zeichnet sich durch eine kurze Parierstange aus, deren Arme schief abwärts gebogen sind.

Im Laufe des 15. Jahrhunderts erschienen auch weitere Knaufformen, zum Beispiel ein flacher Knauf in Form der oberen Hälfte einer stilisierten Lilie. Birnenformen, glatt oder kantig, gehören in der Regel zu Schwertern mit auf anderthalb Hand verlängertem Griff; ihre Klinge ist oft ungewöhnlich lang (sie waren wahrscheinlich zum Fußkampf bestimmt). Die am Knauf liegende linke Hand ermöglichte ein leichteres Ausbalancieren des Schwertes und seine bessere Handhabung. Seit der zweiten Hälfte des 15. Jahrhunderts tauchte ein ziemlich flacher quadratischer Knauf auf, in Mitteleuropa mit einer Vertikalrippe, im Machtbereich Venedigs mit rundem Ausläufer in der Mitte. Zu dieser Knaufform kam häufig eine S-förmige Parierstange aus einem relativ breiten, manchmal parallel gerillten Eisenband.

33. Schwert; Balusterkorb; auf der Klinge fünf Schilder mit gekreuzten Pfeilen und die Inschrift (*INRI I. HOPPE ME FECIT SOLINGEN*. J. Hoppe, Solingen, nach 1650

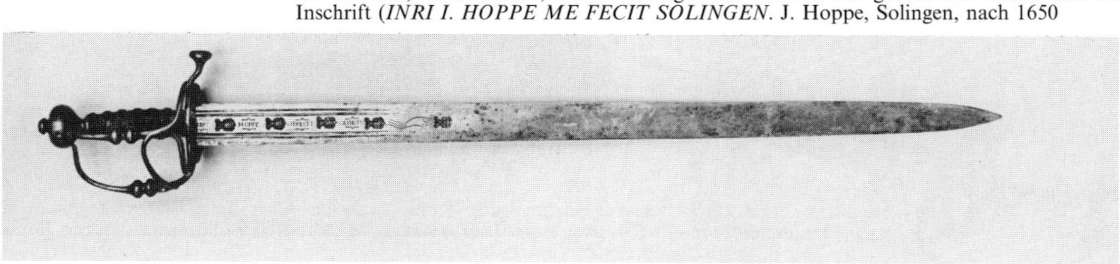

34. Schiavona; einschneidige Klinge mit Passauer-Wolf-Marke, Überreste von Messingeinlagen; Knauf mit Löwenmaskaron, Spangenkorb älteren Typs; Scheide aus Riemen geflochten. Um 1600

Um 1500 setzte die Entwicklung der Handschutzelemente ein. Zunächst handelte es sich um einen einfachen Parierbogen bzw. Parierring in der Mitte des Handschutzes. Später nahmen, parallel zu der Entwicklung der Degen, die unteren Spangen zu, die vertikal S-förmige Parierstange entwickelte sich zum Korbbügel. Nach und nach kamen weitere Spangen auf einer oder auf beiden Seiten des Griffes hinzu. Einen eigenständigen, vom Schweizer Säbel abgeleiteten Gefäßtyp weisen einige Schweizer Schwerter vom Anfang des 17. Jahrhunderts auf.

Am weitesten entwickelt ist der Handschutz, der Korb, bei der sogenannten Schiavona, einer ursprünglich für die Söldnerreiterei der Republik Venedig typischen Waffe. Deren Angehörige waren vorwiegend dalmatischer, also slawischer Herkunft (daher wahrscheinlich der Waffenname). Der Schiavona-Korb besteht aus schmaleren oder breiteren Bändern von typischer Anordnung und schützt die Hand von innen wie außen. In der Entwicklung des Korbes sind einige Etappen sichtbar. Zunächst gingen die Bänder fächerförmig auf den Randstreifen zu. Später wurde von beiden Seiten auf die Mitte zu zwischen den Umfang und den Fächer in pfeilförmiger Anordnung eine Reihe Einlagen untergebracht. Bei jüngeren Stücken ist diese Reihe verdoppelt oder verdreifacht. Der Knauf, häufig aus Bronze oder Messing, ist flach, mit auslaufenden Ecken und einem reliefartigen Löwen-Maskaron in der Mitte. Die schlichten Söldnerwaffen haben eiserne Knäufe mit einem hervortretenden Kugelsegment in der Mitte.

Ein anderer Schwerttyp mit vollem Handschutz entwickelte sich ungefähr am Ende des 16. Jahrhunderts in Schottland und verbreitete sich

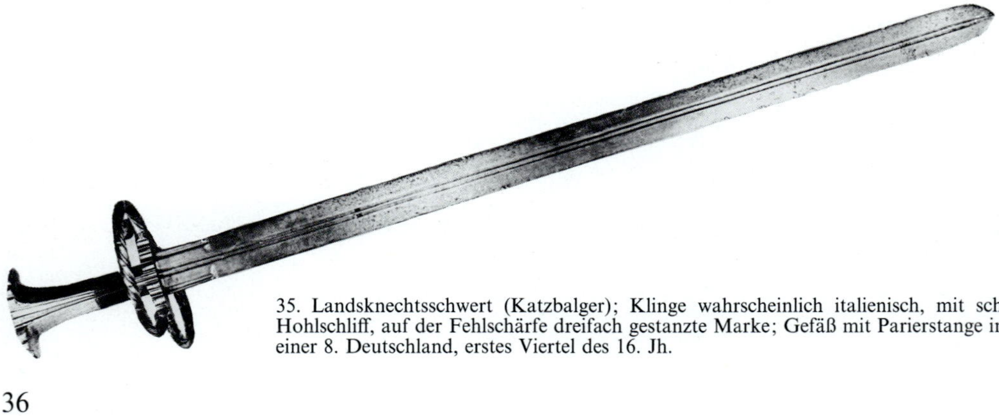

35. Landsknechtsschwert (Katzbalger); Klinge wahrscheinlich italienisch, mit schmalem Hohlschliff, auf der Fehlschärfe dreifach gestanzte Marke; Gefäß mit Parierstange in Form einer 8. Deutschland, erstes Viertel des 16. Jh.

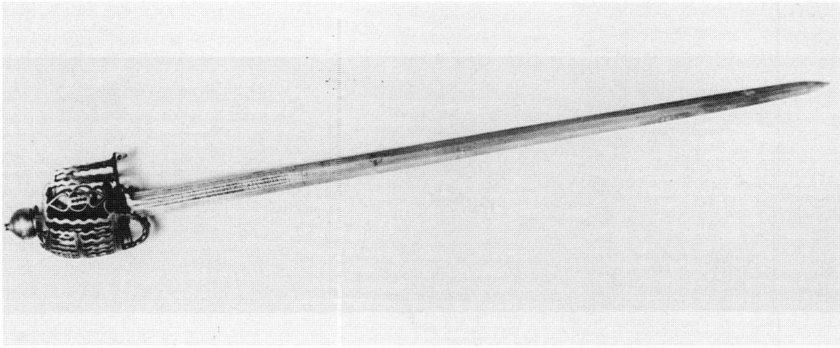

32. Schottisches Schwert (basket hilted sword). 18.—19. Jh.

gen Deutschland wie auch in England gefunden. Vom ovalen oder kreisförmigen Knauf war es nur noch ein Schritt zur Form eines achteckigen Doppelpyramidenstumpfes mit häufiger kreisförmiger Vertiefung. Die Form des Knaufs wies an der Wende vom 14. zum 15. Jahrhundert eine beträchtliche Vielfalt auf. Immer häufiger trat auch ein vertikal am Ende der Angel aufgesetzter mehrkantiger Doppelpyramidenstumpf auf.

Die Parierstange, oft immer noch vierkantig, nahm kompliziertere, mehrkantige, an den Enden etwas verdickte Formen an. Manchmal war sie auch leicht zur Klinge hin gebogen.

Von etwas unterschiedlichem Typ ist das Schwert, das auf den Britischen Inseln gebräuchlich war — die Claymore, offensichtlich schottischen Ursprungs; es erschien im Hochmittelalter und war noch am Anfang des 16. Jahrhunderts im Einsatz. Es zeichnet sich durch eine kurze Parierstange aus, deren Arme schief abwärts gebogen sind.

Im Laufe des 15. Jahrhunderts erschienen auch weitere Knaufformen, zum Beispiel ein flacher Knauf in Form der oberen Hälfte einer stilisierten Lilie. Birnenformen, glatt oder kantig, gehören in der Regel zu Schwertern mit auf anderthalb Hand verlängertem Griff; ihre Klinge ist oft ungewöhnlich lang (sie waren wahrscheinlich zum Fußkampf bestimmt). Die am Knauf liegende linke Hand ermöglichte ein leichteres Ausbalancieren des Schwertes und seine bessere Handhabung. Seit der zweiten Hälfte des 15. Jahrhunderts tauchte ein ziemlich flacher quadratischer Knauf auf, in Mitteleuropa mit einer Vertikalrippe, im Machtbereich Venedigs mit rundem Ausläufer in der Mitte. Zu dieser Knaufform kam häufig eine S-förmige Parierstange aus einem relativ breiten, manchmal parallel gerillten Eisenband.

33. Schwert; Balusterkorb; auf der Klinge fünf Schilder mit gekreuzten Pfeilen und die Inschrift (*INRI I. HOPPE ME FECIT SOLINGEN.* J. Hoppe, Solingen, nach 1650

34. Schiavona; einschneidige Klinge mit Passauer-Wolf-Marke, Überreste von Messing-einlagen; Knauf mit Löwenmaskaron, Spangenkorb älteren Typs; Scheide aus Riemen geflochten. Um 1600

Um 1500 setzte die Entwicklung der Handschutzelemente ein. Zunächst handelte es sich um einen einfachen Parierbogen bzw. Parierring in der Mitte des Handschutzes. Später nahmen, parallel zu der Entwicklung der Degen, die unteren Spangen zu, die vertikal S-förmige Parierstange entwickelte sich zum Korbbügel. Nach und nach kamen weitere Spangen auf einer oder auf beiden Seiten des Griffes hinzu. Einen eigenständigen, vom Schweizer Säbel abgeleiteten Gefäßtyp weisen einige Schweizer Schwerter vom Anfang des 17. Jahrhunderts auf.

Am weitesten entwickelt ist der Handschutz, der Korb, bei der sogenannten Schiavona, einer ursprünglich für die Söldnerreiterei der Republik Venedig typischen Waffe. Deren Angehörige waren vorwiegend dalmatischer, also slawischer Herkunft (daher wahrscheinlich der Waffenname). Der Schiavona-Korb besteht aus schmaleren oder breiteren Bändern von typischer Anordnung und schützt die Hand von innen wie außen. In der Entwicklung des Korbes sind einige Etappen sichtbar. Zunächst gingen die Bänder fächerförmig auf den Randstreifen zu. Später wurde von beiden Seiten auf die Mitte zu zwischen den Umfang und den Fächer in pfeilförmiger Anordnung eine Reihe Einlagen untergebracht. Bei jüngeren Stücken ist diese Reihe verdoppelt oder verdreifacht. Der Knauf, häufig aus Bronze oder Messing, ist flach, mit auslaufenden Ecken und einem reliefartigen Löwen-Maskaron in der Mitte. Die schlichten Söldnerwaffen haben eiserne Knäufe mit einem hervortretenden Kugelsegment in der Mitte.

Ein anderer Schwerttyp mit vollem Handschutz entwickelte sich ungefähr am Ende des 16. Jahrhunderts in Schottland und verbreitete sich

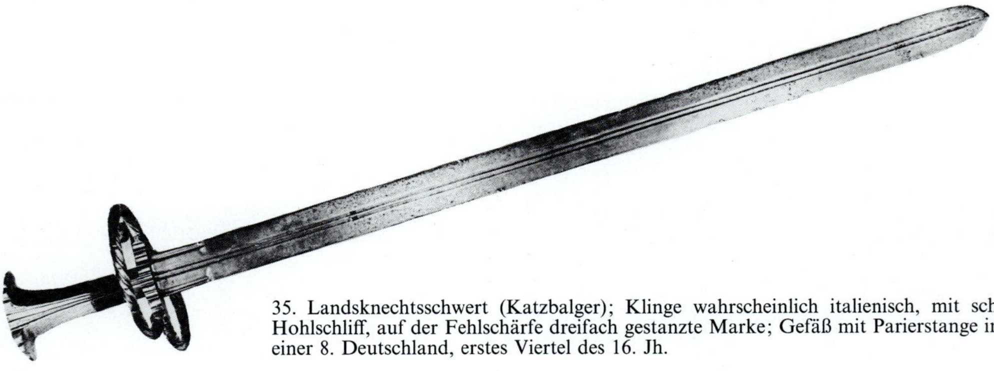

35. Landsknechtsschwert (Katzbalger); Klinge wahrscheinlich italienisch, mit schmalem Hohlschliff, auf der Fehlschärfe dreifach gestanzte Marke; Gefäß mit Parierstange in Form einer 8. Deutschland, erstes Viertel des 16. Jh.

schnell über die Britischen Inseln. Dieses Schwert, genannt Highland Guard oder in breiterem Sinn Baskethilted Broadsword, zeichnet sich durch eine ziemlich breite Klinge mit zwei oder mehr Rinnen aus. Den Korb bilden bei älteren Exemplaren (17. Jahrhundert) Spangen, die sich oft vorn kreuzen, bei jüngeren (seit dem 18. Jahrhundert) sind zwischen schmalen Bändern durchbrochene Plättchen. Der Handschutz wurde innen mit Leder ausgepolstert, später mit farbigem Tuch. Diese Waffe trugen die Offiziere einiger schottischer Regimenter noch vor kurzem.

Auf dem europäischen Kontinent, besonders in Deutschland, hatte das Schwert in der zweiten Hälfte des 17. Jahrhunderts weiterhin einen wichtigen Stellenwert. An die relativ breiten Klingen wurden Körbe mit einfachem, häufig durch eine Seitenspange ergänztem Bügel und mit einem unter oder in der Ebene der Parierstange befindlichen Stichblatt montiert.

Zu der typischen Ausrüstung der Kürassiere jener Zeit zählen Schwerter, deren Korb aus kegelförmigen Stabstangen besteht, mit einem Stichblatt mit einfachem Ornament durchbrochen. In den Armeen der österreichischen Habsburger herrschte dieser Typ bis zum Anfang des 18. Jahrhunderts vor.

Schwertartige Waffen erhielten sich in der Militärausrüstung weiterhin. Schwertklingen hatten neben einschneidigen Klingen im 17. Jahrhundert die Schiavonen. Ähnlich war es bei den gewöhnlichen Militärwaffen, namentlich im 18. Jahrhundert — den Haudegen. Zum Beispiel wurden die regulären preußischen Kürassierpallasche Muster 1732 und die Dragonerpallasche Muster 1735 erst 1797 zu wirklichen Pallaschen, als eine Vorschrift über die Einführung einschneidiger Klingen erlassen wurde. Auch die französischen Vorschriften erlaubten noch 1735 die Verwendung zweischneidiger Klingen bei Pallaschen.

Im Laufe der Zeit entwickelten sich einige Spezialarten von Schwertern, in Form und Abmessungen vom Grundtyp unterschiedlich. Zu ihnen gehört vor allem das Landsknechtschwert, genannt Katzbalger, eine typische Griffwaffe des Söldnerfußvolks in der ersten Hälfte des 16. Jahrhunderts. Seine Klinge ist kürzer (bis 75 cm), aber breiter, mit

36. Zeremonialschwert; Klinge im oberen Teil vergoldet, mit der Inschrift *PAVLVS IV. PONT. MAX. ANNO II.*; wahrscheinlich originaler Knauf, Parierstange mit Stichblättern höchstwahrscheinlich vom Anfang des 17. Jh. 1556 von Papst Paul IV. an Ercole d'Este als Gonfaloniere der Kirche verschenkt

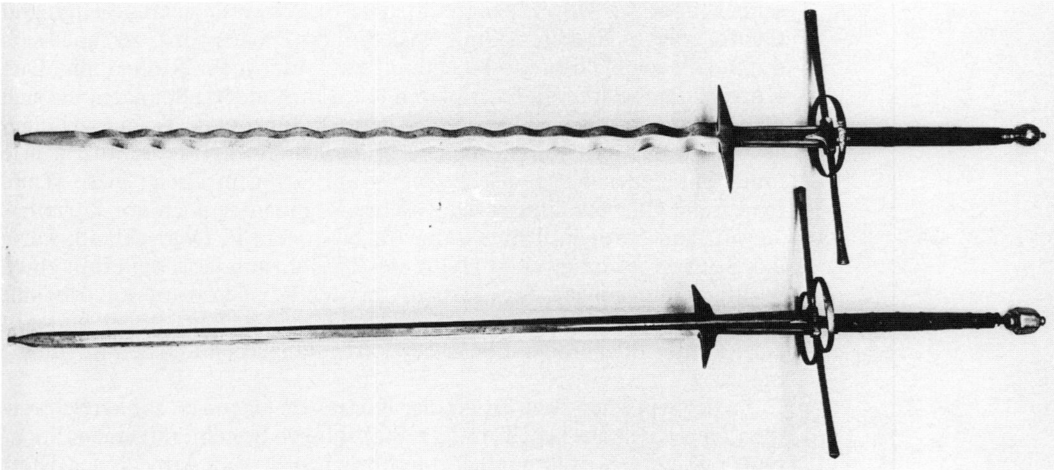

37. Zweihänder mit geflammter Klinge; gerade Parierstange mit Parierringen, Knauf mit Silberdraht inkrustiert. Mitteleuropa, nach der Mitte des 16. Jh.
Zweihänder; auf der Klinge die Inschrift *JESVS./.MARIA.* Mitteleuropa, erste Hälfte des 16. Jh.

typisch horizontal S-förmiger Parierstange, die sich fast zu einer Acht schließt, der Griff verjüngt sich konisch nach oben.

Ein weiteres Schwert ist der Zweihänder, eine typische Waffe des Fußsoldaten. Die ältesten Exemplare stammen aus dem 14. Jahrhundert. Erst die steigende Bedeutung der Infanterie auf den Schlachtfeldern im 15. Jahrhundert gab der Entwicklung dieser Waffe einen starken Impuls. Die ältesten erhaltenen Stücke stellen eigentlich nur eine Art Vergrößerung des damaligen Reiterschwertes dar. An der Wende vom 15. zum 16. Jahrhundert, als in den Schlachten Tausende Infanteristen in geschlossenen Formationen aufeinanderstießen und ihre Langspieße den Angriff erschwerten, gewannen Zweihandschwerter an Bedeutung. Mit diesen Waffen kämpfende Söldner, namentlich deutsche Landsknechte, vermochten häufig Schneisen in die gegnerischen Formationen zu schlagen, indem sie vor allem gegnerische Langspieße außer Gefecht setzten. Es verwundert also nicht, daß die Schlachtschwertierer zu den sogenannten Doppelsöldnern zählten, die einen doppelt so hohen Sold wie das übrige Fußvolk erhielten.

Das eigentliche Zeitalter der Zweihänder ist das 16. Jahrhundert, besonders seine erste Hälfte. Das Zweihandschwert hatte eine lange (100—140 cm) und ziemlich breite Klinge (5—6 cm) mit langer, oft mit Leder bezogener Fehlschärfe. Am Übergang zwischen der Fehlschärfe und der eigentlichen Klinge gab es häufig dreieckige, gerade oder leicht gekrümmte Parierdorne zum Einfangen der gegnerischen Klinge. Die lange Parierstange war bei älteren Typen gerade, in der Mitte mit Parierringen versehen. Der Griff war in der Mitte verstärkt, meist mit Leder überzogen, der Knauf von verschiedener Form (kugel-, birnen-, faßförmig), manchmal mit Relief oder Silberdrahtinkrustierung verziert.

Bekannt sind auch Exemplare mit gewellter, geflammter Klinge (Flamberg); man schrieb ihnen den Vorteil einer längeren Hiebschneide zu. Häufiger sind sie jedoch erst bei jüngeren Stücken (seit der zweiten Hälfte des 16. Jahrhunderts), die sich durch Parierbogen mit Voluten

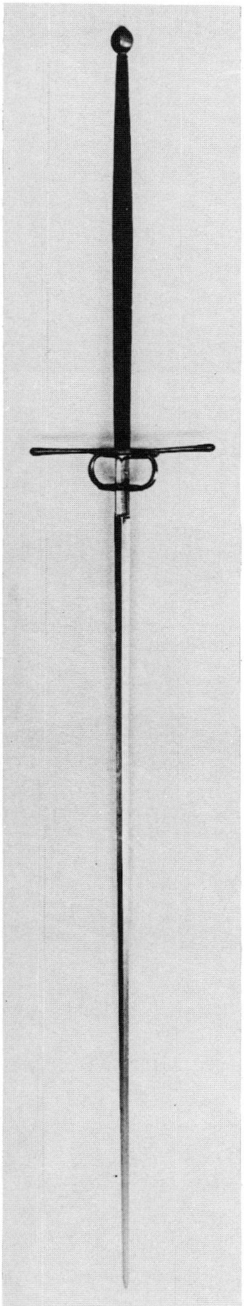

38. Stoßzweihänder; Kennzeichnung durch einen Turm mit Krone und die Inschrift *ANTONIO PICININO ME FECITE(!) IN MILANO 1584*. Mailand, 1584

sowie kompliziertere Parierringe auszeichneten. Am Griff, der manchmal mit Stoff (Samt) bezogen war, gab es häufig auch Quasten, die den fehlenden Kampfcharakter dieser Stücke bezeugten; sie wurden eher zu dekorativen Gegenständen für Hofzeremonien. Wegen seiner Länge (Gesamtlänge 249,1 cm, Klingenlänge 165,1 cm) und Form ungewöhnlich ist ein Stoßzweihänder aus der Werkstatt des Mailänder Schwertfegers Antonio Picinino aus dem Jahr 1584, das sich möglicherweise als Spieß verwenden ließ.

Man sollte beachten, daß es unter den Zweihändern in öffentlichen und privaten Sammlungen eine Reihe von unechten, erst im 19. Jahrhundert entstandenen Exemplaren gibt. Sie wurden teilweise für traditionelle Zweihänder-Duelle gefertigt, die bereits im 16. Jahrhundert entstanden und sich bis ins 19. Jahrhundert erhielten. Diese Nachahmungen, oft sehr gute, waren im vergangenen Jahrhundert romantische Mode. Neureiche und geadelte Bürger statteten ihre Häuser mit Rittersälen aus, und weil Originalwaffen nicht mehr vorhanden waren, gaben sie sich mit Kopien zufrieden. Neben hochwertigen Nachahmungen entstanden auch zahlreichen Falsifikate. Die Beurteilung der Echtheit einer Waffe erfordert viel Mühe und Kenntnisse nicht nur der Literatur, sondern vor allem von Originalgegenständen.

Manchmal begegnet man der Ansicht, die langen Zweihänder seien Richtschwerter gewesen. Hierbei handelt es sich um einen hartnäckig sich haltenden Irrtum; das Richtschwert hatte nicht nur andere Maße, sondern war auch von anderem Typ. Seine Klinge ist zwar ebenfalls breit, aber wesentlich kürzer, am Ort abgerundet und oft mit drei sogenannten Blutlöchern durchbrochen. Auf Klingen aus dem 17. und 18. Jahrhundert sind Galgen, Folterrad, manchmal die Justitia oder der Gekreuzigte, oft mit Inschriften und Versen, eingraviert. Die Parierstange des Richtschwerts ist stets gerade, nicht sehr lang, einfach profiliert. Auch der Knauf ist einfach. Sehr selten kommen Schwerter vor, die als Symbol des peinlichen Rechts dienten. Sie wurden nicht zur Hinrichtung verwendet, sondern meist in Rathäusern ausgehängt als Zeichen, daß dort ein Blutgericht stattfand.

39. Richtschwert in der Scheide. 17.—18. Jh.

40. Prunkschwert; Klinge mit Mittelgrat, im Oberteil vergoldete Felder mit Gravierungen, Marke eines stilisierten Turms; Gefäß vergoldet. Norditalien, um 1520

Klingenquerschnitte, zweischneidig

linsenförmig

sechskantig

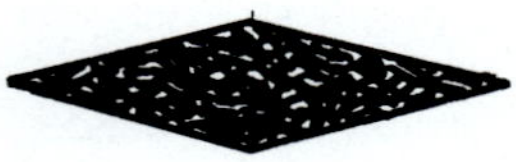

rhombisch, rautenförmig

Mittelgratklinge mit konkaven Schneideflächen

Klinge mit beiderseits breiter, flacher Hohlkehle

Klinge mit beiderseitiger Hohlkehle

Klinge mit versetzten Hohlkehlen

Klinge mit beiderseits doppelter Hohlkehle

41. Prunkschwert venezianischen Typs; Klinge mit drei Blutrinnen; Gefäß vergoldet mit reicher Reliefverzierung. Venedig, um 1570

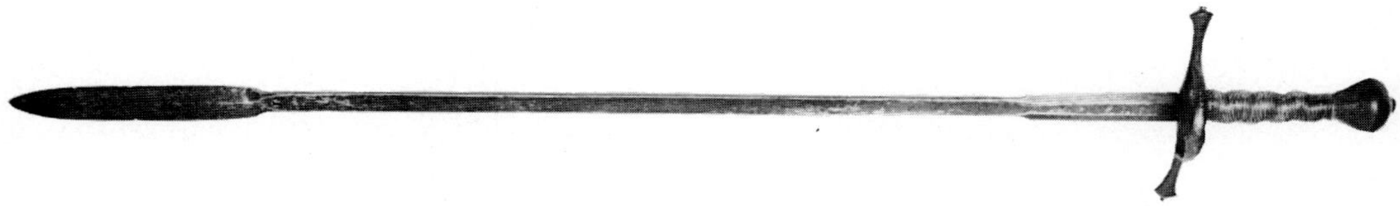

42. Saufängerschwert; Gefäß mit Parierring. Mitteleuropa, 17. Jh.

Schwert, zweite Hälfte des 15. Jh.

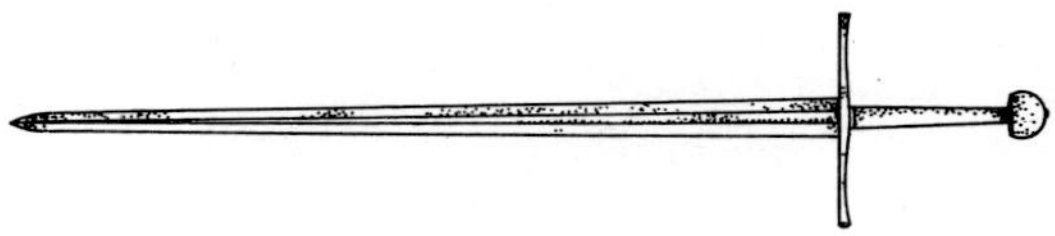

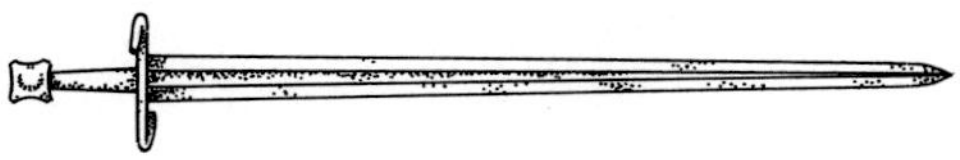

Schwert, zweite Hälfte des 15. Jh.

Schwert, Ende des 15. Jh.

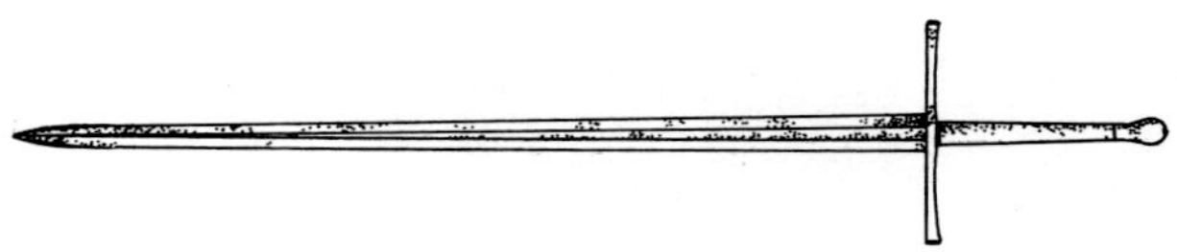

Eine Sondergattung der Waffen vom Schwerttyp sind die Zeremonialschwerter. Es handelt sich nicht um Waffen im eigentlichen Sinn, sondern um Symbole oder Andenken an bestimmte Personen oder Ereignisse. Hierzu gehören die Krönungsschwerter, die eine Rolle bei den feierlichen Zeremonien spielten, zum Beispiel das Krönungsschwert Kaiser Friedrichs II. vom Anfang des 13. Jahrhunderts (Schatzkammer Wien), das polnische Sczierbiec aus dem 14. Jahrhundert, das sogenannte Schwert des heiligen Wenzel (Prager St.-Veits-Kathedrale) aus der Zeit Karls IV. im 14. Jahrhundert sowie das Schwert Friedrichs des Streitbaren (Sachsen) von 1426 mit einem Knauf aus Bergkristall.

Weltweit sind in Sammlungen reich verzierte Stücke zu finden, vor allem aus der Renaissancezeit. Berühmt sind Schwerter, die Herrschern von römischen Päpsten geschenkt wurden, wie das Schwert, das Paul II. dem Köning von Böhmen und Ungarn Wladislaw Jagiello schenkte, oder das Schwert, das Papst Paul IV. im zweiten Jahr seines Pontifikats (1556) an Ercole II. d'Este verschenkte, wahrscheinlich als er ihn zum Gonfaloniere (Bannerträger der Kirche) ernannte.

Das Schwert war auch unter den Jagdwaffen zu finden. Neben den kurzen Waffen, die eher den Hirschfängern zugerechnet werden können, ist dies vor allem das Saufängerschwert, das eine ziemlich lange Klinge hat. Ihr größter Teil (zwei Drittel bis drei Viertel) hat einen quadratischen Querschnitt und bildet damit eine verlängerte Fehlschärfe (Ricasso), nur der zweischneidige Rest mit Spitze ist die eigentliche, zum Stechen des verletzten Tieres bestimmte Klinge. Offensichtlich unterscheiden sich hier die Terminologie und die Regeln voneinander, denn ein Schwert sollte zum Hieb bestimmt sein. Die Saufängerschwerter hatten in der Regel ein den zu ihrer Zeit (16.—17. Jahrhundert) üblichen Schwerttypen entsprechendes Gefäß (also Korb, Parierstange, Griff).

Der Pallasch

Neben dem zweischneidigen Schwert erschienen bereits seit Jahrhunderten Waffen mit gerader einschneidiger Klinge. Sie entwickelten sich aus kurzen einschneidigen Waffen germanischer Stämme und standen in der Größe zwischen einem längeren Messer und einem kürzeren Schwert (Sax). Im Norden Europas hielt sich die einschneidige gerade Waffe am längsten, und so blieben aus dem 8. bis 9. Jahrhundert mehrere Waffen, die den Wikingerschwertern ähnlich waren, allerdings mit langer einschneidiger Klinge. In späteren Jahrhunderten überwog jedoch das zweischneidige Schwert völlig.

Erst an der Wende vom 16. zum 17. Jahrhundert erschienen — vor allem in Osteuropa — wieder Waffen mit einschneidiger langer Klinge; sie wurden unter dem Namen Pallasch bekannt. Es handelt sich wahrscheinlich um eine Bezeichnung türkischen Ursprungs, die über das Ungarische (pallos — Schwert) zunächst in die benachbarten slawischen Sprachen vordrang und sich später auch in weiteren europäischen Ländern verbreitete. Allerdings sei bemerkt, daß Name und Definition des Pallasches nicht ganz eindeutig sind. Die altpolnische Terminologie unterschied neben dem geraden auch einen gekrümmten Pallasch.

Der klassische gerade Pallasch hat eine ziemlich mächtige, relativ breite und einschneidige Klinge. An der Spitze, die meist in der Mitte liegt, war eine lange Rückenschneide. Es handelt sich also vor allem um eine recht wirksame Hiebwaffe, die Spitze ermöglichte aber auch einen Stoßangriff.

Ende des 16. und Anfang des 17. Jahrhunderts erschienen in Ungarn Pallasche mit einem mit den damaligen ungarischen Säbeln identischen Gefäß. Es waren überwiegend offene Gefäße (ohne Korbbügel), mit einer langen geraden Parierstange und einem ebenfalls langen Mitteleisen. Der Griff war mit einer tropfen- oder mandelförmigen Griffkappe angeschlossen. Neben diesem einfachen Gefäß tauchte eine vorn rechtwinklig gebogene Parierstange auf, die in einen nicht geschlossenen Faustschutz, eine Andeutung des Korbs, überging. Diese Grundform, reich gestaltet, zeigen die beiden Pallasche aus den sogenannten ungarischen Garnituren (nach ungarischer Mode), adjustiert 1610 und 1612 vom Prager Goldschmied Johann Michael für den bayerischen Herzog Maximilian und den sächsischen Kurfürsten Christian II. Ein ähnliches, jedoch einfacheres Gefäß hat ein polnischer Pallasch aus der zweiten Hälfte des 17. Jahrhunderts.

43. Polnischer Pallasch; Klinge mit drei Blutrinnen, Inschrift *GENOA* zwischen zwei gravierten Halbmonden (wahrscheinlich Nachahmung der genuesischen Marke). Polen, zweite Hälfte des 17. Jh.

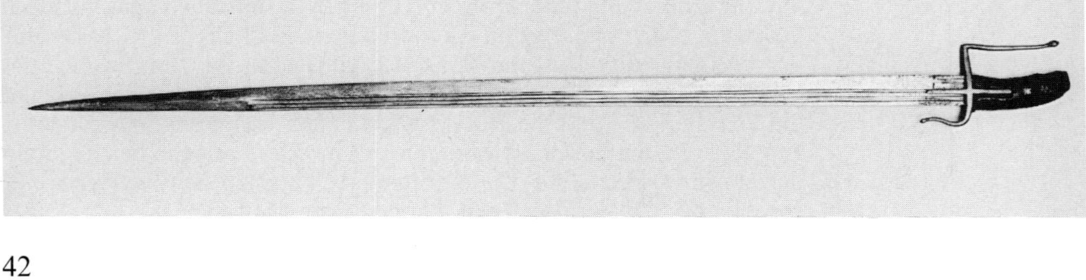

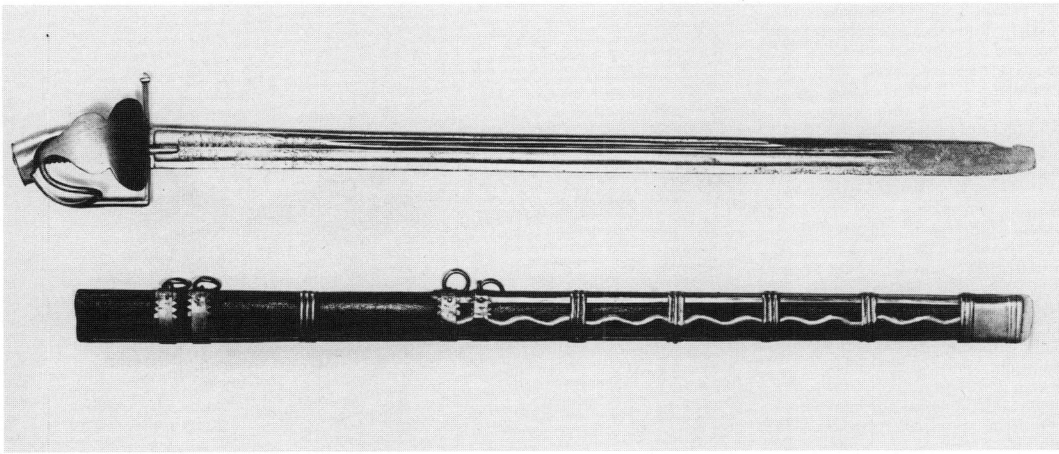

44. Pallasch der österreichischen habsburgischen Armee Muster 1716 mit Scheide; Klinge mit zwei Hohlschliffen und zwei Blutrinnen; Inschrift *VIVAT CAROLUS VI.*

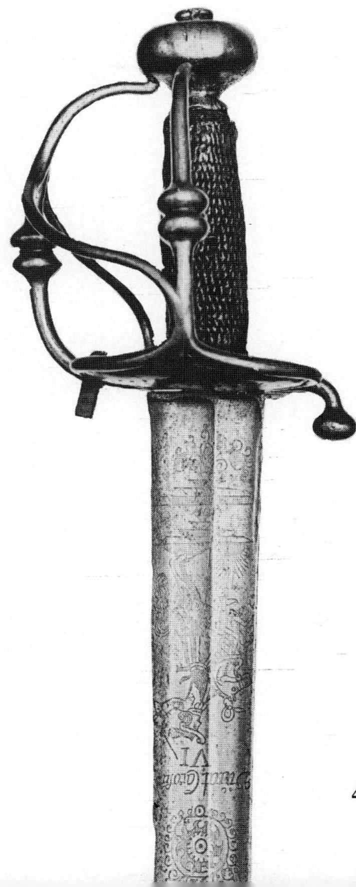

45. Kürassierpallasch mit Balusterkorb; auf der Klinge ein gravierter Kürassier und die Inschrift *VIVAT CAROLUS VI* (1711—1740). Mitteleuropa, nach 1711

46. Grenadiersäbel für Kürassier- und Dragonerregimenter; auf der Klinge ein gravierter Reiter und die Inschrift *VIVAT CAROLUS VI.*; Gefäß mit Wappenrelief auf dem Stichblatt. Um 1730—1740.
Habsburgischer Chevaulegers-Pallasch Muster 1763; Klinge von einem preußischen Haudegen Muster 1732 (Kriegsbeute); auf dem Stichblatt reliefartiges Monogramm *MTJ* (Maria Theresia, 1740—1780, Joseph, 1780—1790); Scheide mit Rahmenbeschlag.
Pallasch der österreichischen habsburgischen Armee; Messinggefäß mit kanneliertem muschelförmigem Stichblatt. Um 1730—1740

47. Pallasch der habsburgischen Chevaulegersoffiziere Muster 1763; Klinge abgebrochen; im Korb das durchbrochene Monogramm *MTJ*

Parallel zur Verbreitung des Pallasches tauchten auch andere Gefäßformen auf. Der geschlossene Korb der Schiavona ist nicht nur bei Waffen mit zweischneidiger Schwertklinge, sondern auch bei einschneidigen Exemplaren zu finden. Auch die üblichsten Waffen der Kürassiere in der zweiten Hälfte des 17. Jahrhunderts haben Klingen beiderlei Art. Ihr Balusterkorb bot der die Waffe haltenden Hand einen ziemlich guten Schutz.

Der Pallasch als vorschriftsmäßige Waffe etablierte sich zunächst in der Ausrüstung der schweren Kavallerie der mitteleuropäischen habsburgischen Monarchie. Der 1700 (nach einigen Quellen 1705) eingeführte Pallasch hat noch ein einfaches, den damaligen Säbeln entsprechendes Gefäß, d. h. Griff mit Kappe, einfachen Spangenkorb und Parierstange mit Mitteleisen und Daumenring. Die Gefäße waren aus Messing oder Eisen, je nach Regiment. Die Angehörigen der Regimenter mit weißen Uniformknöpfen trugen Pallasche mit Eisengefäß, die mit gelben Knöpfen solche mit Messinggefäß. Auf der Klinge findet man oft einen gravierten Reiter mit gezogener Waffe und Inschriften, die zuweilen die Datierung erleichtern. So muß eine Aufschrift *VIVAT ERZHERZOG*

48. Österreichischer Pallasch für schwere Kavallerie Muster 1769; für Wachtmeister Messinggriffkappe in Löwenkopfform, für Mannschaften Eisengefäß; Scheide Muster 1775; auf der Klinge Gravuren und das Schönborn-Wappen

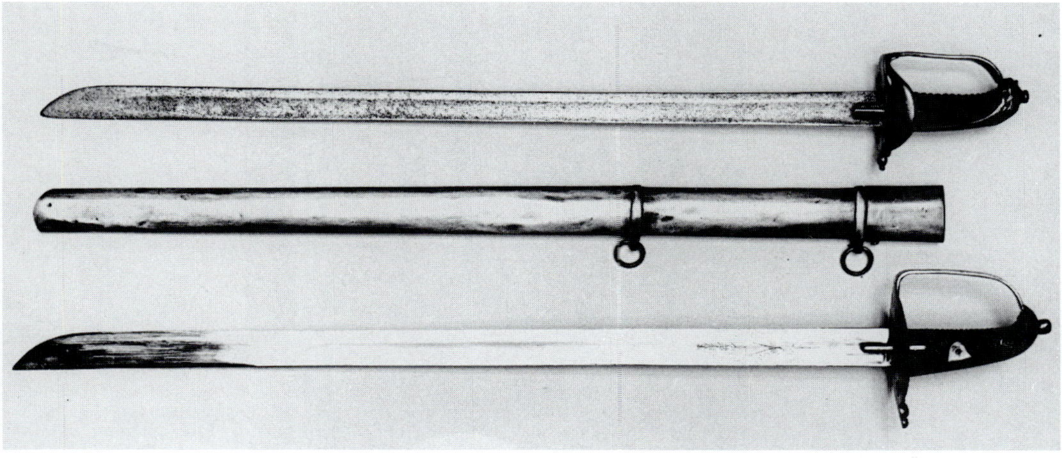

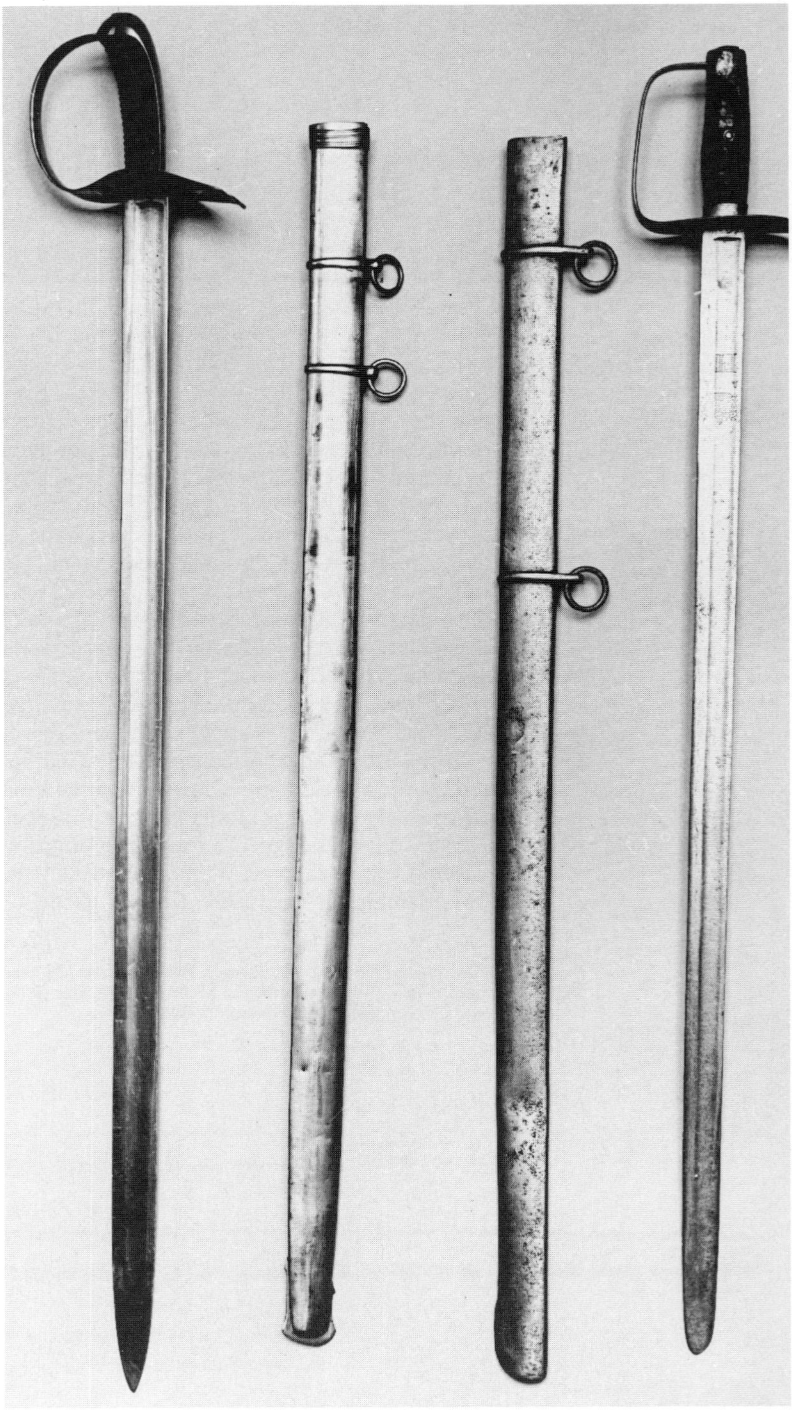

49. Österreichischer Pallasch Muster 1803 mit Scheide; auf der Klinge das Monogramm *F II* (Franz II., 1792—1835), gekennzeichnet *Fischer* (Wiener Schwertfegerfirma). Österreichischer Dragonerpallasch Muster 1798; auf der Klinge das Monogramm *F II,* Marke Fischer; Korb mit drehbarem Nebenbügel und Feder

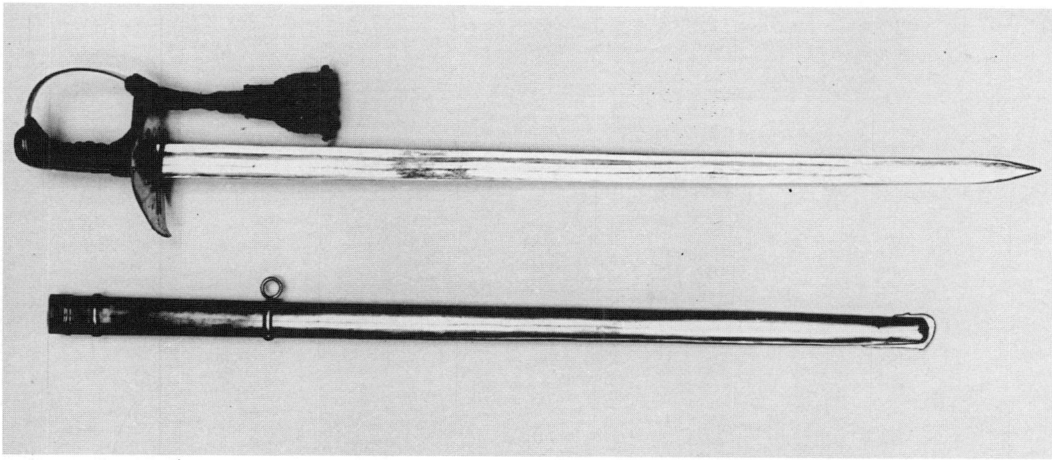

50. Österreichischer Pallasch für Kürassieroffiziere Muster 1837; auf der Klinge die Inschriften *Schütze die Unschuld — Schone den Besiegten./.Sei furchtbar dem Feinde*

JOSEPH vor 1705, als der Erzherzog zum Kaiser Joseph I. wurde, entstanden sein. Die Inschrift *VIVAT CAROLUS VI* ordnet die Waffe in die Zeit nach 1711.

Der Spanische Erbfolgekrieg und die Kämpfe gegen die Türken in den ersten Jahren des 18. Jahrhunderts scheinen gezeigt zu haben, daß das einfache Säbelgefäß die Faust nicht ausreichend schützte. Der 1716 eingeführte habsburgische Pallasch hatte ebenfalls ein Eisen- oder Messinggefäß, dessen Ausführung aber anders war. Außen waren zudem eine Seitenspange und ein vertikales Stichblatt angefügt. Diese Form erfuhr eine Reihe von Änderungen, von den dreißiger Jahren an war der Korb bis 1769 nur noch aus Messing.

Erwähnenswert ist, daß 1711 bis 1740 bei den Kürassieren und Dragonern der Habsburgerarmee Grenadiere zu Pferde eingeführt wurden, die im Unterschied zu den anderen Angehörigen des Regiments statt des Pallasches einen Säbel mit dem Korb des damaligen Pallasches trugen. Bei den Offizierwaffen war die zweischneidige Klinge bis 1769 zugelassen.

Der Pallasch der habsburgischen Chevaulegers (leichte Kavallerie) Muster 1763 trägt auf dem Stichblatt das Monogramm *MTJ* (Maria Theresia — Joseph), bei der Mannschaft in einfachem Relief, bei den Offizieren in durchbrochenem Ornament.

Die Pallasche der österreichischen Armee hatten hölzerne, mit Leder bezogene Scheiden mit Messing- oder Eisenbeschlag. In der Mitte des Unterteils waren mit Wellenlinien verzierte Hülsen. In der Monarchie wurden diese Waffen zunächst „schwere Säbel" genannt, erst eine Vorschrift von 1769 führte die Benennung Pallasch ein.

Durch diese Vorschrift wurde in der schweren Kavallerie der Habsburgermonarchie ein neuer Pallasch eingeführt, der die weitere Entwicklung vorzeichnete. Sein einfacher Bügelkorb geht allmählich in eine Parierstange über, die zu einem fast runden Stichblatt mit Entlastungsöffnungen und hinten mit Einschnitten für den Faustriemen verbreitert ist. Der Korb war für die Mannschaft eisern, für die Wachtmeister und Offiziere aus Messing und etwas subtiler. In der ersten Zeit hatten diese Pallasche

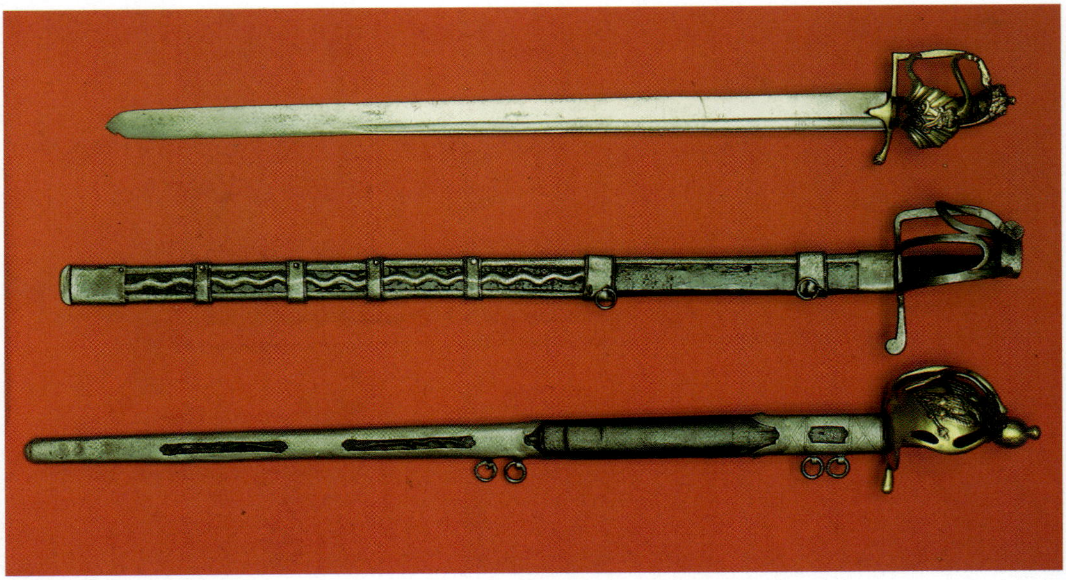

51. Französischer Pallasch; auf dem Korb ein Monogramm, zwei spiegelbildlich verflochtene *L.* Um 1730.
Bayerischer Pallasch; eiserner Spangenkorb; Scheide mit Rahmenbeschlag. Anfang des 18. Jh.
Preußischer Kürassierpallasch Muster 1732 mit Scheide; auf der Klinge die Inschrift *POTZDAM* und der preußische Adler

noch Schneiden vom älteren Typ, 1775 wurde jedoch eine Schneide eingeführt, deren Holzkern gänzlich das Eisenblech mit zwei Hülsen und Ringen überdeckte. Auf der Klinge mit beiderseitigem breitem Hohlschliff war im Oberteil ein Kaiseradler, oft auch das Zeichen der Manufaktur Pottenstein auf dem Rücken unterhalb der Parierstange eingraviert.

Dieser Pallasch war bestimmend für die weitere Entwicklung. Durch leichte Änderung entstand der Pallasch Muster 1798 mit einem subtileren Korb und einem kleineren Stichblatt, später dann das Muster 1803 (anderen Quellen zufolge Muster 1801) mit einem auf der Innenseite mäßig verjüngten Stichblatt, wodurch der Korb asymmetrisch wurde. Fünf Jahre später wurde bei diesem Muster das bisher gebogene Stichblatt durch ein gerades ersetzt.

Neben dem Grundtyp erschien 1788 ein Sonderpallasch für leichte Dragoner — mit einem schmaleren Stichblatt, einem Korb mit durch Feder gesicherten drehbaren Seitenspangen. Die Öffnungen im Stichblatt sind bei diesem Pallasch länglich. Die Änderungen aus späteren Jahren sind nebensächlich. Erst 1837 wurde das letzte Muster des österreichischen Pallasches eingeführt, eine auf älteren Typen basierende Offizierswaffe mit schmalerem, etwas gebogenen Stichblatt.

Durch eine Entscheidung von 1845 wurden die Pallasche entfernt und durch den für die Kavallerie einheitlichen Säbel Muster 1845 ersetzt. Bei einigen Regimentern kamen Pallasche jedoch noch 1851 vor.

Körbe mit seitlichem Stichblatt waren für die meisten Waffen dieser Gattung in den europäischen Staaten über einen beträchtlichen Teil des 18. Jahrhunderts bezeichnend. Ein französischer Pallasch aus den drei-

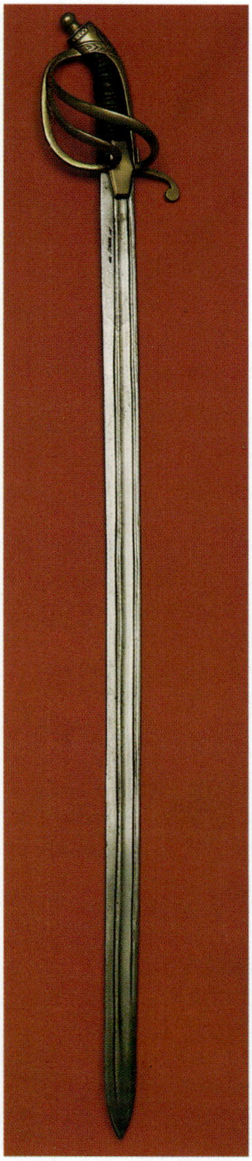

52. Deutscher Offizierspallasch Muster 1889; auf der Klinge eine geätzte Schlachtszene

ßiger Jahren trug auf dem Stichblatt das Monogramm Ludwigs XV. — zwei spiegelbildlich verflochtene Buchstaben *L*. Wiederum stehen die beiden verflochtenen Buchstaben *F* auf dem Pallasch Muster 1750 für den dänischen König Frederik V. (1706—1766). Neben dem Herrschermonogramm trug das Stichblatt des Korbes oft auch das Landeswappen.

In der preußischen Armee wurden diese Waffen Haudegen genannt. Für die Kürassiere wurde das Muster 1732 mit zweischneidiger Klinge,

53. Russischer Dragonerpallasch Muster 1761 mit Scheide; auf der Klinge die Marke *P* (kyrillisch); Knauf in Löwenform; lederne Scheide mit Messingbeschlag.
Preußischer Dragonerpallasch Muster 1735; Knauf in Form eines Adlerkopfes

gekennzeichnet mit einer winzigen Adlermarke und oft auch der Bezeichnung der Manufaktur — *POTZDAM* —, eingeführt. Das Messinggefäß hatte einen mächtigen, leicht ovalen Knauf mit Vernietknopf und einen Korb mit einem Relief des preußischen Adlers unter der Königskrone. Auf der Innenseite befand sich ein Daumenring. Der obere Beschlag (Mundbeschlag) der Holzscheide war kürzer, der untere lang, er reichte fast bis zur Mitte und war doppelt durchbrochen. Typisch sind die verdoppelten Hängeringe.

1735 wurde in der preußischen Armee ein Dragonerpallasch, ebenfalls mit zweischneidiger Klinge, eingeführt. Der Knauf hat die Form eines stilisierten Adlerkopfes und einen Korb aus sich kreuzenden flachen Spangen. Die Lederscheide hat einen kurzen Mundbeschlag mit Tragehaken und Messingortband. Völlig identisch mit diesem preußischen ist der 1761 eingeführte russische Dragonerpallasch, der bis in die ersten Jahre des 19. Jahrhunderts in Gebrauch war. Anders ist hier nur der Knauf, der einen stilisierten Löwenkopf darstellt. Bei beiden preußischen Waffen wurde 1797 die einschneidige Klinge und mit ihr auch der Name Pallasch eingeführt.

Auch in der russichen Armee war der Pallasch vertreten. Außer der erwähnten Dragonerwaffe erschien um 1762 ein Pallasch für die schwere Kavallerie, mit dem zweiköpfigen Zarenadler auf dem Stichblatt. Der russische Pallasch Muster 1809 wurde in Preußen als das Muster 1819 übernommen. Der Korb hatte zwei Spangen und ein an den Ecken ausgeschnittenes, fast quadratisches Parierblatt. Er wurde bis 1874 verwendet, als in der deutschen Armee der französische Dragonerpallasch Muster 1854, eine Beute aus dem preußisch-französischen Krieg (1870 bis 1871), eingeführt wurde. Eine einschneidige Klinge hatte auch das deutsche Muster 1889 mit asymmetrischem Eisenkorb und graviertem, teilweise durchbrochenem Reichswappen, eventuell auch Wappen einiger deutscher Kleinstaaten.

In der französischen Kavallerie spielte der Pallasch eine bedeutende Rolle. Bei einer Waffe aus den ersten Jahren des 18. Jahrhunderts mit einfachem Korbbügel und horizontalem herzförmigem Stichblatt waren auf der zweischneidigen Klinge das französische Königswappen und die Inschrift *VIVE LE ROY* eingraviert. Eine weitere Waffe aus den dreißiger Jahren des 18. Jahrhunderts wurde in diesem Kapitel bereits erwähnt. Pallasche spielten in der Ausrüstung der Kavallerie während der französischen Revolution wie auch danach im ganzen 19. Jahrhundert eine bedeutende Rolle. Der Pallasch Muster AN IV (1795—1796) mit Spangenkorb und Außenspange mit volutenförmigen Ausläufern ist ziemlich selten, häufiger kommen Pallasche Muster AN XIII (1804—1805) vor, die eine Klinge mit beiderseits breiter, flacher Hohlkehle und einen Messingkorb mit drei Seitenspangen haben. Typisch ist ihre Messingkappe mit kurzem Ansatz ohne Rücken. Die Scheide hatte zwei Hülsen und Ringe. Von diesem Modell unterscheidet sich das Muster 1854 für Dragoner nur in der Form des Bügels und der Korbspangen und durch eine komplizierter geformte Kappe. Die Scheide hatte nur eine Hülse mit Ring. In der Ausführung von 1882 diente der Pallasch bis zum Ende des ersten Weltkrieges. Die Änderung betraf vor allem die Klinge, die im Unterschied zum Muster 1854 einen breiten beiderseitigen Hohlschliff zum Rücken sowie einen breiteren Korbbügel hatte. Beim Muster 1882 für die Linienkavallerie ist die Klinge mit relativ schmaler Spitze beträchtlich länger, der Korb mit drei Spangen steht senkrechter zu ihr.

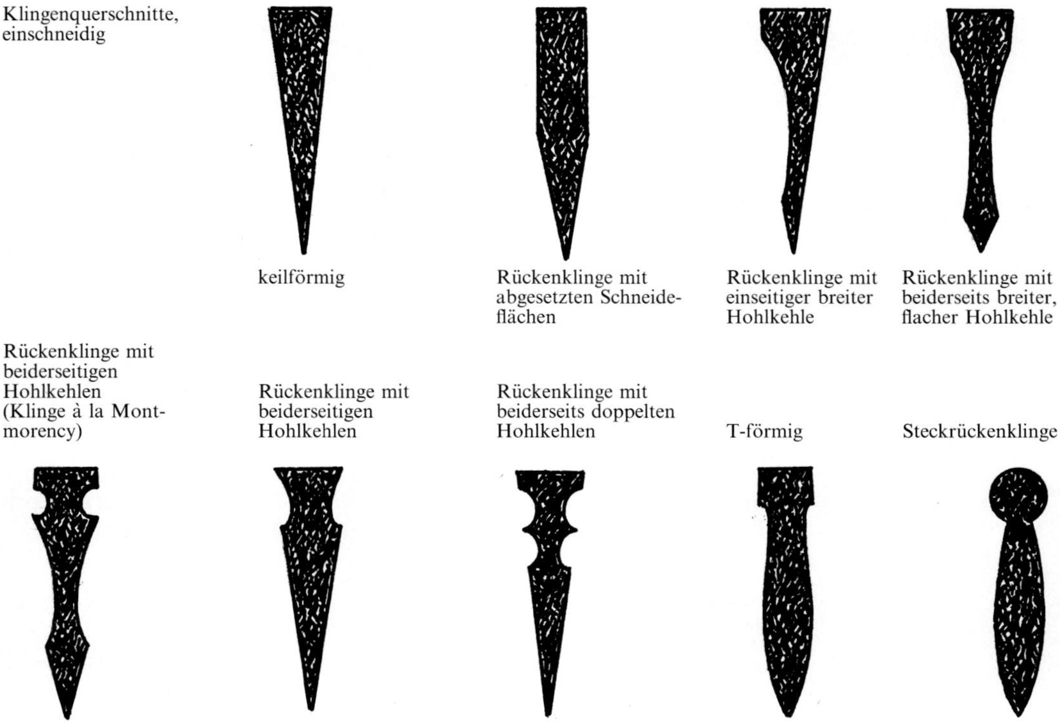

54. Französischer Pallasch für schwere Kavallerie Muster AN XIII (1804/1805); der Klingenrücken ist bezeichnet mit *Manuf(acture) Imp(ériale) du Klingenthal, Janvier 1815.* Französischer Dragonerpallasch Muster 1854; Klinge mit der Bezeichnung *Manufacture d'Armes de Chât(ellerault) Juin 1882 Dragon M(odèl)le 1854*

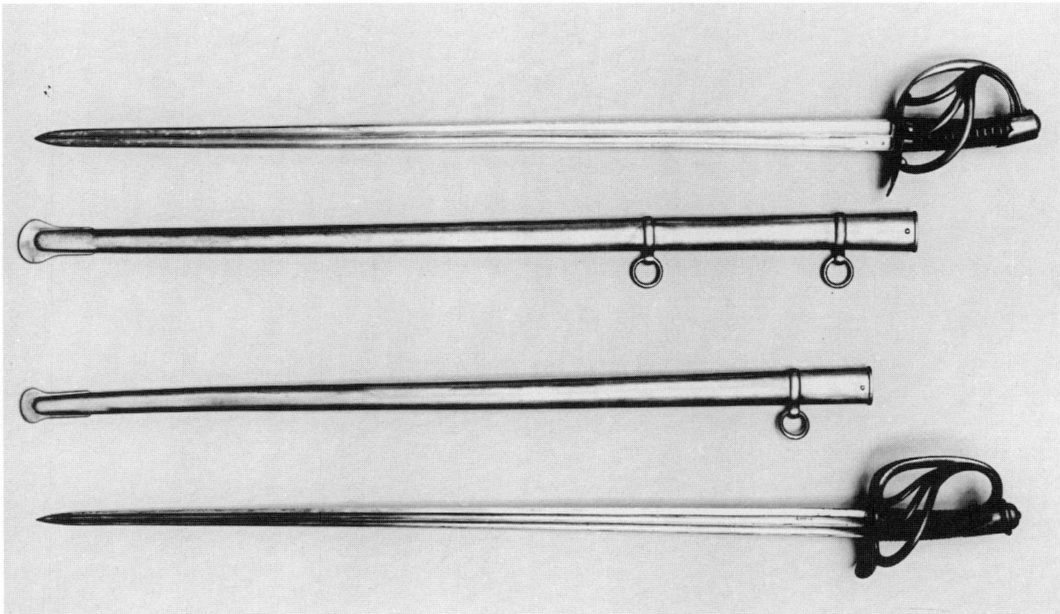

Von französischen Mustern sind auch der belgische Kavalleriepallasch Muster 1849 mit Korb nach Muster AN XIII, aber auch ein holländischer Pallasch für die schwere Kavallerie abgeleitet, deren Korb und Kappe den französischen Mustern ähneln, dessen Gefäß aber aus Eisen besteht. Die beiderseitig an der Scheide angebrachten Ringe weisen auf die britische Aufhängungsart hin.

Noch im ersten Weltkrieg wurden Pallasche auch in weiteren europäischen Armeen verwendet, zum Beispiel in Spanien. Der britische Pallasch Muster 1908 hatte einen mächtigen Eisenkorb mit einfachem Bügel, der in ein asymmetrisches Stichblatt überging, das bis zur Hälfte des Griffs reichte. Ein charakteristisches Merkmal ist die Scheide mit zwei Aufhängeringen, die symmetrisch auf beiden Seiten im Oberteil unter dem Mundstück liegen.

Der schweizerische Pallasch für Kavallerieunteroffiziere Muster 1867 hat einen einfachen Eisenkorb mit Schweizer Kreuz. Der Pallasch für die Offiziere der italienischen Kavallerie aus der Zeit um 1900 weist ein interessantes Klingenprofil mit Flügelrücken auf. Der Griff mit ovaler Kappe hat einen flachen Rücken mit Gitter. Der mächtige eiserne Korb mit drei Spangen hat hinten eine Vertiefung für den Daumen.

55. Sächsischer Gardehaudegen; auf der Klinge gravierte und vergoldete Wappen und das Monogramm *AR* (Anton I., 1827—1837); Messinggefäß mit vorderem Fingerring. Um 1830. Badischer Pallasch für Kürassieroffiziere; auf dem Korb ein das badische Wappen haltender Löwe; auf der Klinge das Monogramm *CF* (Carl Friedrich, 1738—1811) und das Landeswappen. Zweite Hälfte des 18. Jh.

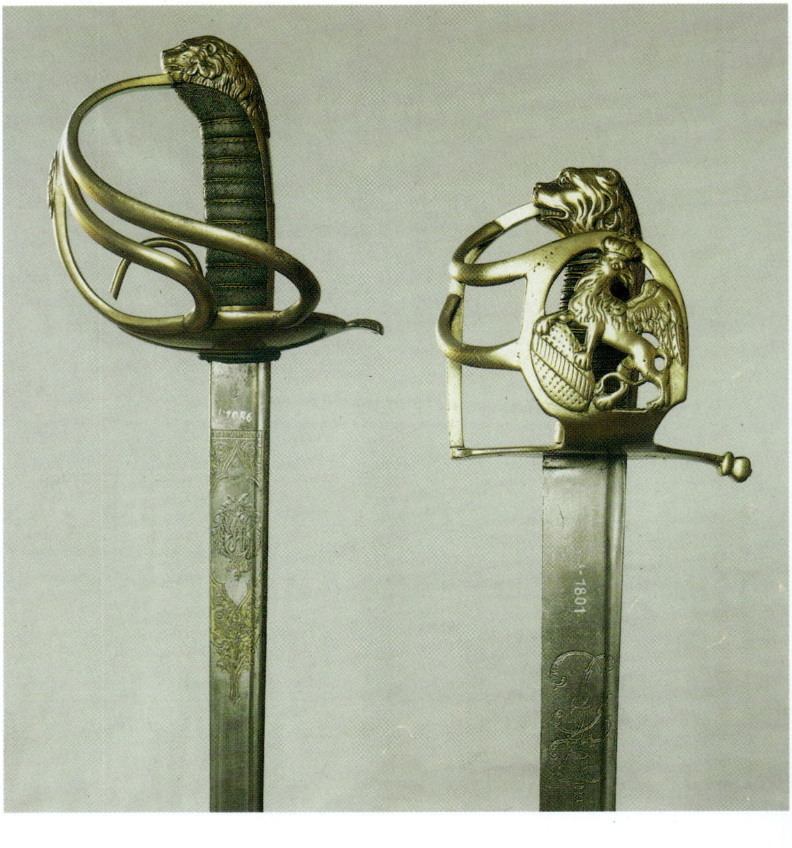

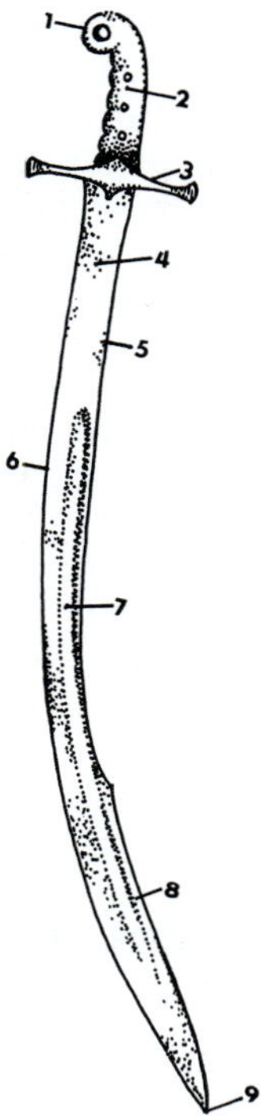

Säbel
1 Angelstumpf (Griffkappe)
2 Griffschalen (Schalengriff)
3 Parierstange mit Mitteleisen
4 Klinge
5 Klingenrücken
6 Schneide
7 Hohlkehle
8 Rückenschneide
9 Spitze (Ort)

Der Säbel

Der Säbel ist eine ausgesprochene Hiebwaffe. Ihr charakteristisches Merkmal ist die mehr oder weniger gekrümmte einschneidige Klinge, im Unterteil mit beiderseitigen Hohlkehlen und manchmal zur Rückenschneide verbreitert. Die gekrümmte Klinge verlieh dem Säbel nicht nur eine größere Rasanz, sondern auch eine gegenüber gleichlangen geraden Klingen größere Schneidlänge. Es handelt sich um eine Waffe orientalischen Ursprungs, die in der Vergangenheit mit der Kampfweise nomadischer Reiter verbunden war. Die ältesten archäologischen Beweisstücke stammen aus Begräbnisstätten awarischer Kämpfer, meist aus Pannonien, wo sich die Awaren bei ihrem Vordringen nach Westen in der zweiten Hälfte des 6. Jahrhunderts niederließen und von wo sie verheerende Angriffe gegen das Franken- und das byzantinische Reich unternahmen. Als die Awaren in der zweiten Hälfte des 7. Jahrhunderts nach schweren Niederlagen ihre Machtpositionen verloren, verschwand mit ihnen auch die gekrümmte Säbelklinge.

Etwas später, gegen Ende des 9. Jahrhunderts, wiederholte sich die Geschichte gewissermaßen. Von Osten her drangen ungarische Stämme in die Donauebene ein und wurden hier seßhaft. Die schnellen ungarischen Reiter, in deren Ausrüstung erneut Säbel erschienen, unternahmen vernichtende Angriffe nicht nur auf die benachbarten slawischen Gebiete, sondern auch weit nach Westen ins Ostfränkische Königreich. Unter dem Einfluß der übrigen europäischen Länder begannen die ungarischen Feudalherren das gerade Schwert zu bevorzugen, und im hohen Mittelalter wurde der Säbel in den Hintergrund verdrängt.

Erst die türkische Expansion am Ende des 14. Jahrhunderts und namentlich seit den vierziger Jahren des 15. Jahrhunderts gab einen bedeutenderen Impuls zur Verbreitung von Waffen mit gekrümmter Klinge in Mitteleuropa, besonders in Ungarn und in Polen. Aus der zweiten Hälfte des 15. Jahrhunderts stammen die wenigen erhalten gebliebenen Waffen vom Säbeltyp in den mitteleuropäischen Sammlungen. Von den damaligen Schwertern unterschieden sie sich nur durch ihre gekrümmte Klinge. Meist hat ihr Schwertgriff einen rechteckigen Knauf mit Mittelgrat (manchmal mit einer halbkreisförmigen Erhebung) und eine horizontal-S-förmige Parierstange.

56. Dänischer Pallasch für schwere Kavallerie Muster 1750; auf dem Korb zwei spiegelbildlich verflochtene *F* (Frederik V., 1706—1766).
Französischer Haudegen (Schwert); zweischneidige Klinge mit Königswappen und Inschrift *VIVE LE ROY*; Messinggefäß „à la mousquetaire". Anfang des 18. Jh.

Einige Forscher verwenden für diese Waffen die Bezeichnung Krummschwert, wobei sie als bestimmendes Merkmal den geraden schwertartigen Griff ansehen, während echte orientalische Säbel einen etwas nach vorn geneigten Griff haben. Der Griff bildet mit der gekrümmten Klinge eine leicht S-förmige Kurve. Die Schneidefunktion kommt durch die ursprüngliche Art, die Waffe zu halten, besser zum Tragen, wobei der Unterschied jedoch nicht groß sein kann. Unserer Ansicht nach ist es im wesentlichen der Typ der Klinge, ihre Krümmung und Länge, die die charakteristischen Züge der Waffe bestimmen.

Neben den erwähnten Stücken mit schwertähnlichem Gefäß begegnet man langen Waffen vom Ende des 15. und Anfang des 16. Jahrhunderts mit gekrümmter Klinge, die manchmal auch eine Rückenschneide haben. Sie haben einen geraden Schalengriff, oft mit schnabelförmiger Griffkappe, und eine einfache, gerade, später leicht gebogene Parierstange. Diese Waffen, die Großes Messer oder auch Zweihänder-Säbel genannt wurden, galten als typische Waffen böhmischer und mährischer Söldner

57. Zweihändersäbel mit Schalengriff; Klinge mit Rückenschneide; Parierstange leicht gebogen, mit knopfartigen Enden. Mitteleuropa, Ende des 15. Jh.

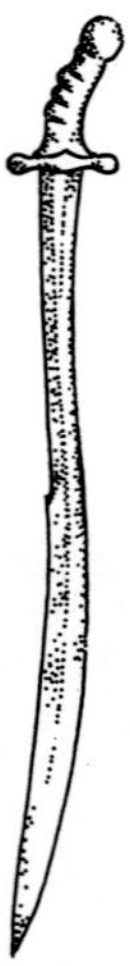

Säbel, Osteuropa, 9.—10. Jh.

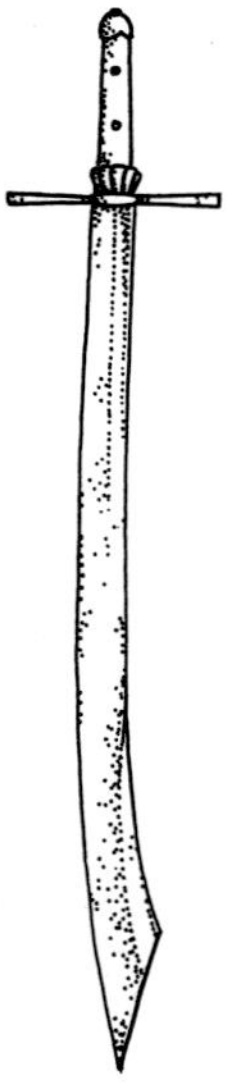

Säbel, Deutschland, Ende des 15. Jh.

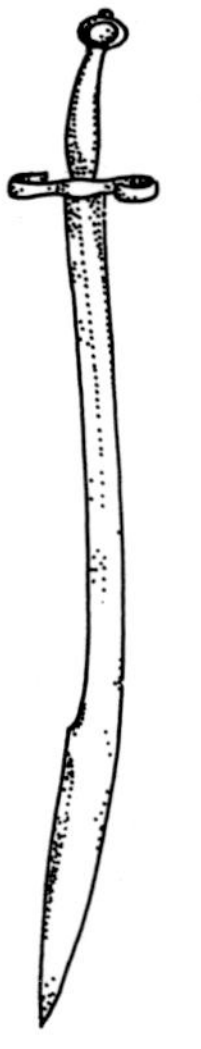

Säbel, Mitteleuropa, zweite Hälfte des 15 Jh.

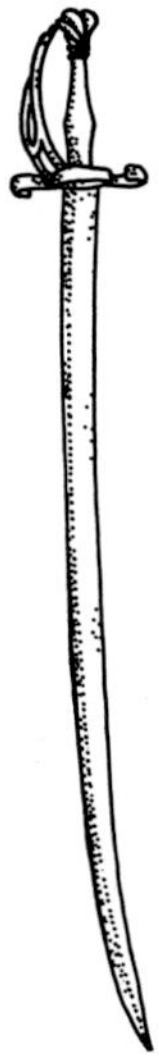

Säbel, Schweiz, 16. Jh.

Polnische Karabela, 17. Jh.

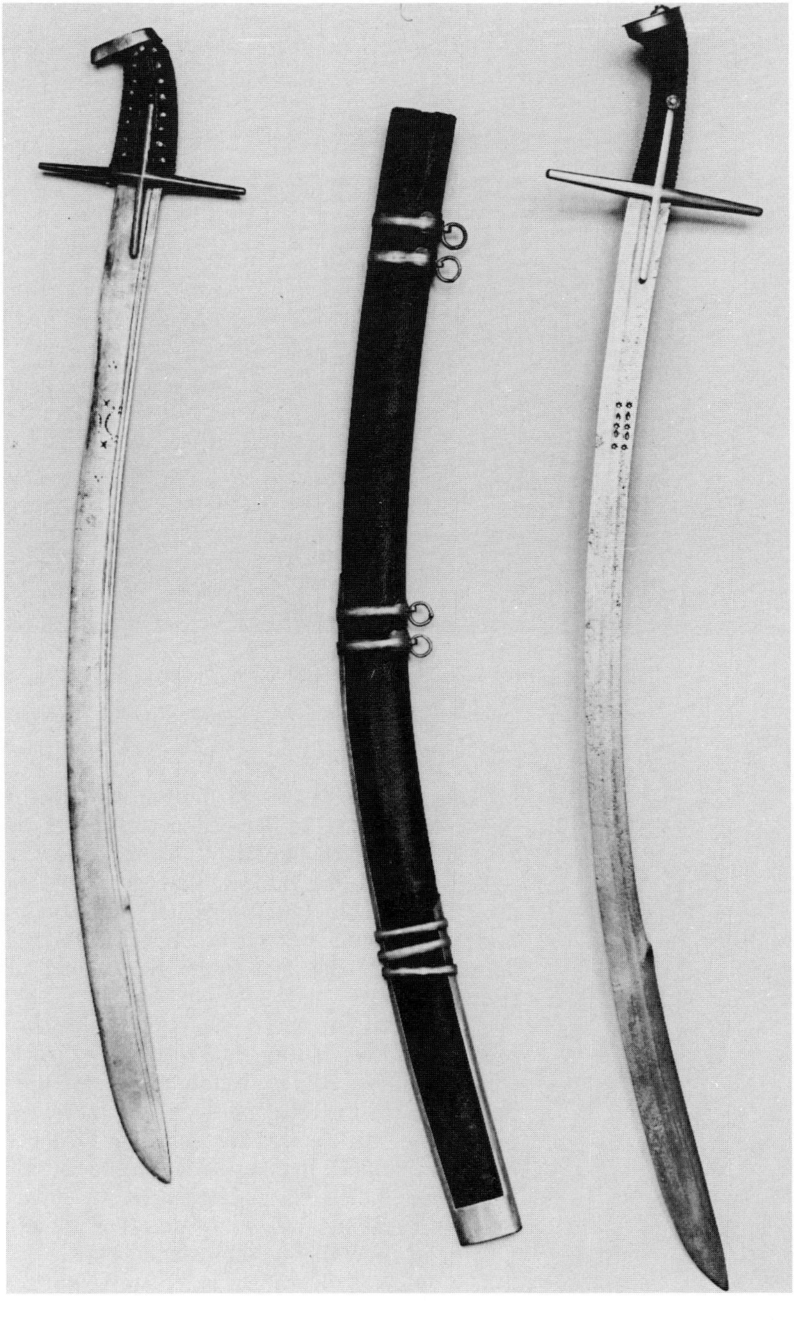

58. Säbel ungarischen Typs; Klinge mit zwei Blutrinnen und Halbmondmarke. Zweite Hälfte des 17. Jh.
Ungarischer Säbel; Klinge mit Rückenschneide; Scheide mit Rahmenbeschlag. Wende des 17. zum 18. Jh.

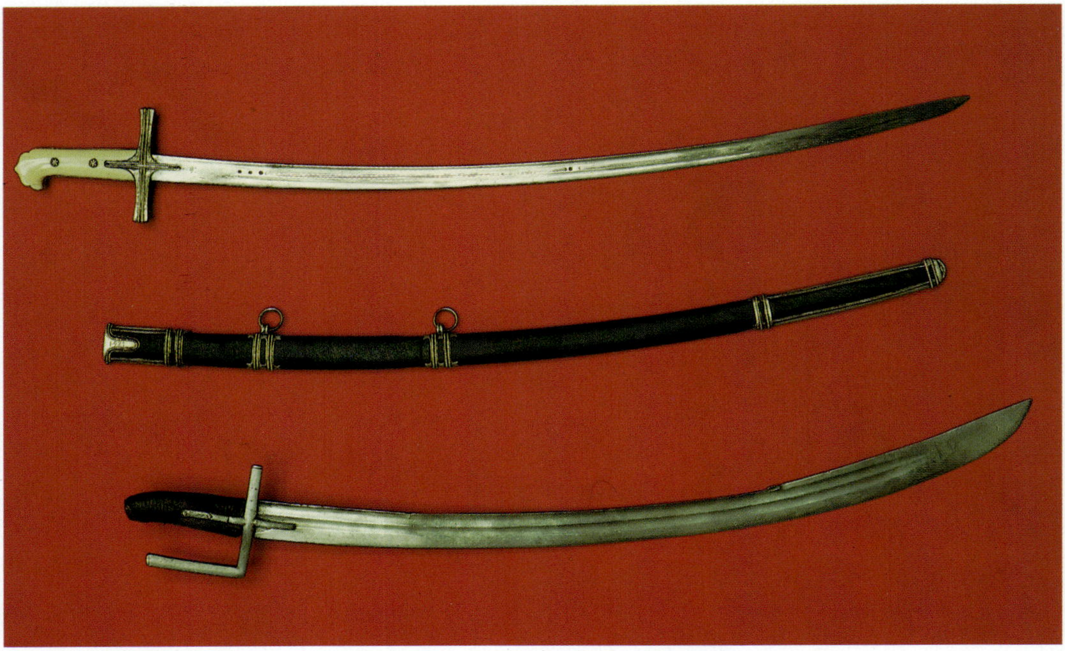

59. Polnische Karabela; auf der Klinge eine Adlermarke; Schneide mit Silberbeschlag. Um 1700.
Polnischer Säbel; offener rechtwinkliger Korb, Klinge mit Rückenschneide. Zweite Hälfte des 17. Jh.

im Dienst Maximilians I. im Jahr 1490 bei der Befreiung Wiens und Niederösterreichs. In der ersten Hälfte des 16. Jahrhunderts waren sie auch in der Ausrüstung der Landsknechte.

Seit dem 16. Jahrhundert kam der Säbel immer häufiger namentlich als Waffe leichter Reiter in Mittel- und Osteuropa vor. Im Lauf des 16. und 17. Jahrhunderts kristallisierten sich zwei Grundtypen des Säbels heraus, der offene Typ (ohne Korb) und der geschlossene Korbtyp (Faustschutz).

Zum ersten Grundtyp gehört der polnisch-ungarische Säbel. Er geht wahrscheinlich auf türkische Vorbilder zurück und zeichnet sich durch eine gekrümmte Klinge aus, oft mit einer deutlichen Rückenschneide; die Parierstange ist gerade, ziemlich lang, zuweilen an den Enden erweitert, mit langen Mitteleisen. Der geneigte Griff ist in der Regel mit Leder bezogen und läuft in einer einfachen, meist mandelförmigen Kappe aus. In einigen Fällen verbindet eine Kette die Kappe mit dem vorderen Parierstangenende und ersetzt den Korbbügel; diese Exemplare sind ein Übergang zu Waffen geschlossenen Typs.

Die polnische Karabela ist ebenfalls ein geschlossener Korbtyp und von östlichen Mustern abgeleitet. Sie hat einen oben schnabelförmig auslaufenden Schalengriff, bei einfachen Säbeln meist aus Hornmasse, aber auch aus Holz (karabela czarna). Bei Prunkexemplaren war der Griff mit nielloverziertem Silber inkrustiert. Die sehr kurze Parierstange ist in der Regel mit Silber inkrustiert oder beschlagen, desgleichen der Beschlag der mit Leder überzogenen Holzscheide. Die Karabela ist besonders für das 17., teilweise auch für das 18. Jahrhundert typisch.

60. Polnischer Säbel Batorówka; auf der Klinge eine vergoldete Königsbüste und die Inschrift *STEPHANUS BATORI REX POLONIA (!)*; Gefäß und Scheidenbeschlag goldinkrustiert. Anfang des 17. Jh.

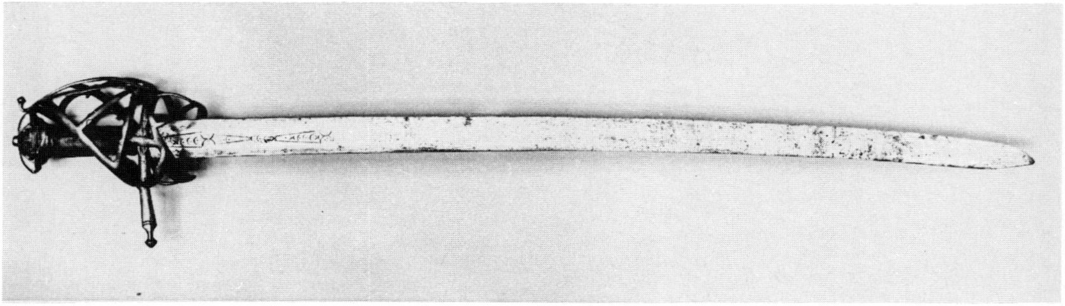

61. Mitteleuropäischer Säbel; Klinge graviert; Kappe sternförmig profiliert, voller Korb aus breiten Spangen. Anfang des 17. Jh.

Säbel mit einfachem Spangenkorb stammen aus Polen oder Ungarn vom Ende des 16. bis zum Ende des 17. Jahrhunderts. Der Spangenkorb ist meist rechtwinklig gebogen, manchmal oben offen. Polnische Exemplare weisen bisweilen einen breiteren Spangenkorbbügel und eine Klinge auf, deren Verzierung bzw. Inschriften an König Stephan Báthory (1576—1586) erinnern. Nur wenige dieser Säbel, genannt Batorówka, stammen jedoch aus der Zeit dieses Herrschers. Die meisten sind aus späterer Zeit, offensichtlich handelte es sich um eine polnische Tradition.

Schweizer Säbel gehören ebenfalls zum Korbtyp. Sie haben eine nur mäßig gekrümmte Klinge. Die Parierstange ist bei älteren Stücken oft horizontal S-förmig, der Korb besteht aus zwei oder drei profilierten Spangen, bei jüngeren Exemplaren aus breiten Spangen. Der Angelstumpf älterer Stücke hatte in der Regel die Form eines Schwertknaufs, später wurde er zu Löwen- oder Vogelköpfen geformt. Diesen Säbel gab es im ausgehenden 15. Jahrhundert, hauptsächlich im 16. und teilweise noch im 17. Jahrhundert.

Der Säbel vom mitteleuropäischen Typ wird zuweilen als Säbel vom österreichisch-ungarischen Grenzland oder als Deutschgefaßter Säbel bezeichnet. Seine Merkmale sind eine gekrümmte Klinge, oft mit verbreitertem Ort (Rückenschneide), ein Angelstumpf in Form einer niedrigen Pyramide, die besonders bei späteren Exemplaren profiliert ist, und ein

62. Ungarischer Husarensäbel; Klinge bezeichnet mit *FRINGIA*; einfacher Messingkorb. Erste Hälfte des 17. Jh.

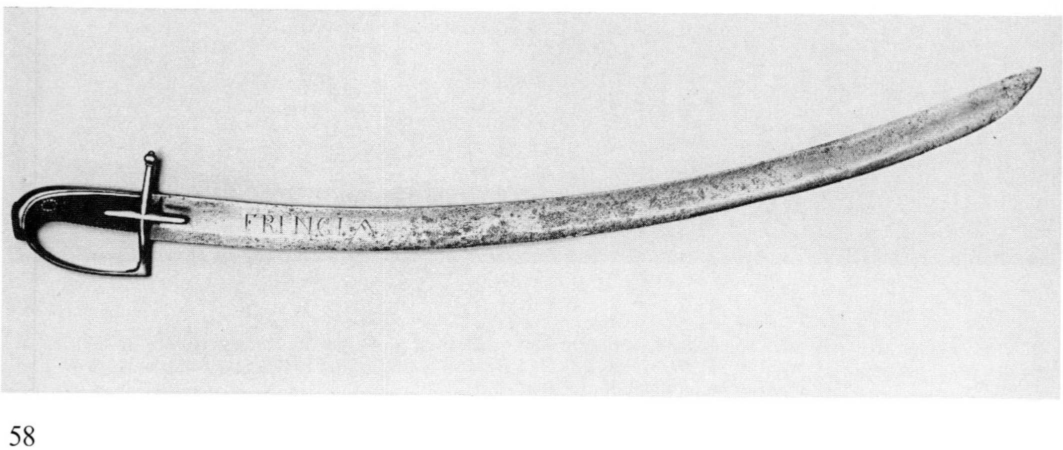

die Faust in der Regel reichlich bedeckender Korb, der aus breiten oder stabförmigen Spangen besteht und oft an der Außenseite mit einem großen, nach oben gerichteten Stichblatt ergänzt ist.

Waffen dieses Typs erschienen in der zweiten Hälfte des 16. Jahrhunderts und blieben ungefähr bis zur Mitte des 17. Jahrhunderts in Gebrauch. Hauptgebiet ihrer Verbreitung waren die heutigen Territorien Böhmens, Mährens und der Slowakei, teilweise Ungarn, Süddeutschland, in geringem Maß auch weitere deutsche Gebiete. Ihre österreichische und süddeutsche Herkunft, die von der bisherigen Literatur betont wird, ist nicht ganz eindeutig. An der Wende vom 16. zum 17. Jahrhundert kaufte der dänische König Christian IV. eine größere Menge von Waffen dieses Typs, die als Ausrüstung norwegischer Bauern verwendet wurden. Es ist bemerkenswert, daß sie im Norwegischen „thisack" oder „tesack" (oder verzerrt von diesen Bezeichnungen abgeleitet — Seitz, 1962) hießen, also einen Namen hatten, der unzweifelhaft dem tschechischen „tesák" entstammt.

Der Säbel gehörte im Laufe des 17. Jahrhunderts immer stärker zur Ausrüstung der leichten Kavallerie. In Polen wurde er auch von der schweren gepanzerten Kavallerie, genannt Hussaria, verwendet. Überall

63. Ungarischer Husarensäbel; auf der Klinge die Inschrift *G. BELEZNAY*, von Ornamenten umrahmt (ein Husarenregiment dieses Namens wurde 1740 gegründet); Messinggefäß. Ungarischer Husarensäbel; auf der Klinge ein gravierter Husar und die Inschrift *VIVAT HUSZAR*; Griffrücken am Rand profiliert. Mitte des 18. Jh.

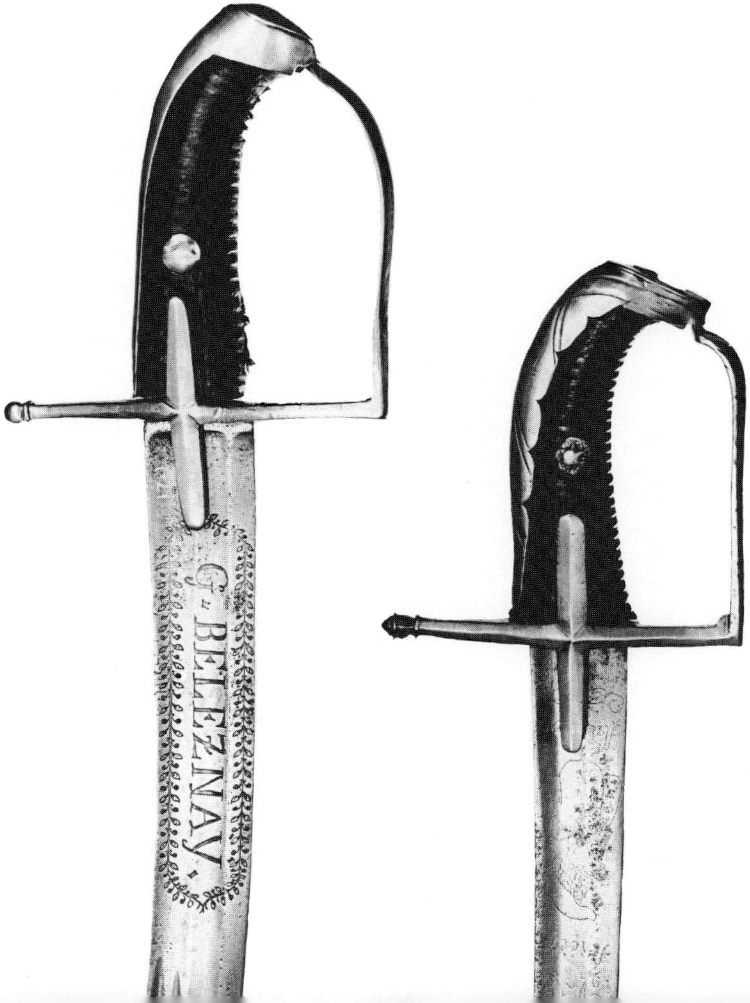

64. Husarensäbel für Wachtmeister Muster 1768/1775; Messinggefäß mit Löwenkopfkappe

sonst bezeichnet „Husar", ein Wort ungarischen Ursprungs, einen Angehörigen der leichten Kavallerie. Zugleich wurde der Säbel auch zu einem repräsentativen Gegenstand, der, häufig in prunkhafter Ausführung, ein Accessoire der Adelskostüme in Polen und Ungarn, aber auch in Rußland und weiteren Ländern war. Ein Beispiel kann der reich verzierte Säbel mit offenem Korb aus der sogenannten Garnitur (siehe auch unter Pallasch) sein, die im Auftrag des sächsischen Kurfürsten Christian II. im Jahr 1612 gefertigt wurde. Von der Beliebtheit der Prunksäbel bei den sächsischen Herrschern zeugt ebenfalls das 1671 von Thomas Kapusin in Klausenburg (Cluj) angefertigte Prunkstück, das sich in der Dresdener Sammlung befindet.

Die Militärsäbel der leichten Kavallerie gingen aus der Ausrüstung der ungarischen Einheiten der Habsburger hervor. Während die Waffen der schweren Kavallerie bereits Anfang des 18. Jahrhunderts reglementiert waren, kam es dazu bei den Säbeln viel später, im Zusammenhang mit dem Umwandlungsprozeß der irregulären Einheiten der leichten Kavallerie in reguläre Husarenregimenter. Das älteste Husarenregiment wurde zwar bereits 1688 gegründet, doch der eigentliche Entwicklungsprozeß fällt erst in die erste Hälfte des 18. Jahrhunderts. Lange Zeit waren Art und Form der Waffe dem Benutzer, eventuell seinem Kommandanten überlassen. Deshalb waren Krümmung, Länge und Profilierung der Klinge in der ersten Hälfte des 18. Jahrhunderts ziemlich mannigfaltig. Geschätzt wurden Säbel mit der Inschrift *FRINGIA*, deren Bedeutung bisher in der Literatur nicht zufriedenstellend erklärt ist. Wie bei den Pallaschen die Gravierung eines Kürassiers, so ist bei Säbeln ein Husar mit gezogenem Säbel und der Inschrift *VIVAT HUSZAR* ein häufige Zier.

In den Jahren 1739 bis 1748 wurden den bisherigen vier Husarenregimentern weitere zwölf angeschlossen. Die Husarensäbel dieser Zeit hatten ein Messinggefäß mit einfachem Korb und Parierstange mit Mitteleisen. Auf der Klinge ist häufig das ungarische Wappen zu finden, manchmal auch der Name des Befehlshabers des Regiments. Die Thronbesteigung Maria Theresias (1740) fand in den Inschriften, wie *Maria Theresia Regina Hungariae*, ihren Niederschlag. Auch ziemlich breite

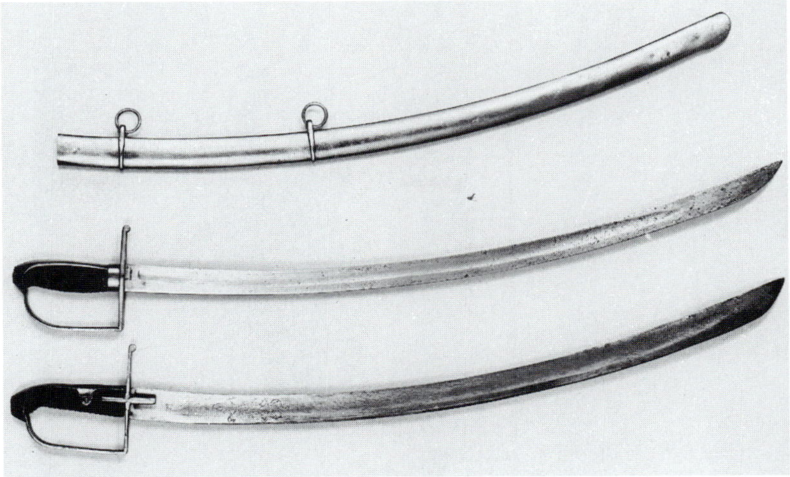

65. Österreichischer Säbel für Unteroffiziere der leichten Kavallerie Muster 1803 mit Scheide; Klinge bezeichnet mit *Fischer 1825*; auf der Scheide ein gestempelter Anker und die Jahreszahl 1825.
Österreichischer Säbel für leichte Kavallerie Muster 1798; auf der Klinge ein gravierter Doppelkopfadler, auf dem Rücken bezeichnet mit *Pottenstein*

66. Österreichischer Offizierssäbel mit Maria-Theresia-Orden. Aus dem Besitz von General Schlick (1837—1849); auf der Scheide graviert die Orte der Schlachten, an denen er teilnahm

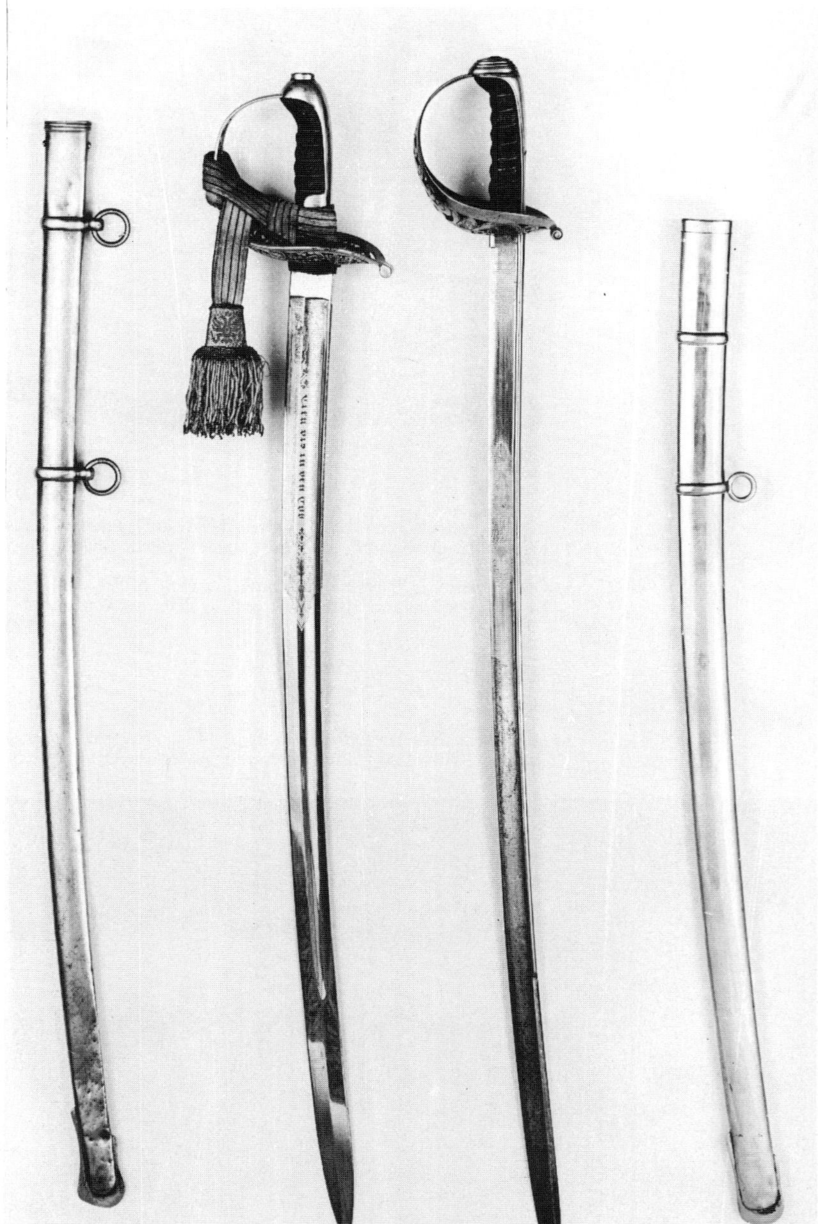

67. Österreichischer Kavallerieoffizierssäbel Muster 1869 mit Scheide; auf der Klinge ein geätztes Ornament und die Bezeichnung *Weyersberg et Stamm, Solingen ./. Carl Grasser Wien*; durchbrochener Korb mit dem hl. Georg.
Österreichischer Einheitssäbel für Kavallerieoffiziere Muster 1845 mit Scheide; auf der Klinge Zierätzung, Bezeichnung *I. H. Hausmann k. k. Hofschwertfeger*

Klingen mit graviertem Marienbild und einer Inschrift, die Maria als Schutzheilige des Königreichs Ungarn anbetete, dürften bereits aus dieser Zeit stammen, kamen aber noch lange vor, bis zur Mitte des 19. Jahrhunderts, manchmal auf Militärsäbeln, meist aber auf Prunkexemplaren, die Bestandteil des Anzugs der ungarischen Magnaten war.

Die Säbelkörbe, vorwiegend aus Messing (zuweilen auch eisern), hatten Mitte des 18. Jahrhunderts in der Regel einen Rücken mit Kappe, einen einfachen Spangenbügel und eine gerade Parierstange. Ausgeprägtes Merkmal sind die ziemlich langen Mitteleisen, die von der Mitte der Parierstange nach beiden Seiten gehen und unten in den ausgeschnittenen oberen Scheidenbeschlag eingreifen. Die lederüberzogenen Holzscheiden waren mit einem meist dreiteiligen Beschlag versehen, dessen oberer und unterer Teil beträchtlich lang waren. Bei Säbeln mit größerer Krümmung hatte der obere Beschlag nach Vorbild türkischer Säbel am Rücken einen 15—20 cm langen Ausschnitt, der ein schnelleres Ziehen ermöglichte.

Vorschriften aus den Jahren 1748 bis 1768 schrieben bei Kavalleriesäbeln die Abmessungen und die Form der Klinge vor. Die Länge sollte zwischen 79 und 84 cm liegen, die Höhe der Krümmung 5 cm betragen, die Klinge mußte beiderseits breite, flache Hohlkehlen aufweisen. Das Gefäß (Korb, Parierstange und Griff) wurde dem Gutdünken des Regimentsbesitzers überlassen. Ihr Typ änderte sich gegenüber der Zeit davor nicht viel und war, bis auf Ausnahmen, aus Messing.

Zur völligen Reglementierung der Säbel für die leichte Kavallerie kam es erst durch Vorschriften von 1768, die jedoch erst 1771 durchgesetzt wurden. Säbel dieses Musters haben in der Regel eine 84 cm lange Klinge mit einem gravierten Doppeladler in der Hohlkehle und der Manufakturmarke (meist Pottenstein) auf dem Rücken. Das Gefäß war bei den Säbeln für die Wachtmeister aus Messing, bei denen für die Unteroffiziere und die Mannschaft aus Eisen, dasselbe beim Scheidenbeschlag. Seit 1775 wurde bei der leichten Kavallerie auch eine mit Eisenblech verkleidete Holzscheide eingeführt. Ein Husarensäbel dieses Musters wurde

68. Preußischer Husarensäbel für die Mannschaft mit Scheide; Klinge bezeichnet *POTZDAM* mit Adler; Eisengefäß. Mitte des 18 Jh.
Russischer Säbel für leichte Kavallerie; auf der Klinge das Monogramm *E II* (Ekaterina II., 1762—1796).

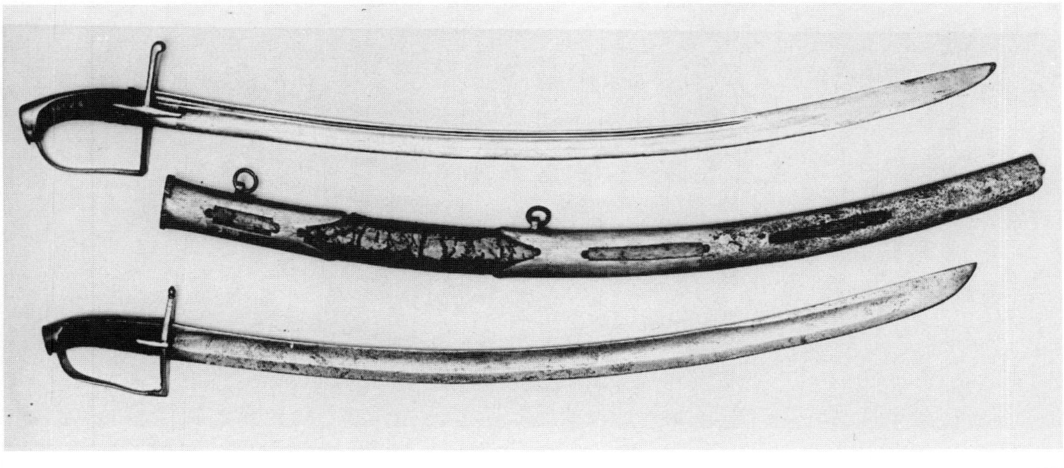

1784 ebenfalls für die Angehörigen der damals errichteten Ulaneneinheiten vorgeschrieben. Eine Vorschrift aus dem Jahr 1794 schaffte den Messingkorb ab und bestimmte einen einheitlichen Säbel für die leichte Kavallerie. Anfangs hatte er noch das Mitteleisen, das jedoch beim Muster 1803 fehlt. Dieses Muster zeichnet sich durch einen in die Kappe übergehenden glatten eisernen Rücken und einen rechtwinklig zur Parierstange gebogenen Bügelkorb aus. Der Unteroffizierssäbel verfügte über einen den Griffrücken haltenden Ring.

Der letzte Spezialsäbel für die leichte Kavallerie war in der österreichischen Armee der Säbel für die Ulanen- und Husarenoffiziere Muster 1827. Er hatte eine stark gekrümmte Klinge (Krümmung 9,5 cm), einen leicht gebogenen Bügel des Spangenkorbs und einen drehbaren Seitenbügel mit Feder und Sicherung, ähnlich wie beim Pallasch-Muster 1798 für die leichten Dragoner.

Eine Vorschrift von 1845 führte einen einheitlichen Kavalleriesäbel ein. Seine Klinge war 864 mm lang. Der charakteristische Korbbügel vebreiterte sich von der Kappe gleichmäßig zu einem breiten Stichblatt. Dieses hatte oben einen Ausschnitt für den Faustriemen und endete kurz hinter dem Griff. Der Mannschaftssäbel hatte einen vollen Korb mit zwei Reihen symmetrisch angeordneter Löcher. Der Korb des Offizierssäbels war reich mit Ornamenten durchbrochen. Ohne Zweifel war der britische Säbel für Kavallerieoffiziere von 1834 mit identischer Form und Ornamentierung des Korbes das Vorbild für diesen Säbel, namentlich für dessen Offiziersversion. Das österreichische Muster 1850 war nur eine Abänderung, mit Verlängerung der Parierstangenenden, Einführung von Einschnitten hinten für den Faustriemen, Beseitigung des Ausschnittes am Korbbügel.

Die Regelung von 1861 schrieb eine Klinge mit Rückenverstärkung und einen geometrisch durchbrochenen Korb vor. Eine weitere Vorschrift von 1869 verkürzte die Klinge auf 845 mm und legte eine einheitliche Hohlkehle fest. Der Offizierssäbelkorb, immer noch symmetrisch, war mit durchbrochenen Ornamenten verziert. Das letzte Muster des österreichischen Kavalleriesäbels war das Muster 1904 mit asymmetrischem, an der Außenseite verbreitertem Korb, bei den Mannschafts-

69. Französischer Säbel der Gardejäger zu Pferd Muster AN XI/XIII mit Scheide; Klinge bezeichnet mit *Ma(nu)f(ac)ture Imp(éria)le du Klingenthal Août 1813*; Messingscheide

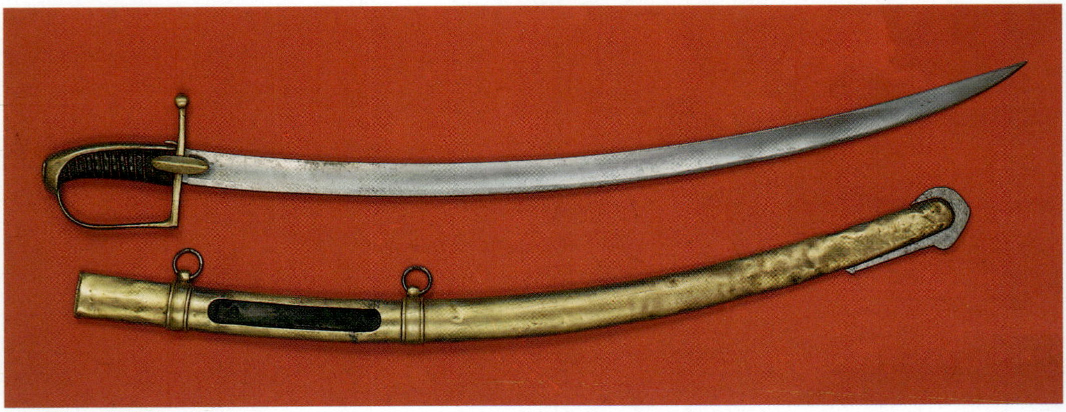

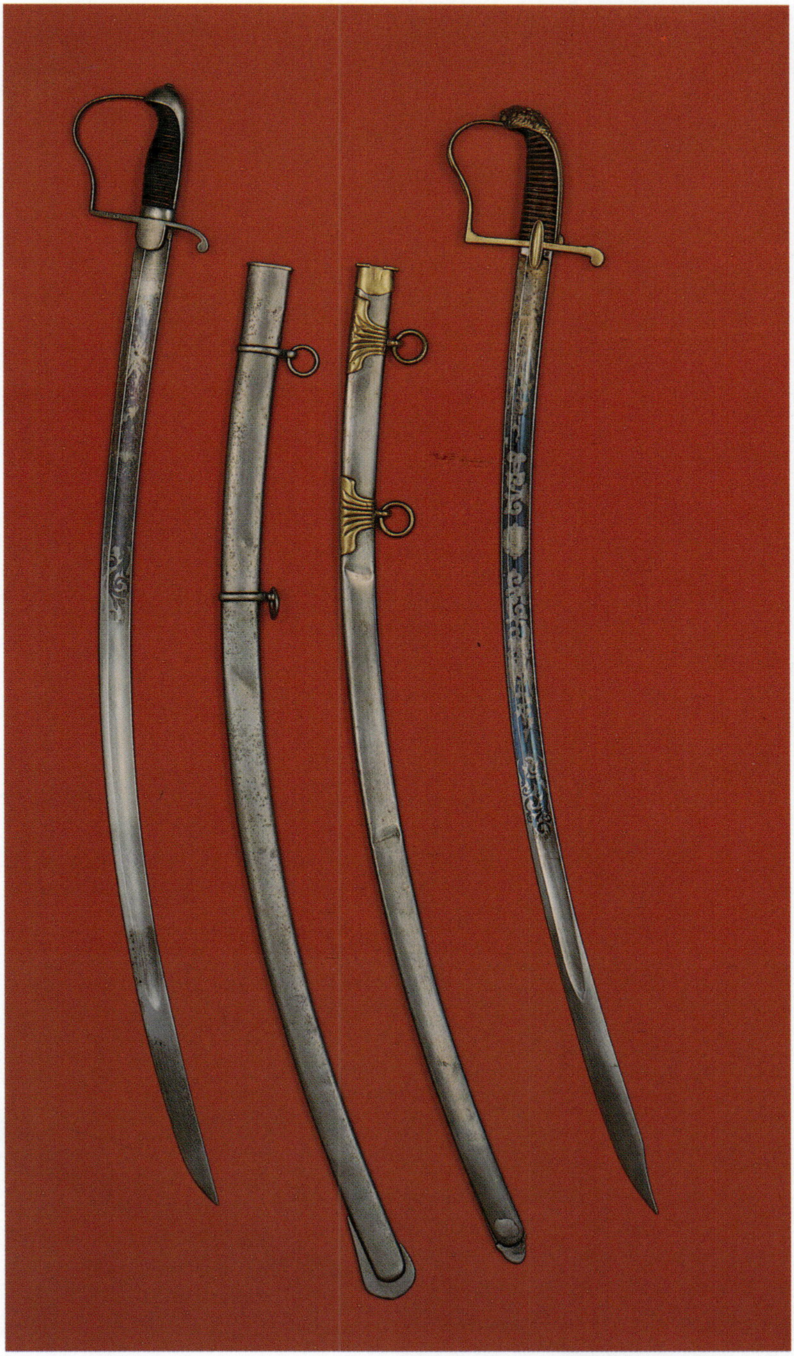

70. Preußischer Offizierssäbel Muster 1811 (Blüchersäbel) mit Scheide; Klinge gebläut, mit vergoldeten Ornamenten, bezeichnet mit *Heinrich Grath in Solingen.*
Sächsischer Kavallerieoffizierssäbel mit Scheide; Klinge gebläut mit vergoldeten Gravierungen, sächsisches Wappen; Bezeichnung *L. Voigt Hauptzeughausschwertfeger in Dresden*; Eisenscheide mit Messingringbändern. Erste Hälfte des 19. Jh.

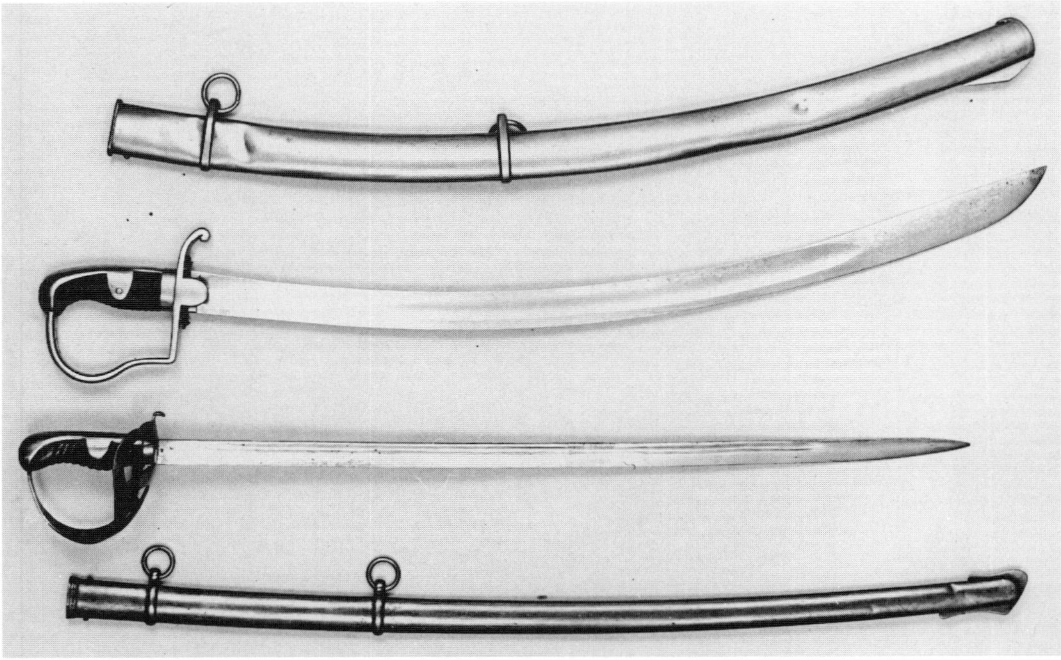

71. Preußischer Ulanensäbel Muster 1852 mit Scheide.
Deutscher Ulanensäbel Muster 1873 mit Scheide; auf der Scheide Augmentationsmarken des 4. Ulanenregiments

säbeln ein glatter Korb mit kleinen Löchern, bei den Offizierswaffen mit reichem Ornament. Die Gestalten des heiligen Georg und der heiligen Barbara am durchbrochenen Korb waren eine individuelle, nicht vorschriftsmäßige Verzierung von Waffen reicher Kavallerie- und Artillerieoffiziere.

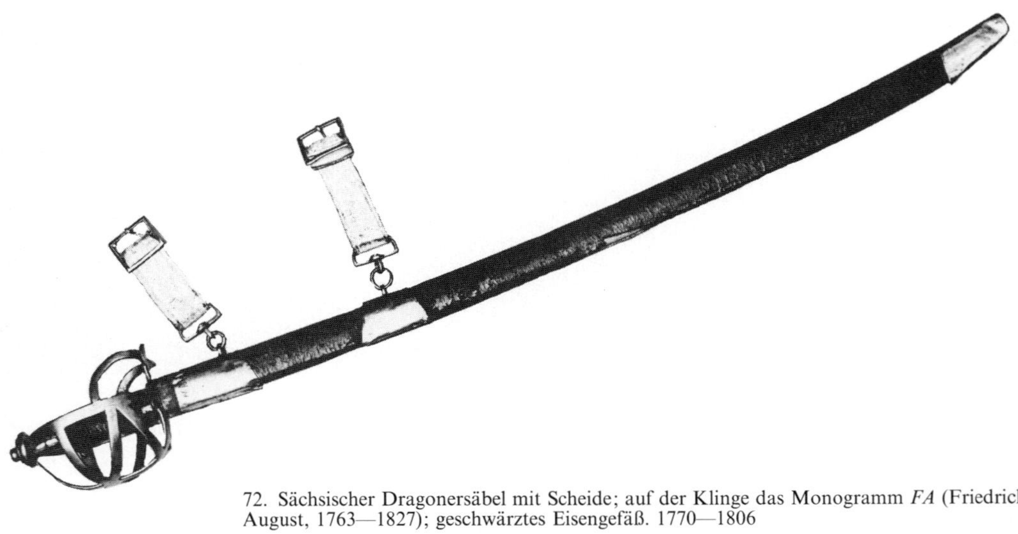

72. Sächsischer Dragonersäbel mit Scheide; auf der Klinge das Monogramm *FA* (Friedrich August, 1763—1827); geschwärztes Eisengefäß. 1770—1806

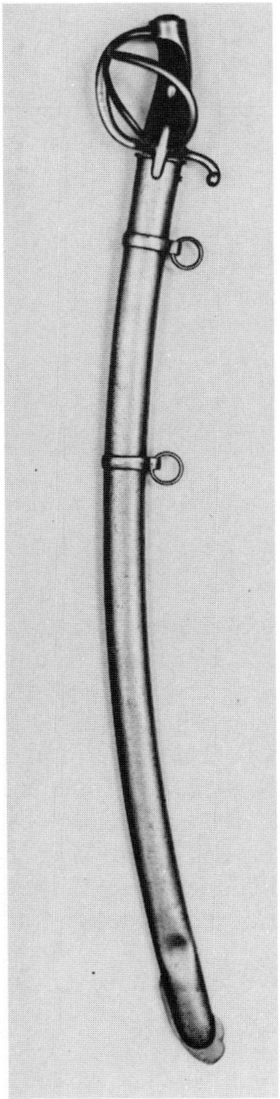

73. Russischer Säbel für Linienkavallerie Muster 1825 mit Scheide; Klinge auf dem Rücken bezeichnet mit *Slatoust Maja 1826 g* (kyrillisch)

Der spezifische Bedarf an leichter Kavallerie im taktisch-organisatorischen System der Armee des 18. Jahrhunderts führte zur Gründung von Husareneinheiten und deren Eingliederung in die Streitkräfte verschiedener Staaten. Zusammen mit den attraktiven Uniformen ungarischer Herkunft, dem Pelzrock und der Pelzmütze verbreitete sich auch der bei den ungarischen Husaren verwendete Säbeltyp. Noch vor der Mitte des 18. Jahrhunderts wurden die Husaren zum Bestandteil der Armee in Frankreich und in Preußen, etwas später auch in Rußland und einigen deutschen Staaten. Sachsen verfügte jedoch 1761 über eine einzige Freiwilligenschwadron, ein reguläres Husarenregiment entstand erst 1791. In Großbritannien wurden sogar erst 1805 vier der leichten Dragonerregimenter zu Husarenregimentern umgewandelt.

Während des ganzen 18. Jahrhunderts überwog in der Husarenausrüstung verschiedener Heere ein Säbeltyp mit einfachem Korb und Mitteleisen. Die Hauptunterscheidungsmerkmale zur Bestimmung der Waffen sind ihre Verzierungen, Herrschermonogramme oder -wappen, eventuell Schmiedemarken auf der Klinge. Auf preußischen Husarensäbeln für die Mannschaft, die ein eisernes Gefäß haben, waren es vor allem ein kleiner gestanzter preußischer Adler und die Manufakturmarke *POTSDAM*, eventuell das Monogramm *F II* (Friedrich II, 1740—1786). Preußische Säbel haben eine Scheide mit sehr langem, einfach durchbrochenem Beschlag. Auch Husarensäbel aus der Zeit Katherinas II. (1762—1796) tragen das Monogramm *E II*; auf einigen Klingen ist die Marke der Manufaktur von Tula, manchmal mit Jahresangabe, zu finden.

Vom erwähnten Grundtyp wurden noch zu Beginn des 19. Jahrhunderts französische Waffen abgeleitet, sowohl für die Husaren als auch für die Jäger zu Pferd (chasseurs à cheval) in der kaiserlichen Garde Napoleons I. Diesem Typ gehört auch ein Exemplar des sardinischen Säbels aus der ersten Hälfte des 19. Jahrhunderts an.

74. Französischer Husarensäbel Muster AN IX (1802/03); Klinge bezeichnet mit *M(anu)f(actu)re Imp(éria)le du Klingenthal*; Messinggefäß; lederüberzogene Scheide, Messingbeschlag.
Französischer Säbel für Linienkavallerie Muster AN IX

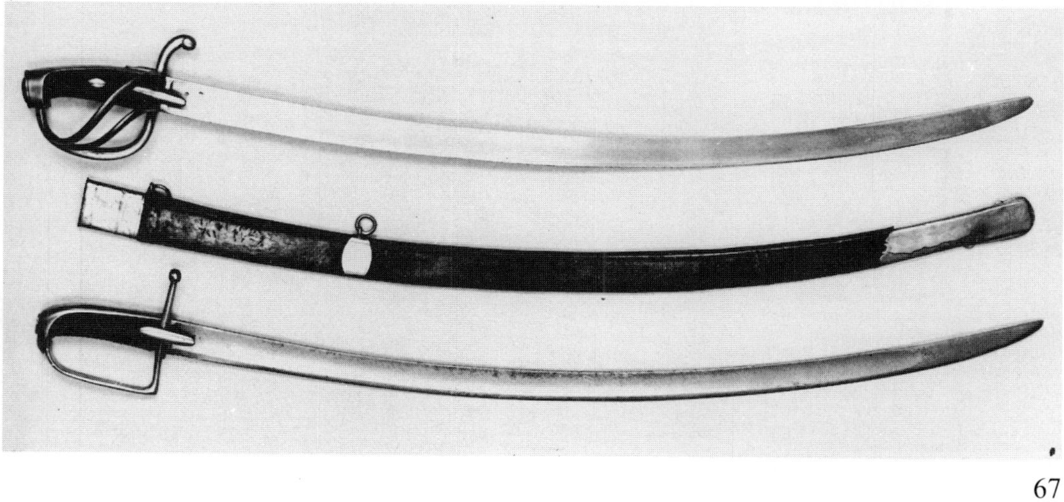

75. Russischer Offizierssäbel Muster 1809; Klinge mit Slatouster Gravierung (*I. N. Buschujew?*), auf dem Rücken die Bezeichnung *Slatoust 1823 g* (kyrillisch)

Der einfache Korb bestand in verschiedenen Formen weiterhin. Erinnert sei an den britischen Säbel für die leichte Kavallerie Muster 1796 mit charakteristisch aufgebauschtem Korb und glattem Rücken mit Grifflappen. Anstelle des Mitteleisens bleibt ein einseitiger Schild, der vom unteren Rand der Parierstange ausläuft. Dieser Säbel wurde zur Vorlage für den preußischen Kavalleriesäbel Muster 1811 (sogenannter Blüchersäbel). Aus ihm gingen auch Offizierssäbel hervor, die eine Kappe in Adlerkopfform und einen reliefverzierten Schild hatten. Zum Muster 1811 kehrte vom Typ her der preußische (deutsche) Ulanensäbel Muster 1873 zurück, der den aufgebauschten Korb und eine Parierstange mit

76. Belgischer Reitersäbel Muster 1802/03; auf der Klinge die Jahreszahl 1888.
Niederländischer Reitersäbel; auf der Klinge die Bezeichnung *S et R H 1854*. 1854.
Schweizer Artilleriesäbel Muster 1896; auf der Klinge bezeichnet mit *Waffenfabrik Neuhausen*

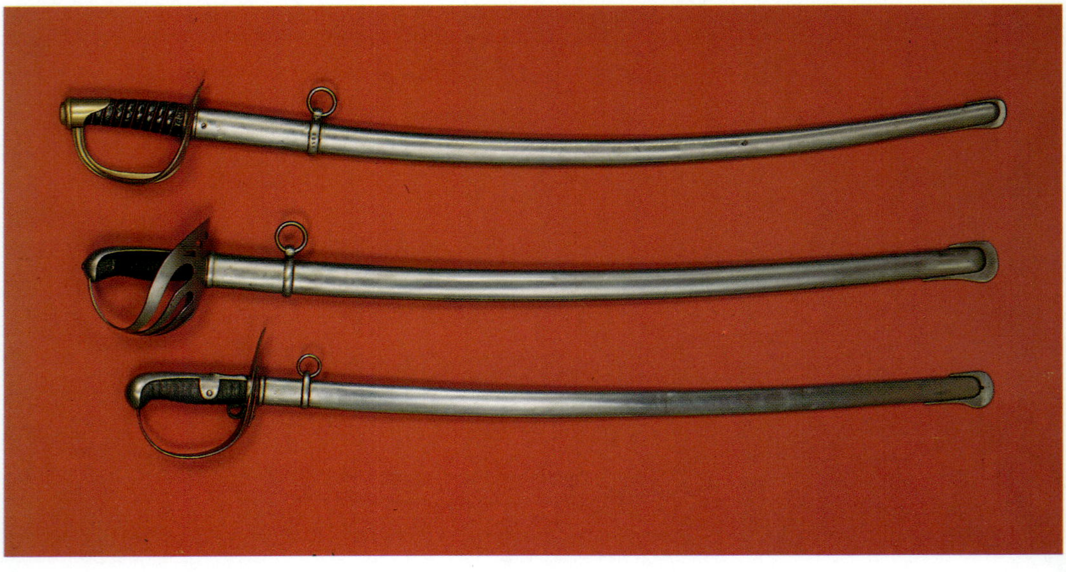

77. Portugiesischer Offizierssäbel; Korb mit fächerförmig durchbrochenem Stichblatt; auf der Klinge die Inschrift *VIVA EL REY DE PORTUGUESE.* Anfang des 19. Jh. Sardinischer Offizierssäbel; auf der Klinge eine Krone, ein Adler mit savoyischem Wappen auf der Brust sowie die Inschrift *VIVE LE ROY DE SARDAIGNE.* Anfang des 19. Jh.

◀ 78. Französischer Säbel der Gardegrenadiere zu Pferd; brennende Granate im Medaillon. Vor 1815

unteren Schilden beibehielt; der Griff war jedoch zur besseren Handhabung profiliert. Der ähnliche Offizierssäbel Muster 1889 hat Rücken und Kappe mit einem Löwenmähnenrelief verziert; auf der Außenseite des Parierstangenschildes ist ein Relief mit gekreuzten Säbeln oder Geschützröhren zu finden, je nachdem, ob es eine Waffe für Kavallerie- oder Artillerieoffiziere war.

Zu den Säbeln mit einfachem Korb zählt das französische Muster 1829 mit einem fließend in eine hinten geneigte Parierstange übergehenden Korbbügel und einer konischen kurzen Kappe; das Gefäß war aus Messing. Von diesem Typ ist der russische Dragonersäbel Muster 1854

79. Belgischer Revolutionssäbel; auf dem durchbrochenen Korb ein Löwe mit Jakobinermütze, der eine Keule hält. 1791

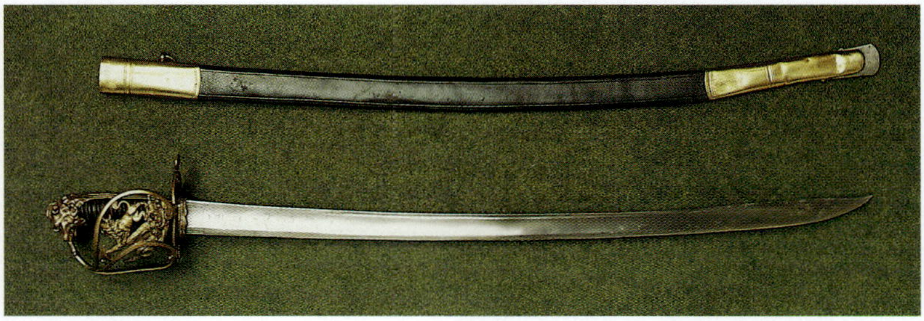

abgeleitet, der sich vom französischen Vorbild nur durch eine wenig geänderte Form der Griffkappe, eine etwas breitere Klinge und natürlich die Kennzeichnung unterscheidet. Sehr ähnlich ist der russische Kavalleriesäbel für die Mannschaft Muster 1881 mit geneigter Kappe. Die Scheide dieser Waffen hat einen Mundbeschlag mit Öffnungen zum Einschieben des Bajonetts. Die letzte Variante dieses Säbels vor dem ersten Weltkrieg zeichnet sich durch das typische Loch im Abschluß der Parierstange aus, das für den Faustriemen bestimmt ist. Auf den Klingen russischer Säbel aus dem 19. Jahrhundert begegnet man am häufigsten der Marke der Manufaktur in Slatoust; in der zweiten Hälfte des Jahrhunderts bildete die Marke ein Zaren-Doppeladler, ringförmig umgeben von der Inschrift Zlatoust Or(ushenjaja) Fabr(ika), natürlich in kyrillischer Schrift. Der Korb des Offizierssäbels hatte ein Zierrelief und trug im Nacken der Griffkappe das Zarenmonogramm, nach dem die Waffe datiert werden kann.

Zu den Säbeln mit einfachem Korb gehören ferner Waffen, bei denen sich der Korbbügel zu einem in die Parierstange übergehenden Stichblatt verbreitert. Hierher gehört eine ganze Gruppe österreichischer Waffen, angefangen beim Muster 1845, das, wie bereits erwähnt, vom britischen Säbelmuster 1834 abgeleitet und für die meisten britischen Kavalleriesäbel des 19. Jahrhunderts bezeichnend ist. Bei den Mannschaftssäbeln ist der Korb glatt; es handelt sich zum Beispiel um das Muster 1830, dessen Griff einen Rücken mit Grifflappen und eine leicht profilierte Griffkappe hatte, um das Muster 1884 mit flacher Kappe und symmetrischem Stichblatt oder das Muster 1899 mit einem asymmetrischen, außen vergrößerten Stichblatt und drei Nieten am Griff.

Die Offizierssäbelkörbe sind in der Regel ornamental durchbrochen (Muster 1834, 1896). Der Korb des Säbels für die Household Cavalry aus dem Jahr 1882 hat ein volles Stichblatt mit Ornamenten.

Ein Übergangstyp ist ein italienischer Kavalleriesäbel von der Wende des 19. zum 20. Jahrhundert, der auch im ersten Weltkrieg diente. Sein voller Korb war mit zwei Ausschnitten durchbrochen. Ein charakteristisches Merkmal dieser Waffe ist eine Vertiefung in der Parierstange hinter dem Griff.

Ziemlich häufig ist bei den Kavalleriesäbeln ein Korb aus Stäben oder Bändern, die Spangen bilden und die Faust schützen. Ein archaischer Typ war der Säbel, den die sächsischen Dragoner 1770 bis 1806 trugen; sein Hauptmerkmal ist ein Korb aus geometrisch angeordneten und verflochtenen eisernen Spangen, die die Faust innen und außen bedeckten. Der Säbel der französischen Jäger zu Pferd Muster 1790 hatte auf der Außenseite einen mit dem Korbbügel durch eine profilierte Spange verbundenen Seitenbügel. Mit zwei Seitenspangen war der Korb des bayerischen Chevaulegerssäbels Muster 1788 ausgestattet. Mit einem Gefäß dieses Typs war auch der russische Kavalleriesäbel Muster 1809 mit zwei Spangen versehen. Die Klingen dieser Offizierswaffen aus den zwanziger Jahren des 19. Jahrhunderts waren in einigen Fällen reich verziert. Das russische Muster 1809 wurde bald in Preußen als Offizierssäbel des Garderegiments der leichten Kavallerie übernommen.

Ein klassisches Beispiel dieses Kavalleriewaffentyps ist namentlich der französische Säbel für die leichte Kavallerie Muster An XI (1802—1803). Außen hat der Spangenkorb zwei Spangen, weitere Merkmale sind ein Faustschutz mit kurzem Mitteleisen und ein ovaler Vernietknauf am Griff. Dieser Säbel wurde praktisch unverändert als Muster 1825

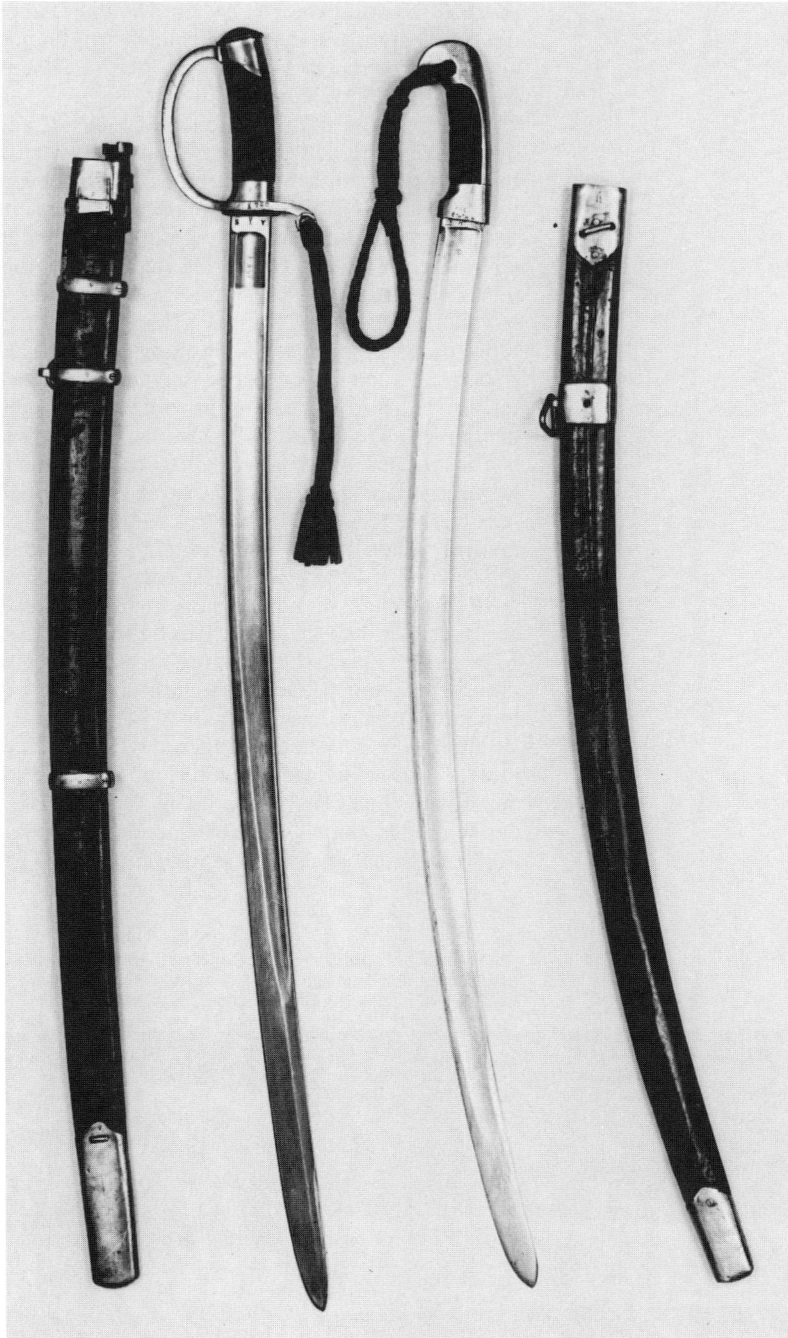

80. Russischer Linienkavalleriesäbel Muster 1881 mit Scheide.
Russischer Kosakensäbel (Schaschka) mit Scheide; Klinge mit der Bezeichnung *Slatoust Iunia 1851 g* (kyrillisch)

in die Ausrüstung der russischen Kavallerie übernommen. Er unterscheidet sich lediglich in der Klingenfläche und hat entgegen dem ursprünglichen französischen Vorbild auf dem Rücken keine Bezeichnung der Manufaktur und kein Datum.

Der Einfluß des französischen Modells ist auch an einigen Waffen aus der Ausrüstung der Kavallerie damaliger deutscher Kleinstaaten sichtbar. Vom französischen Vorbild ist zum Beispiel der einheitliche württembergische Kavalleriesäbel von 1817 abgeleitet, ähnlich wie der badische Kavalleriesäbel für die Mannschaft oder der bayerische für die Chevaulegers, beide aus der Mitte des 19. Jahrhunderts.

Vom Muster AN XI geht auch der französische Säbel für die Linienkavallerie Muster 1822 aus, bei dem jedoch das Mitteleisen fehlt und der Korb durch eine dritte Seitenspange ergänzt ist. Von französischen Vorbildern ist auch der belgische Kavalleriesäbel Muster 1802/1883 abgeleitet. Ein Korb mit meist stabförmigen Spangen erschien auch in Großbritannien, wie der Kavalleriessäbel Muster 1853 zeigt.

Ein aus breiten Spangen aufgebauter Korb ist für den preußischen Kavalleriesäbel Muster 1852 charakteristisch, dessen Korb an der Innenseite verbreitert ist. Nach einer Änderung aus dem Jahr 1879 diente er noch am Ende des 19. Jahrhunderts. Auch der niederländische Artilleriesäbel von 1854 hat einen Eisenkorb mit breiten Spangen.

Bei einigen Waffen mit Spangengefäß ist der Korb noch komplizierter gestaltet. Bei dem französischen Säbel für die Kavallerieoffiziere Muster 1788 hat er ein seitliches, durchbrochenes, muschelförmiges Stichblatt zwischen Spangen. Der portugiesische Säbel vom Anfang des 19. Jahrhunderts kopiert diese Waffe. Am belgischen Revolutionssäbel von 1791 befindet sich zwischen Spangen das Relief eines Löwen mit Jakobinermütze als Sinnbild der Revolution. Der Säbel der Grenadiere zu Pferd der kaiserlichen Garde Napoleons I. trägt zwischen Spangen das Symbol der Waffengattung — eine brennende Granate. Der französische Artillerieoffizierssäbel aus der Restaurationszeit (1815—1830) ist zwischen den

81. Preußischer Grenadiersäbel Muster 1715; auf der Klinge das gravierte Monogramm *FWR* (Friedrich Wilhelm I., 1713—1740), eine brennende Granate und die Bezeichnung *POTZDAM*; beidseitig nierenförmiges Stichblatt

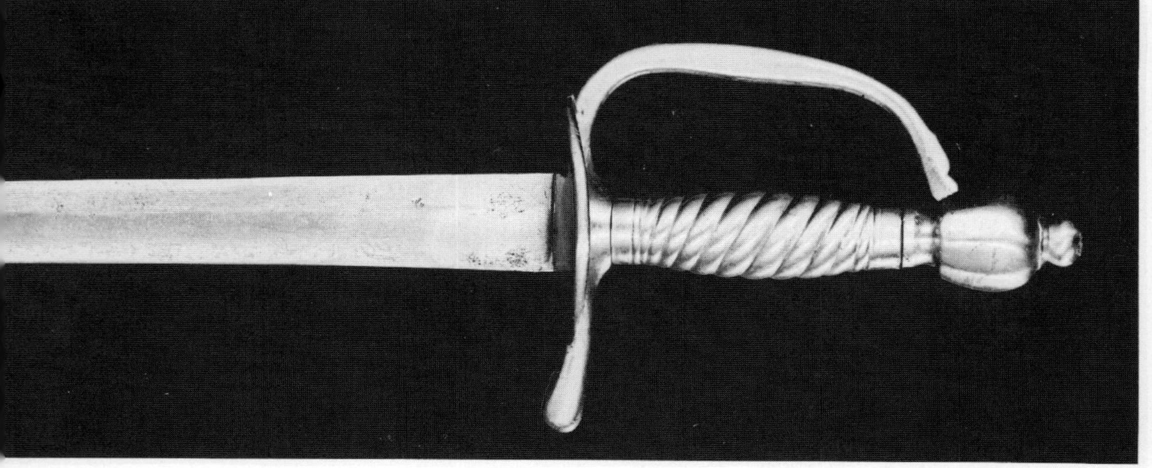

82. Preußischer Grenadiersäbel; auf der Klinge das Monogramm *FR* (Friedrich II., 1740 bis 1781); herzförmiges Stichblatt. Um 1750.
Russischer Grenadiersäbel mit Scheide; auf der Klinge das Monogramm *EA* (Ekaterina Alexandrowna II.), eine gravierte Krone und die Bezeichnung *Tula 1783 g* (kyrillisch). 1783

Spangen mit einem Relief mit Ornamenten, Trophäen und dem Königswappen unter einer Krone verziert.

Der Korb des sächsischen Kavalleriesäbelmusters 1891 ist vom deutschen Haudegen Muster 1889 übernommen; auf dem Schild zwischen den Seitenspangen ist allerdings statt des preußischen Adlers das sächsische Wappen. Ähnlich ist der Korb des serbischen Kavalleriesäbels von der Wende des 19. zum 20. Jahrhundert gestaltet, auf dessen Schild das serbische Königswappen ist. In diese Kategorie gehört ebenfalls der Schweizer Artilleriesäbel Muster 1896 mit helvetischem Kreuz im Spangenkorb.

Abschließend sei bei den Kavalleriewaffen ein russischer Spezialsäbel für die leichte Kavallerie erwähnt — die Kosaken-Schaschka. Es handelt sich um eine Waffe von offenem Typ, ohne Korb und ohne Parierstange, abgeleitet von kaukasischen Säbeln. Das älteste Muster wurde in der russischen Armee 1836 eingeführt; außerhalb der ehemaligen Sowjetunion ist es selten. Eher kann man Waffen aus der Mitte des 19. Jahrhunderts begegnen, deren Griff noch einen Messingrücken hatte. Häufiger sind Schaschkas Muster 1881 mit Griff ohne Rücken und einer Scheide mit Hülsen zur Bajonettaufnahme.

Infanteriesäbel

Die Einführung des Bajonetts am Anfang des 18. Jahrhunderts hatte die Auflösung der Pikeniere zur Folge. Zur Hauptwaffe der Infanterie wurde ein ziemlich langes und schweres Gewehr mit Steinschloß und Bajonett. Das Bajonett wurde damals allerdings nicht als Seitengewehr angesehen, es war ein Bestandteil des Gewehrs, das in Verbindung mit diesem die Pike ersetzte. Und so wurden in vielen Armeen die Fußsoldaten, wie früher die Musketiere, mit einer zum eventuellen Nahkampf notwendigen Griffwaffe ausgestattet. Im 17. Jahrhundert war es der Degen, in

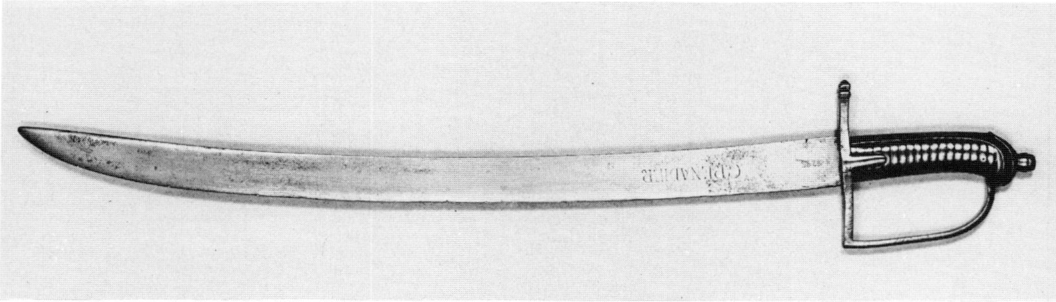

83. Französischer Grenadiersäbel Muster 1786; auf der Klinge spiegelbildlich ein doppeltes *L* (Ludwig XVI., 1774—1792) und die Inschrift *GRENADIER*, Bezeichnung *M(anufac)ture R(oya)le D'Alsace*

den ersten Jahrzehnten des 18. Jahrhunderts eher der Infanterie-Spezialsäbel mit kürzerer, dafür aber breiterer gekrümmter Klinge.

Der 1715 unter Friedrich Wilhelm I. (1713—1740) wahrscheinlich als erstes reglementiertes Seitengewehr der Infanterie eingeführte preußische Grenadiersäbel hatte eine leicht gekrümmte Klinge mit beiderseits flacher, breiter Hohlkehle. Das Gefäß bildete ein Messinggriff mit großem Angelstumpf und Vernietknauf, ein einfacher Bügelkorb und ein doppelt-nierenförmiges Stichblatt. Bei einem weiteren Entwicklungstyp, der in Preußen nach 1740 unter Friedrich II. eingeführt wurde, verbreiterte sich der einfache Korb zu einem herzförmigen Stichblatt. Dieser Typ hielt sich in der preußischen Armee bis 1816.

Ähnliche Säbel mit herzförmigem Stichblatt waren seit den vierziger Jahren des 18. Jahrhunderts auch in der Ausrüstung der britischen Infanterie (Muster 1742). In der russischen Armee kam dieser Griffwaffentyp, genannt „polusablja" (Halbsäbel) von den vierziger bis zu den sechziger Jahren (1762) und erneut als Grenadiersäbel nach 1783 vor. Er wurde noch in den Napoleonischen Kriegen zu Beginn des 19. Jahrhunderts eingesetzt.

Bei älteren Typen sächsischer Infanteriesäbel ist der Faustschutz in der Regel reicher entfaltet, entweder mit seitlichem Stichblatt oder mit zwei symmetrisch geführten Seitenspangen, die am Rand der herzförmig erweiterten Parierstange enden. Bei den meisten dieser Waffen ist der Griff in einem Stück aus Messing gegossen, häufig schräg kanelliert und manchmal mit angedeutetem glattem Rücken. In der zweiten Hälfte des 18. Jahrhunderts schwanden bei den sächsischen Waffen die Elemente des Faustschutzes, die Säbel hatten nun nur noch einen einfachen gebogenen Korb.

Der französische Grenadiersäbel aus der Mitte des 18. Jahrhunderts verfügte über ein einseitiges Stichblatt, das beim Muster 1770 verschwand, und der Faustschutz beschränkte sich auf einen einfachen Messingkorb. Das gilt auch für den Grenadiersäbel Muster 1786, für den die halbgroßen oberen Mitteleisen in der Mitte der Parierstange typisch sind.

Nüchtern gestaltet ist der Säbel Muster AN IX (1802—1803), allgemein Briquet genannt. Der Griff wie der einfache, in die Parierstange übergehende Messingkorb sind in einem Stück aus Messing gegossen. Dieser Infanteriesäbel wurde mit winzigen Abänderungen an der Scheide als Muster 1816 auch nach den Napoleonischen Kriegen als Beute in den Armeen einer Reihe von Ländern übernommen, in Preußen als Infanteriesäbel Muster 1818, aber auch in den Niederlanden und in Belgien. Und so findet man ziemlich oft Waffen mit voller französischer Bezeichnung am Rücken der Klinge, die jedoch auf der Parierstange preußische Augmentationsmarken (Bezeichnung des Regiments, der Kompanie und der Waffennummer) tragen. Waffen dieses Typs wurden in Preußen nach der Ausschöpfung der Beutevorräte weiter hergestellt, unter anderem für die deutsche Marine in den Jahren 1848 bis 1852; einige Polizeisparten in Deutschland wurden sogar noch am Anfang des 20. Jahrhunderts mit diesem Säbel ausgerüstet.

Nach 1815 führten auch Rußland, einige Truppen der österreichischen Marine und später die österreichische Gendarmerie (bis 1918) diese Waffe in ihre Ausrüstung ein.

In den Armeen der Habsburger wurde das Seitengewehr bis 1765 nur von den Unteroffizieren und Grenadieren getragen; normale Fußsoldaten hatten nur ein Gewehr mit Bajonett. Der Grenadiersäbel zeichnete sich durch eine ziemlich lange Klinge (66—70 cm) und ein Messinggefäß aus, dazu gehörte eine Lederscheide. Die Unteroffizierssäbel der ungarischen Infanterie hatten an der Innenseite einen Daumenring, einen Korb aus flachen Bändern und einen Angelstumpf in Löwenkopfform, der Mannschaftssäbel einen Rücken mit glatter Kappe.

Der 1765 beim sogenannten deutschen Fußvolk und den Grenzsoldaten eingeführte „ordinäre Füsiliersäbel“ hatte eine kurze flache Klinge (53 cm), einen Griff mit Messingrücken und einer leicht S-förmigen, später kurzen geraden Parierstange. Es handelte sich also um einen Säbel von offenem Typ ohne Korbbügel. 1798 wurde er ausgemustert, und die Infanteristen bekamen nur ein Gewehr mit Bajonett. Die Grenadiere und Unteroffiziere trugen seit 1765 einen Säbel mit einfachem Korb aus Flacheisenbändern, mit rhombischen Mitteleisen und einer einen glatten Griffrücken abschließenden Kappe; die Griffkappe der Unteroffiziersvariante hatte die Form eines Löwenkopfes.

84. Habsburgischer ordinärer Füsieliersäbel Muster 1765.
Säbel der österreichischen Armee für Unteroffiziere und Grenadiere Muster 1765

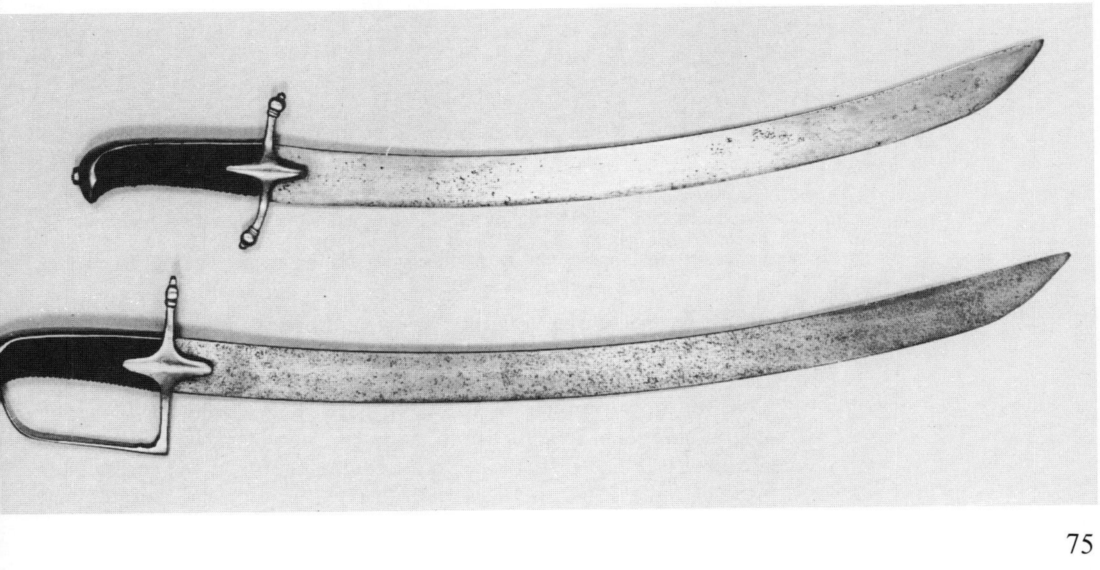

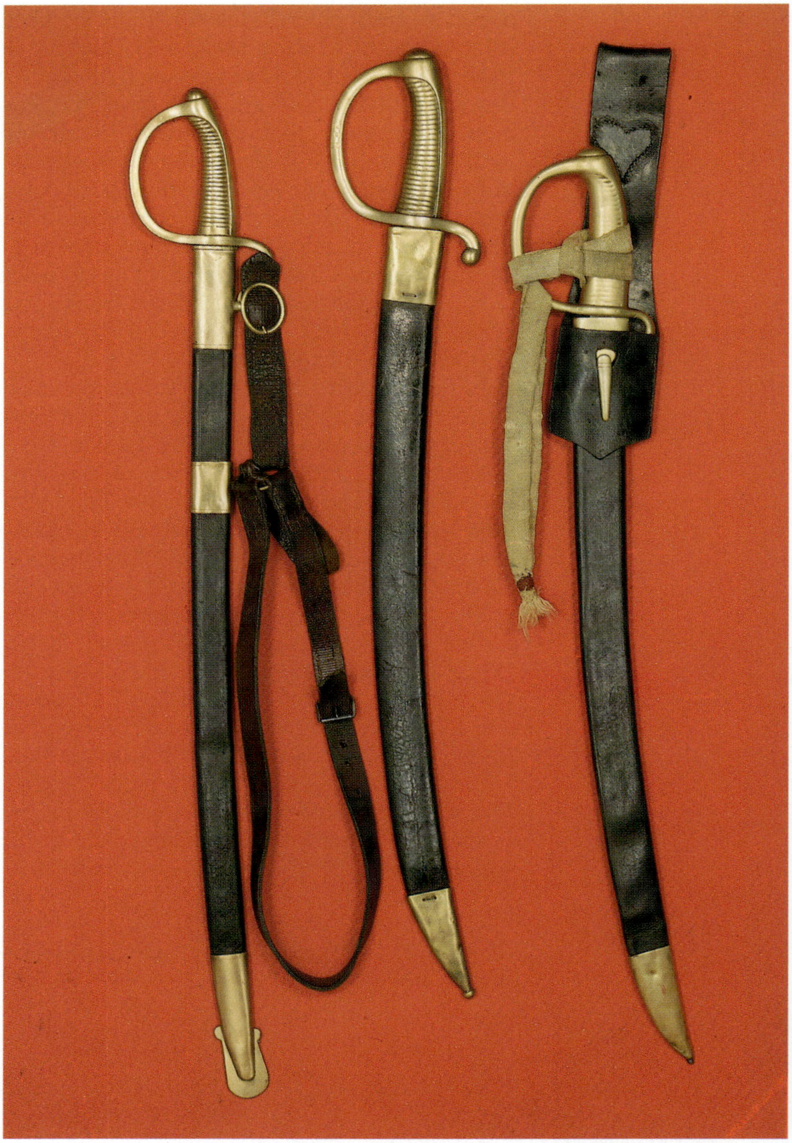

85. Preußischer Infanteriesäbel Muster 1818; auf dem Korb Augmentationsmarken des 49. Infanterieregiments.
Französischer Infanteriesäbel Muster AN IX/XI (Briquet) mit Scheide; Klinge bezeichnet mit *Manuf(actu)re du Klingenthal.*
Österreichischer Gendarmerie- und Marinesäbel mit Scheide, Portepee und Aufhänger. Nach 1824

Durch eine Vorschrift von 1802 wurde ein neuer Grenadiersäbel mit Eisengefäß für Grenadiere, Spielleute, Artilleriefahrtruppen und weitere eingeführt. Die kleineren Änderungen aus den Jahren 1809 bis 1824 (1828) waren unwesentlich. Mit dem Muster 1802 wurde der bisherige Messingbeschlag der Scheide durch einen eisernen ersetzt und 1828 eine Scheide aus Eisenblech, überzogen mit Leder, eingeführt. 1837 erhielt der Korb dieses Säbels eine modisch gewölbte Form, die 1862 durch einen in der Mitte leicht gebogenen Korb ersetzt wurde. Seit 1867 war der Gebrauch dieses Säbels auf die Spielleute, Rechnungsunteroffiziere und weitere Nicht-Kombattanten beschränkt.

Die 1758 enstandenen Jägertruppen trugen einen Degen oder einen gekrümmten Säbel mit Bügelkorb. 1767 bis 1789 wurde bei ihnen der sogenannte ordinäre Füsiliersäbel Muster 1765 eingeführt, der nach 1789 entfernt und durch ein Bajonett ersetzt wurde.

Die Kanoniere der habsburgischen Armee trugen seit Ende des 17. Jahrhunderts Messer; nach 1758 wurden sie mit einem Grenadiersäbel ausgerüstet. 1774 wurde durch eine neue Vorschrift ein Säbel für Kanoniere und Mineure eingeführt; er war dem Grenadiersäbel ähnlich, wies aber eine mächtigere Klinge und kleine Unterschiede an Korb und Griff auf. Der Artilleriesäbel behielt auch nach 1802 das Messinggefäß mit kurzen Mitteleisen bei; durch eine Vorschrift von 1828 wurde der Kanonier- und Mineursäbel etwas geändert. Eine Vorschrift von 1851 führte für die Artilleristen einen Infanteriesäbel und für die Fahrer einen leichten Kavalleriesäbel ein.

Bei den technischen Truppen, bei denen nach ihren Aufgaben Sappeure, Pontoniere, Pioniere, Tschaikisten und weitere unterschieden wurden und die erst später in den Pionierverbänden zusammenschmolzen, wurde bis 1765 der Grenadiersäbel gebraucht. Nur die Tschaikisten — Spezialschiffstruppen auf der Donau — hatten bis 1764 (1773) eine abweichende Griffwaffe mit wenig gekrümmter Klinge und Rückensäge. Der Messinggriff hatte Holzschalen, die leicht S-förmige Parierstange war in der Mitte verstärkt. Die Waffe der übrigen technischen Einheiten war dem Grenadiersäbel ähnlich, nur war die Klinge auf dem Rücken mit einer Säge versehen, der Korb war mächtiger.

Bis 1798 schrieb keine Vorschrift bestimmte Seitengewehrtypen für die Infanterieoffiziere vor; unter Maria Theresia wurde nur „eine gute Klinge mit vergoldetem Korb“ verlangt. So trugen die ungarischen Panduren-

86. Säbel der österreichischen Artillerieunteroffiziere; auf der Klinge gravierte gekreuzte Läufe und die Inschriften *VIVAT MARIA THERESIA ./. VIVAT FRANCISCUS I^{mus}*. Zweite Hälfte des 18. Jh.
Österreichischer Säbel für Kanoniere und Mineure Muster 1828; Klinge bezeichnet mit *Fischer 1831*

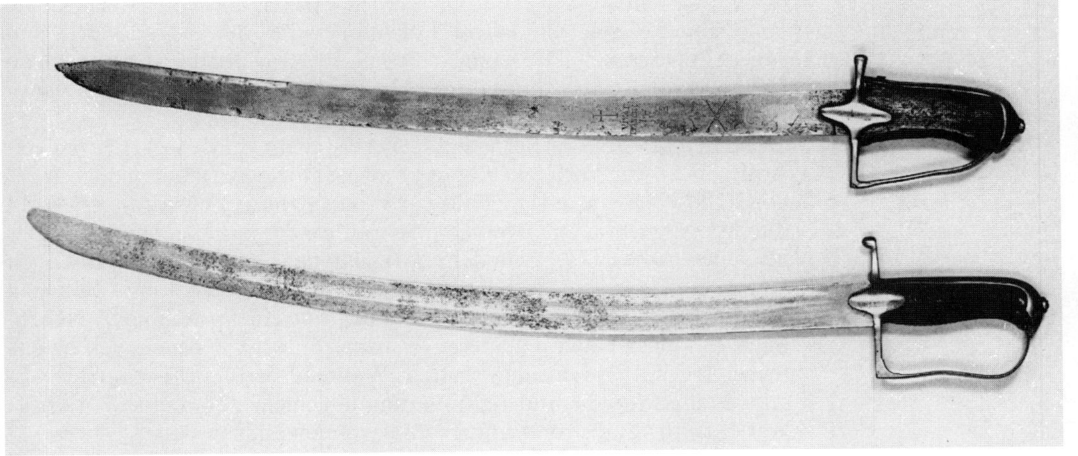

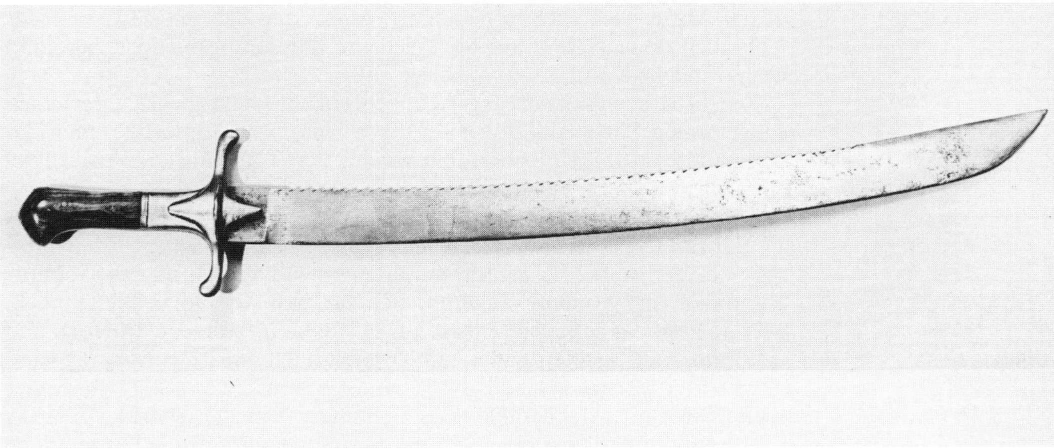

87. Säbel der österreichischen Tschaikisten Muster 1764; Klinge mit Sägerücken

offiziere den Husarensäbeln ähnliche Waffen. Ein solcher Säbel aus der Mitte des 18. Jahrhundert unterschied sich eigentlich nur durch eine gravierte Kämpferfigur mit gezogenem Säbel auf der Klinge.

Eine Vorschrift aus dem Jahr 1811 führte für die Offiziere der sogenannten deutschen Infanterie (für die nichtungarischen Länder der Monarchie) den Offiziersdegen ein. Im selben Jahr wurde für die Offiziere der ungarischen Infanterie ein Säbel in zwei Varianten eingeführt, denen eine 74—84 cm lange Klinge gemeinsam war. Bei dem einen gab es einen Messingkorb und einen Rücken von einfacher Form mit Randlinien, bei dem anderen war das Gefäß mit einem ziemlich reichen Relief verziert. Allmählich wurde es üblich, daß der erste Typ von den Offizieren der Grenadiere und Jäger, der andere von Offizieren der ungarischen und der Grenzinfanterie getragen wurde; diese Gepflogenheit wurde mit einer Vorschrift von 1827 bestätigt.

Die Adjustierungsvorschrift von 1837 führte für die Offiziere und Generäle einen Säbel mit einer stark gekrümmten Klinge und einem bogenförmig gewölbten polierten Eisenkorb ein; die Parierstange war mit Mittelschilden versehen. Die eiserne Scheide hatte zwei gebuckelte Ringbänder. Diese einfachere Form blieb bei den Grenadieren und Jägern in Gebrauch. Die Klingen dieser Säbel tragen oft Erinnerungen an Ereignisse des Revolutionsjahres 1848, denn sie wurden auch von Nationalgarden verwendet.

Bei den übrigen Offiziers- und Generalssäbeln wurden zwei Arten von Änderungen zur Verbesserung des Faustschutzes geduldet, jedoch nicht vorgeschrieben. Im ersten Fall war es ein nahezu kreisförmiges, leicht durchbogenes, von unten mit zwei Schrauben zur Parierstange befestigtes Stichblatt. Diesen Typ stellt der mit 1844 datierte Generalssäbel mit reich verzierter Klinge aus der Werkstatt von P. D. Lüneschloß in Solingen dar. Beim anderen Typ wurde der Korb mit einem drehbaren Nebenbügel mit einer Feder als Sperre ergänzt, ähnlich wie bei einigen bereits früher erwähnten Kavalleriewaffen. Während der erste Typ später verschwand, wurde die andere Änderung allgemein durch eine Vorschrift von 1850 für Stabs- und höhere Offiziere eingeführt.

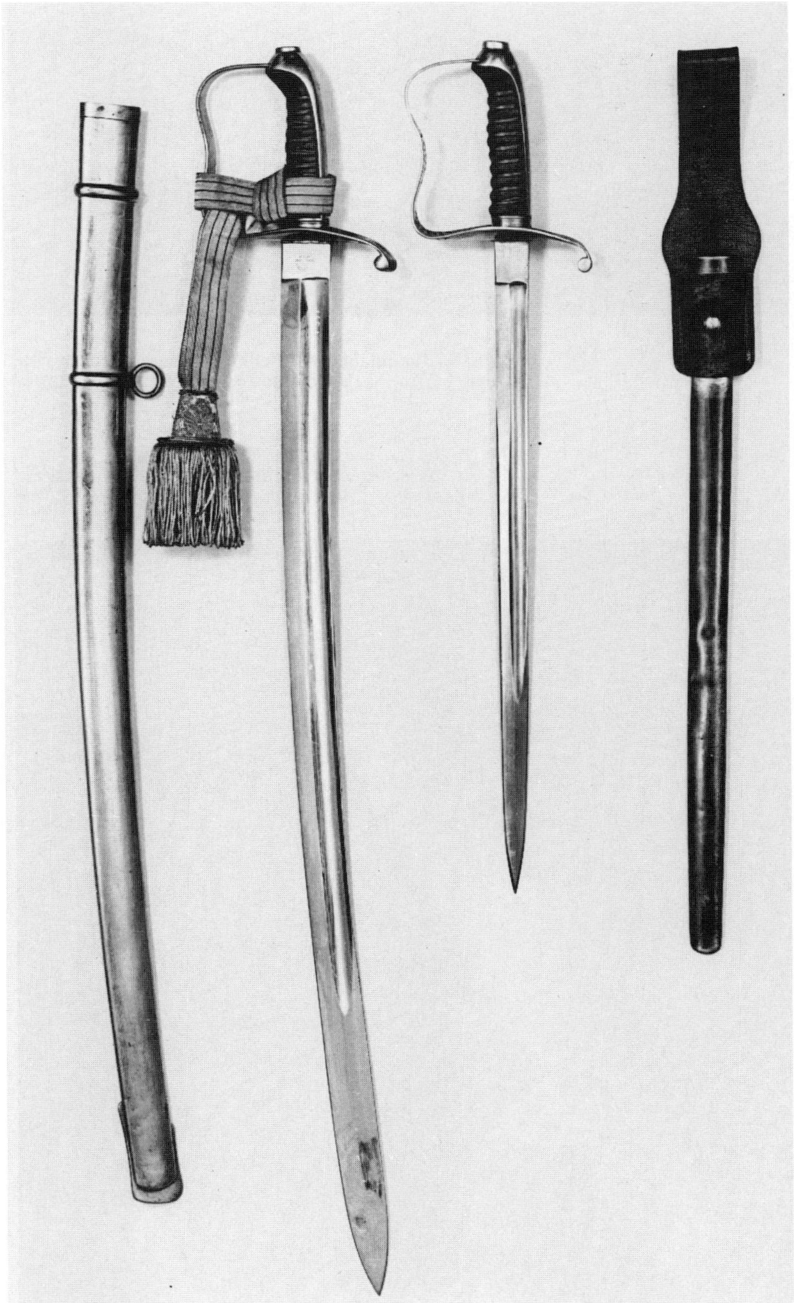

88. Österreichischer Infanterieoffizierssäbel Muster 1861 mit Portepee. Verkürzte Version desselben Säbels für Gebirgsjägeroffiziere

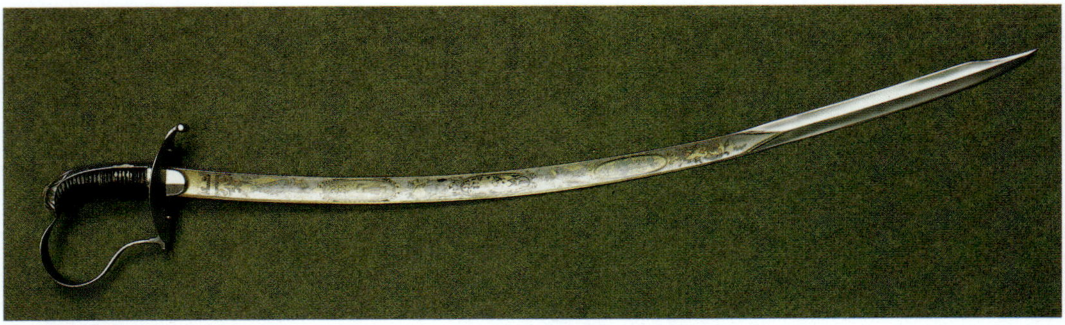

89. Säbel für Infanterieoffiziere und Generäle Muster 1837 mit der Änderung von 1838; Klinge gebläut, vergoldet und versilbert, bezeichnet mit *P. D. Lüneschloß Solingen 1844*

90. Französischer Säbel für rangniedere Infanterieoffiziere Muster 1845 E; Klinge bezeichnet mit *Manufacture Nationale d'Armes Châtellerault Juillet 1916. Adj*^{t} *Inf*^{rie} *M*^{le} *1845 E*

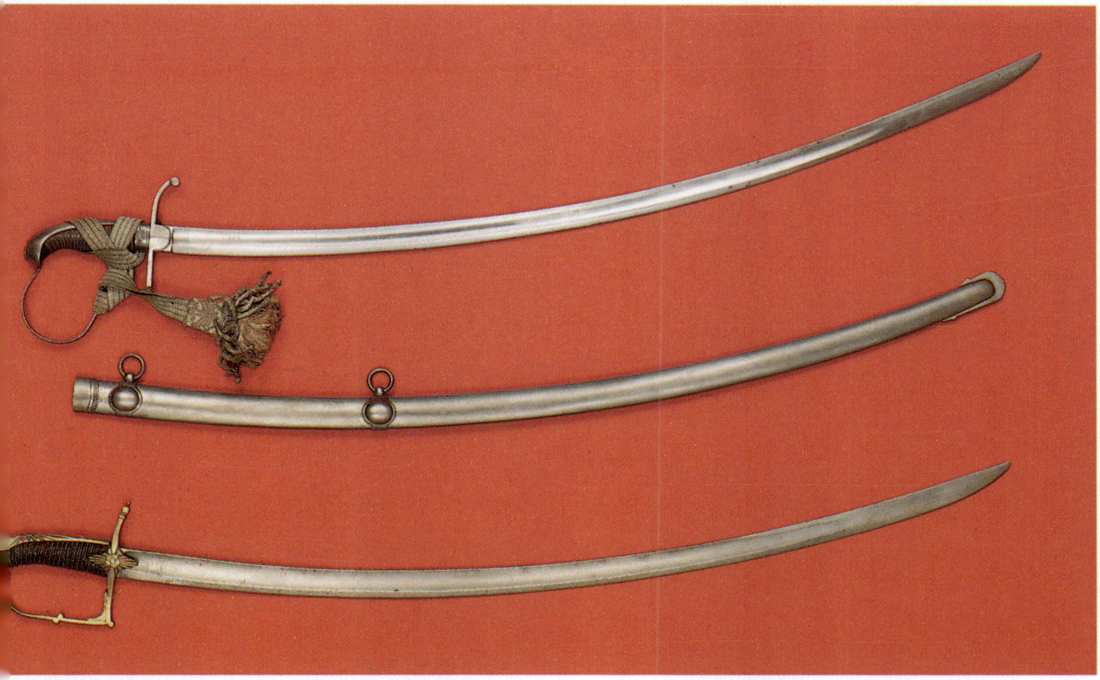

91. Österreichischer Säbel für Jäger- und Grenadieroffiziere Muster 1837; Eisengefäß mit Jägerportepee; Klinge mit der Bezeichnung *NIXDORF.*
Säbel für Offiziere der ungarischen Infanterie Muster 1811; reliefverziertes Messinggefäß

Schließlich wurde 1861 der bekannteste Säbeltyp der österreichischen Infanterieoffiziere mit einem leicht S-förmig gebogenen Korb aus Eisenflachbändern und einer Scheide mit Schlepper eingeführt, bei der der obere Tragring durch ein Öse an der Innenseite der Scheide ersetzt war. Diese Griffwaffe diente bis zum Ende der österreichisch-ungarischen Monarchie, 1918. Bei den Bergjägern wurde wegen besserer Beweglichkeit im Feld der verkürzte Säbel Muster 1861 verwendet.

Für die Infanterieoffizierssäbel gilt im allgemeinen dasselbe wie bei den österreichischen Waffen. Bis zum Anfang des 19. Jahrhunderts verwendeten die Infanterieoffiziere — falls ein Seitengewehr für die Offiziere überhaupt vorgeschrieben war — überwiegend Degen. Erst im 19. Jahrhundert wurde der Säbel allgemeiner in ihre Ausrüstung übernommen. In einigen Staaten wurde der Offizierssäbel nicht nach der Waffengattung des Heeres unterschieden oder er war lediglich durch Symbole auf einem sichtbaren Teil des Korbes einzuordnen, wie in Österreich.

Am Anfang des 19. Jahrhunderts machte sich bei den Offizierssäbeln der Einfluß des Empirestils bemerkbar; zum Beispiel gingen französische Offizierssäbel das ganze 19. Jahrhundert über vom Empire-Typ, selbstverständlich zeitgemäß modifiziert, aus. Diesen Stil läßt auch der französische Säbel für die Infanterieoffiziere aus dem Jahr 1821 erkennen. Von ihm wurde ein badischer Infanterieoffizierssäbel abgeleitet. Das Gefäß war aus Messing, mit Griffrücken und -kappe vom französischen Typ. Ein Messinggefäß hatte auch das sächsische Muster 1816 mit Löwenkopfkappe und dem sächsischen Wappen auf dem leicht aufgewölbten

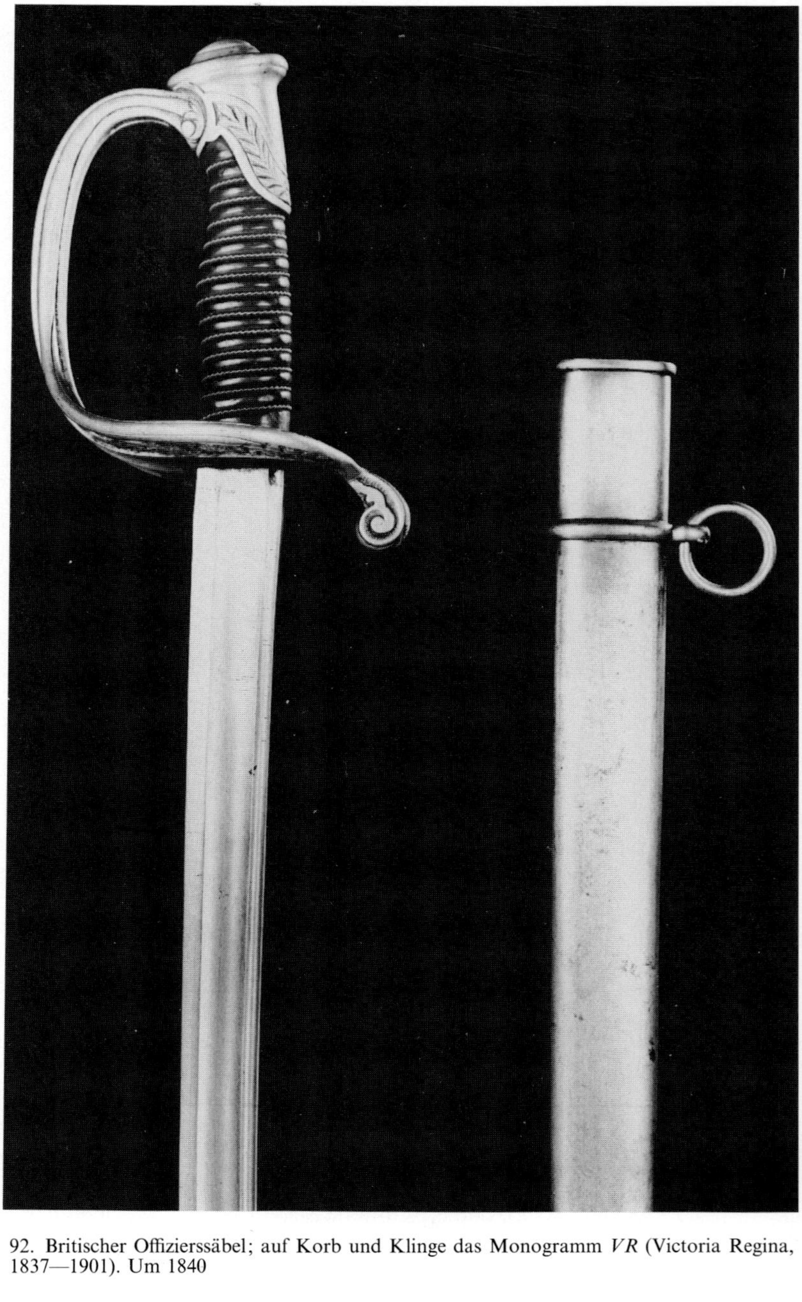

92. Britischer Offizierssäbel; auf Korb und Klinge das Monogramm *VR* (Victoria Regina, 1837—1901). Um 1840

Korb. Das Muster 1855 von Hessen-Darmstadt mit ornamental durchbrochenem Messingkorb war am Griffuß mit einem Lederriemen versehen. Das bayerische Muster aus demselben Jahr war viel einfacher. Das glatte Gefäß erinnert an die Form des österreichischen Musters 1861, einen Unterschied gibt es jedoch im Werkstoff — das bayerische Gefäß war aus Messing. Der preußische Säbel für die Offiziere der Füsiliere und der Jäger mit gewölbtem Messingkorb und rechteckigen, bogenförmig abgeschlossenen Mitteleisen hatte einen glatten Griffrücken mit Grifflappen. Es ist das Urbild des deutschen Musters 1889.

Der französische Säbel für rangniedere Infanterieoffiziere Muster 1845 war bis zum Ende des ersten Weltkrieges in Gebrauch. Die britischen Waffen dieser Kategorie vertritt der Säbel aus der Mitte des 19. Jahrhunderts mit Monogramm *VR* (Victoria Regina, 1837—1901) unter einer Krone auf der Klinge, das sich wiederholt, diesmal durchbrochen auf asymmetrischem Messingkorb.

Marinesäbel

Auch in der Marine wurden Waffen vom Säbeltyp gebraucht. Es waren vor allem Waffen für die Mannschaft, bestimmt zum Nahkampf an Bord des zu verteidigenden bzw. angegriffenen Schiffes. Im allgemeinen hatten sie eine kürzere, mächtigere Klinge und meist einen guten Faustschutz.

Der französische Bordsäbel Muster AN IX (1802 bis 1803) und seine jüngere Modifikation Muster 1823 hatten eine breite, leicht gekrümmte Klinge, einen geraden Griff und an der Außenseite einen vollen Korb. Von ihr unterschied sich das Entermesser (cutlass) aus den Jahren 1810 bis 1820 mit gerader Klinge. Der flachbandförmige Korbbügel war vorn verbreitert und oben mit einem Ausschnitt für den Faustriemen versehen. Die Parierstange ging in ein nahezu kreisförmiges Stichblatt über.

Der 1849 in der österreichischen Marine eingeführte Säbel ging vom französischen Vorbild aus. Er hatte ebenfalls einen eisernen Griff, der Korb war an der Außenseite voll. Durch eine Vorschrift von 1862 wurde ein neuer Bordsäbeltyp mit einer nahezu geraden Klinge mit Mittelgrat eingeführt. Der Spangenkorb hatte ein mächtiges einseitiges Stichblatt. Im Unterschied zu den oben erwähnten Waffen war seine eiserne Scheide mit Leder überzogen. Aus der Ausrüstung wurde er 1871 entfernt. Auch die preußische Bordwaffe wurde in der Mitte des 19. Jahrhunderts weitgehend nach französischem Vorbild abgeändert, wenigstens was die Form des eisernen Griffes und Korbes betraf. Die Klinge ist jedoch leicht machetenförmig. Der niederländische Säbel dieser Kategorie aus der Zeit

93. Französischer Bordsäbel; Klinge mit der Bezeichnung *M(anufac)ture Imp(éria)le du Klingenthal.* Vor 1814

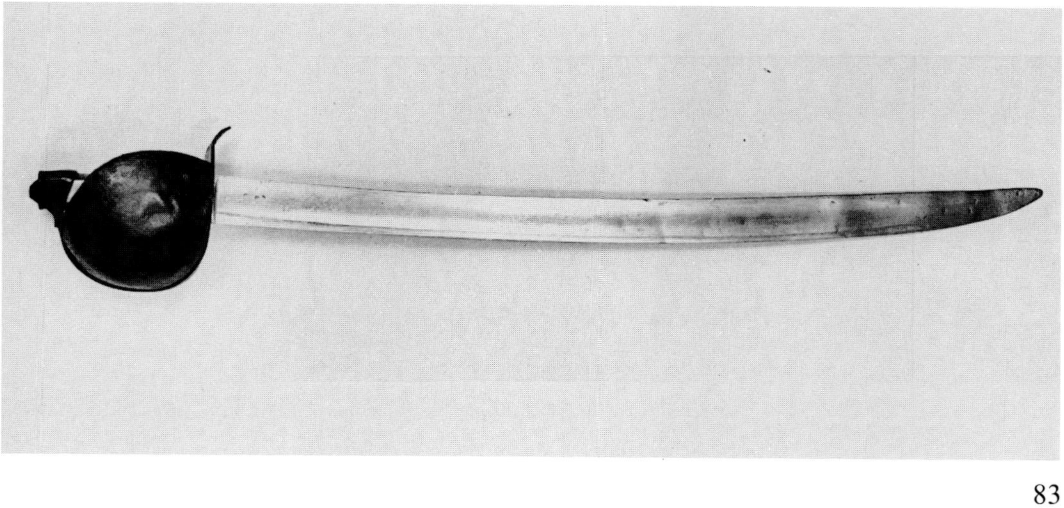

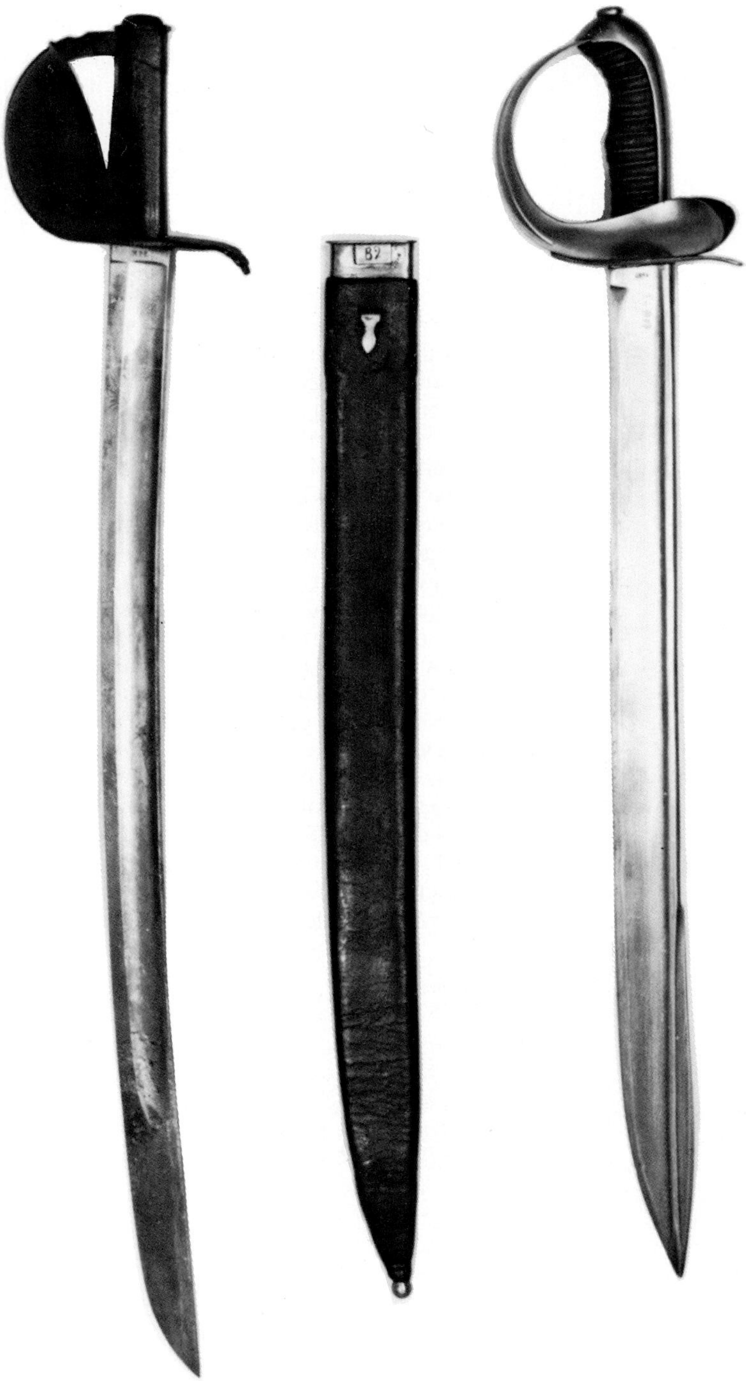

94. Österreichischer Bordsäbel; Klinge bezeichnet mit *S et R*, einem Anker und der Jahreszahl 1849. 1849.
Österreichischer Bordsäbel Muster 1862 mit Scheide; Klinge bezeichnet mit *F. S. Jung 1862*

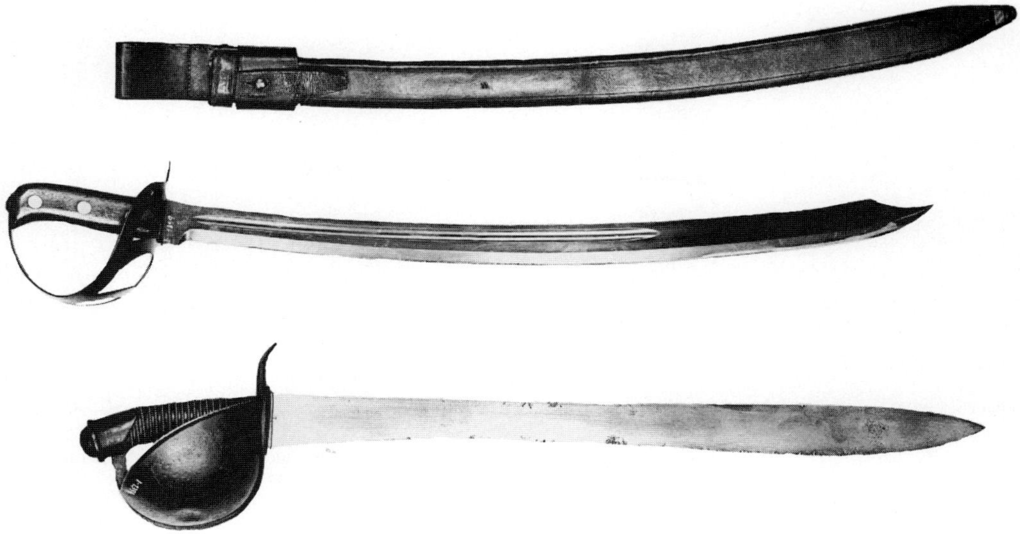

95. Niederländischer Bordsäbel; Klinge bezeichnet mit *HEMBRUG*. Nach 1850. Preußischer Bordsäbel; auf der Klinge ein gekröntes *FW* (Friedrich Wilhelm IV., 1840 bis 1861). Um 1850; bei der kaiserlichen Marine bis 1874 in Gebrauch

nach der Mitte des 19. Jahrhunderts ist mit einem eisernen Flachbandkorb und einer Eisenscheide versehen. Einen anderen Typ stellt der Bordsäbel für die russischen Offiziere Muster 1857 mit Steckrücken und asymmetrischem vollem Stichblatt dar.

Neben diesen Bordwaffen wurde in der österreichischen Marine auch ein vom französischen Infanteriebriquet abgeleiteter Säbel eingeführt. Ihn verwendeten die Marineinfanterie (seit 1818), die Matrosen (seit 1820) und die Marineartilleristen (seit 1824), er wurde noch durch eine Vorschrift aus dem Jahr 1828 bestätigt. Mit einem Säbel ähnlichen Typs wurden die Seesoldaten der deutschen Reichsflotte in den Jahren 1848 bis 1852 bewaffnet.

Die Marineoffizierssäbel waren meist nur Ausgehwaffen. Vorbild für einige war der britische Marineoffizierssäbel Muster 1827. Der Löwenkopfknauf geht in den Griffrücken über, der asymmetrische Messingkorb ist mit dem Relief eines Ankers unter der Königskrone verziert. Fast identisch ist die Waffe für die Offiziere der deutschen Reichsflotte aus den Jahren 1848 bis 1852, die jedoch am Korb nur einen Anker mit Tau hatte. Eine sehr ähnliche Waffe führte 1877 Spanien für seine Marineoffiziere ein. Die französischen Waffen dieser Kategorie hatten ein vergoldetes Messinggefäß mit ornamentalem Relief, in dem das Ankersymbol dominierte, das sich auf dem Scheidenbeschlag wiederholte.

Der österreichische Marinesäbel für Offiziere Muster 1827 hatte eine stark gekrümmte Klinge, und ihr Korb ähnelte dem des Säbelmusters 1827 für die Jäger- und Grenadieroffiziere. Sein Griff war aber aus Horn, sein Gefäß aus Messing. Das Stichblatt war mit einem Ankerrelief verziert, auf der nicht großen Erweiterung des gewölbten Korbes erschien der kaiserliche Doppeladler. 1847 wurde er von einem weiteren Muster abgelöst, das auf seinem erweiterten Messingkorb ein durchbrochenes reliefartiges Ornament mit dominierendem Anker trug. Das letzte Muster

96. Klassizistischer Säbel; gebläute Klinge mit vergoldeten Gravuren; Messingscheide mit Gravierungen verziert. Anfang des 19. Jh.

97. Ungarischer Magnatensäbel; Klinge graviert, bezeichnet mit *FRINGIA*; Horngriff, Kettenkorb. 18.—19. Jh.

98. Französischer Marineoffizierssäbel; vergoldetes Gefäß mit Ankerrelief. Zweite Hälfte des 19. Jh.
Deutscher Marineoffizierssäbel; auf der Klinge geätzte Seeschiffe, bezeichnet *Herrmann Holsten, Kiel.* Zweite Hälfte des 19. Jh.

99. Österreichischer Säbel für Marineoffiziere Muster 1827; Klinge geätzt, auf dem Korbbügel ein Doppelkopfadler, auf dem Mittelschild ein Anker.
Österreichischer Marineoffizierssäbel Muster 1850/54; auf der Scheide ein Wappen und ein gekrönter Anker; durchbrochener Korb mit Seejungfrauen und Doppelkopfadler

aus dem Jahr 1850 (bestätigt durch eine Vorschrift von 1854) hatte Griffrücken und -kappe in Gestalt eines Neptunkopfes (nach Dolleczek, 1896, eines Herkuleskopfes); der Korb war dem des vorangegangenen Modells ähnlich, hatte jedoch ein reicheres Relief mit zwei Seejungfrauen und Kaiseradler.

Schließlich sei daran erinnert, daß der Säbel im 19. Jahrhundert zur Ausstattung verschiedener Würdenträger als Beamtensäbel gehörte. Es gab Säbel für Staatsbeamte, aber auch für andere Würdenträger.

Das Säbelfechten, das in der zweiten Hälfte des 19. Jahrhunderts aufkam, wurde schrittweise zu einer Sportdisziplin, die einen Sondertyp von Säbel mit einer sehr schmalen gebogenen Klinge und einem die Faust bedeckenden Blattkorb entstehen ließ. In Sammlungen kann man einer ähnlichen schmalen, am Ort scharf zugeschliffenen Klinge mit einem großen, aus sich überkreuzenden Metallstäben bestehenden Korb mit Tuchfutter begegnen. Es handelt sich um die Säbel der Burschenschaften.

Auch unter den Säbeln gab es noch im 19. Jahrhundert, besonders am Anfang, repräsentative Exemplare, oft auf hohem kunsthandwerklichem Niveau, mit reicher Verzierung in neoklassizistischem und Empirestil, später in historisierenden Stilen, die im 19. Jahrhundert beliebt waren.

Kurze Hiebwaffen

Dieser Kategorie wurden Waffen mit kürzerer Klinge (40—60 cm) zugeordnet; die Klinge ist einschneidig und zeigt im Querschnitt meist einen einfachen Keil. Neben Waffen mit gerader Klinge gehören auch Waffen mit gekrümmter, eventuell verbreiterter Klinge hierher.

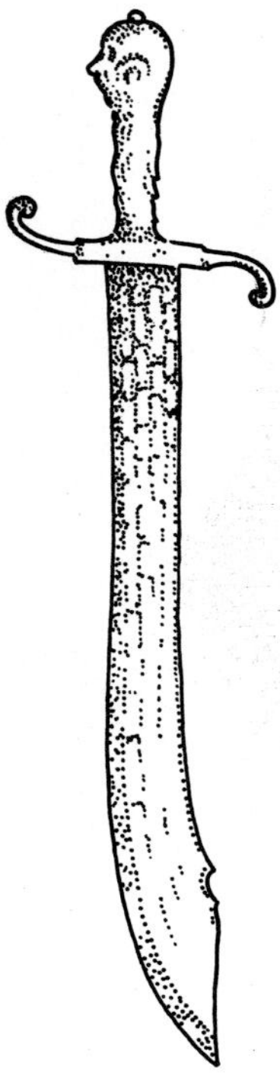

Italienische Storta (falcione), erste Hälfte des 16. Jh.

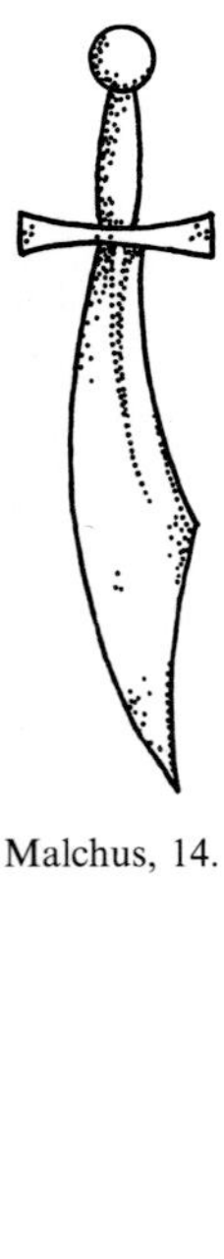

Malchus, 14. Jh.

Böhmische Dusägge (Dussack), 16. Jh.

100. Bauernwehr (Bruchstück); Griffkappe aus Plättchen; Klinge keilförmig. 15 Jh.
Kurze Bauernwehr; volle Eisengriffkappe; Klinge von rhombischem Querschnitt. 15. Jh.

Der einfachste Typ ist im Hochmittelalter das lange Messer. Seine Klinge war meist gerade oder nur leicht gebogen, keilförmig, es hatte einen einfachen Schalengriff. Die erhaltenen Exemplare weisen in der Regel eine flache Angel auf. Sie hatte einige Löcher, durch die Niete hindurchgriffen, die meist hölzerne Schalen befestigten. Der Griff endete mit einer dachförmigen oder leicht schnabeligen Knaufkappe aus massivem Eisen oder aus zusammengeschmiedeten Scheiben. Dieser Waffentyp hatte keine Parierstange, nur vereinzelt gab es am Übergang zwischen

Klinge und Angel eine erhabene Rippe. Messer von diesem Typ kamen seit dem 14. Jahrhundert in ganz Mitteleuropa vor, sie blieben noch in der ersten Hälfte des 16. Jahrhunderts beliebt. Bei jüngeren Exemplaren war manchmal am Übergang von der Klinge zur Angel ein kurzer seitlicher Ausläufer (Begrenzungsstück). Es handelt sich um eine charakteristische volkstümliche, genauer eine Bauernwaffe des späten Mittelalters. Davon zeugen nicht nur die damaligen deutschen Bezeichnungen (Hauswehr, Bauernwehr), sondern auch zahlreiche ikonographische Belege, namentlich aus dem ersten Viertel des 16. Jahrhunderts, auf denen Bauern Waffen dieses Typs am Gürtel trugen.

Ein anderer Typ der mittelalterlichen kurzen Hiebwaffen sind Messer mit einschneidiger, im unteren Teil verbreiterter Klinge. Sie waren im

101. Böhmische Dusägge; gekrümmte Klinge, mit Angel und Korb aus einem Stück geschmiedet. Nymburk, Böhmen, Anfang des 16. Jh.

14. Jahrhundert unter dem französischen Namen Fauchon bekannt, auch in Großbritannien. Später bürgerte sich die Bezeichnung Falchion ein. In Deutschland war für sie im Hoch- und Spätmittelalter der Name Malchus üblich. Heute werden zwei typologische Gruppen unterschieden. Die erste hatte eine Klinge mit geradem (schneidenlosem) Nacken und aufgewölbter Schneide, die im unteren Drittel am breitesten war. Es handelt sich um einen ziemlich seltenen Typ, der zumeist auf den Britischen Inseln und in Nordwesteuropa verwendet wurde.

Für die andere Modifikation, die in ikonographischen Quellen seit Ende des 13. Jahrhunderts erscheint, ist eine gekrümmte, im unteren Nackendrittel zu einer mehr oder weniger deutlichen stumpfwinkligen Nebenspitze verbreiterte Klinge kennzeichnend. Mittelalterliche Handschriften und Tafelmalereien zeigten diese Waffen meist in den Händen heidnischer Feinde und wiesen damit auf deren wahrscheinlich nichteuropäische, orientalische Herkunft hin. Ikonographische Quellen belegen die Verbreitung des Malchus in einem großen Teil Europas — Ende des 13. Jahrhunderts in Norwegen, im 14. Jahrhundert in Frankreich, Großbritannien und Italien, im 14. und 15. Jahrhundert in Deutschland und in Böhmen. Die Renaissance brachte eine erneute Blüte dieser Waffen, die meist ihren Ursprung in Italien hatten (davon der Name Storta) mit sich.

Eine weitere kurze Hiebwaffe mit gekrümmter Klinge ist die Dussäge (Dussack). Den Ursprung dieses in deutschen Texten so eigenartigen Namens erklären sächsische Quellen aus dem ausgehenden 16. Jahrhundert, die die Waffe als „der behimische Dussack“ (aus dem tschechischen „tesák“) bezeichneten. Ikonographische Belege stellen die Dussäge als eine sehr einfache Waffe ohne Gefäß dar, aus einem Stück Eisen ge-

102. Scimitar; Klinge mit muldenartigen Vertiefungen, auf der Fehlschärfe bezeichnet mit *FAUSTINO GELPHO BRESCIANO*; Gefäß mit geschnittenen Reliefs und Überresten von Vergoldung; Mundblech und Ortband der Scheide mit vergoldeten Reliefs. Brescia, Italien. Erste Hälfte des 16. Jh.

schmiedet. Die kurze gekrümmte Klinge entwächst einem flachen, oben abgerundeten Block, in dem eine ovale Öffnung zum Anfassen der Waffe ausgespart ist. Dieser Archetyp ist nicht mehr vorhanden, das einzige erhaltene Exemplar hat schon vollkommene Gestalt. Es war ebenfalls aus einem Stück Eisen geschmiedet, sein Griff war jedoch zu einem korbbügelartig gebogenen Stab verlängert.

Gekrümmte Klingen verschwanden bei dieser Waffenkategorie auch später nicht. Ein Jagdwaffentyp mit gekrümmter Klinge, die Jagdplaute, war noch im 18. Jahrhundert häufig.

In der Jagdausrüstung überwogen allerdings während der ganzen Spätgotik und der Renaissance Hirschfänger mit gerader Klinge. Einige nennt man angesichts ihrer Länge Jagdschwerter. Zu den bekanntesten gehört die Prunkwaffe Kaiser Maximilians I. aus dem Jahr 1496, ein Werk von Hans Summersperger aus Hall in Tirol. Eine ungefähr 150 Jahre jüngere ähnliche Waffe mit einem von dem Münchner Caspar Späth (um 1650) geschnittenen Gefäß ist ein Beweis dafür, daß ähnliche Waffen auch in dieser Zeit nicht überholt waren.

103. Langer Hirschfänger (Jagdschwert); Klinge mit Königskopf (Peter Koel?) und den Inschriften *FIDE SED CVI VIDE — ME FECIT SOLINGEN*; Gefäß in Eisen geschnitten, ein Relief (Pflanzenornament, Jagdszenen) auf vergoldetem Boden, auf der Rückseite ein Schuppenornament mit Goldnägeln. Caspar Späth, München, um 1650

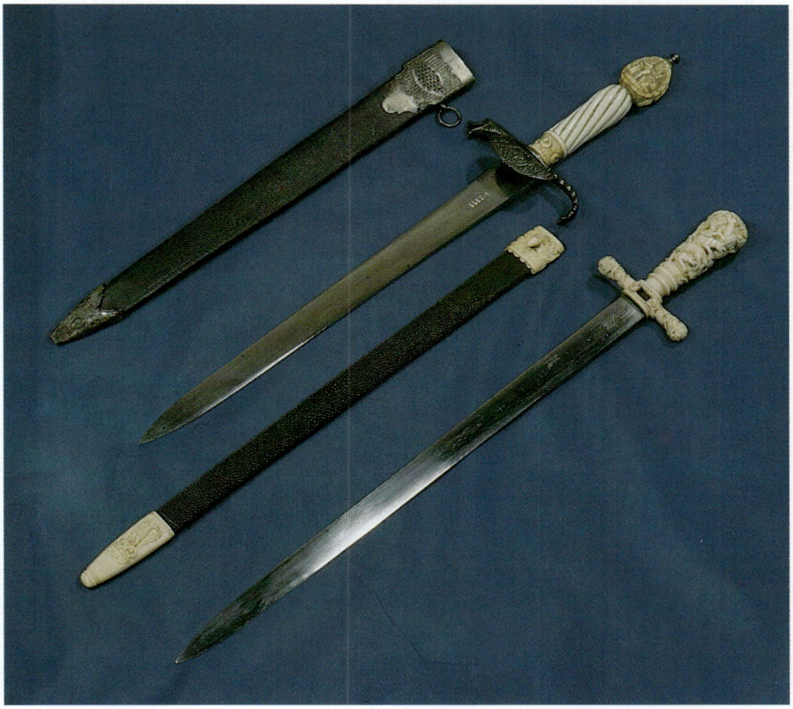

104. Hirschfänger; Griff und Knauf in Bein oder Elfenbein geschnitzt, ein Relief mit figürlichen Szenen. Um 1700, Scheide aus der zweiten Hälfte des 18.Jh.
Hirschfänger; Gefäß sowie Mundstück und Ortband der Scheide aus Bein mit geschnitzten Tiermotiven. Anfang des 18. Jh.

Späths Gefäß, der Griff mit einfachem Bügelkorb und Parierstange mit einem zum Ort hin geneigten Stichblatt an der Außenseite, war das ganze 17. Jahrhundert über ziemlich beliebt. Bei den üblichen Exemplaren dieser Hirschfänger war das Gefäß allerdings glatt oder mit einfacher linearer Verzierung. Der Griff war häufig aus Holz oder Horn. Es gab aber auch Hirschfänger mit offenem Gefäß, ohne Korbbügel, mit Griff oder anderen Teilen aus geschnitztem Bein oder Elfenbein; neben Ornamenten kamen auch figürliche oder Jagdmotive vor.

Durch mannigfaltigere Formen zeichneten sich die Hirschfänger im 18. Jahrhundert aus. Neben Exemplaren mit Korbbügel sind auch Stücke mit offenem Gefäß häufig. Bei beiden waren Gefäße aus Messing oder Bronze mit Vergoldung üblich, seltener kann man Silbergefäßen begegnen. Die Verzierung bilden reiche Reliefs mit Jagdmotiven und Ornamente von Spätbarock- oder Rokokocharakter. Die Griffe waren meist mit Horn oder Bein belegt, dieses war farblich getönt, oft in grünen Schattierungen. Um die Mitte des 18. Jahrhunderts kamen auch Griffe aus Porzellan mit Unterglasurmalerei vor.

Der Hirschfänger verschwand auch im 19. Jahrhundert nicht aus der Jagdausrüstung; seine Form-Merkmale spiegeln den zeitgemäßen Stil und seine Wandlungen wider. Der Klassizismus und der Empirestil setzten sich durch, später erschienen auch Elemente historisierender Stile, am häufigsten der Neurenaissance und des Zweiten Rokoko. Für die richtige zeitliche Zuordnung ist nicht nur die Kennzeichnung, sondern auch die Technik der Klingenverzierung wichtig. Für das 17. und 18. Jahrhundert und das erste Drittel des 19. Jahrhunderts ist die Gravierung charakteristisch, für jüngere Waffen die Flachätzung in der vernikkelten oder verchromten Klingenfläche.

Reiche adelige und fürstliche Besitzer großer Güter mit Wäldern versahen ihr Forstpersonal im 19. Jahrhundert oft mit einer einheitlichen Kleidung und auch mit einheitlichen Hirschfängern. Solche Waffen trugen sehr häufig das Wappen des herrschaftlichen Besitzers.

Zur Jagdausrüstung adeliger Jäger gehörten auch spezielle Portionier- und Eßbestecke zur Verwendung im Gelände, sogenannte Waidmesser und Waidbestecke. Vereinzelt erschienen sie bereits an der Wende vom 15. zum 16. Jahrhundert, häufiger waren sie vom 16. bis 18. Jahrhundert. Ihr typisches Merkmal ist eine breite und kurze Klinge, unten oft abgerundet oder schräg abgeschnitten. Es kommen auch am Ort verbreiterte Klingen vor. Die Parierstange fehlt in der Regel, der Griff, bei älteren Exemplaren einfach, ist oft reich mit farbigem Holz, Metallen oder Perlmutter belegt. Bei Barock- und Rokokostücken war er häufig aus Messing mit Vergoldung und reicher Reliefverzierung (häufig Jagdszenen). Die Scheiden mit Rahmenbeschlag, der im 17. Jahrhundert meist eisern war, hatten im Spätbarock und im Rokoko oft einen vollen Messingbelag mit reicher ornamentaler und figürlicher Reliefverzierung. Die Scheide hatte im oberen Teil eine Nebenscheide für Gabel und Messer.

Zu den kurzen Waffen mit überwiegender Hiebfunktion zählen auch große Klappmesser mit Federsicherung. In Spanien war es die sehr verbreitete Navaja, die im 18. und 19. Jahrhundert zu den beliebten persönlichen Waffen vor allem der ärmeren Gesellschaftsschichten gehörte. Sie scheint sich — wahrscheinlich vereinzelt — bis nach Mitteleuropa verbreitet zu haben.

Das Faschinenmesser ist aus der Militärausrüstung nicht wegzudenken. Es handelt sich um eine Waffe, die sich jedoch auch als Werkzeug verwenden ließ. Bei speziellen technischen Einheiten — Pionieren oder Sappeuren — ist seine Funktion entscheidend, sie bestimmt auch einige typologische Eigenschaften des Messers.

Erstmals erschien eine Waffe vom Faschinenmessertyp in der Ausrüstung der Infanterieeinheit, die der polnische König und sächsische Kurfürst August der Starke errichtete. Diese Einheit stattete er nach dem Vorbild der türkischen Elite-Infanterie — der Janitscharen — aus.

Faschinenmesser setzten sich in der üblichen Militärausrüstung nur langsam und schrittweise durch. Nach Dolleczeks Angaben (1896) wurde bei den Artilleristen der habsburgischen kaiserlichen Armee das bisherige Rapier durch das kürzere Faschinenmesser ersetzt. Es läßt sich gewiß nicht als eine vorschriftsmäßig genau definierte Waffe bezeichnen; wahrscheinlich handelte es sich nur um die Abgrenzung der Art. Schließlich trugen die Artilleristen später bekanntlich den Grenadiersäbel. Ähnlich war es bei den in jener Zeit gegründeten Jägertruppen. Ihre Einheiten, in Österreich 1758 gegründet, trugen anfangs einen Säbel oder ein Messer, dessen Typ durch keine Vorschrift spezifiziert war. Man kann sich ihn wohl als einen normalen Hirschfänger vorstellen. Später war ihr Seitengewehr ein gewöhnlicher Füsiliersäbel (1767—1789), und erst zum Gewehr-Muster 1789 wurde ein zum Aufpflanzen als Bajonett angepaßter Hirschfänger eingeführt. Aber bereits sechs Jahre später wurde er durch ein richtiges, auf den Gewehrlauf aufzupflanzendes Bajonett ersetzt.

Artilleriefaschinen-
messer, Schweden,
Ende des 17. Jh.

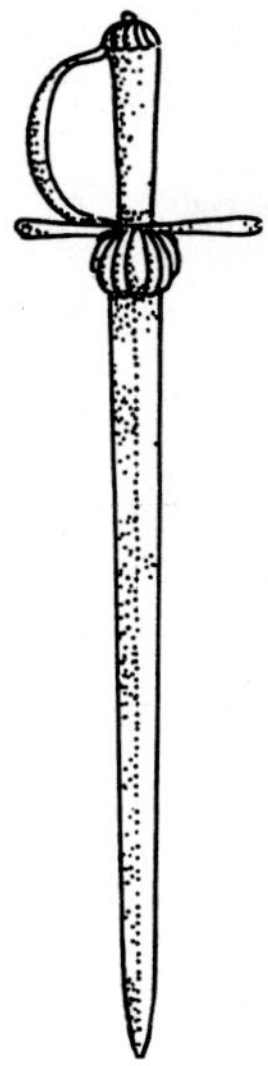

Hirschfänger, zweite Hälfte des 17. Jh.

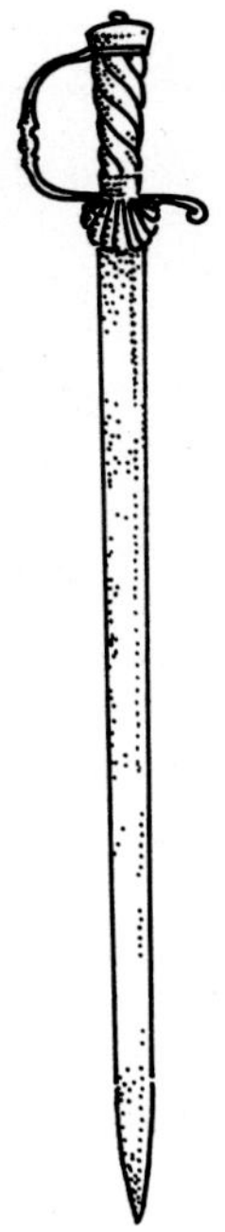

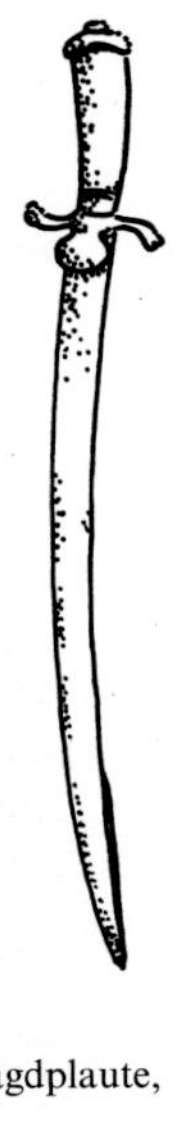

Jagdplaute, 18. Jh.

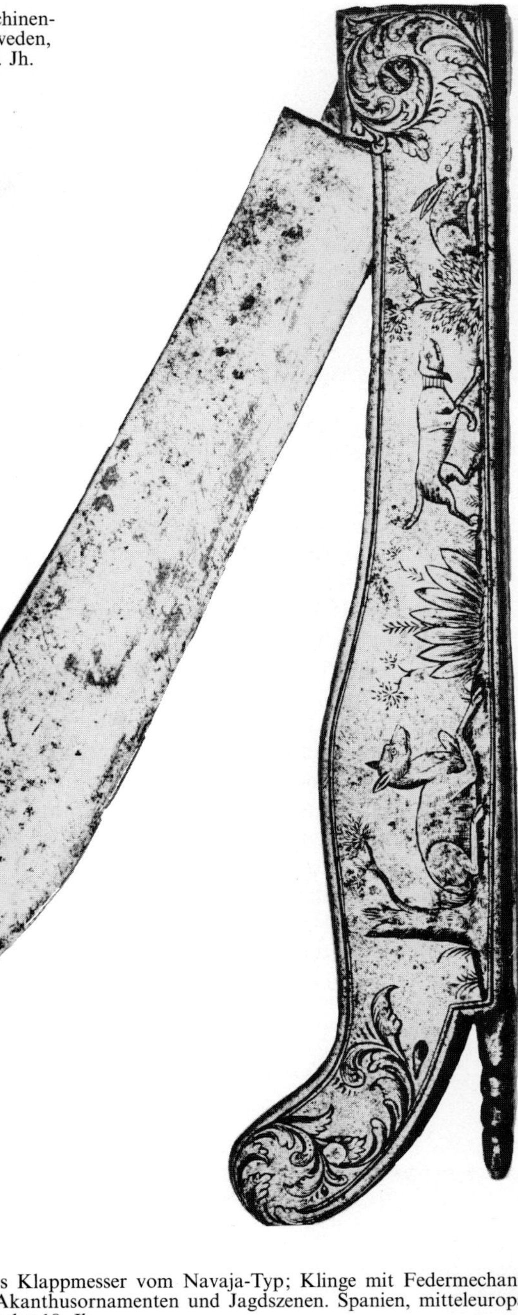

105. Großes Klappmesser vom Navaja-Typ; Klinge mit Federmechanismus; Scheide mit gravierten Akanthusornamenten und Jagdszenen. Spanien, mitteleuropäische Ausführung, erste Hälfte des 18. Jh.

Bei den Pionier- und technischen Einheiten der österreichischen Armee war ein Säbel im Einsatz, der zum Beispiel bei den Tschaikisten eher den Charakter eines gekrümmten Messers mit Säge am Rücken hatte, obwohl die Vorschrift ihn einen Säbel nannte. Und so war eigentlich auch seinem Namen nach das Messer Muster 1850/53, bestimmt für die Pio-

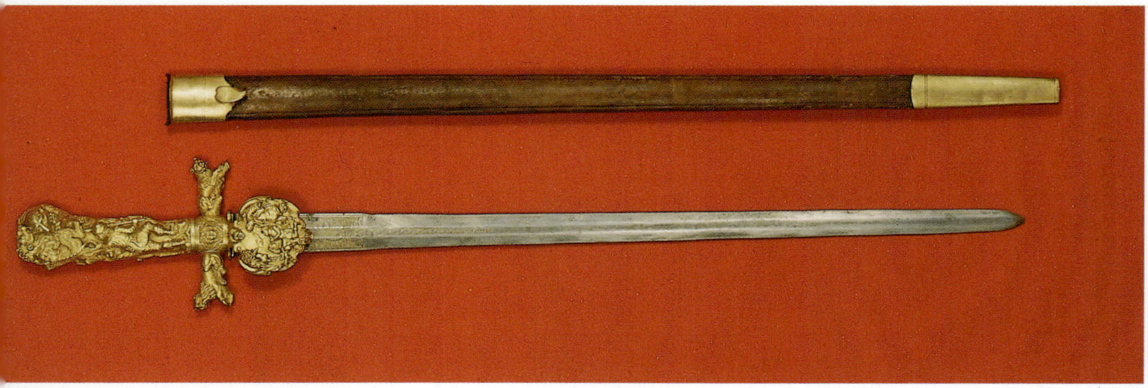

106. Hirschfänger; Klinge graviert, Spuren von Vergoldung; vergoldetes Messinggefäß mit Jagdszenen. Erstes Drittel des 18. Jh.

niere, die Geschützbedienung und die reitende Artillerie, das erste wirkliche Faschinenmesser. Breite Klinge, Schalengriff aus Horn und Scheide aus Pferdeleder waren seine Hauptmerkmale. Die Änderungen aus dem Jahr 1862 waren nicht wesentlich. Seit 1889 wurden schrittweise hölzerne Griffschalen eingeführt.

In Preußen wurde als Muster 1787 ein Füsilierfaschinenmesser mit gerader, unten etwas verbreiterter Klinge, Messinggriff und einfacher gerader Parierstange eingeführt. Ähnlich sind der Griff und die Parierstange beim Pionierfaschinenmesser Muster 1812; sein Rücken hat jedoch Sägezähne. Das Artilleriefaschinenmesser aus der Mitte des 19. Jahrhunderts hatte eine leicht gekrümmte Klinge mit S-förmiger Parierstange und einen schnabelig auslaufenden Griff. Die Klinge des Jägerhirschfängers Muster 1857 war gerade, der Knauf seiner Angel abgeflacht. Beim sächsischen Jägerhirschfänger Muster 1813 wurde die Form des ursprünglichen Hirschfängers aus Geweih beibehalten. Die bayerischen Faschinenmesser aus der ersten Hälfte des 19. Jahrhunderts zeichnen sich durch Löwenkopfknäufe aus.

107. Waidpraxe des Herzogs Julius von Braunschweig (geboren 1528, Herzog 1568—1589); auf der Klinge vergoldete Ornamente und Wappen, umrahmt von der Inschrift *JVLIVS DVX BRVNSVICENSIS ET LINEBURG ...;* Griff mit Bein und Farbhölzern inkrustiert. Deutschland, zweites Drittel des 16. Jh.

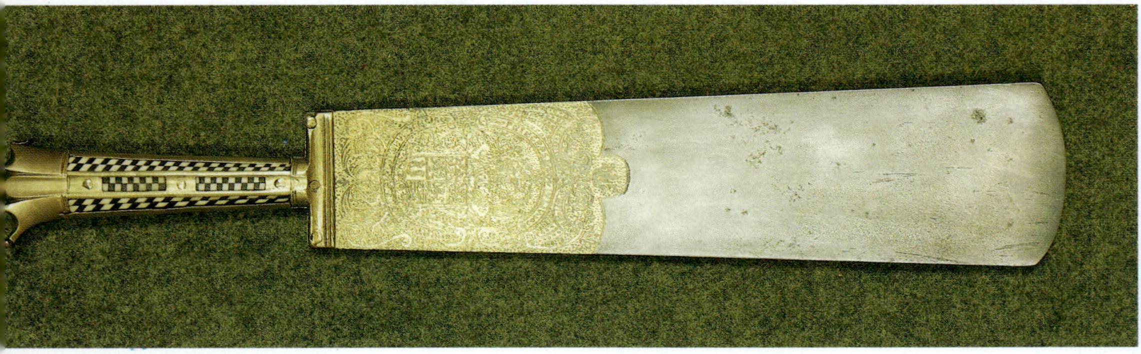

108. Lobkowitzer Waidbesteck; einschneidige Klinge; vergoldetes Messinggefäß mit Jagdszenenreliefs; samtüberzogene Holzscheide, vergoldeter Messingbeschlag mit Reliefs der Diana, des gräflichen Lobkowitz-Wappens und Jagdszenen. Prag (?), erstes Drittel des 18. Jh.

109. Seitengewehr der Garde Augusts des Starken; auf der Klinge graviert das gekrönte Monogramm *AR*, auf der Parierstange dasselbe Monogramm in Relief. Sachsen, erstes Drittel des 18. Jh.

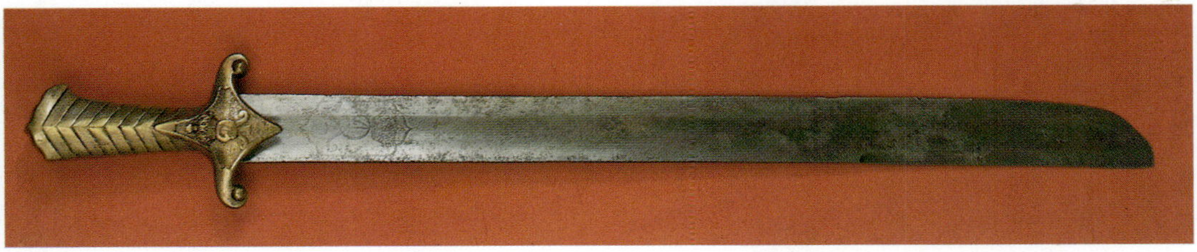

110. Österreichisches Pionier- und Artilleriefaschinenmesser Muster 1850/53 (1862); Klinge bezeichnet mit *Ferd. Fruhwirth*, Doppelkopfadler; Pferdelederscheide

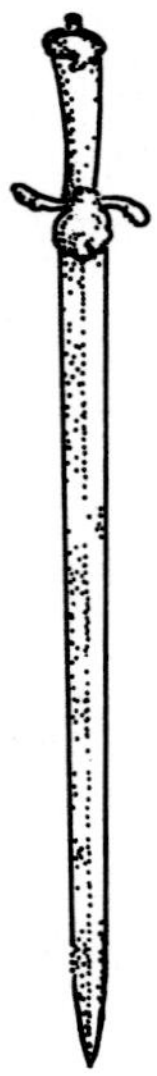

Hirschfänger, 18. Jh.

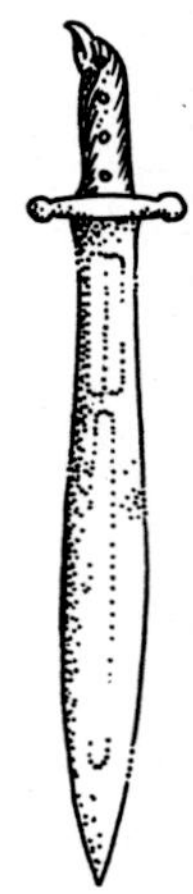

Artilleriefaschinenmesser, Frankreich, 1771—1790

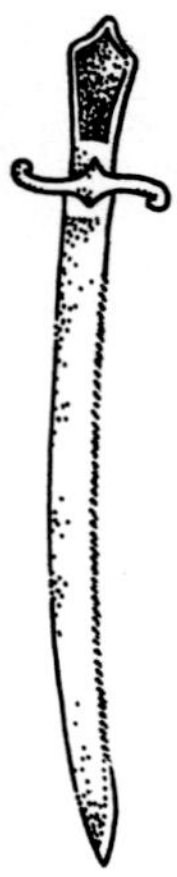

Sappeurfaschinenmesser (Tschaikistensäbel) Muster 1769, Österreich

Füsilierfaschinen-
messer Muster 1787,
Preußen

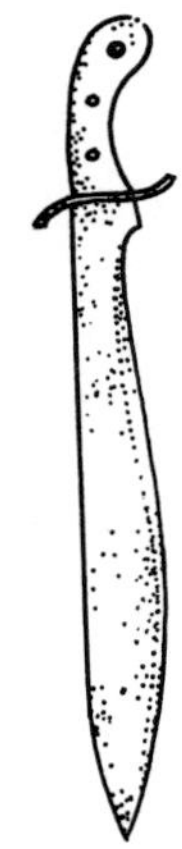

Infanteriefaschinen-
messer Muster 1848,
Schweden

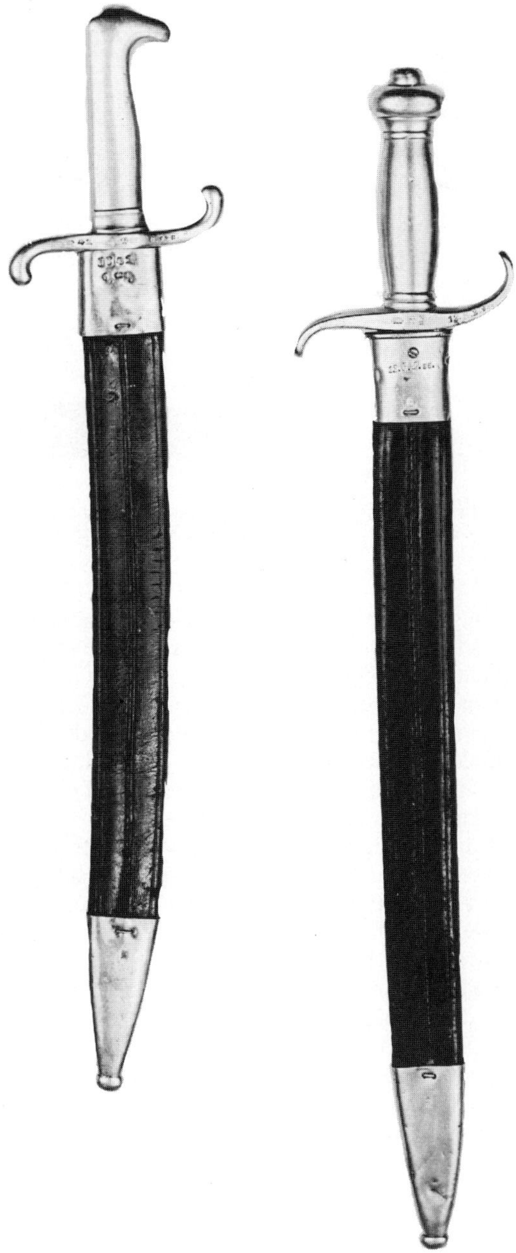

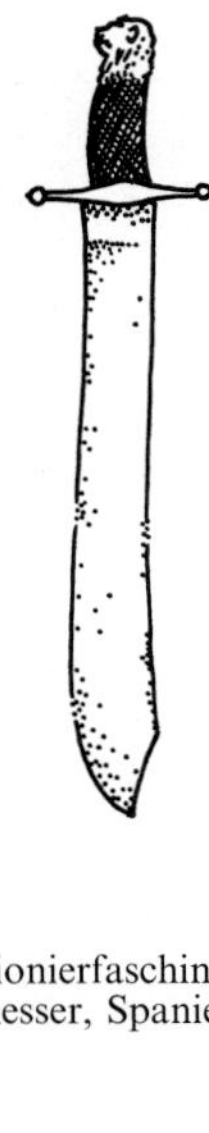

Pionierfaschinen-
messer, Spanien, 1877

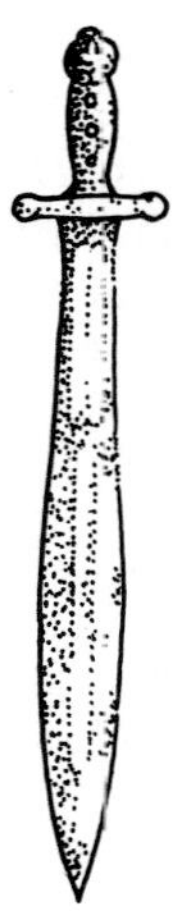

Artilleriefaschinen-
messer Muster 1816,
Frankreich

111. Preußisches Artillerieseitengewehr; Klinge leicht gekrümmt; Ganzmessinggefäß. Um 1850.
Preußischer Hirschfänger Muster 1857; auf der Klinge bezeichnet mit *A. Werth,* auf dem Gefäß gestempelt *FW 66*

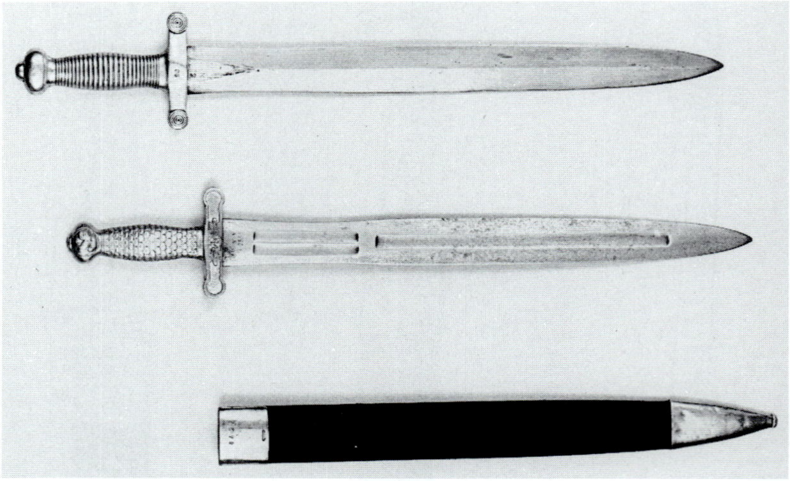

112. Französisches Infanteriefaschinenmesser Muster 1831.
Französisches Artilleriefaschinenmesser Muster 1816 mit Scheide

Das französische Artilleriefaschinenmesser (sabre d'artillerie) aus den Jahren 1771 bis 1790 ist nach seiner zungenförmigen Klinge und dem reliefartig zu einem Adlerkopf mit Hals geformten Griff identifizierbar. Einen Adlerkopfknauf hatte der französische Säbel für die Sappeure (Zimmerleute) der Linieninfanterie aus den Jahren 1810 bis 1812, seine Klinge hatte jedoch Sägerücken. Ähnlich diesen Waffen ist ein Säbel für die Gardepioniere aus derselben Zeit mit einem Knauf, der wie der Kopf des gallischen Hahnes modelliert ist.

Für die weitere Entwicklung war das französische Artilleriefaschinenmesser Muster 1816 mit zungenförmiger Klinge wichtig; die Parierstange endet mit glatten Scheibchen, der geschuppte Griff trägt einen abgeflachten Knauf. Davon ging auch das französische Artilleriefaschinenmesser Muster 1831 mit einer Klinge von rhombischem Querschnitt aus; die Scheibchen an den Parierstangenenden weisen konzentrische Kreise auf. Von dem Muster 1831 ist ein russisches Faschinenmesser für Artilleristen und Sappeure aus den Jahren 1833 bis 1880 abgeleitet, das jedoch eine Klinge mit Sägerücken hat. Das ähnliche Hannoversche Pionier- und Fußartilleriefaschinenmesser aus den Jahren 1840 bis 1867 hatte eine zungenförmige Klinge und einen mit Leder umhüllten Griff. Nach dem

113. Französisches Seitengewehr der Gardepioniere. 1810—1812

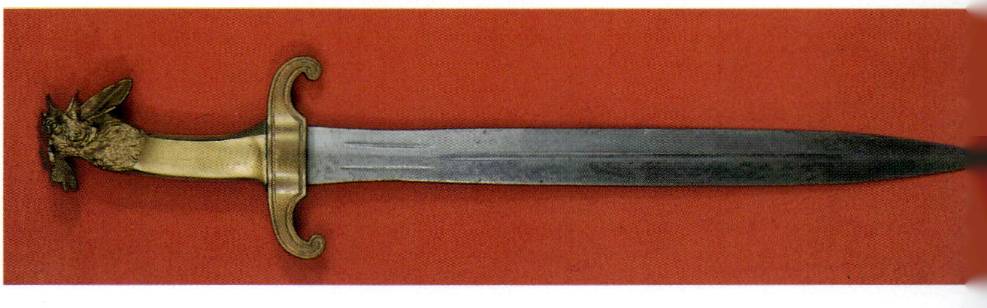

114. Schweizer Faschinenmesser Muster 1875.
Schweizer Pionierfaschinenmesser. Um 1850

französischen Muster 1831 wurde in der Mitte des 19. Jahrhunderts auch ein Schweizer Pionierfaschinenmesser mit Sägerücken konstruiert; seine Parierstange trägt das helvetische Kreuz.

Von völlig anderem Typ sind die nordischen Waffen dieser Kategorie. Das schwedische Faschinenmesser Muster 1849 hat einen einfachen

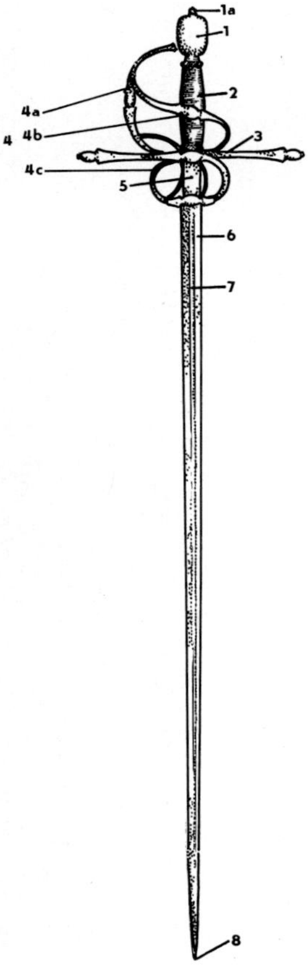

Degen
1 Knauf (Griffknauf)
1a Vernietknauf
2 Griff
3 Parierstange
4 Korb
4a Korbbügel
4b Spange
4c Parierring (Eselshuf)
5 Fehlschärfe (Ricasso)
6 Klinge
7 Blutrinne (Hohlkehle)
8 Spitze (Ort)

Schalengriff und eine Klinge, die im Rücken gerade und an der schneidenden Seite stark konvex ist. Eine Sondergruppe bilden Faschinenmesser mit geschlossenem, säbelähnlichem Korb. Zu ihnen gehören das schwedische Faschinenmesser Muster 1788 mit Löwenkopfknauf und Korbbügel und das dänische vom Muster 1840, dessen Korb einen aufgebauschten Bügel hat. Ein Faschinenmesser mit konvexem Korbbügel, Säbelkorb und Rückensäge verwendeten ebenfalls die britischen Pioniereinheiten in den Jahren 1856 bis 1903.

Stichwaffen

Als Stichwaffen (Stoßwaffen) werden Waffen angesehen, deren in der Regel ziemlich schmale Klinge in eine scharfe Spitze hinausläuft und im Kampf zum Stechen dient. Zu den Griffwaffen für Stich werden der Degen, eventuell das Rapier, der Panzerstecher und seine Abarten mit langer Klinge sowie die Dolche mit kurzer Klinge gerechnet.

Degen und Rapier

Der Degen ist eine Griffwaffe mit einer ziemlich langen, relativ schmalen und meist zweischneidigen Klinge. Seine Anwendung besteht hauptsächlich im Stich, er kann aber auch zum Hieb dienen.

In der Terminologie des Degens gibt es beträchtliche Probleme. Die deutsche Bezeichnung unterscheidet ihn deutlich vom Schwert, während sich in den meisten europäischen Sprachen Termini eingebürgert haben, die sowohl die Hieb- als auch die Stichform der Waffe umfassen (zum Beispiel französisch épée, italienisch spada). Im Englischen wird überwiegend der allgemeine Name Sword gebraucht, es existiert jedoch auch das abgrenzende Wort Small Sword. Interessant ist, daß in einigen nordischen Sprachen (Dänisch, Norwegisch) diese Waffe den Namen Karde

115. Panzerstecher; dreischneidige Klinge; Parierstange leicht S-förmig. Wahrscheinlich Italien, um 1500

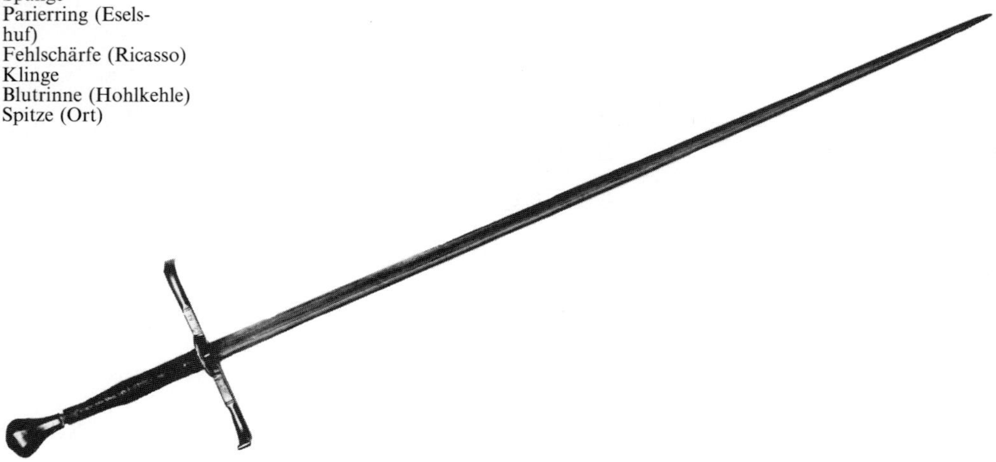

Querschnitte von Stoßklingen

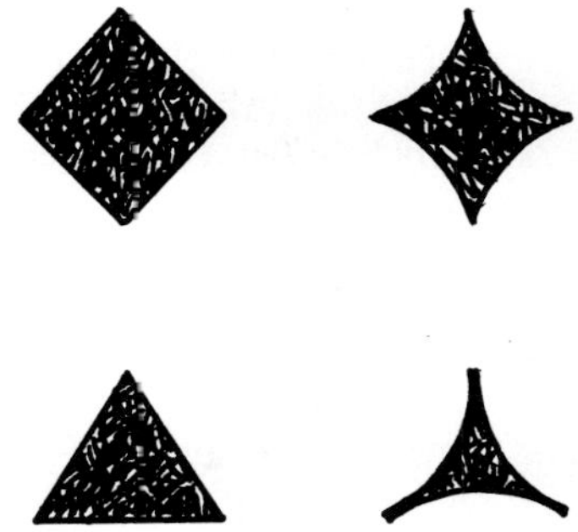

volle Vierkantklinge

Vierkantklinge mit Hohlkehlen

volle Dreikantklinge

Dreikantklinge mit Hohlkehlen

oder Korde (Seitz 1965) hat, der offenbar derselben Wurzel wie die mitteleuropäischen Termini (ungarisch kárd, tschechisch kord) entstammt.

Der Vorgänger des Degens ist beim Stoßschwert zu suchen, das im 13. Jahrhundert aufkam und dessen Bedeutung in den nachfolgenden Jahrzehnten dermaßen wuchs, daß unter der Gesamtzahl der erhaltenen Schwerter von der Wende des 14. zum 15. Jahrhundert die Stoßschwerter etwa ein Drittel ausmachen.

Die eigentliche Zeit des Degens war die Renaissance. Diese Waffe ist untrennbar mit der Entwicklung des Fechtens verbunden und umge-

116. Degen; Klinge vermutlich italienisch. Bezeichnung *OT* im Rhombus, in der Hohlkehle die Inschrift *PIETRO HERNANDEZ* (italienische Nachahmung spanischer Marke); Gefäß anscheinend mitteleuropäisch, in Eisen geschnitten, mit reliefierten Ornamenten und Maskaronen. Um 1600

kehrt. Die Renaissance brachte eine Blüte der Fechtkunst und der Fechtschulen mit sich. Ihr Einfluß griff bald von Italien nach Westeuropa und über die Alpen nach Norden über und förderte die Verbreitung der Stichwaffen. Der Degen blieb allerdings nicht Gefechts- und Adelswaffe, er hielt auch in der Militärausrüstung Einzug. Im 16. und im größten Teil des 17. Jahrhunderts kann man sich einen Fußsoldaten, sei es ein Musketier oder ein Pikenier, ohne Seitendegen, der zum Nahkampf notwendig war, nicht vorstellen.

Typologisch ist das Hauptmerkmal die Entwicklung des Faustschutzes. In diesem Sinn verlief die Entwicklung des Degens gewisser-

117. Rapier; Klinge Toledo, auf der Fehlschärfe eine Löwenmarke (Pedro de Toledo ?) und ein Mondgesicht (Espadero del Rey); Gefäß vermutlich Norditalien, silberinkrustiert, mit Ranken, Blüten und figürlichen Medaillons. Um 1600

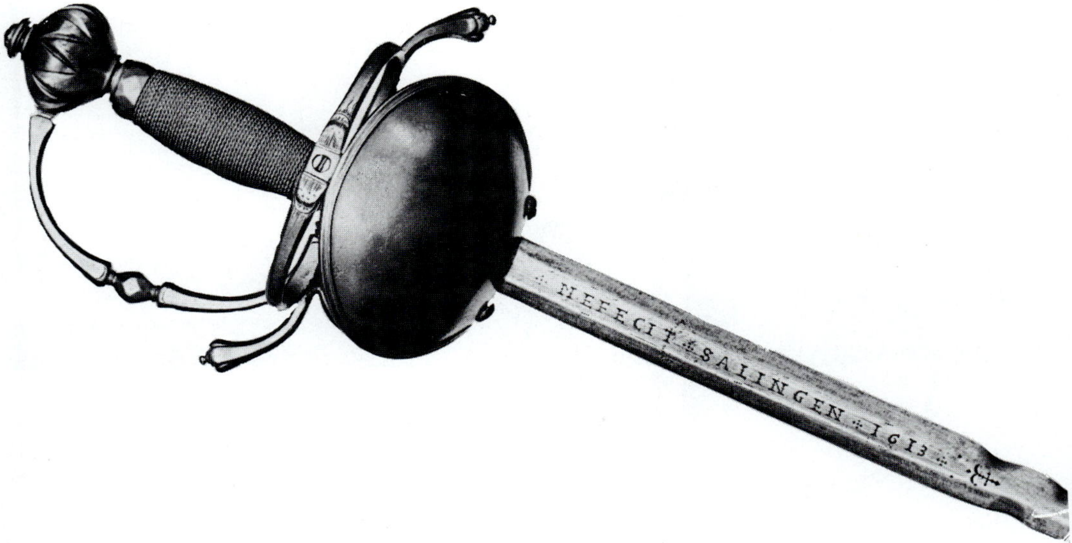

118. Degen flämischen Typs; geflammte Klinge, bezeichnet mit *WEILM ROD BRASS ME FECIT SOLINGEN 1613*; Gefäß mit unteren Stichblättern. Solingen, 1613

maßen mit der des Renaissanceschwertes gemeinsam. Einzelne Elemente kamen zunächst an und unter der Parierstange vor. Degen mit unterem Faustschutzsystem erschienen bereits am Anfang des 16. Jahrhunderts, in größerem Maß ab dem zweiten Drittel und blieben das ganze Jahrhundert über mehr oder weniger beliebt.

Ein weiterer Typ waren Waffen mit unterem Faustschutzsystem und einer auffälligen vertikal S-förmigen Parierstange, deren eine Hälfte bis zur Mitte oder über zwei Drittel der Griffhöhe reicht und eine Art Griffbügel darstellt. Dieser Typ kam in der zweiten Hälfte des 16. Jahrhunderts vor.

119. Florett; Klinge bezeichnet mit *JOHANNES TESCHE 1635 ME FECIT SOLINGEN*, gravierte Inschriften *FIDE SED CVI VIDE ./. SOLI DEO GLORIA, VINCERE AUT MORI*; Gefäß zweite Hälfte des 17. Jh., Parierstange mit Parierbügeln, doppeltes nierenförmiges Stichblatt durchbrochen, mit reliefierten Akanthusblättern, Blüten und Frauenkopf; Griff umwickelt mit verdrillten Drähten. Deutschland, 1635

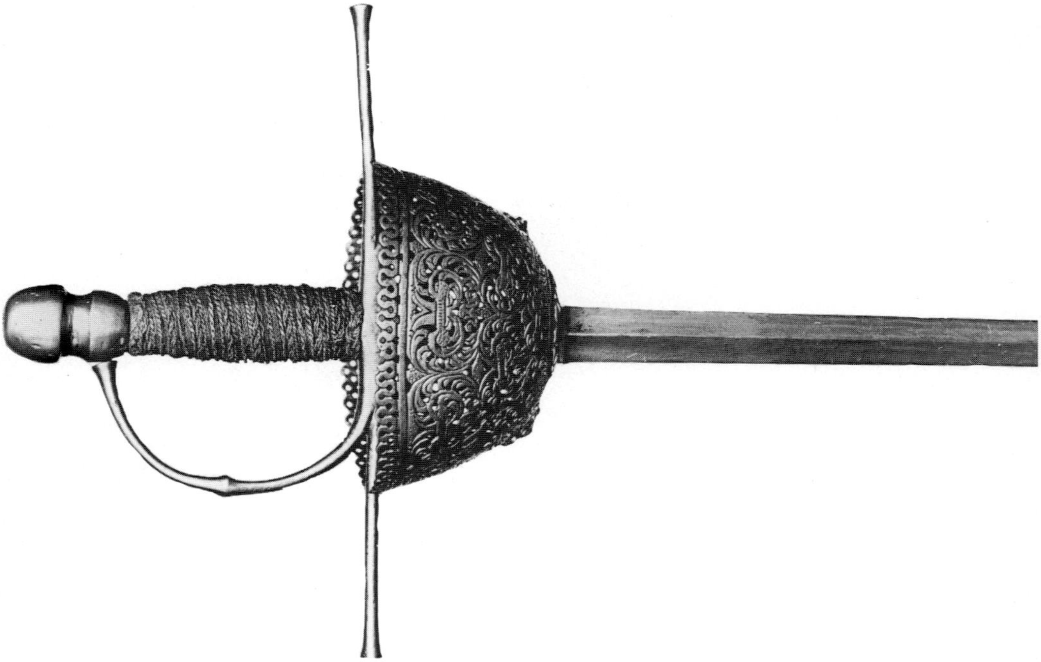

120. Glockenrapier; rhombische Klinge spanischen Typs; Glocke durchbrochen, in Eisen geschnitten. Erste Hälfte des 17. Jh.

121. Barockdegen (Florett ?); gravierte Klinge mit Ornamenten und Figuren der Justitia; nierenförmige Stichblätter mit Kampfszenen. Mitte des 17. Jh.

Bereits in der ersten Hälfte des 16. Jahrhunderts erschienen besonders im europäischen Süden Waffen mit einem an der Parierstange abzweigenden und an den Knauf angeschlossenen Korbbügel. Dieser Typ fand große Verbreitung und überwog Ende des 16. Jahrhunderts. In den letzten Jahrzehnten entwickelte sich der Handschutz zu höchster Fülle. Vom Korbbügel zweigten quart- und terzseitig Seitenspangen ab, die oberhalb und unterhalb der Parierstange ein System von Bügeln bildeten. Der Knauf war wie ein Faß, eine flache Birne, ein Ei oder anders geformt. Bei üblichen Militärwaffen waren diese Elemente glatt oder mit einfachem gestochenem oder linear graviertem Ornament verziert. Die Prunkstücke der Adeligen wurden auf den Spangen und Flächen der einzelnen Teile mit verschiedensten kunsthandwerklichen Techniken verziert.

An der Wende des 16. zum 17. Jahrhundert entstand ein weiteres Element zur Verstärkung des Schutzes der Faust vor der gegnerischen Klinge. Das Spangensystem wurde mit Stichblättern ergänzt, die namentlich unter der Parierstange die Spangen ersetzten. Bei Degen flämischen Typs war das Stichblatt schüsselförmig, setzte am unteren Parierbügel an und reichte bis zur Parierstange, wo es an den oberen Bügel angeschlossen war.

Diese Handschutzform war beim Rapier häufig. Es war eine Waffe von ausschließlich zivilem oder Duellcharakter und von den Degen nur mühsam zu unterscheiden. Allgemein läßt sich sagen, daß die Klinge des Rapiers beträchtlich länger als die des Degens ist. Stets handelt es sich jedoch um eine sehr schmale Klinge mit zwei oder mehreren Schneiden, ausschließlich zum Stich bestimmt, nicht zum Hieb. Die Gefäße sind ebenfalls denen der Degen ähnlich. Der bekannteste Rapiertyp entstand in Spanien und verbreitete sich nach Italien, gewann aber auch jenseits der Alpen Beliebheit. Er zeichnet sich durch den sogenannten Glockenkorb mit einfachem Bügel und langer Parierstange aus. Unter der Parierstange erschien ein tellerförmiges Stichblatt, das sich zur Glockenform entwickelte. Die Glocken waren mit Gravierung (oft Mauresken) verziert, am häufigsten jedoch mit durchbrochenen Ornamenten und in Eisen geschnitten. Mit gleicher Technik waren auch Griff und Knauf verziert. Ältere Exemplare aus der ersten Hälfte des 17. Jahrhunderts

122. Ungarischer Panzerstecher mit Scheide; dreischneidige Klinge; Gefäß mit langen Mitteleisen; Scheide mit Rahmenbeschlag. Anfang des 18. Jh.

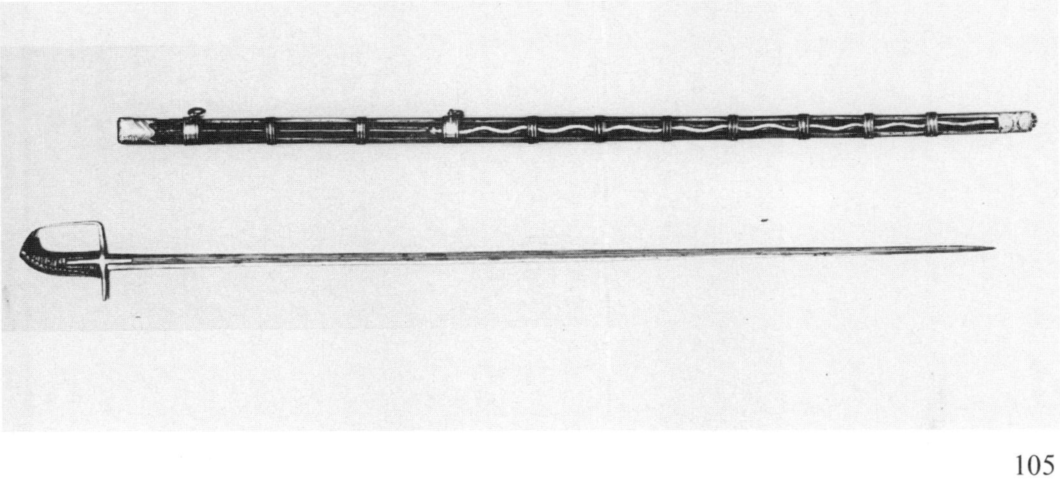

hatten einen einfachen Korb, bei jüngeren gab es am Glockenumfang einen kragenähnlichen Rand, der die Wahrscheinlichkeit erhöhen sollte, daß die Waffe des Gegners sich darin verfängt. Glockenrapiere bildeten oft ein Paar mit ähnlich gezierten Linkehanddolchen — es handelte sich um Garnituren zum Fechten mit Rapier und Dolch. Ihre Zeit war hauptsächlich das 17. Jahrhundert, sie kamen aber auch noch im 18. Jahrhundert vor.

Im Lauf des 17. Jahrhunderts wurde die Vereinfachung des Degenkorbs zu einem charakteristischen Zug. Ein einfacher Bügel und ein horizontales Stichblatt waren seine Hauptmerkmale, das Spangensystem war verschwunden. Ein einseitiges Stichblatt an der Außenseite ist für den niederländischen Typ der ersten Hälfte des 17. Jahrhunderts bezeich-

123. Degen zur Uniform des böhmischen Adels; Gefäß silbern. Goldschmied Jan Piskáček, Prag. 1813

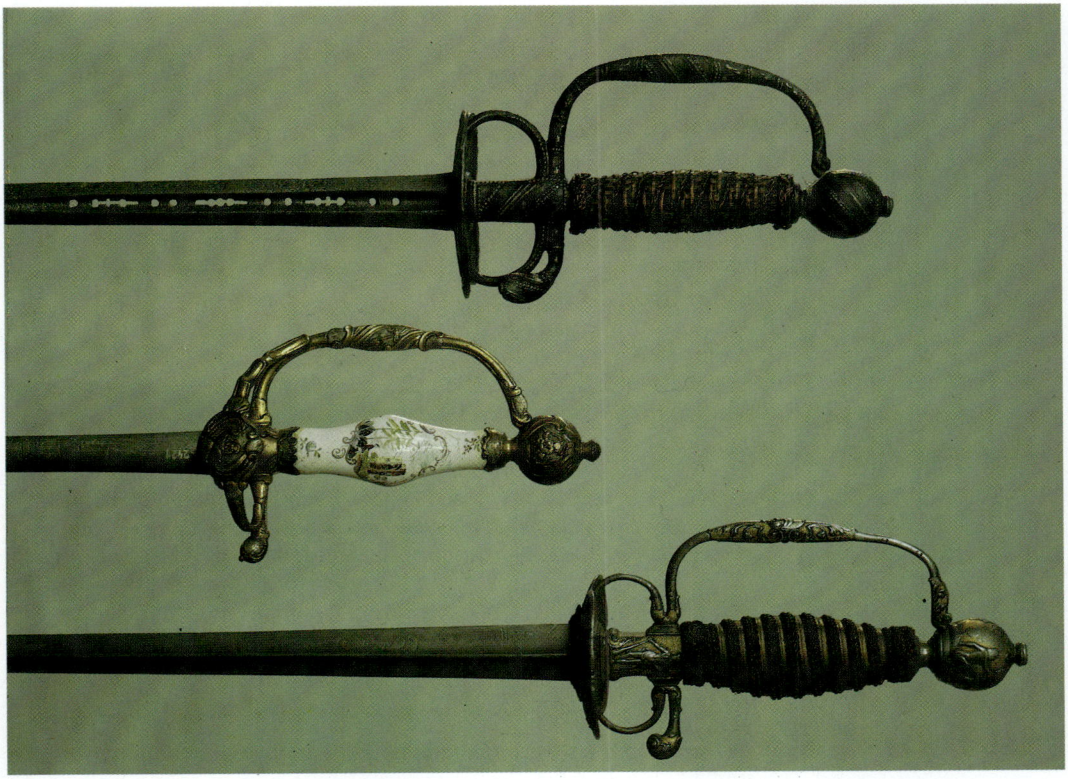

124. Hofdegen; Klinge durchbrochen; Gefäß mit Stichblättern und Klingenbügeln, Parierstange einseitig. Mitteleuropa, erste Hälfte des 18. Jh.
Rokoko-Hofdegen; Porzellangriff mit Unterglasurmalerei. Sachsen (?), zweites Drittel des 18. Jh.
Hofdegen; auf der Klinge Überreste von Gravierungen; Eisengefäß mit geschnittenen ornamentalen und figürlichen Reliefs auf vergoldetem Boden. Frankreich (?), zweites Viertel des 18. Jh.

125. Spätempire-Galadegen; Eisengefäß verziert mit facettierten Nägeln und Kettenanhängern. Mitteleuropa, um 1820.
Klassizistischer Galadegen; herzförmiges Stichblatt. Frankreich (?), Ende des 18. Jh.

nend. Sonst überwog ein kreisförmiges oder ovales Stichblatt, dessen Füllung netzartig durchbrochen, mit getriebenen Ornamenten oder Kampfszenenreliefs verziert war. Im letzten Viertel des 17. Jahrhunderts kamen auch Stichblätter aus zwei nierenförmigen Teilen vor.

Der Degen löste während des 16. und 17. Jahrhunderts das Schwert als Symbol der gesellschaftlichen Überlegenheit völlig ab. Die beliebtesten Degenklingen kamen aus dem spanischen Toledo, auch die Klingen Mailänder Schwertfeger waren gefragt. Daneben setzten sich Ende des 16. und Anfang des 17. Jahrhunderts Arbeiten zahlreicher Schwertfeger aus Solingen durch.

In der französischen Fechtschule entstand ungefähr zu Beginn des 17. Jahrhunderts eine neue Fechtwaffe — das Florett. Sein Hauptmerkmal sind das untere Stichblatt, gerade oder schüsselförmig, und zwei unten von der Parierstange abzweigende Parierbügel, in die man zur besseren Handhabung der Waffe zwei Finger legen konnte. Es war ein offenes Gefäß, der Korbbügel fehlte.

Gegen Ende des 17. Jahrhunderts wurde eine weitere Stichwaffe mit langer Klinge beliebt, der Panzerstecher. Auch seine Vorgänger sind weit im Mittelalter zu suchen. Vielleicht gegen Ende des 14. Jahrhunderts, doch spätestens im 15. Jahrhundert bestand gewiß der Bedarf an einer Waffe, die besser als das Schwert fähig wäre, in die Lücken zwischen den Platten bzw. Ringen der Rüstung vorzudringen. Es entstand das sogenannte Bohrschwert (spanisch estoque, französisch estoc, englisch tuck) mit einer sehr langen und sehr schmalen, drei- oder vierschneidigen Klinge. Den eigentlichen Panzerstecher gab es praktisch in ganz Europa noch in der Mitte des 16. Jahrhunderts. Später verschwand er im Westen und Süden, dafür bewirkte die türkische Invasion nach Mitteleuropa im 16. und 17. Jahrhundert, daß sich diese Waffe namentlich in polnischen und ungarischen Gebieten und auch in der Armee der Habsburger erhielt. Es war eine Reiterwaffe; sie wurde wegen ihrer ungewöhnlichen Länge (bis 150 cm) am Sattel geführt. Sie war zum Kampf gegen die Türken geeignet, die immer noch Maschenrüstungen trugen. Ältere Exemplare hatten meist ein offenes Gefäß, manchmal mit unteren Faustschutzelementen, nur ausnahmsweise einen offenen rechtwinkligen Korb. Jüngere Stücke aus der Zeit um 1700 und später waren mit Säbelgefäß ausgestattet, hatten also einen Griff mit Kappe, einen Griffbügel und eine Parierstange, oft mit langen Mitteleisen.

In der Entwicklung der Adels- bzw. Hofdegen läßt sich im ausgehenden 17. und namentlich im 18. Jahrhundert ein deutlicher Trend zur Verfeinerung beobachten. Dieser Degen verlor allmählich immer mehr den Charakter einer wirksamen Waffe und verwandelte sich zu einem modischen Accessoire der adeligen Kleidung. Die Klingen verkürzten sich, sie waren von rautenförmigem, linsenförmigem oder dreikantigem Querschnitt. Einige, besonders die aus Toledo, waren in der Regel in der Hohlkehle durchbrochen. Es überwogen einfache, dafür reich verzierte Gefäße. Der Knauf war oval, kugel- oder zwiebelförmig, unterhalb der Parierstange befand sich ein Stichblatt, das zunächst doppelt, später einfach und herzförmig war. Der Griff war mit kompliziert verseilten, oft mit Kupferbändern kombinierten Buntmetalldrähten umwickelt. Es gibt auch aus Messing oder einer anderen Legierung gegossene Griffe. Das Material der häufig reich vergoldeten Gefäße ist meist Messing, manchmal stark kupferhaltig, oder Bronze. Silbergefäße stellen jedoch auch keine Ausnahme dar. In der Verzierung erschienen figürliche und orna-

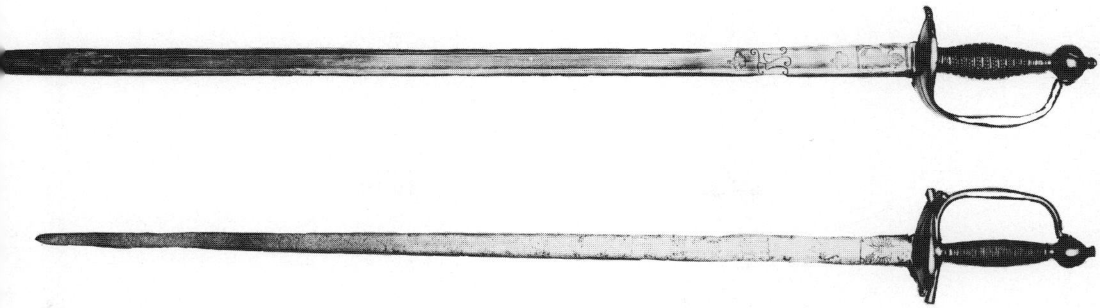

126. Offiziersdegen; auf der Klinge die Monogramme *MT* (Maria Theresia) und *FC* (Franciscus Caesar); Bronzegefäß. Um 1750.
Offiziersdegen; auf der Klinge das Monogramm *J II* (Joseph II.); Messinggefäß. 1780—1790

mentale Elemente, die von Barock- und später Rokoko-Vorlagenbüchern ausgingen.

Nach der Mitte des 18. Jahrhunderts war der Griff besonders in Deutschland aus Porzellan mit Unterglasurmalereien geformt. Die Stichblätter boten sich zu einer reichen Verzierung an. Die Klingen waren graviert und vergoldet, in der zweiten Hälfte des 18. Jahrhunderts oft gebläut und mit vergoldeten Gravierungen. Im letzten Viertel des 18. Jahrhunderts waren Formen und Verzierungen neoklassizistisch mit antikisierenden Elementen. Der Knauf hatte oft die Form eines antiken Helms oder eines Kopfes mit Helm. Neoklassizistische und später Empire-Elemente sind bei der Korbform und an dem zum Ort hin geneigten Stichblatt deutlich.

Im ersten Drittel des 19. Jahrhunderts war der Degen auch als Accessoire der Prunkkleidung und als Zeichen gesellschaftlicher Erhabenheit verbreitet. Die Fortschritte in der Eisengießkunst, die auch die Fertigung feiner Schmuckstücke ermöglichten, führten dazu, daß Eisen (Gußeisen) zum modischen Material für Degengefäße wurde. Nach der Form handelt es sich um Elemente des Spätempires, und in der Gestaltung sind zwei Tendenzen zu beobachten. Für die eine sind glatte, oft facettierte, spiegelblank polierte, gebläute oder geschwärzte Flächen von Gefäßteilen typisch. Für die zweite ist eine Gliederung der Oberfläche durch Linien, Rosetten oder andere aus winzigen, kompliziert facettierten Nachahmungen des Diamantschliffs zusammengesetzte Formen kennzeichnend. Sie waren durch Ketten oder Kettenanhänger aus facettierten Perlchen ergänzt. Ende der zwanziger Jahre des 19. Jahrhunderts verschwand der Degen als Accessoire der zivilen Kleidung.

Er hielt sich jedoch weiter als Ergänzung der Beamtenuniform. Staats- und Landesbeamte sowie Diplomaten trugen in den meisten europäischen Ländern Degen, die historische Stile nachahmten. Vergoldete Gefäße und Scheidenbeschläge, Perlmutter und Symbole der Länder und Herrscher waren ihre charakteristischen Merkmale. Außerdem kann man auch kürzeren Degen, zum Beispiel für Eisenbahn- und Postbeamte oder höhere Bergbaubeamte, mit Symbolen ihres Berufes begegnen.

Der Degen war im 18. Jahrhundert Bestandteil der Ausrüstung der Offiziere, vor allem in der Infanterie, die außer einem Sponton einen Degen als Symbol ihrer Befehlsgewalt trugen. In der Armee der österreichischen Habsburger waren es die Offiziere der sogenannten deutschen

127 Sächsischer Offiziersdegen; auf der Klinge vergoldete Gravierungen und das Monogramm *FAR* (Friedrich August III., 1763—1806). Ende des 18. Jh.
Sächsisch-polnischer Offiziersdegen; rhombische Klinge, graviertes und vergoldetes sächsisches Wappen und die Inschrift *FRIED. AUG. CHURFURST*, auf der Rückseite das polnisch-litauische Wappen und die Inschrift *UND KONIG IN POHLEN*. Erstes Drittel des 18. Jh.

128. Österreichischer Degen für Infanterieoffiziere (später für Militärbeamte) Muster 1827 mit Scheide und Portepee.
Österreichischer Offiziersdegen Muster 1798/1811 mit Scheide; gebläute Klinge mit vergoldeten Ornamenten

129. Preußischer Offiziersdegen; auf der Klinge bezeichnet mit *ME FECIT POTZDAM*, auf der Rückseite die Inschrift *NON SOLI CEDIT*; Ganzmessinggefäß mit doppeltem nierenförmigem Stichblatt. 1740. Preußischer Offiziersdegen; auf der Klinge (1724) in einem Messingband die Inschrift *ME FECIT SOLINGEN 1724*; Messinggefäß zweite Hälfte des 18. Jh. mit herzförmigem Stichblatt

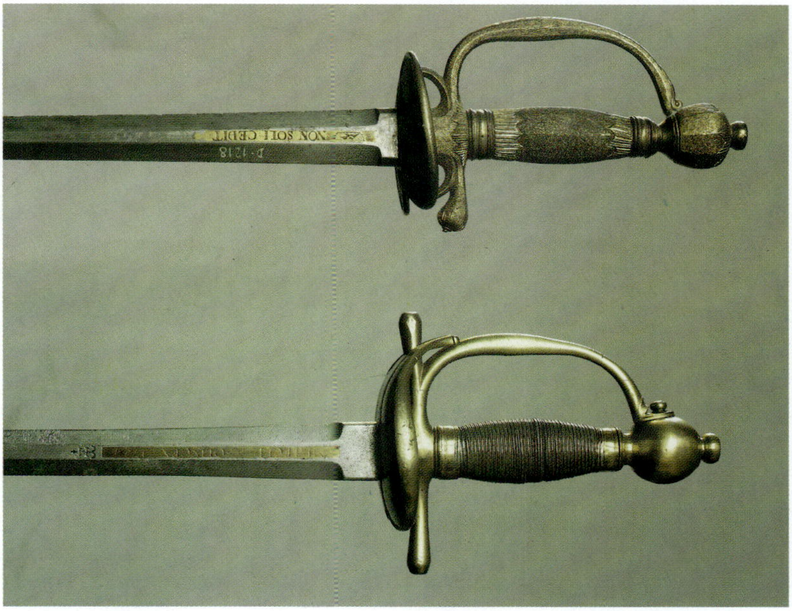

130. Russischer Offiziersdegen; Klinge mit Slatouster Gravur mit Ornamenten und antiken Motiven, auf dem Rücken die Bezeichnung *Slatoust 1823 goda* (kyrillisch); vergoldetes Messinggefäß. Slatoust 1823

Infanterie, während in Ungarn auch die Infanterieoffiziere mit Säbeln ausgerüstet waren. Der Offiziersdegen wurde bis zum Ende des 18. Jahrhunderts durch keine Vorschriften bestimmt. Nach Quellen aus der Zeit Maria Theresias wurde lediglich verlangt, daß er „eine gute Militärklinge“ haben müßte. Es läßt sich also annehmen, daß zur Ausrüstung der Offiziere Waffen gehörten, die eine mächtigere Klinge als die damaligen Hofdegen hatten und mit einem Herrschermonogramm versehen waren. Die Gefäße waren völlig dem Gutdünken des Besitzers überlassen, was Erlasse gegen Ausschweifungen, die auf Offizierswaffen erschienen, nach sich zog (Dolleczek, 1896).

Der vorschriftsmäßige Degen für Offiziere wurde 1798 in einer Form eingeführt, die, unwesentlich abgeändert, als Muster 1811 bestätigt wurde. Seit 1802 war er auch für Militärbeamte und Ärzte bestimmt. Das vergoldete Gefäß hatte ein herzförmiges Stichblatt; die Scheide war ledern. Der Degen wurde durch eine Vorschrift von 1837 geregelt. Er war dem vorangegangenen ähnlich, hatte aber seit 1838 eine einschneidige Klinge. Das Stichblatt bestand aus zwei ovalen Teilen, von denen das innere herunterklappbar war. Nach Einführung des Infanterieoffizierssäbels blieb dieser Degen bis 1918 eine Waffe der Militärbeamten.

Ähnlich war es im 18. Jahrhundert auch in anderen Ländern. In Preußen war der Offiziersdegen nicht vorschriftsmäßig geregelt. Die Waffen, die die Offiziere verwendeten, lassen sich jedoch gut von den Adels- und Hofdegen unterscheiden. Die mächtigeren und längeren Klingen verraten, daß diese Waffen zum Kampf bestimmt waren, und auch die Gefäße waren robuster und weniger verziert als bei den zivilen Waffen. Auch für die Offiziersdegen treffen die zuvor beschriebenen Entwicklungsmerkmale zu. Bei älteren Waffen ist es das charakteristische doppelnierenförmige Stichblatt, das bei den jüngeren Degen eine Herzform hatte.

Auch in Frankreich trugen die Infanterieoffiziere bis zum Ende des 17. Jahrhunderts Sponton und Degen. Während das Sponton durch Vorschriften aus den Jahren 1690 und 1710 geregelt wurde, stammt die älteste Degen-Vorschrift erst von 1767. Der Degen hatte eine Klingenlänge von 703 mm (für die Stabsoffiziere etwas länger) aufzuweisen. Das vergoldete Messinggefäß sollte „à la mousquetaire“ gestaltet sein — also Knauf mit Vernietknäufchen, einfacher Bügelkorb, in die Parierstange übergehend, mit Parierbügeln, sowie ein ovales Stichblatt. Der Degen nach den Vorschriften von 1779 und 1786 hatte einen mit verseiltem Draht umwickelten Griff und ein doppelnierenförmiges Stichblatt. Nach einer Vorschrift von 1812 sollte der Offiziersdegen eine 76 cm lange, in einer Länge von 200 mm gebläute Klinge mit einer vergoldeten Inschrift *Vive l'Empereur* haben; die Gefäße waren aus Messing, vergoldet oder versilbert. Der Degen für höhere Offiziere aus dem Jahr 1818 betonte die Symbole der Restauration der Bourbonenmonarchie. Seit 1821 wurde in der französischen Armee für die Infanterieoffiziere statt des Degens der Säbel eingeführt.

In der russischen Armee führte Peter der Große 1708 Degen für die ganze Infanterie ein; nach der Einführung des Mannschaftssäbels in der Infanterie 1741 blieb der Degen die Offizierswaffe. Die Degen wiesen die „Musketier-Anpassung“ auf, in der ersten Hälfte des 18. Jahrhunderts war das Stichblatt doppelnierenförmig, später herzförmig. Auch unter den russischen Offiziersdegen kamen prunkvolle Stücke, oft mit reichverzierter Klinge, vor.

Der Dolch

Der Dolch ist eine kurze Waffe, ausschließlich für den Nahkampf geeignet. Es handelt sich um eine ausgeprägte Einzweckwaffe. Die Verwendung des Dolchs bei der Jagd war eher zufällig, auch von einer Verwendung für sportliche Zwecke läßt sich kaum reden. Das Fechten mit Degen und Dolch, das besonders im 16. und 17. Jahrhundert florierte, war eher eine zweckmäßige Ausbildung als ein Sport im heutigen Sinn. Der Dolch war jedoch eine heimtückische Waffe, denn er ließ sich dank seiner geringen Länge verstecken.

Wie bereits erwähnt, ist der Dolch die älteste für den Nahkampf spezialisierte Waffe. Er erschien bereits im Neolithikum und der frühen Bronzezeit. Die nicht zahlreichen Feuersteindolche ähneln in der Form metallenen Dolchen. In den folgenden Zeiten kamen dolchähnliche

131. Scheibendolch; einschneidige Klinge; Horngriff mit Eisenstiften in sechs Reihen besetzt; beide Scheiben mit Eisenblech verkleidet. 14. Jh.

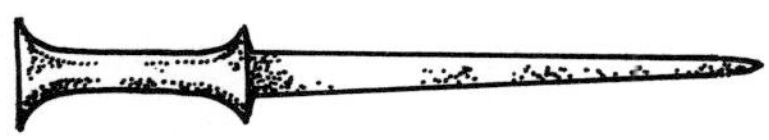

Scheibendolch mit Bronzegriff, 14. Jh.

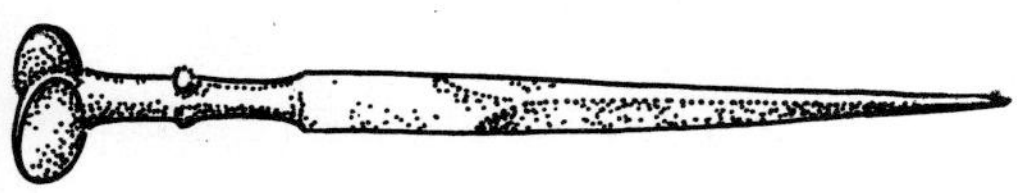

Ohrendolch, 15. Jh.

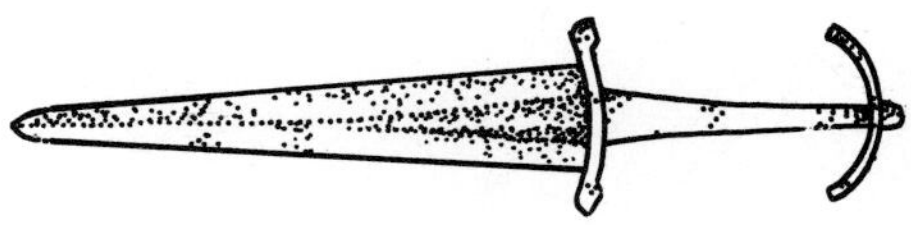

Basilard, 14.—15. Jh.

Scheibendolch, 15. Jh.

Nierendolch, 15. Jh.

132. Dolch mit sichelförmigem Knaufbalken; zweischneidige Klinge; Parierstange und Knauf bogenförmig, in der Parierstange ein Einschnitt für den Griff, im Knauf zwei Nagellöcher. 14. Jh.

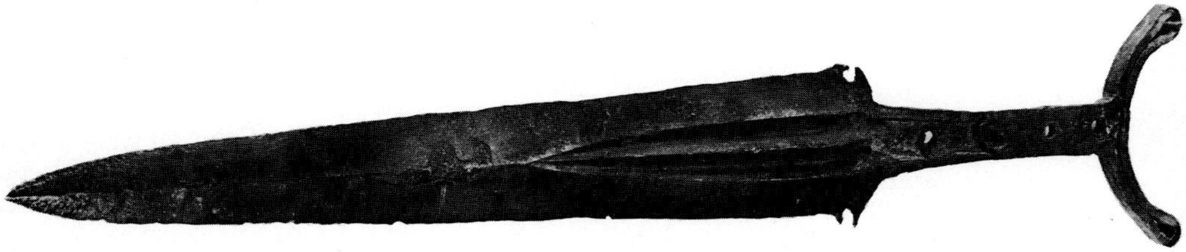

133. Basilard; zweischneidige Klinge mit zwei Hohlkehlen; der Schalengriff geht in einen bogenförmigen Knaufbalken aus doppeltem Band über, an beiden Enden sind Nietlöcher. Italien (?), zweite Hälfte des 14. Jh.

Waffen nur sporadisch vor. Als Stichwaffen dienten andere Werkzeuge, zum Beispiel Messer. Ein ausgeprägter Waffentyp, der als Dolch bezeichnet werden kann, erschien erst im Hochmittelalter, zu seiner Verbreitung kam es nach der zweiten Hälfte des 13. Jahrhunderts.

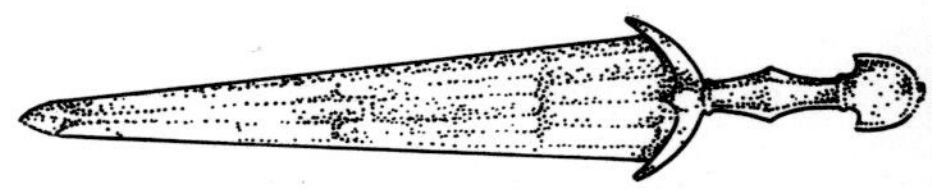

Ochsenzunge (Cinquedea), Italien, um 1500

Landsknechtsdolch mit Scheide und Besteck, Mitte des 16. Jh.

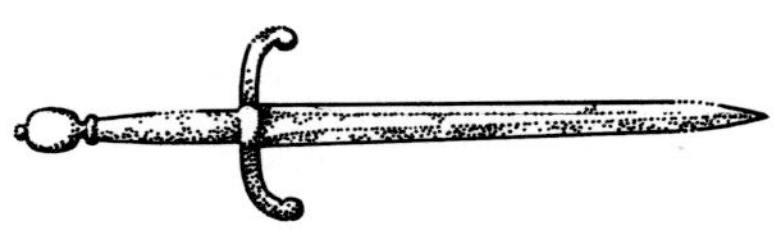

Linkehanddolch, erste Hälfte des 17. Jh.

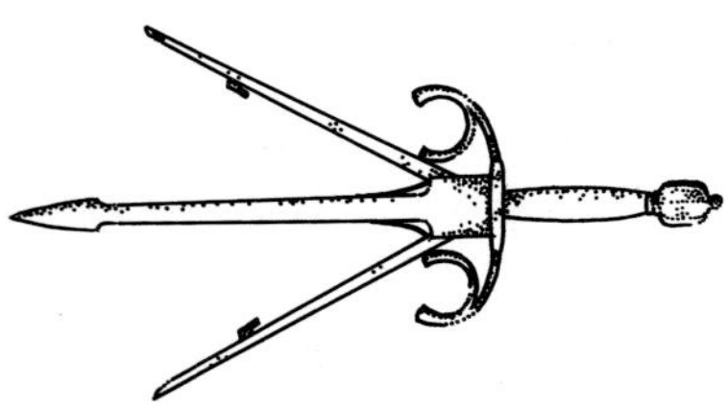

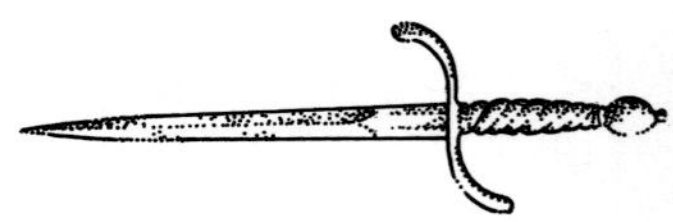

Linkehanddolch, erste Hälfte des 17. Jh.

Dolch, 17. Jh.

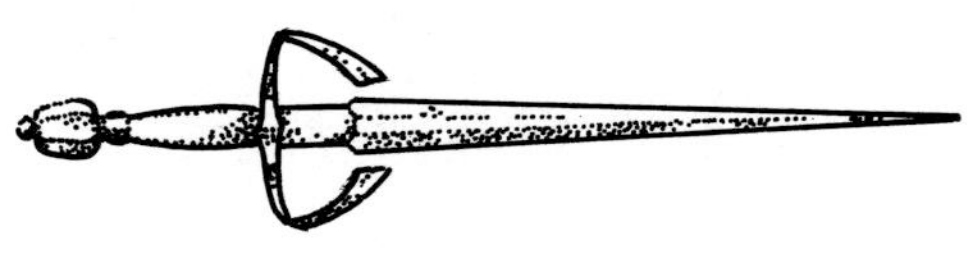

Dolch mit Springklinge, erste Hälfte des 17. Jh.

134. Ohrendolch (alla stradiota); zweischneidige Klinge; Griffschalen aus schwarzem Horn, Ohren aus Bein, auf Kupferplättchen liegend, mit Bronzeknöpfen. Italien, 15. Jh.

135. Nierendolch; zweischneidige Klinge, Angel mit flachem Knauf und deutlichen „Nieren“. Prag, Wende des 14. zum 15. Jh.

136. Cinquedea; auf der Klinge Spetummarke; Griffschalen aus Elfenbein (?), durchbrochene Nietköpfe, Parierstange mit geätzten und gravierten Ornamenten; Lederscheide mit geschnitztem und gestanztem Ornament, Nebenscheide für Misericordia. Norditalien, um 1500

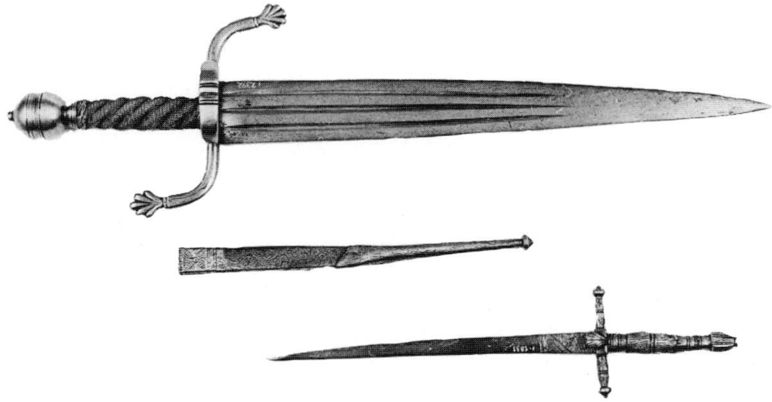

137. Dolch; zungenförmige zweischneidige Klinge; vertikal S-förmige Parierstange. Zweite Hälfte des 16. Jh.
Stilett; einschneidige Klinge; Angel und Parierstange profiliert; Eisenscheide mit einfachen Ornamenten verziert. Mitteleuropa, erste Hälfte des 16. Jh.

Die Dolchklinge mußte ihrer Bestimmung als Stichwaffe angepaßt sein. Deshalb war sie kurz und deutlich zugespitzt. Oft hatte sie einen Querschnitt in Form eines niedrigen Sechsecks (rhombisch), es kamen auch Dolche mit asymmetrischem Querschnitt vor. Ziemlich häufig waren einschneidige Klingen, die nahe an der Spitze zweischneidig wurden. Eine gute Durchschlagskraft zeigten auch Klingen mit mehreren — drei und vier — Schneiden.

Einer der üblichsten Dolchtypen des hohen Mittelalters hatte einen scheibenförmigen Knauf und eine Parierscheibe. Diese Scheibendolche erschienen um 1300, bestanden das ganze Mittelalter über und existierten vereinzelt noch in der Renaissance. Der Griff war bei den ältesten walzenförmig, manchmal handgerecht profiliert oder gar polygonal; er war aus Holz, Horn, Eisen oder Bronzeblech. Die beiden Scheiben waren regelmäßig kreisförmig oder am Rand profiliert.

Weniger häufig waren Dolche mit Antennenknauf. Das den Knauf bildende Metallband war bogenförmig, so daß es wie Hörner aussah (nicht geschlossener Kreis). In ikonographischen Quellen wird der Antennendolch bereits um die Mitte des 13. Jahrhunderts erwähnt; er kam selten in Mittel- und Westeuropa bis Ende des 14. Jahrhunderts vor. Mit diesem Typ ist wahrscheinlich der Ringknaufdolch verwandt, der etwa in der Mitte des 14. Jahrhunderts auftauchte, aber um 1400 aus der Mode kam.

Ungefähr ein Jahrhundert lang — von der Mitte des 14. bis zur Mitte des 15. Jahrhunderts — gehörte der Basilard zu den verbreitetsten Dolchtypen in Europa. Er hatte eine an der Basis ziemlich breite, sich jäh zuspitzende Klinge. Der metallene Knauf und Parierbalken waren meist gerade (zuweilen auch gebogen), im Knauf war manchmal ein schmales Loch. Die Angel war mit Griffschalen belegt.

In ganz Europa war der nach der Form seiner Parierstange benannte mittelalterliche Nierendolch verbreitet. In Bildquellen ist er bereits um 1300, durch Funde etwas später belegt; er kam noch im 16. Jahrhundert vor. Das Gefäß bildete eine nach oben sich verbreiternde Angel, an deren Basis zwei halbkugelförmige Gebilde (Nieren) waren. Die Klinge war meist einschneidig, oft sehr schmal, vom Misericordia-Typ. Die Angel war aus Holz oder Horn, aber auch aus Blech, mit hohlen Nieren.

Die Variabilität der Dolchtypen ist freilich beträchtlich. Ziemlich häufig sind Formen, bei denen Knauf und Parierstange von den damaligen Schwertern abgeleitet und in verkleinerter Größe gebaut wurden. Am häufigsten war der Ringknauf, aus der Hoch- und Spätgotik sind jedoch auch andere Formen bekannt. Dieser Dolchtyp erschien bereits um 1300, wurde aber erst im 15. Jahrhundert häufiger.

Zu den Sondertypen der mittelalterlichen Dolche gehört auch der Ohrendolch. Diese Waffe stammt aus dem Mittleren Osten, über Spanien und Italien gelangte sie nach Europa. Die ersten Spuren lassen sich bereits im 14. Jahrhundert in Spanien, in Italien etwas später zurückverfolgen. Der Ohrendolch zeichnet sich durch einen geteilten Knauf aus, der dem Griff in Form zweier kreisförmiger, schräg zueinanderstehender Scheiben entwächst. Die Klinge ist zweischneidig, oft mit asymmetrischer Fehlschärfe an der Basis. Griff und Knauf waren in der Regel reich verziert. In Italien wurde diese Waffe „pugnale alla stradiota“ genannt — nach den Stradioten (albanischen und dalmatinischen Reitern im Dienst der Republik Venedig), bei denen sie beliebt war. Diese Dolchart kam in Italien das ganze 16. Jahrhundert über vor.

Die Cinquedea, die sich in der zweiten Hälfte des 15. Jahrhunderts entwickelte, ist ein Dolch zu Stich und Hieb. Ihre Klinge, die einige Fachleute unter die sogenannten kurzen Schwerter einreihen, ist zungenförmig. Daher rührt ihr Name in einigen Sprachen (deutsch Ochsenzunge, französisch langue de bœuf usw.). Die italienische Bezeichnung „cinque dita“ (fünf Finger) weist offensichtlich auf die Breite der Klingenbasis hin. Die Klingenfläche war deutlich gegliedert, meist in vier Hohlschliffelder. Die gebogene Parierstange war kurz, der Schalengriff meist

138. Linkehanddolch spanischen Typs; Klinge in der unteren Hälfte zweischneidig, profilierte Fehlschärfe mit symmetrischen Durchbrüchen; gerade Parierstange, Stichblatt und Knauf in reichen Ornamenten durchbrochen. Südeuropa, erste Hälfte des 17. Jh.

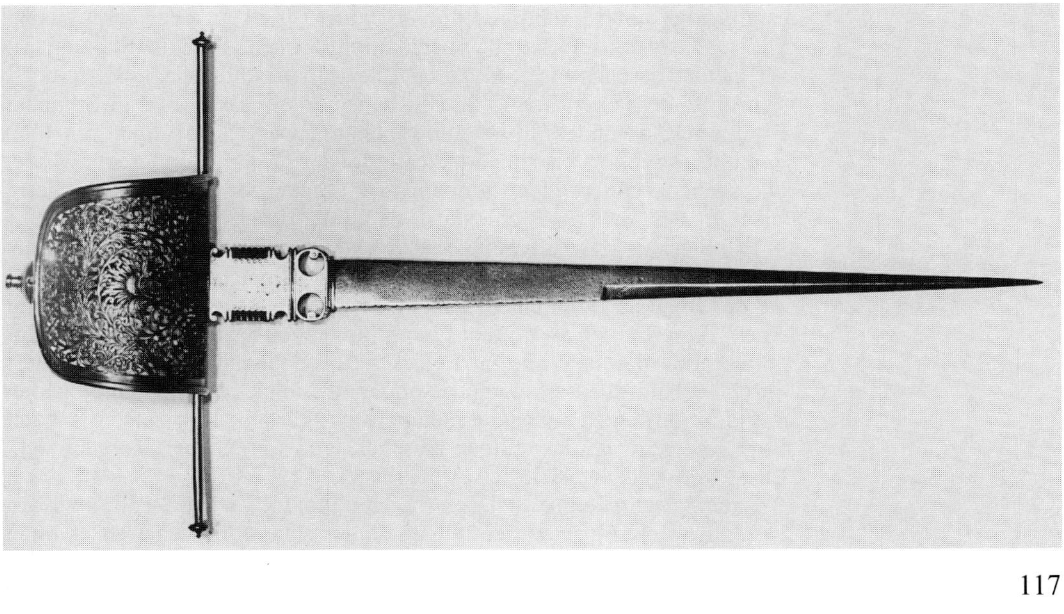

139. Kleiner Dolch (Stilett); zweischneidige Klinge; Parierstange mit kleinem Parierring. Erstes Drittel des 17. Jh.
Dolch; Klinge mit kreuzförmigem Querschnitt, vierschneidig; ringförmige Parierscheibe. Deutschland (?), um 1600.
Artilleriedolch; dreischneidige Klinge; Griff mit Nägeln verziert. Mitteleuropa, zweite Hälfte des 17. Jh.

so geformt, daß er an eine Geige erinnerte, mit einem halbkreisförmigen Knauf. Die Griffschalen waren in der Regel aus edlem Holz oder Bein, es gibt aber auch Exemplare mit Griff aus Elfenbein oder vergoldetem Silber. Die Nietköpfe waren gotisch durchbrochen, die Griff-Flanken mit oft nielliertbeschriftetem Messing- oder Silberband belegt. Es handelt sich um eine namentlich in Italien beheimatete, aber auch in Spanien, Frankreich, besonders in Burgund, bekannte Art. Sie erschien um 1460 und blieb ungefähr bis zum ersten Viertel des 16. Jahrhunderts in Mode. Die reichen Verzierungen stammen auch von hervorragenden Künstlern, wie zum Beispiel von Ercole dei Fideli aus Ferrara.

Der Schweizer Dolch (Schweizerdolch) entstand ebenfalls im 15. Jahrhundert. Die ziemlich breite zweischneidige Klinge hatte eine Angel, die auf der einen Seite mit einem bogenförmigen Knauf, auf der anderen mit einem Parierbalken abschloß, die in konvex-konkaver Stellung zueinander standen. Diese Waffe setzte sich hauptsächlich im 16. Jahrhundert durch; Berühmtheit erlangten besonders die reich geschnitzten Scheiden mit durchbrochenen ornamentalen und figürlichen Reliefs, oft nach Vorlagen bedeutender zeitgenössischer Künstler (Hans Holbein d.J., Lucas van Leyden, Heinrich Aldegrever).

Landsknechtsdolche wurden bereits im 15., vorwiegend aber im 16. Jahrhundert verwendet. Sie zeichnen sich durch eine nach oben

140. Österreichischer Marineoffiziersdolch Muster 1854 mit Scheide; auf der Klinge geätzte Ornamente, das Kaiserwappen und ein gekrönter Anker; Knauf in Form der ungarischen Krone

verbreiterte, oft profilierte Angel aus, die robuste Scheide war meist balusterartig gegliedert.

Vorgänger des Renaissancedolches ist der spätgotische Dolch vom Schwerttyp. Der vorherrschende Typ der Renaissance ist eine Waffe mit einer entweder geraden oder bogenförmig nach unten gezogenen Parierstange. Sehr oft waren die Parierstangen balusterförmig profiliert. Der Dolchknauf erfuhr die gleichen Wandlungen wie der Knauf der Renaissancedegen. Die Parierstange wurde in der Mitte durch einen Parierring (Klingenbügel) verstärkt.

Eine bedeutende Neuheit war zu dieser Zeit das Fechten mit Degen und Dolch, das namentlich die Entwicklung der Form der Parierstange beeinflußte. Zu diesem Zweck eigneten sich besonders Linkehanddolche mit bogenförmiger Parierstange, oft mit nach vorn gebogenen Enden, die ein erfolgreiches Auffangen der gegnerischen Klinge ermöglichten. Ein anderer Linkehanddolchtyp, aus dem 17. Jahrhundert, ist der spanische. Sein charakteristisches Merkmal ist eine lange gerade Parierstange mit einem zu einem Knauf gewölbten Stichblatt. Die Klinge war oft asymmetrisch, auf einer Seite bis zur Mitte oder mehr schneidenlos, die Fehlschärfe am Rand profiliert, manchmal mit durchbrochenen Löchern. Das Stichblatt, in der ersten Hälfte des 17. Jahrhunderts dreieckig, später auch oval oder fast kreisförmig, war, wie die Angel und manchmal auch der Knauf, durchbrochen und reich ornamental in Eisen geschnitten, ähnlich wie beim Korb der Glockendegen, mit denen diese Linkehanddolche oft Garnituren bildeten.

Anfang des 16. Jahrhunderts erschien in Italien ein kleiner Dolch mit kurzer Parierstange — das Stilett. Es war eine gefährliche Waffe, die sich gut verstecken ließ. Sie blieb bis Ende des 16. Jahrhunderts verbreitet. An das Stilett knüpfte der sogenannte Artilleriedolch mit einer Klinge von dreieckigem Querschnitt und mit Nummern für artillerietechnische Berechnungen an. Meist in einfacher Ausführung mit kurzer Parierstange und Horngriff, erschien er noch im ausgehenden 17. Jahrhundert.

Wie das Stilett, so war auch ein Dolch mit abspreizbaren Nebenklingen — der Springklingendolch — gefährlich. Die zweischneidige Klinge hatte zwei Nebenarme, die sich mit Hilfe eines Federmechanismus in einem Winkel von 50—70° abspreizten. Meist waren es Linkehanddolche mit stark ortwärts gebogener Parierstange. In Italien erschienen sie in der zweiten Hälfte des 16. Jahrhunderts, allgemeiner verbreiteten sie sich an der Wende des 16. zum 17. Jahrhundert. Nach der Mitte des 17. Jahrhunderts waren sie nur noch selten zu sehen.

Zu den typisch nationalen Waffen gehört auch der schottische Dirk. Seine Vorgänger sind vom Nierendolch abgeleitete schottische Dolche, die um 1600 auftauchten. Der eigentliche Typ entwickelte sich im Laufe des 17. Jahrhunderts. Er zeichnete sich durch eine mächtige einschneidige Klinge und eine ausgeprägt profilierte zylinderförmige Angel aus, die in einen leicht abgeflachten Knauf überging. Der Dirk wurde mit der Zeit zum Ehrensymbol, im 18. Jahrhundert wurde sogar auf ihn geschworen. Er gehörte auch zur Ausrüstung der schottischen Fußsoldaten. Bis heute ist er in der Form, die im 18. Jahrhundert entstand, Bestandteil der Paradeuniform der Offiziere und Unteroffiziere der schottischen Highland Light Infantry.

Im 17. Jahrhundert änderten sich die Dolchtypen gegenüber der vorhergehenden Zeit nicht sehr viel, die Formmerkmale der einzelnen Teile wurden nur durch das ästhetische Gefühl der Zeit beeinflußt. Seit dem 18. Jahrhundert verloren die Dolche an Bedeutung. Im 19. Jahrhundert gab es vereinzelt Freimaurerdolche, meist in Stilettform, deren Parierstange in der Regel die Form gekreuzter Menschenknochen hatte. Den Knauf bildete oft ein Schädel. Erwähnenswert ist ferner, daß es im 19. Jahrhundert heimtückische Dolche gab, die in gewöhnlichen Spazierstöcken versteckt waren.

Zu den dolchartigen Waffen gehören auch die Borddolche. Der österreichische Borddolch Muster 1827 hatte eine mit Ebenholz belegte Angel und eine profilierte Parierstange; Knauf und Scheidenbeschlag trugen einen stilisierten Anker. Beim Muster 1854 war der Griff aus Bein, der Knauf hatte die Form der ungarischen Krone, die Metallteile waren mit reichen Reliefs verziert.

Ein Borddolch für die Marineoffiziere wurde im Lauf des 19. Jahrhunderts bei den Seestreitkräften der meisten europäischen Staaten eingeführt, denn die engen Räume der Schiffe behinderten die Beweglichkeit der Offiziere mit einem Säbel am Gürtel.

In unserem Jahrhundert wurde der Offiziersborddolch zur Ergänzung der Ausgeh- bzw. Paradeuniform der Offiziere nicht nur in der Marine, sondern auch bei den Luftstreitkräften und manchenorts auch des Heeres; bei besonderen Anlässen wird er noch heute getragen.

STANGENWAFFEN

Stangenwaffen sind Blankwaffen, die einen mehr oder weniger langen Schaft brauchen, mit dem sie geführt werden können. In diese Gruppe gehören Hieb- und Stichwaffen, aber auch solche mit kombiniertem Einsatz sowie schließlich die Schlagwaffen.

Ein Versuch, diese Waffen nach der Schaftlänge zu differenzieren, wäre ziemlich problematisch. Der Streitkolben und ihm verwandte Waffenarten sind zwar ausschließlich kurzschäftig, aber zum Beispiel bei der Streitaxt ist dies nicht eindeutig, denn neben Äxten mit kurzem Schaft existierten Nahkampfwaffen mit langem Schaft. Zweckmäßiger erscheint die Einteilung dieser Waffen nicht nach ihrer Handhabung, sondern in erster Linie nach ihrer Funktion (Waffen für Hieb, Stoß und Schlag), erst dann innerhalb dieser Gruppen nach ihrer Handhabung.

Stangenwaffen für Hieb

Hierzu gehören vor allem die Streitaxt, einige aus der Axt entstandene Helmbarten sowie die Kuse (Couse). Eine Untergruppe stellen Hieb-Stoß-Waffen dar: Helmbarten (Hellebarden), deren Hauptfunktion im Hieb bestand, die aber zugleich wirksame Stoßwaffen waren.

141. Axt mit Nackenlappen. 11.—12. Jh.
Slawische Lappenaxt. 9—10. Jh.

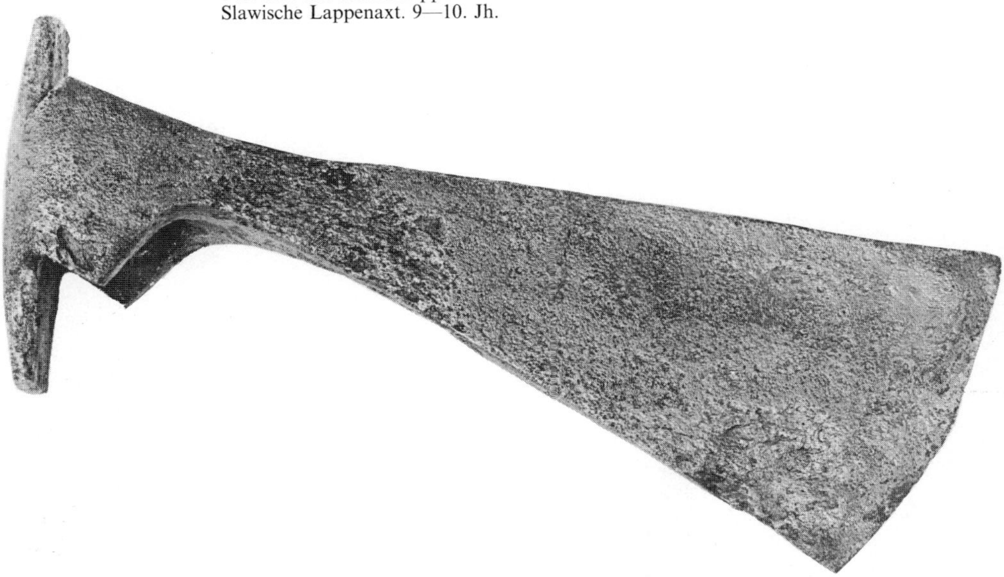

Streitaxt und Kriegssense

Eine typische Waffe der frühgeschichtlichen und der frühfeudalen Zeit ist die Streitaxt, genannt Franziska. Es war eine Axt mit konvex gebogenem Körper, verbreitertem Blatt und schräger oder konvexer Schneide. Der Schaft stand stumpfwinklig zur Achse. Diese Axt wurde ab dem 5. Jahrhundert namentlich von den Franken, nach denen sie benannt wurde, aber auch von anderen germanischen Stämmen, besonders als Wurfaxt verwendet.

Die Axt war ebenfalls eine wichtige Waffe der nordischen Völker, besonders der Wikinger im 8. bis 11. Jahrhundert. Zu den Grundtypen gehört die Bartaxt. Sie entstand im 7. Jahrhundert und wurde noch in der frühen Wikingerzeit verwendet. Das Blatt mit bogenförmiger Schneide war unten zu einer Bartform langgezogen, nach der die Axt benannt wurde, die Oberseite war gerade. Ein weiterer Typ ist eine relativ schmale Axt mit einer zu beiden Seiten symmetrisch auslaufenden Schneide; zu beiden Seiten des Öhrs waren kleine Seitenausläufer. Dies war eine der typischen Waffen der Wikinger vom 8. bis 10. Jahrhundert. Aus ihr scheint sich auch eine Axt mit stark konvexer Schneide entwickelt zu haben, deren Blatt sich konkav zu Hals und Öhr verjüngte, wiederum mit kleinen Ausläufern: die Breitaxt, die bis zum 11. Jahrhundert häufig verwendet wurde, in Skandinavien noch länger. Diese beiden Typen gehörten zu den beliebtesten Ausrüstungen der Wikinger und waren mit Tausia und Edelmetallbelägen verziert. Die berühmte Tapisserie von Bayeux, die die Eroberung Englands durch die Normannen im 11. Jahrhundert darstellt, belegt, daß die Breitaxt vom beschriebenen Typ nicht nur zur Ausrüstung der Normannen gehörte, sondern auch in England gebräuchlich war.

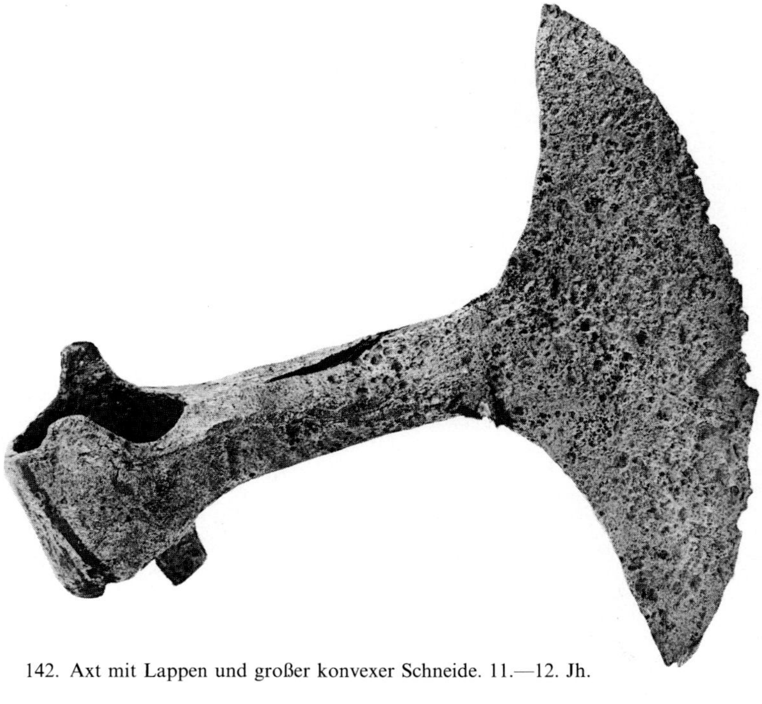

142. Axt mit Lappen und großer konvexer Schneide. 11.—12. Jh.

143. Axt; profiliertes Blatt, konvexe Schneide; auf dem Hals in einer Vertiefung eine Marke (Schwertoberteil mit Scheibenknauf und kurzer Parierstange); auf dem Blatt Überreste von Gravierungen. Böhmen, 14. Jh.

144. Breitaxt; Blatt graviert, auf dem Hals drei Rautenmarken im Schild. 15. Jh.

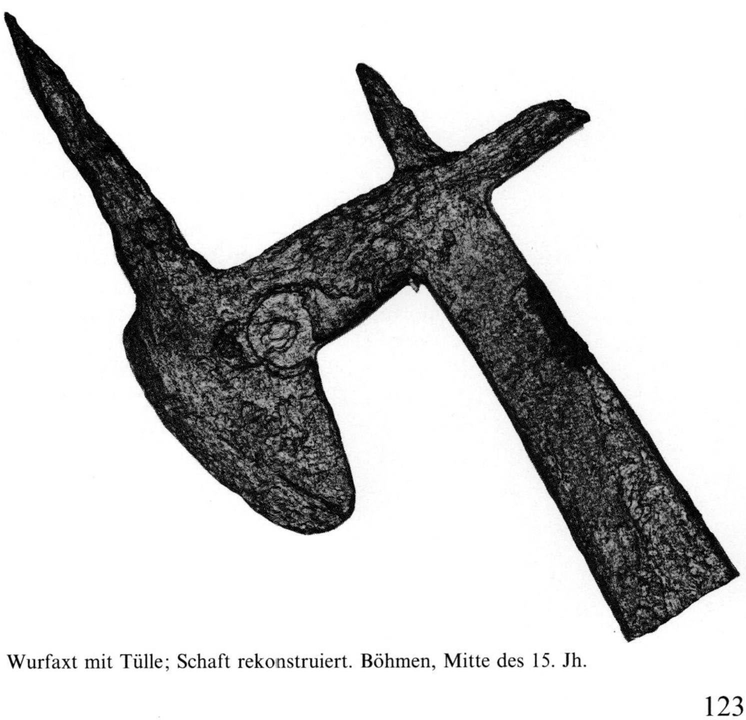

145. Wurfaxt mit Tülle; Schaft rekonstruiert. Böhmen, Mitte des 15. Jh.

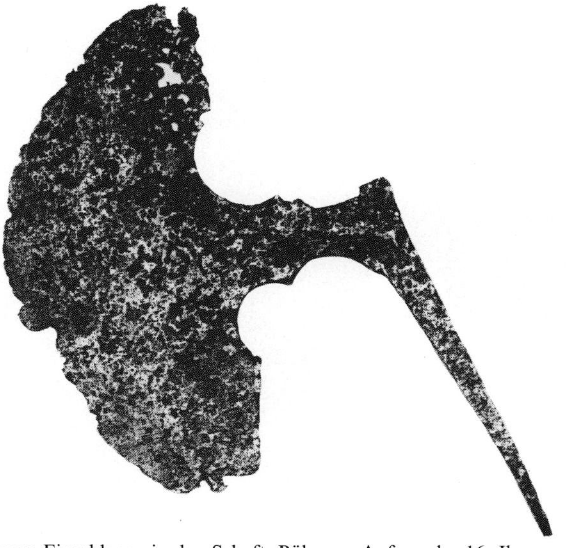

146. Wurfaxt; Angel zum Einschlagen in den Schaft. Böhmen, Anfang des 16. Jh.

Auch bei den Slawen in Mittel- und Osteuropa spielte die Streitaxt eine bedeutende Rolle in der Ausrüstung. Spätestens seit dem 8. Jahrhundert gehörte zur Grundausstattung der slawischen Kämpfer neben Spieß und Bogen auch die Axt. Sie kommt in Gräbern von Reitern vor, neben dem Schwert, das deren Hauptwaffe war. Es handelt sich einerseits um eine Axt mit schmalem, geradem oder leicht konvexem Blatt mit schräger oder bogenförmiger Schneide, andererseits um einen Typ, dessen Blatt sich vorn nach unten zu einem deutlichen Kinn erweitert (Bartaxt). Beide Typen haben dreieckige Lappen zu beiden Seiten des Schaftlochs (wahrscheinlich wegen des stabileren Sitzes) und einen stumpfen flachen Nakken. Zahlreiche Funde bestätigen ihr Vorkommen im 9. und 10. Jahrhundert und später.

Lappen blieben lange das Merkmal der Streitaxt besonders in Mitteleuropa. Im 11. bis 12. Jahrhundert erschien dort auch eine der Wikingerbreitaxt ähnliche Axt mit bogenförmiger, zu beiden Seiten symmetrisch verbreiterter Schneide und mit deutlichen Lappen. Ein anderer Typ aus ungefähr der gleichen Zeit war eine Axt mit schmalem, nach vorn sich verbreiterndem Blatt und leicht bogenförmiger Schneide. Am Öhr waren wiederum Lappen, und zwar Nackenlappen.

Vom 12. bis 13. Jahrhundert verwandelte sich das bisherige Öhr allmählich in eine kürzere und später längere Tülle, die eine Verbesserung der Stabilität des Schaftes ermöglichte. An jüngeren Äxten von leichterem, wahrscheinlich Reitertyp schlugen sich im 14. Jahrhundert die gotischen Auffassungen in der Aussparung am Blattnacken sowie einer Verzierung mit Gravierung und Durchbruch, meist in Form eines länglichen Kleeblatts, nieder.

Häufiger waren allerdings, besonders in der Ausrüstung des Fußvolks, Breitäxte, wie ikonographische Quellen aus dem 14. Jahrhundert berichten. Wie die erhaltenen Exemplare aus dem 14. und 15. Jahrhundert belegen, hatten diese Äxte in der Regel einen kurzen, in der Tülle eingesetzten Schaft, einen kurzen Hals und ein mächtiges, oben insgesamt gerades, nach unten stark ausgezogenes Blatt mit bogenförmiger Schneide. Das untere Blattende war manchmal schräg, manchmal abgerundet. Zu ihrer Entwicklung ist zu bemerken, daß die Äxte im 15. Jahrhundert eine oben geschlossene Tülle und ein Blatt mit etwas nach oben ausgezogener Schneide hatten.

Zu den kurzstieligen Waffen dieser Art zählten auch die Wurfäxte (Wurfbeile). Sie werden in der älteren deutschen Literatur als typisch böhmische Waffe des Mittelalters bezeichnet. In tschechischen Sammlungen wurden jedoch bisher lediglich fünf Exemplare festgestellt, während aus deutschen und ungarischen Museen mehrere Dutzend bekannt sind. Bei diesen Äxten lassen sich zwei Grundtypen unterscheiden. Der erste hatte keine Tülle, zum Einschlagen in den Schaft diente eine zugespitzte Angel. Er kam bereits an der Wende vom 14. zum 15. Jahrhundert, aber auch noch am Anfang des 16. Jahrhunderts vor. Der andere Typ hatte einen normalen, in der Tülle eingesetzten Schaft. Bei älteren Äxten war das Blatt fast mandelförmig mit Nackenstachel, bei jüngeren überwiegt der Bartaxttyp, manchmal mit zu einer Spitze gezogenem Oberrand (zweite Hälfte des 15. Jahrhunderts). Die späten Wurfbeilmodifikationen vom Ende des 15. und aus dem 16. Jahrhundert mit schmalem, fast S-förmig gebogenem Blatt, die man hauptsächlich aus bayerischen Sammlungen kennt, sind einer Axt eigentlich gar nicht ähnlich.

Kurzschäftige Äxte verschwanden aber auch in der nachfolgenden Zeit nicht. Zum Kampf waren sie gewissermaßen nur im Osten Europas, in Ungarn, Polen und Rußland bestimmt. Aus dem 16. und 17. Jahrhundert erhielt sich eine Reihe von Äxten vom Typ des ungarischen Fokos oder des polnischen Topors. Sie wurden oft mit einer Pistole kombiniert. Viele von ihnen wurden allerdings im 17. Jahrhundert zum bloßen Symbol; ihr Blatt, in der Regel durchbrochen und verziert, hatte meist nur eine stumpfe Kante anstelle der Schneide. Zu den Äxten gehören auch volkstümliche Typen, wie zum Beispiel die Schäferaxt (valaška) aus Mähren und der Slowakei. Die Axt war Arbeitsinstrument und Waffe, daneben schließlich ein Bestandteil von Volkstrachten. Bis zum 19. Jahrhundert gab es auch Bergmannsäxte (Bergbarten). Bedeutende Exemplare, namentlich aus dem 17. und 18. Jahrhundert, stammen aus der sächsischen Grubenregion.

Neben Äxten mit kurzem Schaft kamen bereits im Hochmittelalter langschäftige Äxte vor, die mit beiden Händen gehandhabt wurden und zum Nahkampf bestimmt waren. Zu ihnen gehört zweifelsohne der flämische Godendag, der zu Beginn des 14. Jahrhunderts erwähnt wird.

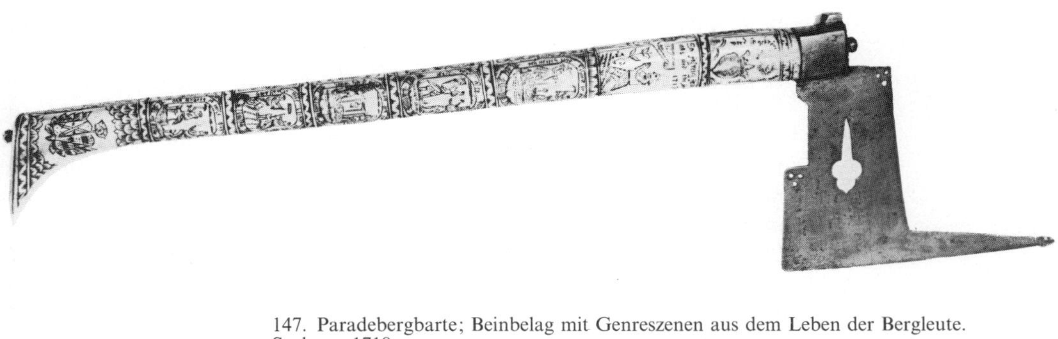

147. Paradebergbarte; Beinbelag mit Genreszenen aus dem Leben der Bergleute. Sachsen, 1718

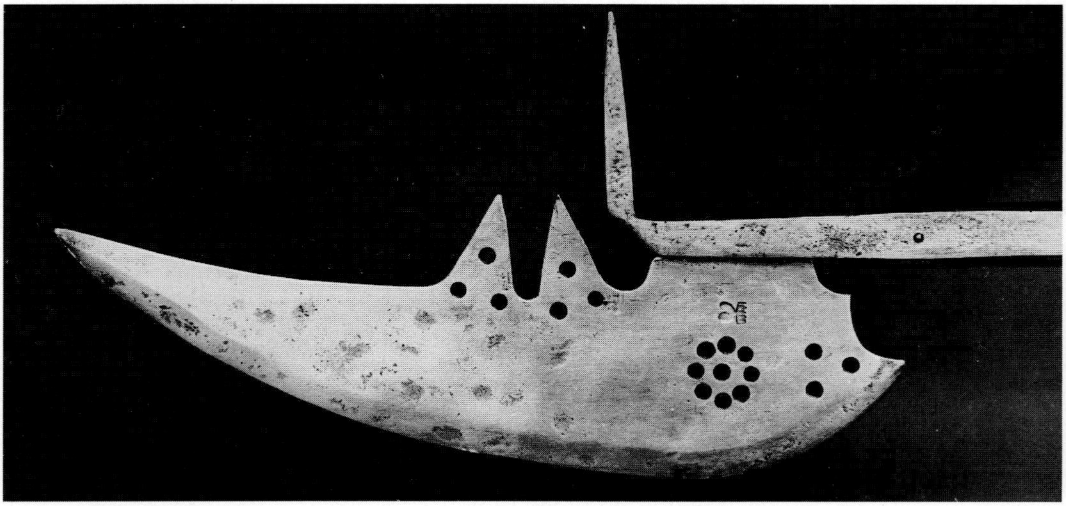

148. Fußstreitaxt mit Haken und Rückenspitzen; Blatt gelocht, mit Schlagmarke. Deutschland, um 1500

Seine Form bleibt jedoch bis heute ein Rätsel. Während des 15. Jahrhunderts gab es in Mitteleuropa, insbesondere in Süddeutschland und vielleicht auch in Norditalien, eine langschäftige Axt mit einem nahezu tropfenförmigen, oben in eine Spitze auslaufenden Blatt und breitem Hals. Auf dem Blatt war oft eine baumähnliche Gravierung. An der Wende des 15. zum 16. Jahrhundert nahm das Blatt kompliziertere Formen mit nackenseitigen spitzen Ausläufern und einem rechtwinklig aus dem hinteren Teil auslaufenden Haken an. Das Blatt war unten ausgeschnitten und durch Löcher verziert.

Am Ende des 15. Jahrhunderts entstanden Berdichen, Äxte mit schmalem, bogenförmigem Blatt, das unten in einen Dorn auslief, mit dem es am Schaft befestigt war. Dieser ursprünglich russische Waffentyp, gebraucht von Artilleriefußtruppen und Stadtwachen vom 15. bis zum 17. Jahrhundert, war auch in Polen und in einigen nordischen Ländern, namentlich in Schweden und Finnland beliebt.

Eine Waffe von ähnlichem Charakter war die schottische Lochaberaxt. Ihr ziemlich mächtiges, fast halbmondförmiges Blatt ruhte wie bei der Berdiche mit seinem unteren Ende am Schaft. Charakteristisch war der gebogene Reißhaken in der Verlängerung des Schaftes. Diese Axt war in Schottland, aber auch in England vom Ende des Mittelalters bis zum 17. Jahrhundert in Gebrauch.

Einen anderen Typ einer Fußstreitaxt aus der zweiten Hälfte des 15. Jahrhunderts stellen mit Hammer kombinierte Waffen — Mordäxte — dar. Das nahezu dreieckige Eisen mit gerader Schneide hatte konkave Innenseiten. Auf der gegenüberliegenden Seite war ein Hammer mit einer rechteckigen, regelmäßig rautenförmig profilierten Schlagfläche (Diamantspitze). Diese Waffen, manchmal mit vertikalen und seitlichen Spitzen (Querknebeln) versehen, werden als französisch klassifiziert (J. Mann, Wallace Coll. Catalogue, 1962). Nach Wegeli (Inv. der W. Sammlung des Bernischen Hist. Museums III, 1939) erschienen sie in der Schweiz im Laufe des 15. Jahrhunderts als Waffe des Fußvolks.

Ausgesprochene Hiebwaffen waren einige Helmbartentypen, bei denen die Stoßklinge durch eine säbelartig gekrümmte Klinge ersetzt war (Säbelhelmbarte). Sie erschien am Ende des 16. Jahrhunderts in Oberösterreich und im Dreißigjährigen Krieg ziemlich zahlreich in Bayern. Beim österreichischen Typ gab es ein vollentwickeltes mondsichelförmiges Helmbartenbeil mit Nackenhaken. Beim bayerischen Typ ist das

149. Fußstreitaxt mit Hammer; auf dem Blatt drei Ringgruppen mit Kupfer ausgelegt; Hammer mit Diamantspitzen und Kupferband; Vierkantstoßpitze auf oktogonalem Hals. Frankreich oder Schweiz, letztes Viertel des 15. Jh.

150. Kriegssense mit Haken und Rückendorn, sichelförmiger Haken abgebrochen. Um 1400

Kuse (Couse), zweite
Hälfte des 15. Jh.

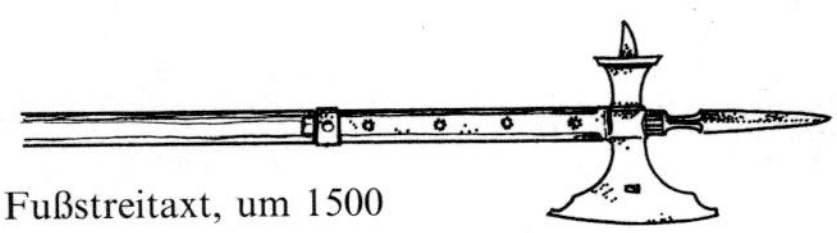

Fußstreitaxt, um 1500

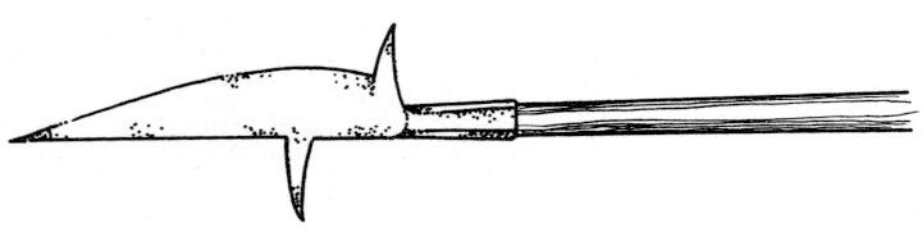

Glefe, um 1500

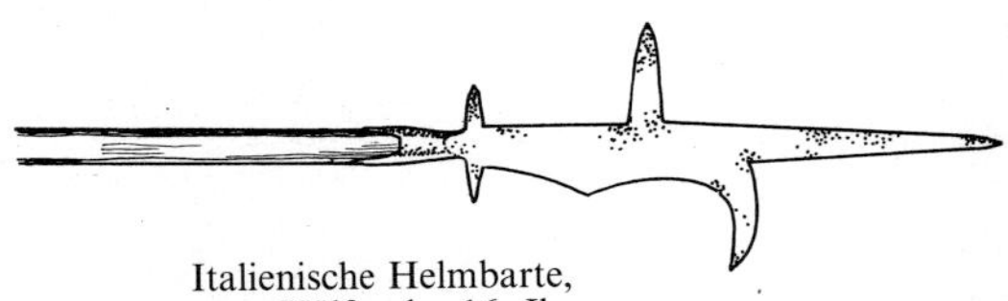

Italienische Helmbarte,
erste Hälfte des 16. Jh.

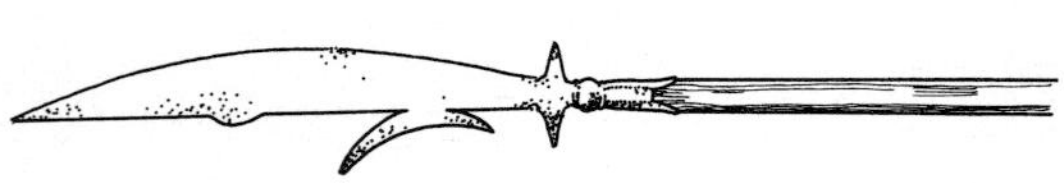

Glefe, zweite
Hälfte des 16. Jh.

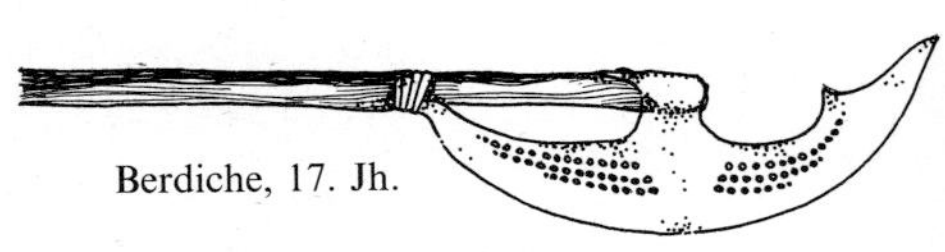

Berdiche, 17. Jh.

151. Säbelhelmbarte. Bayern, zweites Viertel des 17. Jh.

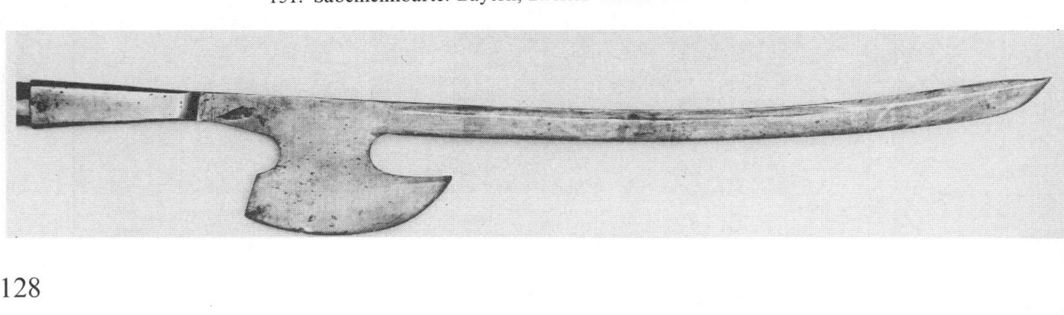

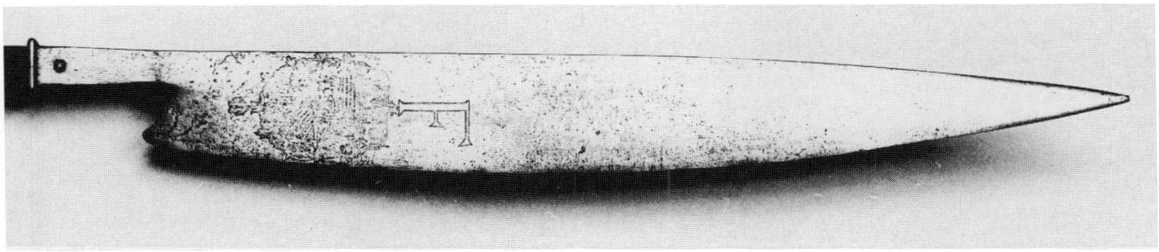

152. Couse der Hofwache Ferdinands I. (1526—1554); geätzte und gravierte Verzierung mit dem Kaiserwappen und dem Buchstaben *F.* Um 1550

bestimmende Merkmal eine lange gekrümmte Klinge, während von der Helmbarte nur ein Beil mit ziemlich breitem Hals und bogenförmiger Klinge, die als nebensächliches Element erscheint, übrigblieb.

Den vorwiegend zum Hieb bestimmten Waffen ist auch die Kriegssense zuzuordnen. Das Arbeitsinstrument der Bauern, aufgesetzt nicht senkrecht zum Schaft, sondern als dessen Verlängerung, konnte als eine wirksame, wenn auch Notwaffe der Landstürme, hauptsächlich der aufständischen Bauern vom 16. bis zum 19. Jahrhundert, dienen. In den polnischen Aufständen von 1794 und 1831, aber noch im Jahr 1864, nahmen an den Kämpfen ganze mit Sensen bewaffnete Einheiten (Kossinierze = Sensenträger) teil.

Die Couse (Kuse) war in ihrer reifen Form vorwiegend als Trabantenwaffe des 16. und der nachfolgenden Jahrhunderte zweifelsohne von der aufrechten Sense abgeleitet. Doch ihr Ursprung war etwas anders. Sie entstand in Frankreich und wurde in der zweiten Hälfte des 15. Jahrhunderts auch in Flandern verwendet (couse, vogue française). Sie hatte eine lange messerartige Klinge mit beidseitig geschliffener Rückenschneide. In dieser Form verschwand sie jedoch bald aus dem Gebrauch. Die Couse des 16. Jahrhunderts wies eine ziemlich breite Klinge mit bogenförmiger Schneide und gerader schneidenloser Seite auf, die sich zu einem in die Tülle übergehenden Hals fortsetzte. Als Kampfwaffe war sie nicht sehr häufig, dafür aber, prunkvoll verziert, eine beliebte Waffe der Hofwachen in Europa im 16. bis 18. Jahrhundert. Bei der Palastgarde der österreichischen und bayerischen Herrscher — den Hartschieren — erhielt sie sich bis zum Anfang des 20. Jahrhunderts.

Vorwiegend eine Trabantenwaffe war auch die Glefe (Gläfe, Gleve), die eine zu einer Spitze auslaufende Klinge mit bogenförmiger Schneide hatte. Auf der Rückenseite war in der Regel ein gerader, gebogener oder mondsichelförmiger Haken, an der Basis waren gewöhnlich dreieckige Parierhaken. Nach der Mitte des 16. Jahrhunderts hatte diese Waffe nur noch ausgesprochene Zierfunktion, wovon auch die häufig gewellte Schneide zeugt.

Der Couse ist eine weitere Stangenwaffe verwandt — die italienische Helmbarte, auch Roßschinder genannt. Die lange, scharfe Stoßklinge verrät, daß sie auch zum Stich bestimmt war, doch ihre Hauptfunktion bestand im Hieb mit der bogenförmigen, später etwas gekröpften Schneide mit sichelförmigem Haken an der Stoßklingenwurzel. Schneide und Sichel dienten hauptsächlich zum Durchtrennen von Beinsehnen bei Pferden (davon der deutsche Name), was dem Feind die Bewegung unmöglich machte. Aus schriftlichen Quellen geht hervor, daß sie in

Italien vielleicht schon im 13. Jahrhundert existierte. Sie wird ebenfalls im Heer Karls des Kühnen 1476 erwähnt und blieb praktisch noch das ganze 16. Jahrhundert über beliebt. Der altertümliche Typ dieser Waffe hatte zwar ein kurzes Blatt, aber mit einem deutlichen Haken. Diese Variante wurde wahrscheinlich bis in die erste Hälfte des 15. Jahrhunderts verwendet.

Die Helmbarte

Diese mittelalterliche Stangenwaffe war vorwiegend von Hiebcharakter, konnte aber auch zum Stoß verwendet werden. Ihre Heimat ist die Schweiz, wo ihre Grundform eine bedeutende Rolle in den Befreiungskämpfen spielte. Sie erinnert an die bekannten Schlachten bei Morgarten (1315) und bei Sempach (1386). Auch später war die Helmbarte eine wichtige Waffe des Fußvolkes, sie verbreitete sich in ganz Europa.

Beim ältesten Typ gab es ein rechteckiges Beil mit gerader Schneide, die in die Stoßklinge auslief und mit zwei Hülsen am Schaft befestigt war. Etwas später, nach 1400, erschien auch ein Rückendorn. Im Laufe des 15. Jahrhunderts erfuhr die schweizerische Helmbarte eine wichtige Entwicklung. Vor allem entstand die Tülle an der unteren Seite des Beils, in die der Schaft eingesetzt wurde, der Haken war direkt aus dem Blatt auf der schneidenlosen Beilseite herausgeschmiedet, und schließlich war die Stoßklinge vom eigentlichen Beil durch eine Stufe getrennt. Die Stoßklinge nahm einen rauten- oder trapezförmigen Querschnitt an. Die weitere Entwicklung der Helmbarte brachte Ende des 15. und Anfang des 16. Jahrhunderts die Verschiebung der Spitze außerhalb der Schaftachse. Die Beilschneide wurde abgeschrägt, die Stoßklinge allmählich verlängert. In der Mitte des 16. Jahrhunderts wuchs die Stoßspitze bis zu drei Längen der Beilschneide; das Beil erfuhr ebenfalls eine Formänderung. Es erschienen konvex, aber auch konkav gebogene Schneiden, so daß es Mondsichelform annahm. Die Ränder von Beil und Haken waren profiliert, Blatt und Haken perforiert.

153. Schweizer Helmbarte; Blatt zur Stoßspitze auslaufend, Rückendorn, auf dem Blatt ist ein fünfzackiger Stern eingeschlagen. Anfang des 15. Jh.

154. Schweizer Helmbarte; starke Stoßpitze mit rhombischem Querschnitt; auf dem dreieckigen Rückendorn eine unleserliche Marke. Zweite Hälfte des 15. Jh.

155. Helmbarte; lange Stoßspitze, Beil- und Dornrand profiliert. Deutschland, zweite Hälfte des 16. Jh.
Helmbarte; schräge Beilschneide, Stoßklinge außerhalb der Schaftachse. Deutschland, erste Hälfte des 16. Jh.

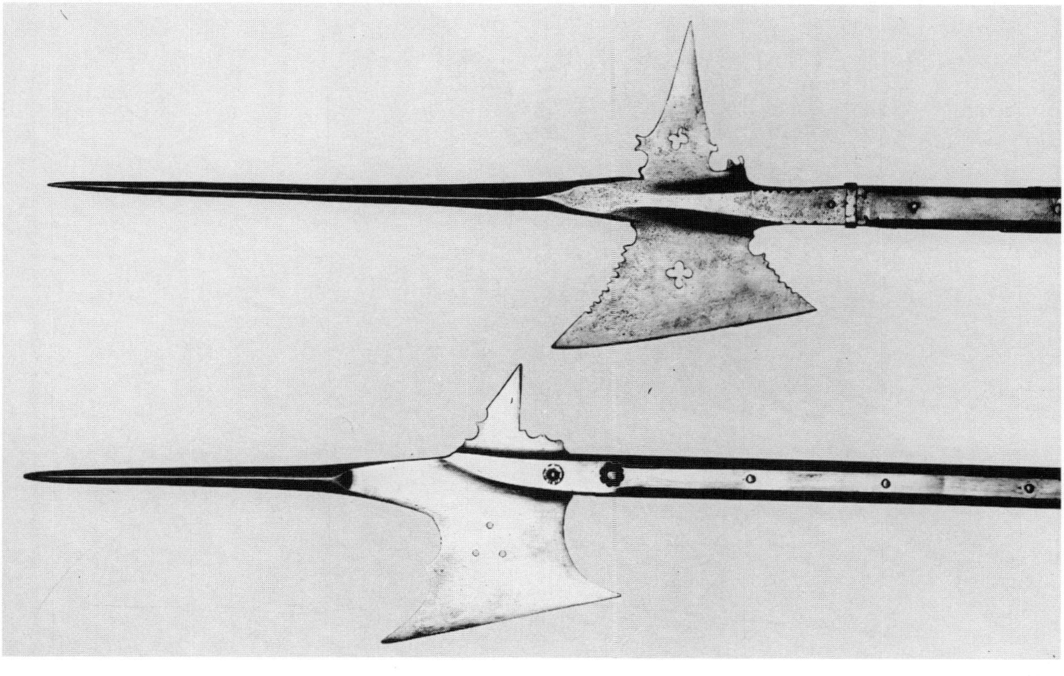

Seit der zweiten Hälfte des 16. Jahrhunderts nahmen infolge des wachsenden Anteils der Musketiere in der Infanterie und der steigenden Wirksamkeit ihres Feuers die Hellebardiere ab, und nach 1600 schwand die Helmbarte schrittweise. Als Residuum blieb sie zum Beispiel in der französischen Infanterie nach einer Vorschrift von 1683 noch in der ersten Hälfte des 18. Jahrhunderts als Sergeantenabzeichen. Seit 1766 wird die Helmbarte auch in dieser Funktion nicht mehr erwähnt. In der österreichischen Armee war eine Waffe vom Helmbartentyp — das Kurzgewehr — ein Abzeichen der Feldwebel und Korporale nach einer Vorschrift von 1705. In der Mitte des 18. Jahrhunderts verschwand es auch hier völlig aus der Ausrüstung.

156. Helmbarte; halbmondförmiges Beil, lange Stoßklinge auf kugeliger Verdickung. Mitteleuropa, Ende des 16. Jh.

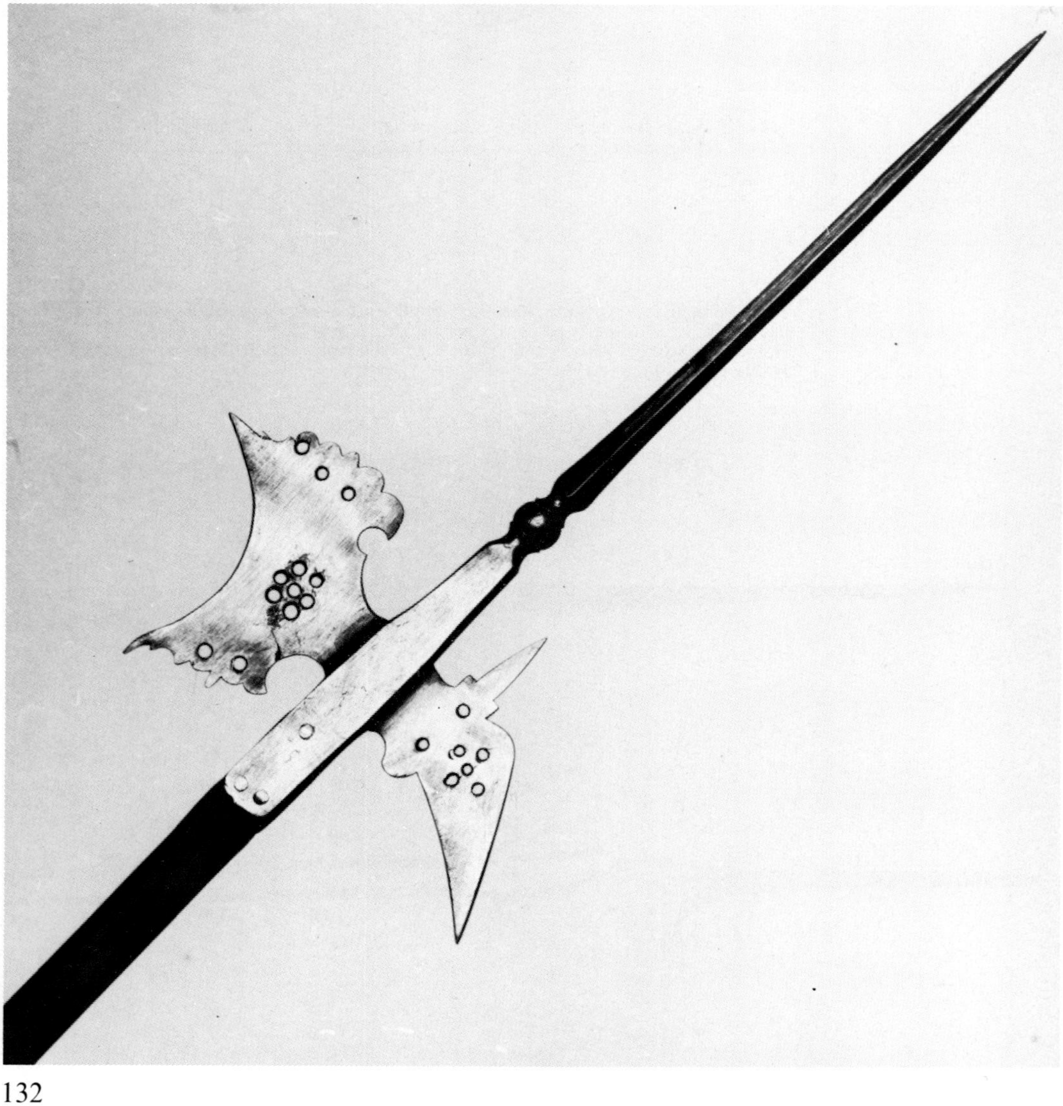

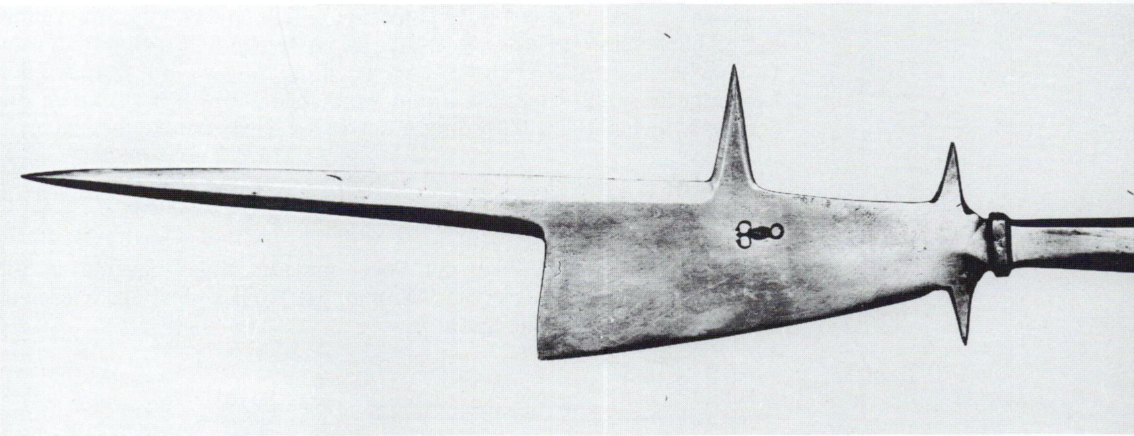

157. Italienische Helmbarte; Stoßklinge, Rückendorn, auf dem Blatt Skorpionmarke. Norditalien (Mailand ?), Anfang des 16. Jh.

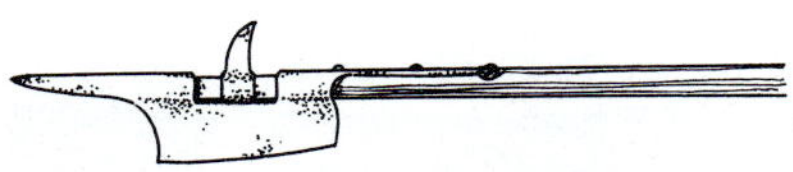

Helmbarte, Mitte des 15. Jh.

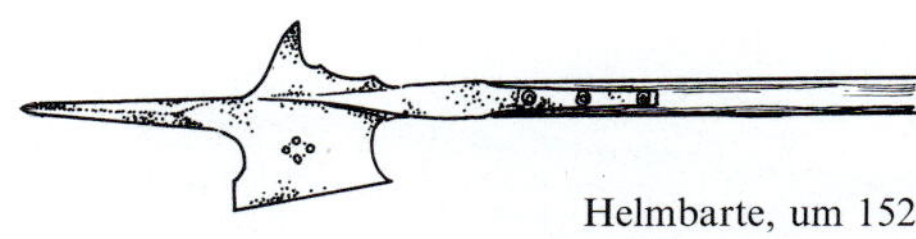

Helmbarte, um 1520

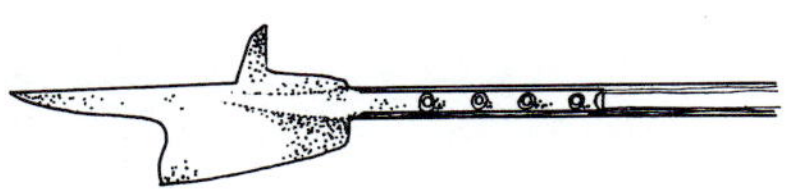

Helmbarte, Ende des 15. Jh.

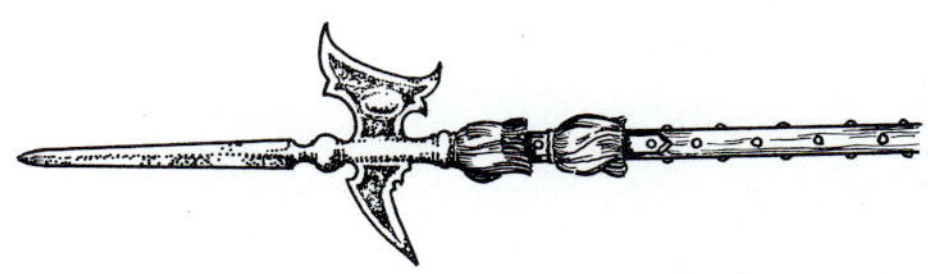

Helmbarte, zweite Hälfte des 16. Jh.

158. Trabantenhelmbarte; geätzte und ziselierte Ornamente, vergoldetes sächsisches Wappen. Sachsen, Anfang des 17. Jh.

Reich geätzte, gravierte und vergoldete Prunkexemplare von Helmbarten blieben jedoch lange, nicht nur im 18. Jahrhundert, eine Waffe der Hofwache an europäischen Höfen. Die Monogramme und Wappen der Landesherren oder kirchlichen und weltlichen Fürsten bestimmten die regionale und zeitliche Zuordnung der einzelnen Exemplare.

Stangenwaffen für Stoß

Zu diesen Waffen zählen der Speer und der Spieß zusammen mit weiteren vom Spieß abgeleiteten Waffen, wie Runka, Spetum, Ahlspieß, Partisane und später das Sponton.

Framea, 5.—6. Jh.

Flügellanze, 8.—10. Jh.

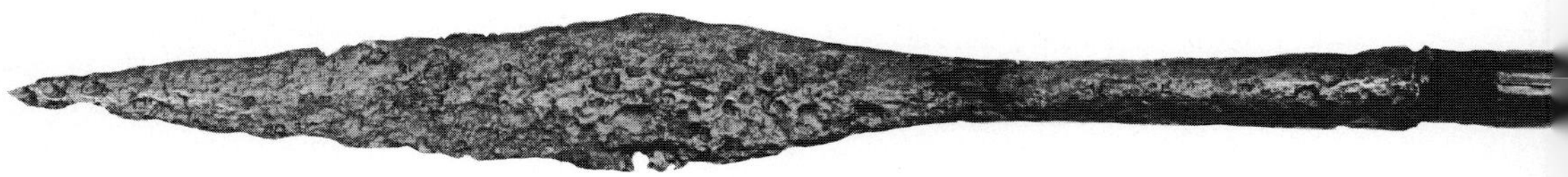

Spieß, 14.—15. Jh.

Schefflin, um 1500

Landsknechtsspieß, erste Hälfte des 16. Jh.

Langspieß (Pike), 17. Jh.

Saufeder (Sauspieß), 16.—17. Jh.

160. Ango. 6.—8. Jh.

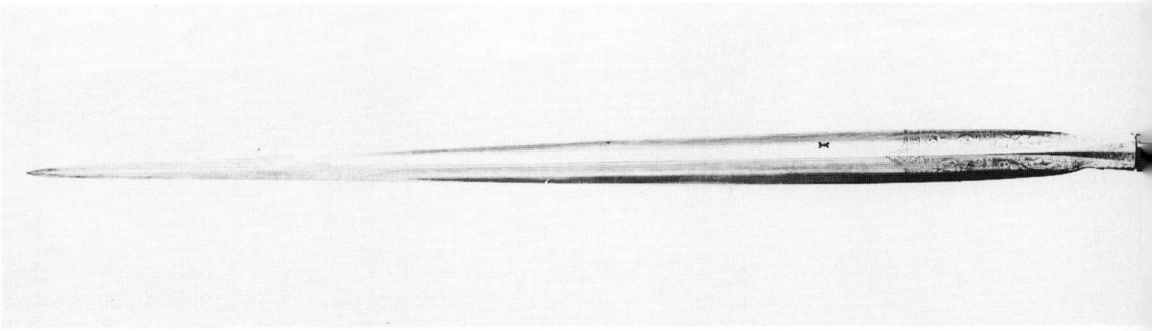

161. Schefflin italienischen Typs; Klinge mit Mittelrippe, vergoldete geätzte figürliche Motive. Norditalien, um 1500

Speer und Spieß

Der Speer und der Spieß sind einfache Stichwaffen, die aus einem langen Schaft mit einer aufgesetzten Spitze bestehen. Es handelt sich um sehr alte Waffen; es läßt sich nicht ausschließen, daß einige größere Feuerstein- oder später Knochenspitzen aus neolithischen Funden zu Speeren gehörten. Ausgereifte Speerspitzen findet man bereits in der Bronzezeit und den beiden Perioden der Eisenzeit. Beide Waffen gelten als Mehrzweckwaffen — sowohl zum Kampf als auch zur Jagd bestimmt. Die Unterscheidung ist bei den alten Waffen sehr problematisch. Allgemein gilt, daß der Speer eine schmale Spitze mit längerem Hals und enger Tülle und deshalb auch einen dünnen und leichten Schaft hatte. Das war darauf zurückzuführen, daß der Speer sowohl im Kampf als auch bei der Jagd eine Wurfwaffe war, mit der ein gewandter Werfer sein Ziel auf eine ziemlich große Entfernung treffen konnte.

Der Speer war als Kampfmittel vor allem eine Waffe der Fußkämpfer im frühen Mittelalter. Es gab zwei Grundtypen — Ango und Framea. Die Framea hatte eine länglich-rhombische Spitze, der Hals ging fließend in eine lange schmale Tülle über; der Ango hatte eine Klinge mit zwei Widerhaken, einen langen Hals und eine kegelige Tülle. Wurfspeere wurden allgemein in der Frühzeit der europäischen Geschichte gebraucht, namentlich bei germanischen Stämmen, den Franken, aber auch bei den Wikingern. Nach dem 8. Jahrhundert veraltete diese Waffenart und verschwand.

Vorübergehend erschien Ende des 15. und während des 16. Jahrhunderts in der Fußvolkausrüstung der Schefflin, eine Wurfwaffe, die sich in Italien und einem Teil Mitteleuropas verbreitete. Der Schefflin hatte eine lange, schmale und profilierte Klinge und eine kurze Tülle sowie einen leichteren Schaft. Es handelt sich um eine ziemlich seltene Waffe.

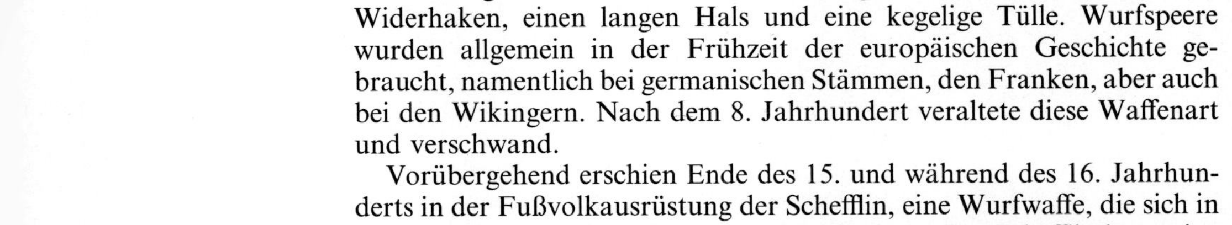

162. Flügellanzenklinge. Böhmen, 10.—11. Jh.

163. Reisspießspitze; rhombischer Querschnitt, kegelige Tülle. 14. Jh.

Der Spieß war eine Waffe der Reiter und der Fußsoldaten für den Nahkampf. Frühmittelalterliche Spieße (8.—11. Jahrhundert) zeichneten sich durch lange messerartige Spitzen mit schmaler, kegeliger, manchmal kantiger Tülle aus. An der Tülle waren beidseitig kurze dreieckige Ausläufer — Flügel — angesetzt. Die Flügellanze war noch gegen Ende des 11. Jahrhunderts in Europa eine allgemeine Waffe der Reiter und Fußsoldaten; in archäologischen Funden befinden sich auch Klingen ohne Flügel.

Das Hochmittelalter war eine Zeit der deutlichen Differenzierung zwischen dem Spieß der Reiter (Reisspieß) und dem der Fußsoldaten. Im 13. Jahrhundert wurden die Eisen kürzer, aber mächtiger, die größeren Tüllendurchmesser lassen auf dickere Schäfte schließen. Die kurze, aber starke Spitze, meist rhombischen oder trapezförmigen Querschnittes, ohne langen Hals und mit kegelförmiger Tülle sind charakteristische Züge der Lanze des 14. und 15. Jahrhunderts. Daneben kamen freilich auch blattförmige Spitzen mit rhombischem Querschnitt vor. Der ziemlich lange Schaft war in der Regel an der Griffstelle mit einer Brechscheibe als Handschutz versehen. Der lange und ziemlich schwere Spieß bedurfte einer weiteren Maßnahme — im unteren Drittel war der Schaft vom ausgehenden 14. Jahrhundert an für die haltende Hand ausgespart, und am Harnischblech erschien seit dem ersten Drittel des 15. Jahrhunderts ein Rüsthaken, der dem Reiter half, die lange und schwere Lanze in der richtigen Position zu halten.

Die Ritterturniere und -spiele machten andere Spitzenformen erforderlich — am interessantesten waren sogenannte Krönige, Turnierspeerspitzen mit einer sehr kurzen, aber starken kegeligen Tülle und einem in drei oder vier abgestumpfte Spitzen geteilten Ende.

Die Reiterwaffen und ihre Spitzen änderten sich im Verlauf des 16. Jahrhunderts nicht wesentlich, am Ende des Jahrhunderts schwanden sie allmählich aus der Ausrüstung der schweren Reiterei. Eine Ausnahme stellt nur die Hussaria (nicht mit den Husaren, der leichten Kavallerie ungarischen Ursprungs zu verwechseln), die polnische schwere Reiterei dar. Der Spieß hielt sich jedoch bei den leichten Reitern in Osteuropa, besonders in Polen und der Ukraine. Seit den dreißiger Jahren des

164. Reisspießspitze; blattförmige Klinge; auf Hals und Tülle intarsierte Gelbmetallbänder, gravierter Schuppendekor. Böhmen, erste Hälfte des 14. Jh.

165. Stechrennenspeerspitze; vier Spitzen (Krönig), kurze kegelige Tülle. Böhmen, 15. Jh.

18. Jahrhunderts fanden in Europa Versuche statt, eine Reiterei polnischen Typs mit Lanzen auch in anderen Armeen einzuführen. In Preußen wurde zum Beispiel 1740 bis 1741 ein Ulanenregiment gegründet, das jedoch bereits 1742 in ein Husarenregiment umgewandelt wurde. Doch am Ende des 18. Jahrhunderts setzte sich eine unter anderem mit Spießen ausgerüstete Infanterie — Ulanen und Lanzenreiter — in den meisten europäischen Heeren durch.

Ulanenlanzen waren meist von einfacher Form. Die Klinge mit Mittelrippe oder von rhombischem Querschnitt und meist mit Schaftfedern war auf dem Schaft aufgesetzt. Nur die österreichischen Ulanenlanzen Muster 1798 und 1798/1849 waren unter dem Eisen nahezu kugelig, quasi zwiebelartig; diese Form findet sich auch bei der bayerischen Lanze Muster 1864. Einige Mächte (England, Frankreich, Belgien) setzten in ihren Kolonialarmeen Lanzen mit Bambusschaft ein.

Nach 1871 musterten England und Frankreich — Österreich erst nach 1884 — die Lanze aus der Ausrüstung aus. Doch nachdem Deutschland 1889 die Lanze für die ganze Kavallerie eingeführt hatte (1893 durch

166. Fußspießeisen. 13.—14. Jh.
Ahlspießspitze (Bruchstück). Böhmen, 14. Jh.
Fußspießeisen; rhombischer Querschnitt, kegelige Tülle. 14.—15. Jh.

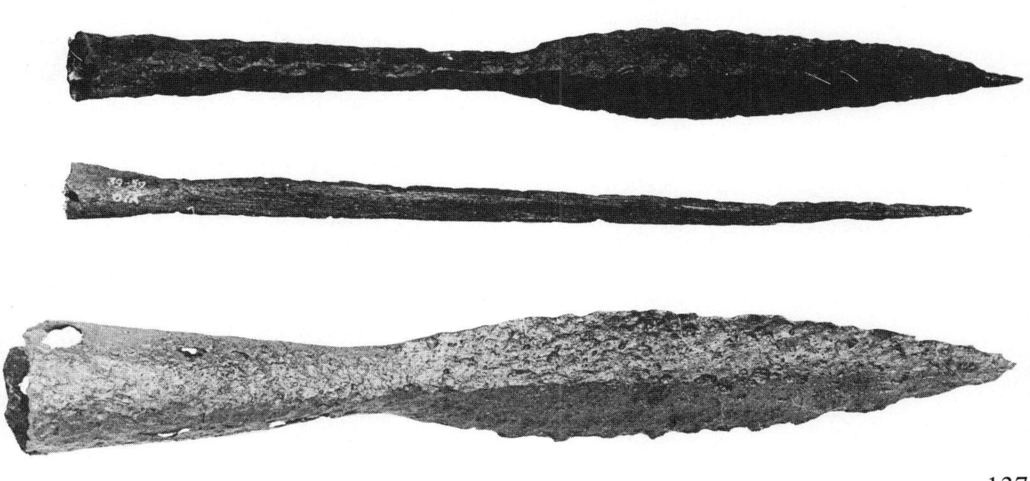

167. Fußspießeisen; verstärkte Spitze, Einschlagmarke (gleichschenkeliges Kreuz in quadratischer Vertiefung). Böhmen, zweite Hälfte des 15. Jh.

eine Stahlrohrlanze ersetzt), stattete Frankreich seine Kavallerie mit Ausnahme der Kürassiere mit Lanzen aus. Im ersten Weltkrieg bewährte sich die Lanze nicht, und das bedeutete ihr Ende in den meisten Heeren. Die Lanzen mit Lanzenflagge der polnischen Ulanen zu Beginn des zweiten Weltkrieges waren ein vereinzelter Anachronismus.

Bevor wir uns dem Spieß für das Fußvolk und seiner Entwicklung zuwenden, sollte eine Infanteriewaffe von zwar regional sehr beschränkter Bedeutung, dafür von außerordentlichem typologischem Interesse erwähnt werden: der Ahlspieß, charakteristisch für die böhmischen und österreichischen Länder vielleicht schon im ausgehenden 14., bestimmt aber im 15. Jahrhundert. Die sehr lange und schmale Klinge von quadratischem Querschnitt war eine ausgeprägte Stichwaffe. Auf dem relativ kurzen Schaft war sie mit einer kegeligen Tülle aufgesetzt. Die meisten Exemplare sind mit einer Brechscheibe versehen. Der Ahlspieß ist durch böhmische ikonographische Quellen im zweiten Jahrzehnt des 15. Jahrhunderts und mit schriftlichen Wiener Quellen für 1444 und 1497 belegt. Ihnen zufolge gehörte er zur Grundausrüstung der Wiener Stadtbereitschaft.

Der Fußkampfspieß des Hochmittelalters war im allgemeinen größer und schwerer als der Reisspieß (Lanze). Die Klinge war meist blattförmig, in der Mitte verstärkt. Über den Hals ging sie in eine meist kegelige Tülle über, die mit Nägeln am Schaft befestigt war. Ältere Exemplare aus dem 13. bis 14. Jahrhundert waren leichter, jüngere, aus dem 14. bis 15. Jahrhundert, stärker. Die Gesamtlänge der Fußkampfspieße (30 bis 40 cm) und die Größe der Tüllen lassen erkennen, daß es sich um eine mächtige, ziemlich wirksame Waffe handelte.

In der zweiten Hälfte des 15. Jahrhunderts war die Durchschlagskraft der Stoßklinge noch durch deren Verstärkung zu einem viereckigen Profil in einer Länge von mehreren Zentimetern erhöht. Im 14. und 15. Jahrhundert erschienen große Klingen mit geflügelter Spitze, sehr langem Hals und Tülle bzw. Angel zum Aufsetzen auf den Schaft. Sie konnten als Spieß dienen (das zeigen zeitgenössische Illuminationen), vor allem handelt es sich aber um Katapultgeschosse, die als Träger von Zündladung beim Einsatz großer Belagerungsmaschinen zur Eroberung befestigter Stellen eingesetzt wurden.

In der Infanterietaktik, wie sie namentlich nach der Schweizer Art, das heißt in einer sehr großen Schar formiert wurde, nahmen neben Helmbarten die Langspieße (Piken) an Bedeutung zu. In den Burgunderkriegen in den siebziger Jahren des 15. Jahrhunderts reifte eine Taktik heran, bei der es die Piken ermöglichten, mit ihren weit vorgestreckten Spitzen ein dichtes, nahezu undurchdringliches Hindernis zu bilden. Durch ihre Länge konnten nicht nur die Waffen der ersten, sondern auch die aus den weiteren Reihen in den Kampf eingreifen. Bei den deutschen Landsknechten spielte die Pike ebenfalls eine wichtige Rolle.

168. Langspieß (Pike), zweite Hälfte des 16. Jh.
Langspieß (Pike), Mitte des 17. Jh.

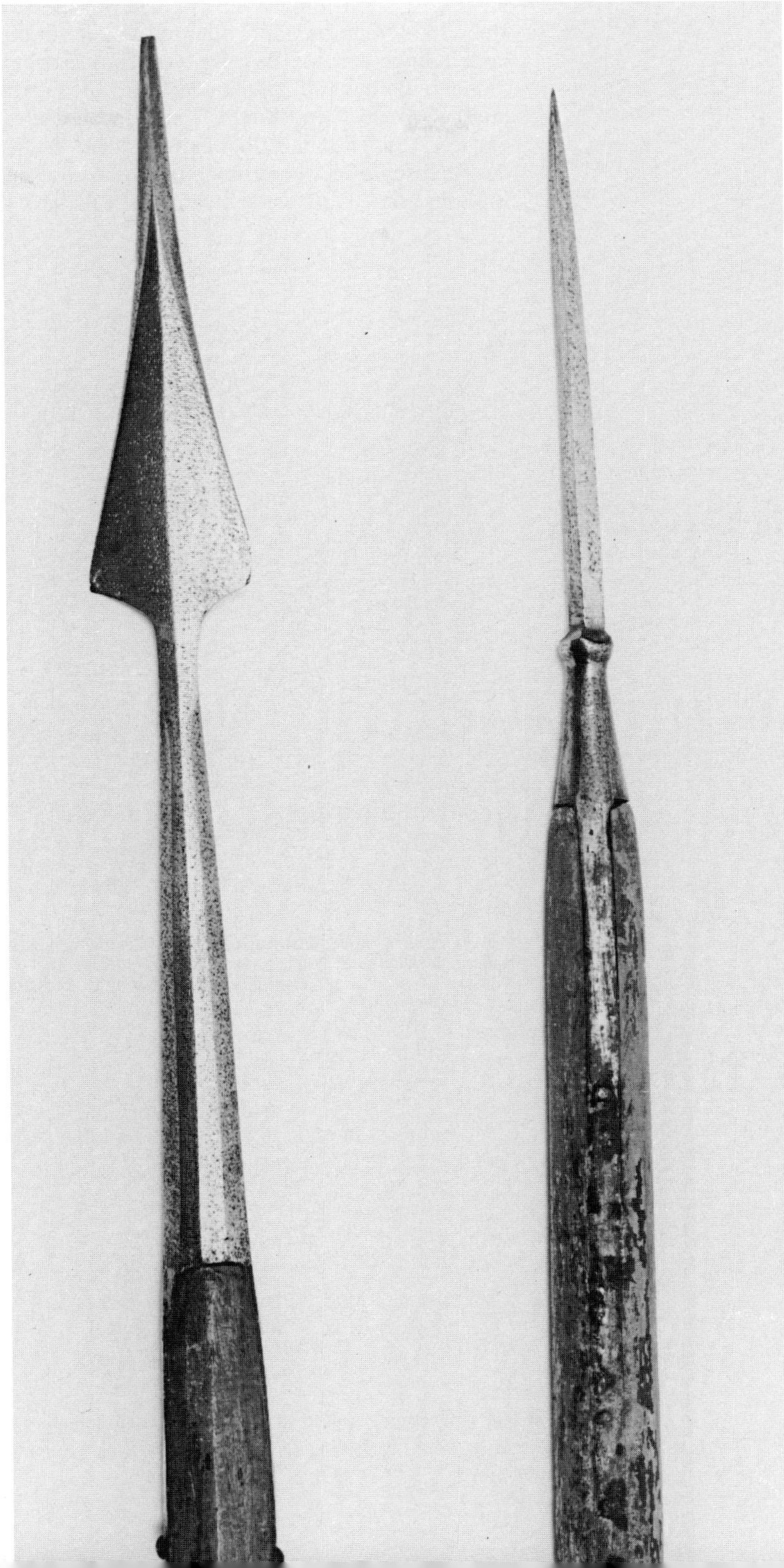

Diese Waffe entstand bereits im 14. Jahrhundert in Italien, Bedeutung gewann sie aber erst beim Schweizer und dem Landsknechtsfußvolk im 15. und 16. Jahrhundert. Die Klinge war in der Regel nicht sehr groß, mit einer 15—18 cm langen Tülle und von veränderlicher Form. Die eigentliche Klinge war blattförmig, von rhombischem Querschnitt, mit Tülle, manchmal auch mit Schaftfedern. Im 17. Jahrhundert waren die Klingen meist vierkantig, mit kurzer Tülle und langen Federn. Die Pike war das ganze 17. Jahrhundert über eine wichtige Waffe. Erst mit der Einführung des Steinschloßgewehrs mit Bajonett verlor sie an Bedeutung. Um 1700 (in Schweden 1720) verschwand die Pike aus dem Heer.

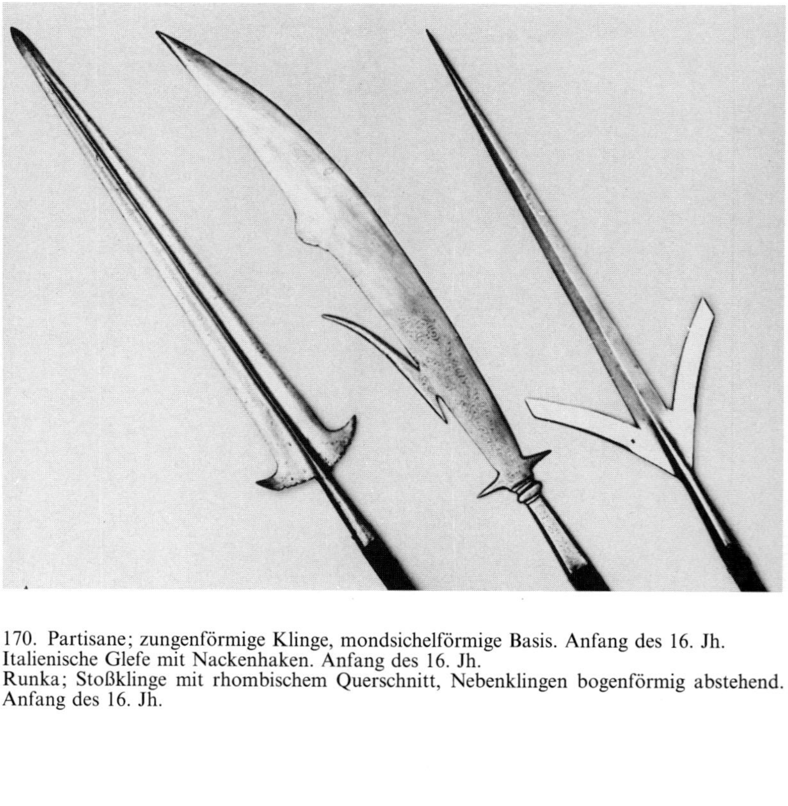

170. Partisane; zungenförmige Klinge, mondsichelförmige Basis. Anfang des 16. Jh.
Italienische Glefe mit Nackenhaken. Anfang des 16. Jh.
Runka; Stoßklinge mit rhombischem Querschnitt, Nebenklingen bogenförmig abstehend. Anfang des 16. Jh.

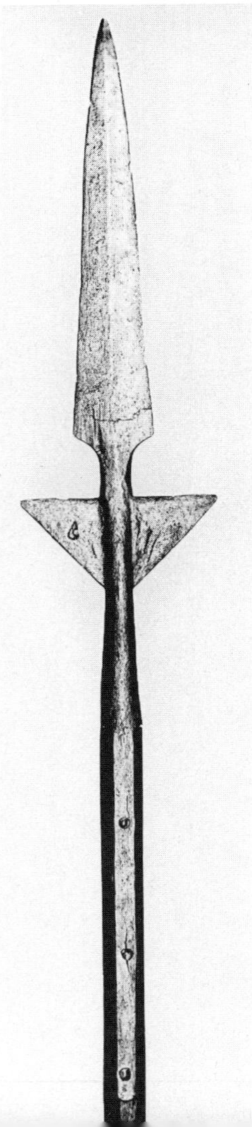

◀ 169. Knebelspieß; blattförmige Klinge, zwei Knebel unter dem Hals. 15. Jh.

Knebelspieß, Partisane und Sponton

Der Knebelspieß erinnert sehr stark in der Form an den Spieß des Fußvolks aus der zweiten Hälfte des 15. Jahrhunderts. Er hatte gewöhnlich eine lange, ziemlich breite dreieckige Klinge von rautenförmigem Querschnitt, am Ansatz der Tülle waren zwei dreieckige, den Flügeln der karolingischen Flügellanze ähnliche Knebel. Es war offensichtlich eine ziemlich wirksame Waffe; sie wurde bis zum 16. Jahrhundert zur Jagd verwendet.

Aus dem Spieß oder Speer entwickelte sich auch die Partisane, die Ende des 15. Jahrhunderts in Italien entstand. In ihrem frühen Stadium

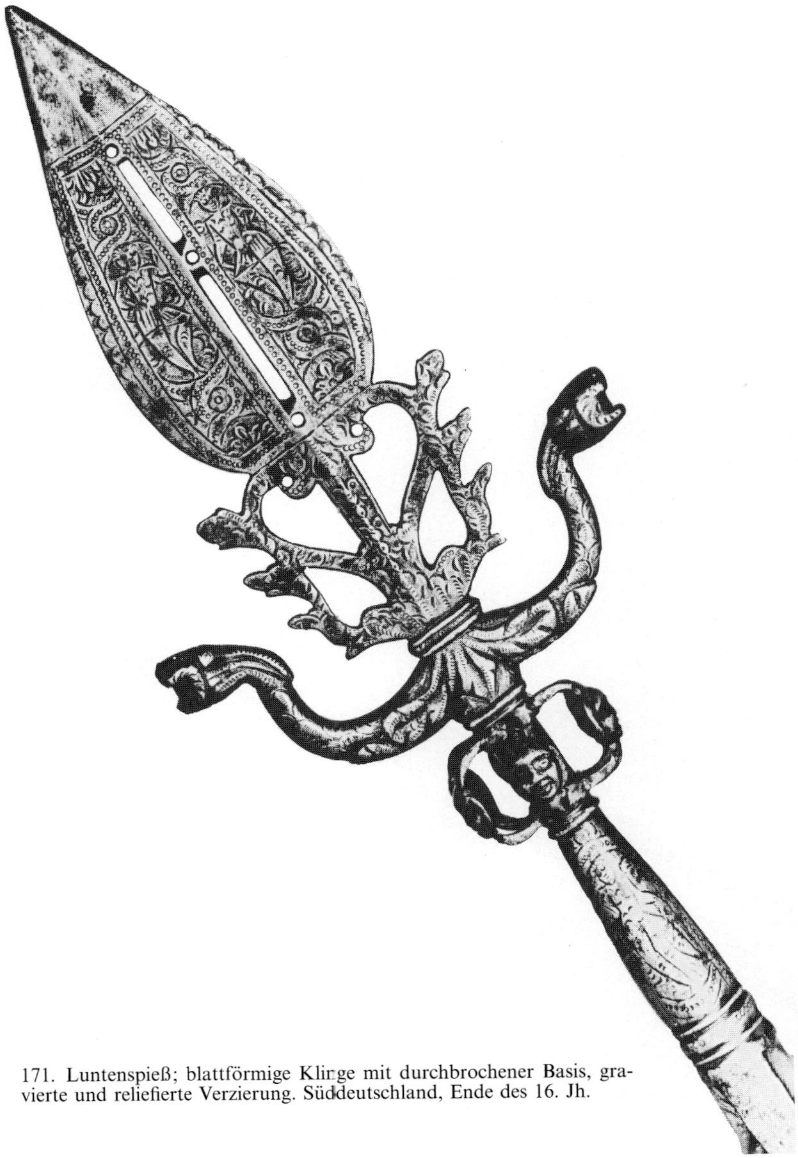

171. Luntenspieß; blattförmige Klinge mit durchbrochener Basis, gravierte und reliefierte Verzierung. Süddeutschland, Ende des 16. Jh.

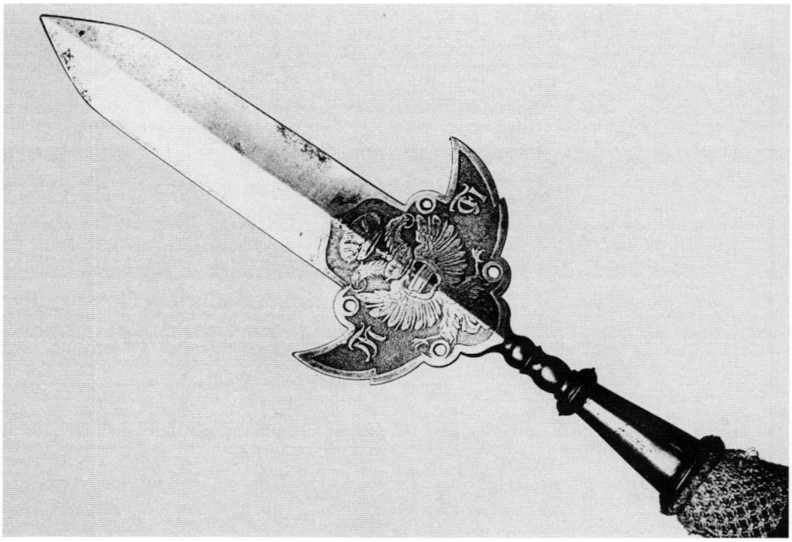

172. Offizierspartisane der österreichischen Habsburgerarmee; vergoldetes Kaiserwappen und die Monogramme *MT* (Maria Theresia) und *FCI* (Franciscus Caesar I.) Mitte des 18. Jh.

173. Preußisches Unteroffizierssponton; graviertes Monogramm *FR* (Friedrich II.), Regimentsbezeichnung auf der Basis nur in Überresten. Mitte des 18. Jh.

hatte sie eine lange zungenartige Klinge in Form eines langgezogenen Dreiecks mit ziemlich langem Hals und Tülle. Seit Anfang des 16. Jahrhunderts verbreiterte sich die Klingenbasis über dem Hals schrittweise zu einem mondsichelförmigen Gebilde. Als Kampfwaffe hielt sich die Partisane nicht lange, wurde aber bald zu einer beliebten Waffe der Trabanten und anderer Hofwachen. Bereits seit Ende des 16. Jahrhunderts erschien ein besonderer Typ der Partisane mit breitem Klingenblatt und zwei

174. Saufeder; blattförmige Klinge; Beinknebel mit Riemen angebunden; auf Klinge und Knebel das Monogramm Augusts des Starken. Sachsen, um 1725

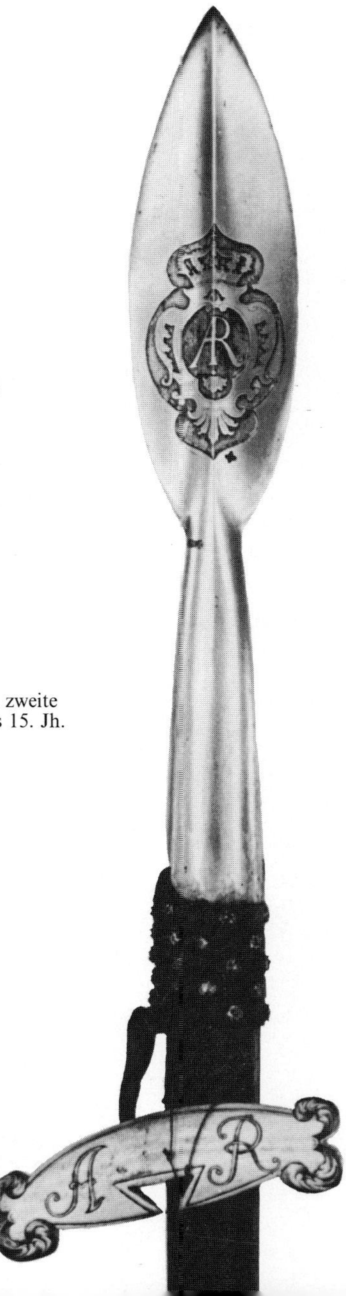

Ahlspieß, 15. Jh.

Partisane, zweite Hälfte des 15. Jh.

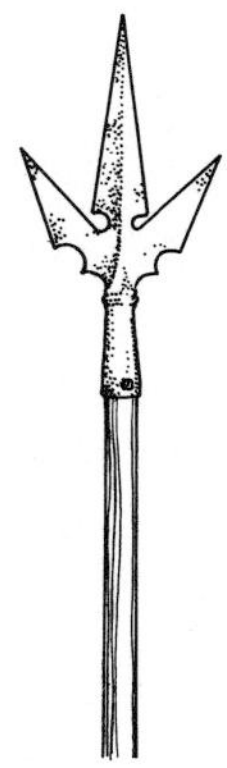

Runka (Korseke), Ende des 15. und 16. Jh.

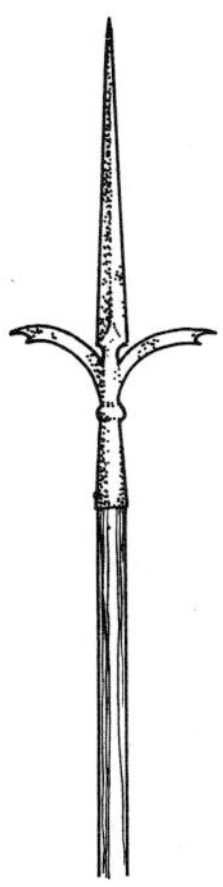

Spetum, 15.—16. Jh.

Partisane, 17. Jh.

gebogenen Armen mit Luntenklemmen an den Enden. Es handelt sich um den Luntenspieß, der meist schlicht gestaltet, manchmal jedoch auch reich verziert war.

Seit dem Ende des 17. Jahrhunderts gab es Partisanen mit ziemlich kurzer Klinge, geziert mit Wappen oder Monogramm des Herrschers, eventuell mit militärischen Symbolen. Es waren Waffen oder eher Abzeichen der Befehlsgewalt der Infanterieoffiziere. Im Lauf des 18. Jahr-

175. Sturmgabel mit Federn (Menschenfänger). 16.—17. Jh.

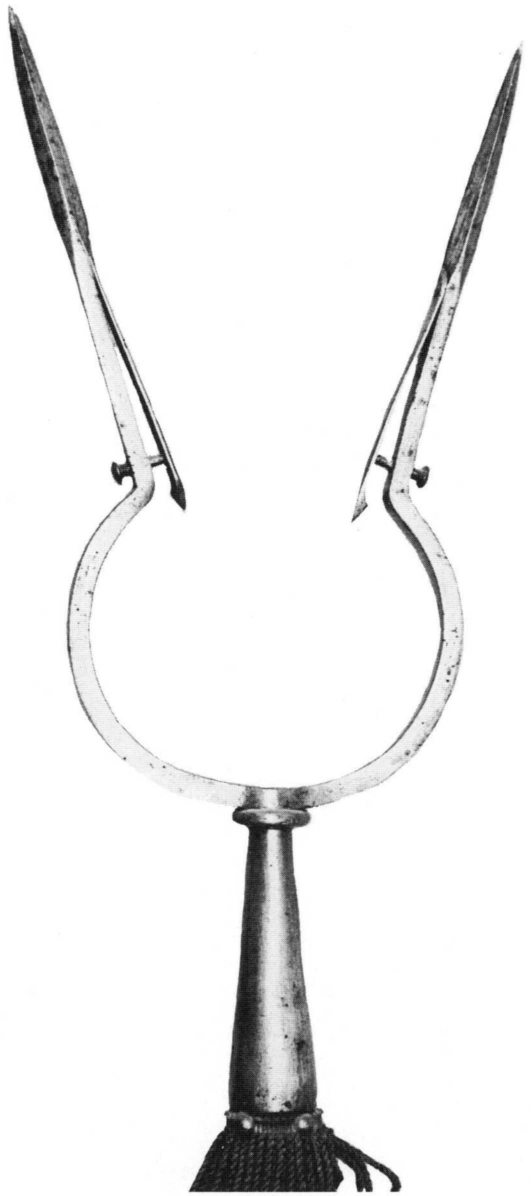

hunderts wurden sie in den meisten europäischen Armeen aufgehoben. Die verkleinerten und vereinfachten Typen hießen Sponton. Sie wurden in Frankreich durch eine Ordonnanz von 1690 eingeführt, in Preußen ersetzten sie unter Friedrich II. die Partisane. Der preußische Typ mit kurzer breiter, unten in eine nahezu kreisförmige Basis verjüngter Klinge war an der Basis mit Löchern durchbrochen. Vom Hals lief beidseitig ein Querknebel aus, die kegelige Tülle war mit drei Querwulsten gegliedert. Das preußische Sponton übernahmen auch andere deutsche Staaten sowie Dänemark, die Niederlande, Rußland und weitere. Das Sponton wurde aus der Offiziersausrüstung 1807 in Preußen, in England erst 1821 entfernt.

Weitere Stangenwaffen für Stoß

Aus dem Spieß entstanden weitere Typen zum Stich bestimmter Stangenwaffen. Zu ihnen gehört die Runka (Korseke), die im 15. Jahrhundert in Italien aufkam; seit Ende des 15. Jahrhunderts erschien sie auch in Frankreich, jenseits der Alpen war sie nur wenig verbreitet. Vom Hals gehen unter der Stoßspitze zwei nach oben gerichtete Nebenspitzen aus, die machmal ziemlich stark und profiliert sind. Ein weiterer Typ ist das Spetum, auch Friauler Spieß genannt, dessen Nebenspitzen bogenförmig nach unten gerichtet sind. Es handelt sich um eine auf Norditalien und angrenzende österreichische Gebiete beschränkte Waffe, die vom Ende des 15. bis zur zweiten Hälfte des 16. Jahrhunderts vorkam.

Zur Jagd dienten vom 16. bis 18. Jahrhundert Waffen mit einer in der Regel durch eine Mittelrippe verstärkten, breiten blattförmigen Klinge, einem deutlichen Hals und einer Tülle mit Knebel. Dieser war in der Regel aus Bein und mit Riemen befestigt, einfachere Waffen hatten einen schlichten Eisenknebel. Der Schaft war mit Riemen umwickelt, das sicherte die bestmögliche Stabilität. Man nannte sie Sauspieß (auch Saufeder), und sie waren zur Jagd auf Schwarzwild bestimmt. Die Prunkwaffen aus der Jagdausrüstung der Fürsten und Herren waren auf der Klinge und dem Knebel verziert und mit Quasten in den heraldischen Farben des Besitzers versehen.

Reich verzierte Klingen ähnlicher Form, also breit blattförmig mit Mittelrippe, verwendeten im 16. Jahrhundert auch die Trabanten. Solche Trabantenwaffen gab es am Hof Heinrichs VII. am Anfang des 16. Jahrhunderts, auch die Wachen Kaiser Ferdinands I. (um die Mitte des 16. Jahrhunderts) trugen sie.

Nach der zweiten Hälfte des 15. Jahrhunderts erschien die Sturmgabel (Kriegsgabel), in der Regel mit zwei starken Stoßzinken, die an die gewöhnliche Mistgabel erinnern. Sie war sowohl zum Kampf als auch für den Wachdienst bestimmt. Es existieren Exemplare, die helmbartenartig mit einem Beil kombiniert sind (zweite Hälfte des 16. Jahrhunderts).

Zu den Blankwaffen ist auch der sogenannte Menschenfänger zu rechnen. Von einer kreisförmigen Basis laufen zwei Zinken wie bei der Sturmgabel aus, die oft mit Federn versehen sind. Die Anwendung bestand darin, den Hals des Gegners zwischen die Zinken zu nehmen und ihn in dem kreisförmigen Teil gefangen zu halten, der an der Innenseite manchmal mit pyramidenförmigen Dornen versehen war. Diese merkwürdige Waffe wurde bereits an der Wende vom 15. zum 16. Jahrhundert erwähnt, vereinzelt kam sie auch später vor.

Schlagwaffen

Zu den Waffen, bei denen die Wirkung durch Schlag erzielt wurde, zählen sowohl kurzschäftige als auch Waffen mit langem Schaft. Zur ersten Gruppe gehören Streitkolben, Streithammer und einige Kettenmorgensterne, zur zweiten Morgenstern, Kriegsflegel, eventuell auch Kettenmorgensterne und Fußstreithämmer mit langem Schaft.

Schlagwaffen erfand der Mensch bereits in den Anfängen seiner Existenz. Schon die einfache Holzkeule oder der Steinfaustkeil waren

176. Kopf eines Streitkolbens; die Schlagblätter sind mit Kupfer in den Tüllenrillen angelötet. Prag, erstes Viertel des 15. Jh.

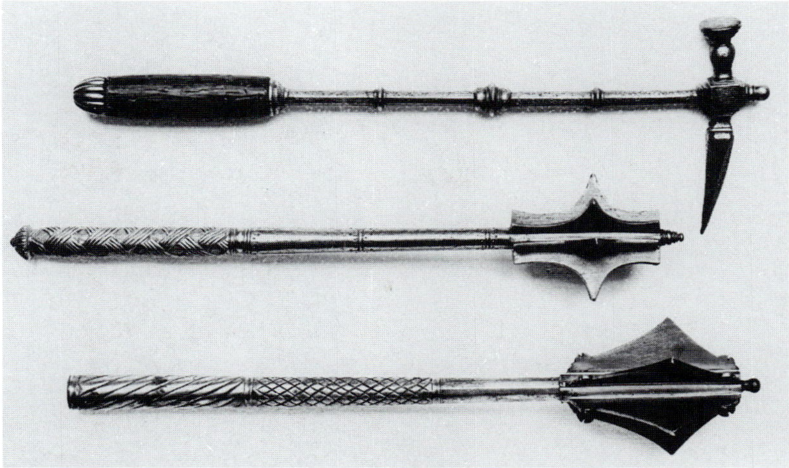

177. Streithammer; profilierter Schaft, Griff mit Holz belegt. Mitteleuropa, erste Hälfte des 16. Jh.
Streitkolben; profilierte Schlagblätter; Griff mit gekreuzten Bändern verziert. Italien, um 1500.
Streitkolben; profilierte Schlagblätter; Griff gitterförmig und spiralig verziert. Norditalien, erstes Viertel des 16. Jh.

Schlagwaffen, ob sie nun bei der Jagd oder gegen einen Menschen verwendet wurden. Die Entwicklung setzte sich über den Steinfausthammer am Holzstock, den Axthammer bis zu bronzenen und eisernen Waffen fort.

Der Streitkolben

Verschiedene Keulen erschienen als Waffen schon im tiefen Mittelalter. Ikonographische Quellen aus dem 11. Jahrhundert (Teppich von Bayeux) stellen Fußsoldaten und Reiter mit Schlagwaffen dar. Bei Reitern ist es eine Art länglich-birnenförmige Keule, über deren Charakter und Material sich aus dieser Quelle nichts Näheres erfahren läßt. Fußkämpfer kämpften mit einer längeren Schlagwaffe, deren Schlagkopf zu einem Dreiblatt gegliedert war.

178. Prunkstreitkolben; goldinkrustierter Kugelkopf mit pyramidenförmigen Stacheln, zwischen reichen Ornamenten Kartuschen mit Figuren der sieben Planeten. Mailand, 1608

179. Streitkolben ungarischen Typs aus dem Besitz von M. H. Sieniawsky. Um 1680

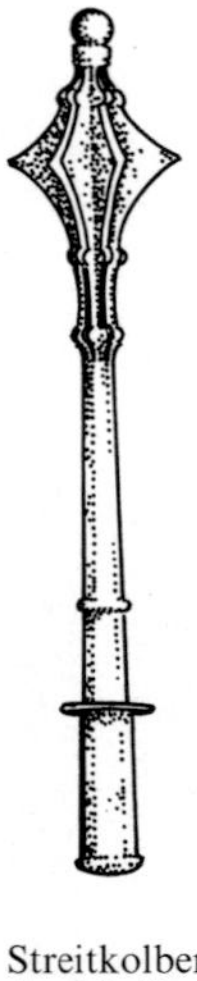

Streitkolben, Anfang des 16. Jh.

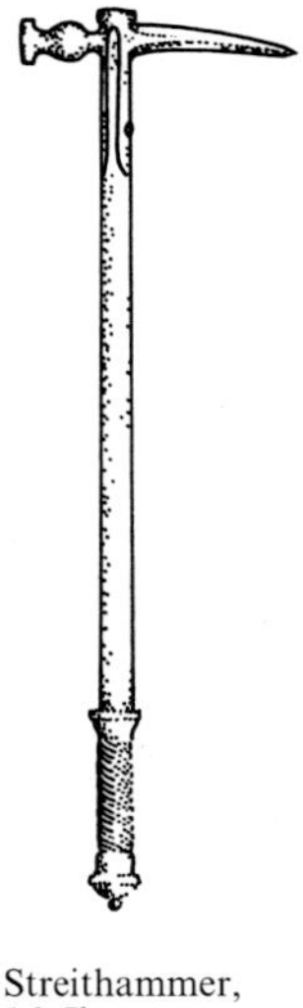

Streithammer, 16. Jh.

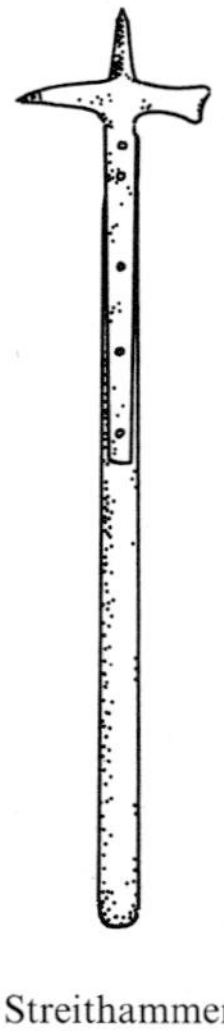

Streithammer, 16. Jh.

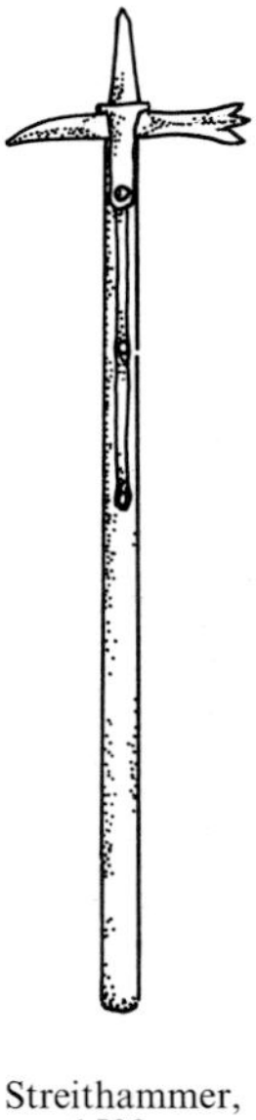

Streithammer, um 1500

Streithammer, 15. Jh.

Funde vom Ende des 13. und dem 14. Jahrhundert aus verschiedenen Gegenden Europas, zum Beispiel aus Schweden oder der Tschechischen Republik, brachten Streitkolbenköpfe mit Tülle und meist mit drei Reihen pyramidenförmiger Stacheln zum Vorschein. In den Randreihen haben die Stacheln die Form eines Pyramidenstumpfes, in den mittleren die einer ganzen Pyramide.

Die meist bronzenen Schlagköpfe (eine Ausnahme stellt das eiserne Exemplar aus Böhmen dar) hatten eine zylindrische Tülle, in die der wahrscheinlich hölzerne Schaft eingesetzt wurde.

Im Laufe des 14. Jahrhunderts formte sich ein weiterer Typ. Er hatte einen Schlagkopf mit manchmal angeschmiedeten, meist jedoch mit Kupfer an die kurze rohrförmige Tülle angelöteten Schlagblättern. Am Anfang des 15. Jahrhunderts waren es sechs bis acht Schlagblätter, ihre Form entwickelte sich von einem einfachen Trapez zu komplizierteren Formen. Unten setzte das Blatt an die Tülle zunächst direkt, später mit Zahn und Fuß an. In die ziemlich kurze, anfangs oben offene, später mit einem Knäufchen abgeschlossene Tülle wurde der Holzschaft eingeführt. Um die Mitte des 15. Jahrhunderts verlängerte sich die Tülle, bis sie sich zu einem zylindrischen oder kantigen Schaft mit Griff entwickelte; es erschienen auch Schlagköpfe mit zehn bis zwölf Schlagblättern. Spätgotische Streitkolben aus der Zeit um 1500 hatten komplizierter profilierte Schlagblätter, an der schlagenden Seite liefen sie oft zu einer Spitze aus, in der Fläche waren sie häufig durchbrochen. Der Schaft war gerippt, der eigentliche Griff mit Scheiben (Handtellern) begrenzt. Die Entwicklung zu einer reicheren Verzierung an Kopf und Schaft setzte sich in der ersten Hälfte des 16. Jahrhunderts im Renaissancestil fort. Der Streitkolben wurde im 15. Jahrhundert zum Zeichen der Befehlsgewalt und erhielt sich diesen Charakter in den nachfolgenden Jahrzehnten.

In Osteuropa, in Ungarn, Polen, der Ukraine und in Rußland, machte sich ein starker östlicher (türkischer) Einfluß auch bei diesen Schlagwaffen bemerkbar. Im 16. und 17. Jahrhundert tauchten dort Streitkolben mit kleineren kugelförmigen oder oval abgeflachten Köpfen mit einer großen Zahl von Schlagblättern auf, die manchmal nur angedeutet waren, oder mit glattem Kopf. Die ungarischen Buzdygans (Pusikane, Puzilikane), die ukrainischen Pernatschs oder die polnischen Bulawas waren überwiegend Befehlshaberabzeichen; deshalb sind einige Exemplare sehr repräsentativ. So verhält es sich mit dem Pusikan aus der sogenannten ungarischen Garnitur für Christian II. von Sachsen oder einem polnischen Bulawa aus der Zeit um 1680.

Unter den kurzschäftigen Reiter-Schlagwaffen kommen auch morgensternartige Waffen vor. Sie haben einen kugeligen Schlagkopf mit einer größeren Anzahl sternförmig auslaufender pyramidenförmiger Stacheln.

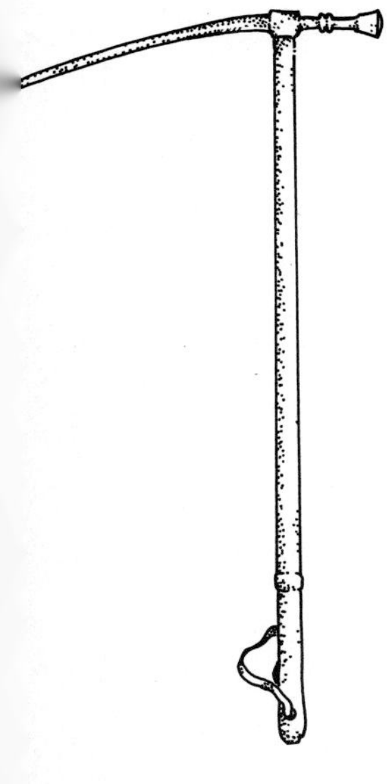

Rottmeister-Streithammer, erste Hälfte des 16. Jh.

Der Streithammer

Der Streithammer ist seit dem 15. Jahrhundert bekannt, häufiger jedoch erst im folgenden Jahrhundert. Der ältere Typ mit Stoßklinge an der Stirnseite und kurzem Querhammer war in der zweiten Hälfte des 15. Jahrhunderts in Frankreich und in Italien gebräuchlich, der jüngere im 16. Jahrhundert, hauptsächlich in Mitteleuropa. Der Hammer war stumpf, mit einer in der Regel quadratischen Schlagfläche (Hammerbahn), an der Nackenseite war ein Haken von manchmal beachtlicher

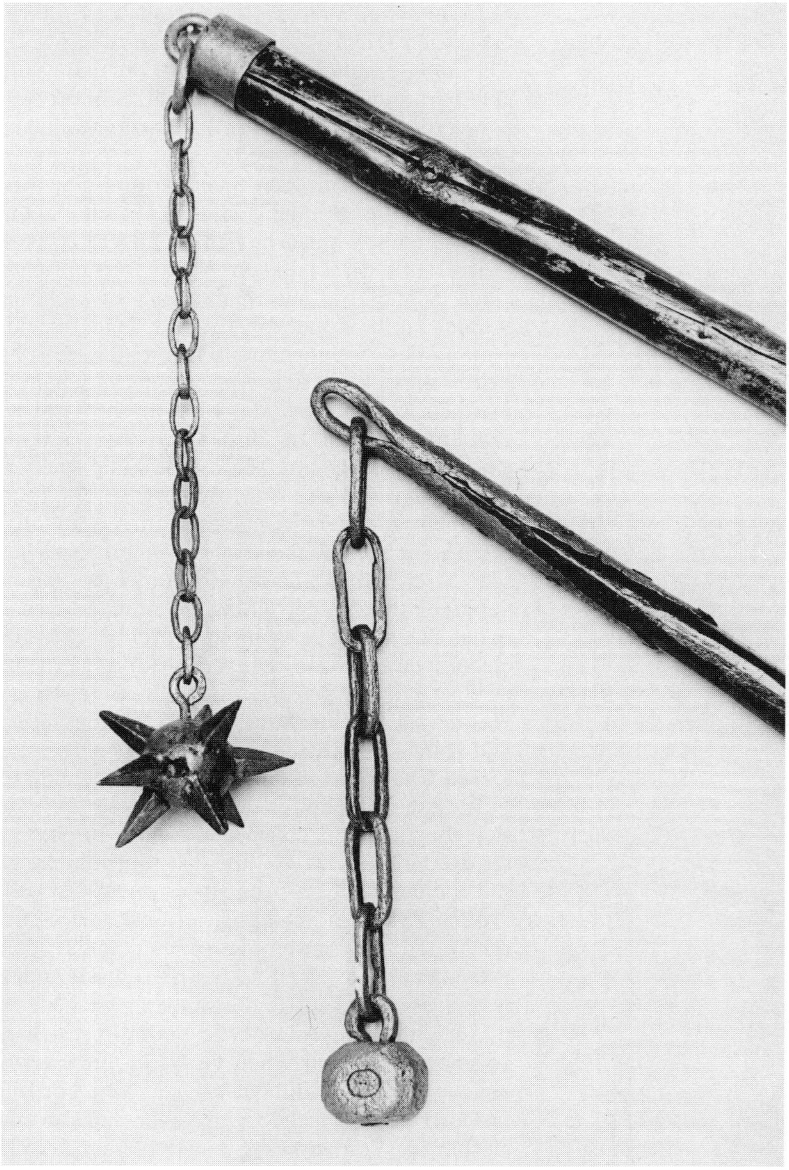

180. Kettenmorgenstern; eiserne Kettenkugel. Vermutlich 15. Jh.
Schwertknauf als Schlagkopf. 15. Jh.

Länge. Der eiserne, im unteren Teil als Handgriff geformte Schaft war häufig mit einem Tragehaken zum Einhängen am Gürtel oder Sattel versehen. In ikonographischen Quellen des 16. Jahrhunderts war der Streithammer in der Hand von Rottmeistern in Landsknechts- oder Söldnertruppen als Befehlshaberabzeichen dargestellt.

In der Fußvolksausrüstung erschien der Fußstreithammer im 15. und am Anfang des 16. Jahrhunderts. Er hatte in der Regel eine starke quadratische Stoßklinge. Die Hammerbahn war meist in vier Spitzen gegliedert, nackenseitig war ein leicht gebogener Haken.

Kettenmorgenstern und Kriegsflegel

Die Kettenmorgensterne waren größtenteils improvisierte Waffen, die gemeinsame Merkmale aufwiesen — Schlagkörper, Schaft und Verbindungsglied (meist Kette), verbunden zu einem zum Kampf geeigneten Instrument.

181. Kriegsflegel; Holzschlagkörper (Bruchstück), Beschlag aus vier gedrehten Eisenstäben und vier Ringbändern (Stacheln fehlen), kurze Kette. Böhmen, vermutlich 15. Jh.

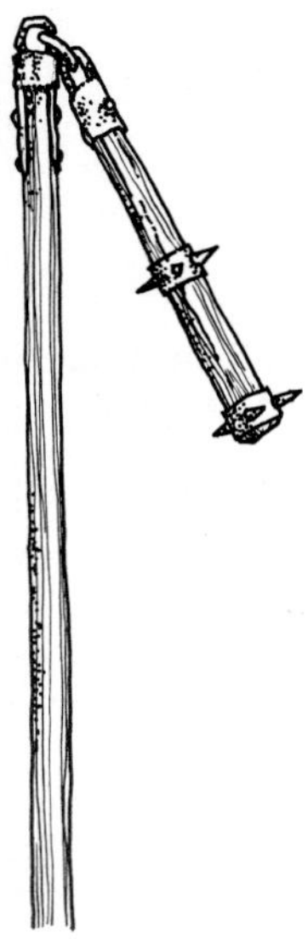

Kriegsflegel, 15.—16. Jh.

Kettenmorgenstern, 16. Jh.

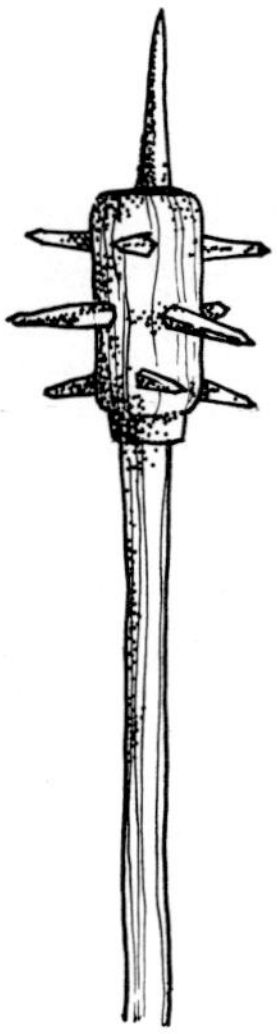

Morgenstern,
15.—16. Jh.

Am häufigsten war eine Kugel von 8—10 cm Durchmesser, versehen mit einer größeren Zahl pyramidenförmiger Stacheln und aufgehängt an einer angemessen langen, am Schaft befestigten Kette. Diese Waffe wurde bereits im 15. Jahrhundert, aber auch später, meist im Zusammenhang mit den Bauernkriegen, als eine überwiegend volkstümliche Waffe erwähnt.

Die Form des Schlagkörpers war mannigfaltig; bekannt sind Kettenmorgensterne, bei denen Schwertknäufe, aber auch andere eiserne Gegenstände verwendet wurden. Der Schaft, soweit erhalten, war lang, für das Fußvolk, oder kurz, für den Reiter.

Dieser Waffe steht technisch der Kriegsflegel am nächsten. Als eine wirksame Militärwaffe empfahl Konrad Kyeser ihn in seiner Handschrift „Bellifortis" bereits im Jahr 1402. Kurz darauf wurde der Kriegsflegel zu einer charakteristischen Waffe der hussitischen Volksheere. Auch im deutschen Bauernkrieg (1525—1526) verwendeten ihn die Bauern häufig. Doch der Kriegsflegel wurde auch zu einer nicht unbedeutenden militärischen Waffe.

In den vierziger Jahren des 15. Jahrhunderts wird eine beachtliche Anzahl in einer Auflistung des Meißner Landesaufgebots angeführt, gegen Ende des Jahrhunderts befanden sich Kriegsflegel sogar im Zeughaus Maximilians I.

Erhaltene Exemplare, die aus dem 15. Jahrhundert stammen dürften, haben ein hölzernes Schlagstück, das mit einem Beschlag aus vier gedrehten Stäben versehen ist. Sie sind mit drei oder vier Ringbändern, die mächtige pyramidenförmige Stacheln tragen, befestigt. Das Schlagstück war meist mit einer aus zwei Ösen und einem Ring bestehenden Kette am Schaft befestigt; der Schaft wurde mit beiden Händen gehandhabt. Neben diesen reifen Formen kann man ausgesprochen improvisierten Flegeln begegnen, bei denen die Stacheln in einen hölzernen Schlagkörper eingeschlagen waren oder deren Kette durch Lederriemen ersetzt war. Einige dieser Stücke könnten von den Bauernaufständen des 17. und 18. Jahrhunderts stammen.

Der Morgenstern

Der Morgenstern war eine ausgesprochene Volkswaffe, gebräuchlich namentlich zu Zeiten revolutionärer Bewegungen und bei Bauernaufständen oder als Notwaffe von Landesaufgeboten.

Die älteste Form stellt ein geeignetes, an einem Ende verdicktes Stück Holz (zum Beispiel eine Wurzel), beschlagen mit Stacheln dar, wie es im Jenaer Kodex (Böhmen) vom Anfang des 16. Jahrhunderts dargestellt ist. Überwiegend handelt es sich um langschäftige Waffen mit zur Zylinder-, Kugel- oder Birnenform geschnitztem, meist mit bestachelten Eisenringbändern beschlagenem Kopf.

Die Morgensterne waren eine allgemein in ganz Europa verbreitete Waffe, die sich sehr lange hielt. Mit ihm kämpften Bauern im deutschen Bauernkrieg, mit ihm bewaffneten sich 1743 Bauern in Schweden (Seitz, Blankwaffen I), in der Schweiz war der Landsturm noch 1847 mit Morgensternen ausgerüstet (Müller, Hieb- und Stichwaffen).

Abschließend sei hinzugefügt, daß das Zeitalter der Schlagwaffen noch nicht zu Ende ist. Man denke an den heimtückischen Schlagring, aber auch an den Polizeiknüppel.

Verzierung der Blankwaffen

Blanke Waffen zeichneten sich oft durch vollendete kunsthandwerkliche Bearbeitung, besonders, wenn der Auftraggeber eine Waffe von repräsentativem Charakter haben oder verschenken wollte, sowie durch beachtlichen künstlerischen Wert aus.

Es sind nicht immer spezielle Verzierungstechniken, die die ästhetische Wirkung der Waffe vollenden. Zu manchen Zeiten war bereits die Komposition der Waffe, namentlich ihres Gefäßes, ein bedeutender ästhetischer Faktor.

Die Gestaltung der unteren und oberen, inneren und äußeren Spangen, die nach oben, zum Knauf gerichtet sind, stellen beim Spätrenaissance-Degen eine ästhetische Ordnung dar. Dieser Eindruck kann durch die Gestaltung der Oberfläche der einzelnen Teile noch gesteigert werden. So ist es beim Schiavona-Korb, der quasi aus den Strahlen um die Parierstange hervorgeht und durch ein manchmal kompliziertes System pfeilförmiger, auf einen Punkt, den Korbgipfel, auslaufender Elemente abgeschlossen ist.

Neben den erwähnten ästhetischen Prinzipien, die auch bei späteren Waffen zur Anwendung gelangten, zum Beispiel im Barock und im Rokoko, gibt es weitere Verfahren, mit denen die alten Meister Erzeugnisse von hohem ästhetischem Wert schufen.

Die ältesten Verzierungstechniken bei Waffen trugen der Verwendung von Edel- und Buntmetallen Rechnung. Das Belegen mit Silber oder Buntmetallen ist sehr tief in der frühgeschichtlichen Zeit verwurzelt. Die Wikinger-Waffen waren mit dieser Technik, bei der der Farbkontrast von dunklem Eisen und strahlendem Silber, Gold oder Messing zum Tragen kam, ziemlich häufig verziert.

Das Belegen mit Edelmetall bestand im Eingravieren eines feinen und dichten Gitters im Eisen, auf das ein Edelmetalstreifen, der weicher ist, aufgeschlagen wurde, bis er mit seiner Unterseite in den Rillen gut festgehalten wurde. Diese Technik überdauerte das klassische Wikinger-Zeitalter, mit ihr wurden der Knauf und die Parierstange des Schwertes verziert, das wahrscheinlich dem Kölner Erzbischof Siguin Ende des 11. Jahrhunderts gehörte.

Eine weitere Technik zur Verzierung von Eisen mit Edelmetallen war die Inkrustierung (Tausia). In eingravierte Rillen, die unten erweitert sind, wird ein Draht aus Silber oder einem anderen Edelmetall eingehämmert. In dieser Technik wurden vom 12. bis zum 13. Jahrhundert auf Schwertklingen kleine Ornamente und besonders Inschriften, meist religiösen Charakters (zum Beispiel *IN NOMINE DOMINI*), gearbeitet, manchmal in Buchstabengruppen verschlüsselt, die wahrscheinlich aus den Anfangsbuchstaben bestanden. Vereinzelt kommt Silbertausia auch bei Knauf und Parierstange (Schwert aus Finnland, zwischen 1150 und 1250) vor.

Die Tausia-Technik wurde in der Renaissance fortgesetzt. Die ziemlich häufigen Gefäße von Schwertern, Degen und Dolchen, manchmal auch Streitkolben, wurden mit Pflanzenornamenten und figürlichen Motiven tauschiert. Diese Ziertechnik kam sogar auf Zweihandschwertknäufen vor. Anfang des 17. Jahrhunderts bedienten sich auch Schmiede schottischer und englischer Waffen mit geschlossenem Gefäß (baskethilted sword) der Silbertauschierung.

182. Schwert; wahrscheinlich Solinger Klinge, Ätzung von Jan Collaert d.Ä., Antwerpen, 1540—1581; Gefäß mit reicher Goldtausia, wahrscheinlich von Damiano de Nerve, Mailand, 1550—1560; zwischen Ranken sind Jagdszenen und eine befestigte Stadt, oben auf der Parierstange eine in Gold tauschierte Inschrift

183. Cinquedea; auf der Klinge gravierte vergoldete mythologische Szenen und figürliche Elemente; Parierstange ziseliert und vergoldet, Griff-Flanken mit Silberband belegt, darauf die Inschrift *ERO PARCE EXICO PENAS*. Ercole dei Fideli, Ferarra, Ende des 15. Jh.

184. Detail der vergoldeten Gravierung der Schlacht bei Hulst 1642 auf einer Schwertklinge; Schwertfeger J. Ollich, Graveur Johann Cloberg. Solingen, 1643

Zum Erzielen von Farbschattierungen und -kontrasten diente ferner die Vergoldung als Unterstreichung von gravierten Ornamenten und figürlichen Darstellungen. Diese Technik bestand darin, daß auf die Fläche Goldfolie aufgeschlagen wurde, die dann poliert wurde. Die Klingen italienischer Cinquedeen vom Ende des 15. und Anfang des 16. Jahrhunderts, namentlich aus dem Kreis der Werkstatt Ercoles dei Fideli aus Ferrara, sind nicht nur mit reichen Ornamenten, sondern auch mit gravierten und vergoldeten mythologischen figürlichen Szenen verziert. Die Darstellung einer realistischen Szene aus dem Dreißigjährigen Krieg, graviert und vergoldet, ein Werk des Solinger Radierers Johann Cloberg auf einer Klinge von J. Ollich aus dem Jahr 1643, ist freilich ungewöhnlich.

Die Vergoldung, die gravierte, ziselierte, eventuell geätzte Verzierungen begleiteten, war allerdings eine häufige Technik für Prunkwaffen der Trabanten im 16. und 17. Jahrhundert.

185. Trabantenglefe; vergoldete Gravierung. Venedig (?), um 1610

Im letzten Viertel des 18. Jahrhunderts wurden die Klingen von Griffwaffen oft gebläut. Von diesem Untergrund hob sich eine feingearbeitete vergoldete Gravierung von Trophäen und Blumenornamenten strahlend ab. Durch Einwirkung einer chemischen Lösung wird meist kalt, seltener warm, auf Stahlteilen von Waffen eine blau gefärbte Oberflächenschicht erzeugt. Ähnlich ist die Schwärzung, mit dem Unterschied, daß sowohl kalt als auch warm verfahren wird. Ein Sondertyp vergoldeter Gravur ist für die Meister der 1814 gegründeten russischen Manufaktur in Slatoust

186. Helmbarte der Hofwache Rudolfs II.; vergoldete Ätzung, zwischen Ornamenten das Monogramm *R II* und die Signatur des Ätzmalers *HS* (Hans Stromayer). Augsburg, 1577

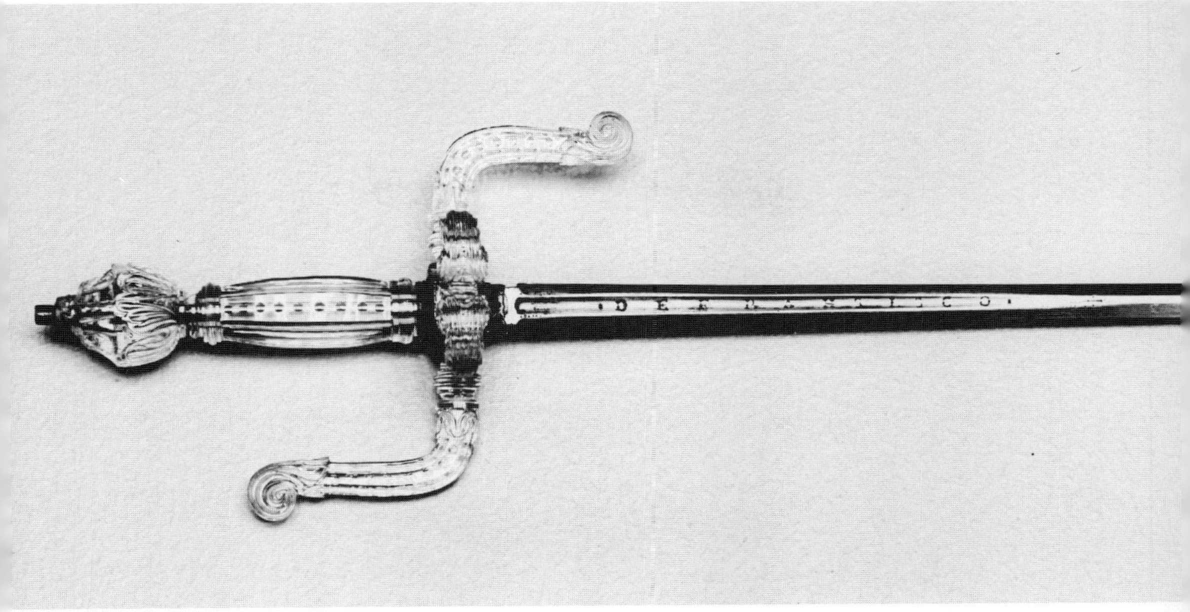

187. Degen; Gefäß aus Bergkristall geschnitten; Klinge bezeichnet *IDE (?) Francisco*. Wahrscheinlich Sachsen um 1680.

charakteristisch. In ihrer Technik komibinierten sie dunkle Blautöne mit Vergoldung auf körnigem Untergrund (Jaschtschur). Auf Arbeiten dieser Meister aus den zwanziger Jahren des 19. Jahrhunderts, unter denen I. N. Buschujew hervorragte, sind nicht nur antike Sujets, sondern auch Schlachtszenen (besonders von 1812 gegen Napoleon) dargestellt. Eine verwandte Technik nutzte ein Meister 1844 in der Werkstatt des Solinger Meisters P. D. Lüneschloß.

Eine außerordentlich wirkungsvolle Verzierung der Klingen von Griff- wie auch Stagenwaffen war die mit Ziselierung oder Nachgravierung von Details verbundene Ätzung. Zu den führenden Ätzmalern gehörte zum Beispiel nach der Mitte des 16. Jahrhunderts der Antwerper Jan Collaert, der mit vollem Namen signierte. Der etwas jüngere Hans Stromayer aus Augsburg signierte die von ihm gefertigten Waffen nur mit HS.

Sehr beliebt war in der Renaissance bei den Blankwaffen der Eisenschnitt. Viele Künstler bleiben für uns anonym, einige sind jedoch namentlich bekannt. Nach der Mitte des 16. Jahrhunderts schnitt der Augsburger Jörg Sigman auf Gefäßen figürliche Szenen in tiefem Schnitt. Ende des 16. und Anfang des 17. Jahrhunderts war ein niedriges Relief von feiner Ausführung, oft auf vergoldetem Boden, in Mode. Mit dieser Technik arbeiteten zum Beispiel Otmar Wetter, der zunächst in München, später in Dresden wirkte, und sein Schüler Daniel Sadler, der mehrere Jahre am Hof Rudolfs II. in Prag und später in München arbeitete. Dort wirkte noch in der Mitte des 17. Jahrhunderts Caspar Späth. In Eisen geschnitten wurden auch barocke Waffen in der zweiten Hälfte des 17. Jahrhunderts.

Ein anderes Verfahren des Schnitts in Eisen ist namentlich bei Glokkenrapieren spanischen Typs und zugehörigen Linkehanddolchen zu

188. Degen; Klinge von Antonio Picinino, Mailand, ungefähr 1586—1589; Gefäß von Daniel Sadeler, München, nach 1620; in Eisen geschnitten, vergoldeter Boden, Ornamente, Ranken, Blumenmotive; auf dem Knauf ein Wappen (Wallensteins?)

189. Glockenrapier spanischen Typs; Glocke in Eisenschnitt, ornamental durchbrochen. Südeuropa, drittes Viertel des 17. Jh.

190. Säbel nach türkisierender Mode; Griff aus grünem Stein; Scheidenbeschlag in Silber gearbeitet. Mitteleuropa, um 1700.

191. Sogenannte Ungarische Garnitur: Pallasch, Säbel, Pusikan und Pferdegeschirr; vergoldetes Silber, in den Fassungen böhmische Granate, Topase, Amethyste und Kristalle; Goldschmied Johann Michel (Michael) aus Prag (außer Klingen), Auftrag für Kurfürst Christian II., 1612

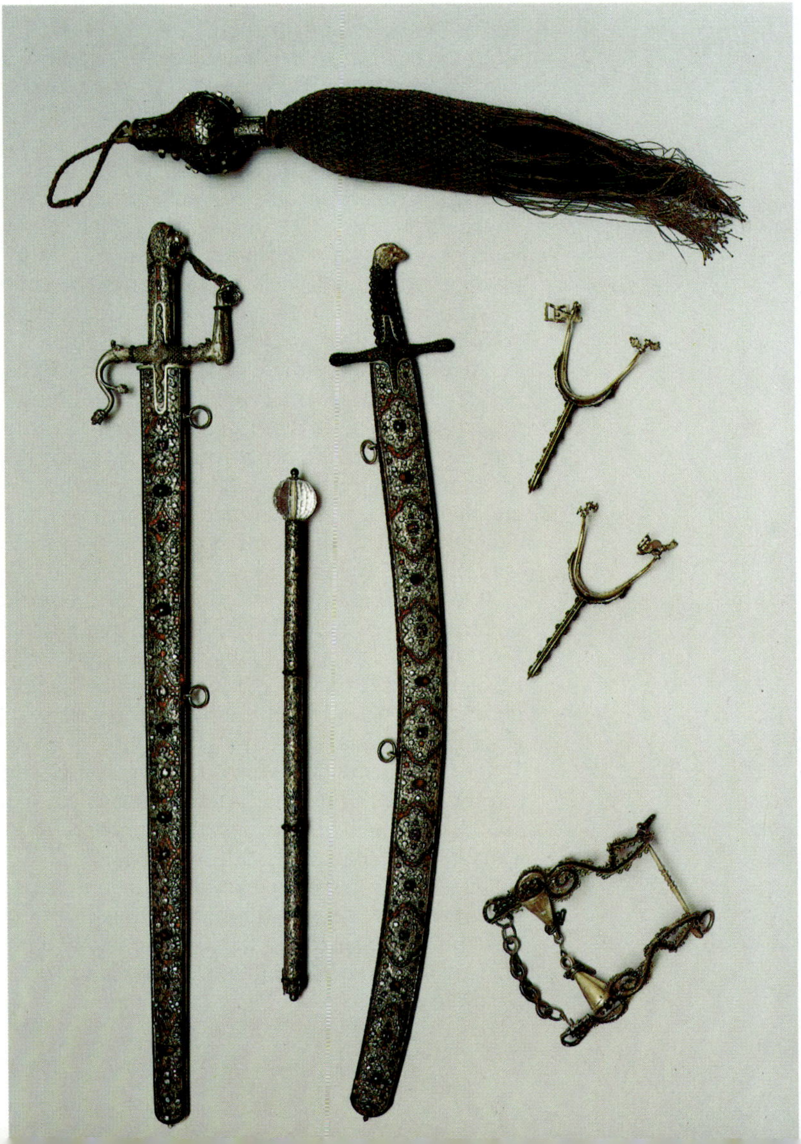

beobachten. Ihre Gefäße sind mit geradezu unglaublich feingeschnittenen Ornamenten, ergänzt mit Tier- und Vogelmotiven, durchbrochen.

An der Gestaltung von Blankwaffen beteiligten sich auch Goldschmiede. Es gibt Degen mit einem Gefäß aus Gold, die mit farbigen Emaillen verziert oder mit Edelsteinen eingelegt sind. Jene aus dem 16. Jahrhundert stammen aus der Hand oft anonymer spanischer Meister. Zu den schönsten gehören die Arbeiten von Per Juan Pockh aus Barcelona aus der zweiten Hälfte des 16. Jahrhunderts.

Zu Beginn des 17. Jahrhunderts wurde das rudolfinische Prag zu einem Zentrum für Kunsthandwerker verschiedener Berufe. Erwähnt sei Johann Michael, Goldschmied und Verfertiger der hervorragenden Goldschmiedearbeit an der sogenannten Ungarischen Garnitur, die vom sächsischen Kurfürsten Christian II. in Auftrag gegeben und 1612 fertiggestellt wurde. Kurz davor hatte der Meister eine ähnliche Garnitur an den bayerischen Herzog Maximilian I. geliefert.

Anonym bleibt dagegen die Goldschmiedearbeit auf dem Griff und der Scheide des Säbels, der der Überlieferung nach dem ungarischen Magnaten Nikolas Zrinsky dem Jüngeren (gestorben 1664) gehört haben soll und dessen ungarische Provenienz eine Marke mit ungarischem Wappen belegt. An der Wende des 17. zum 18. Jahrhundert kamen nach der Niederlage der Türken 1683 bei Wien türkische Motive in Mode, was sich auch bei den Waffen niederschlug. Zu sehen ist dies am Onyxgriff und dem silbergetriebenen Belag der Scheide eines Säbels mitteleuropäischer Herkunft aus der Zeit um 1700.

Waffen mit reich reliefverziertem und vergoldetem Gefäß kamen im ersten Drittel des 18. Jahrhunderts auch aus dem sächsisch-polnischen Gebiet. Sogar Hofdegen hatten im 18. Jahrhundert mit Edelsteinen besetzte oder mit Reliefs verzierte Gefäße aus Silber und Gold.

Messing, das seit Anfang des 18. Jahrhunderts als Material für Griffwaffengefäße überwog, machte es möglich, Gefäße mit tieferem oder flacherem ornamentalem oder figürlichem Relief zu gießen und zu bearbeiten. Die ganze oder teilweise Vergoldung verlieh der Waffe mehr Glanz und vertiefte den Licht-Schatten-Kontrast. Das Rokoko lockerte und verfeinerte die ornamentalen Formen noch weiter. Neoklassizismus und Empirestil brachten zwar gegenüber den vorhergehenden Stilepochen eine gewisse Strenge bei den Formen, dafür auch neue Formelemente und in ihren späteren Phasen erneut das reiche Ornament in vergoldetem Messing.

Wie bereits erwähnt, wurde auch Bein oder Elfenbein als Material für Gefäßteile verwendet, besonders bei den Hirschfängern, ebenso das edle Kristall für die Knäufe mittelalterlicher Schwerter. Aufmerksamkeit verdient diesbezüglich das Gefäß eines sächsischen Barockdegens aus dem letzten Viertel des 17. Jahrhunderts, dessen Teile alle aus Bergkristall geschnitten sind.

Im 19. Jahrhundert klang die künstlerische Bearbeitung blanker Waffen aus. Die Entwicklung der industriellen Waffenfertigung, besonders seit der zweiten Hälfte des Jahrhunderts, wirkte sich negativ auf die kunsthandwerkliche Gestaltung aus.

Die Ätzung auf vernickelten Klingen ist zwar effektvoll, doch ohne Invention sank sie zum Stereotyp ohne künstlerischen Wert ab. Dasselbe trifft für die Verzierung der Gefäße zu; wie in anderen Bereichen, verdrängte auch hier die Industrie das Handwerk und seine künstlerischen Qualitäten.

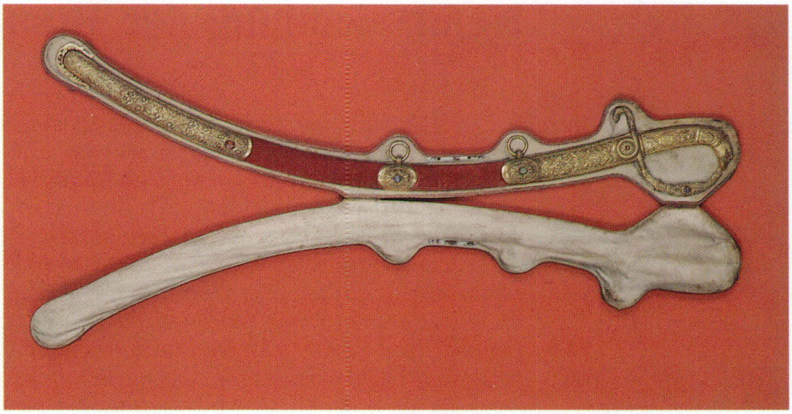

192. Empire-Gedenksäbel im Etui; Klinge bezeichnet mit *S et ZV*, verziert mit Ornamenten, dem Kaiserwappen und der Inschrift *Die Oesterreichische Garnison Mainz 1834*; Gefäß aus vergoldetem Messing; Scheidenbeschlag mit farbigen Steinen besetzt. Mainz, 1834

193. Pallasch; Kettenkorb, Silbergefäß mit vergoldetem Relief; Scheidenbeschlag graviertes Silber (wahrscheinlich etwas jünger). Sächsisch-polnische Region, erstes Drittel des 18. Jh.

Kennzeichnung der Blankwaffen

Der Kennzeichnung von Erzeugnissen mit Namen oder Zeichen des Herstellers begegnet man seit eh und je. Auf Klingen von Wikingerschwertern waren Namen vorwiegend fränkischer Klingenschmiede, ausgelegt mit Weicheisenbändern. Als ältester ist der Name *ULFBERTH* aus der zweiten Hälfte des 9. Jahrhunderts belegt. Der Name *INGELRED* oder *INGELRI* tauchte etwa in der Mitte des 10. Jahrhunderts zum ersten Mal auf. Bemerkenswerterweise finden sich beide Namen auf Waffen aus nahezu zwei Jahrhunderten. Das bedeutet, daß er nach einer gewissen Zeit nicht mehr die Marke eines bestimmten Herstellers war, sondern zur allgemeinen Qualitätsmarke wurde. Auch andere Namen auf den Klingen könnten die Marken alter Meister sein.

Bemerkenswert ist ferner, daß auch Gefäße von Wikingerschwertern zuweilen mit Namen signiert sind (zum Beispiel *HLITER*, *HARTOLFR*), die in Verbindung mit den Worten *ME FECIT* verraten, daß es sich um den Hersteller von Knauf, Parierstange und Angel handelt. Der älteste der Namen ist *HILTIPREHT* auf den Parierstangen zweier Schwerter aus dem 9. bis 10. Jahrhundert, bei dem allerdings *me fecit* fehlt. Es gibt natürlich mehrere derartige Namen, jedoch nicht so viele Marken auf den Klingen.

Viel später erschien der Name eines weiteren Meisters hochwertiger Klingen. Meister *GICELIN* scheint irgendwann zwischen der Mitte des 12. und der Mitte des 13. Jahrhunderts tätig gewesen zu sein.

Schwert, 14.—15. Jh.

Italienisches Schwert (Mailand ?), um 1500

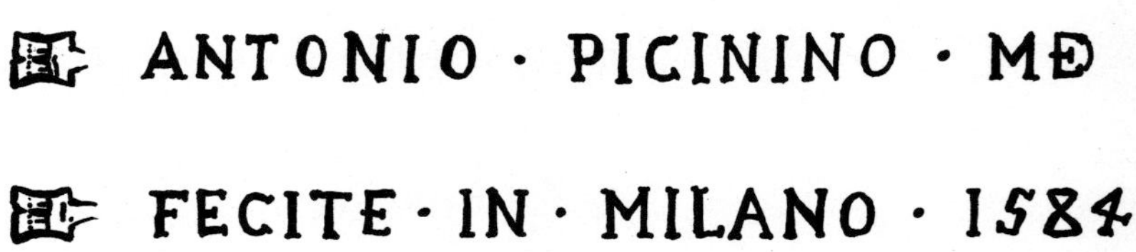

Stoßzweihänder, Antonio Picinino, Mailand, 1584

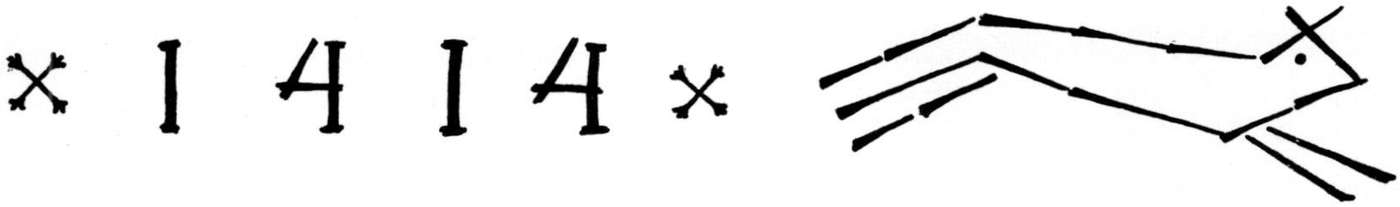

Passauer Wolf, 17. Jh.

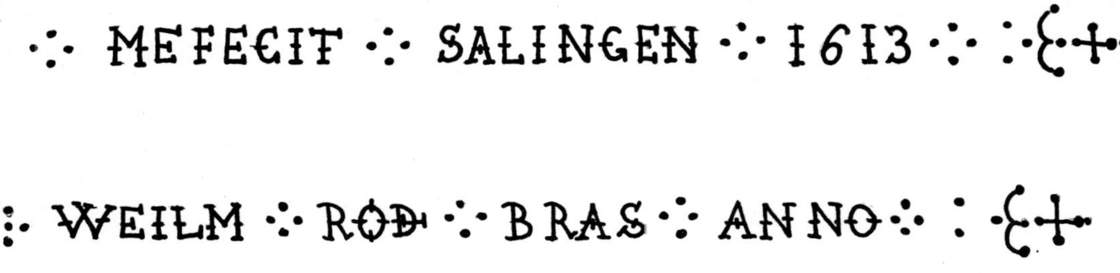

Degen mit geflammter Klinge, Weilm Rodbrass, Solingen, 1613

Degen, Toledo, Anfang des 17. Jh.

Reitersäbel Muster 1798,
Österreich, Manufaktur
Pottenstein

Reitersäbel Muster 1803,
Österreich,
Fischer in Wien

Kürassierhaudegen
Muster 1732, Preußen,
Manufaktur Potsdam

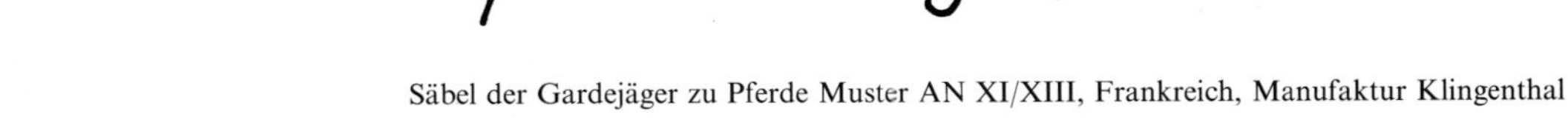

Säbel der Gardejäger zu Pferde Muster AN XI/XIII, Frankreich, Manufaktur Klingenthal

Reitersäbel Muster 1825, Rußland, Manufaktur Slatoust

194. Zeichen des Schwertfegers Johann Ollich aus Solingen auf einer Schwertklinge von 1643

195. Bezeichnung auf dem Rücken eines französischen Pallasches von 1815

Dann verschwanden die Signaturen für lange Zeit. Anfang des 14. Jahrhunderts gewannen Klingen aus Passau Beliebtheit. Auf ihnen erschien um 1330 die Wolfmarke, ein stilisierter laufender Wolf, ein Bestandteil des Stadtwappens. Sie war mit Kupfer- oder Messingdraht ausgelegt; hierbei handelt es sich um einen anderen Markentyp als beim Herstellernamen. Mit dieser Marke garantierte die Stadt für die Qualität der Arbeit ihrer Schwertfeger. Der Passauer Wolf wurde für Jahrhunderte zum Sinnbild für Qualität. In den sechziger Jahren des 15. Jahrhunderts protestierte der Passauer Stadtrat beim Stadtrat von Solingen, daß dortige Schwertfeger unberechtigt die Wolfmarke gebrauchten. Ob der Protest Erfolg hatte, ist uns nicht bekannt. Jedenfalls konnte er die Nachahmung weder in Solingen noch sonstwo verhindern. Noch im 17. Jahrhundert war diese Marke neben anderen auf Klingen Solinger Schwertfeger zu finden.

Im 14. und 15. Jahrhundert wurden Klingen mit Symbolen bezeichnet, deren Bedeutung nicht ganz klar ist. Es ist nicht ausgeschlossen, daß es sich ebenfalls um Qualitätsmarken handelt. Es sind dies zum Beispiel ein Kreuz, das einem stilisierten Herzen entwächst, oft auch ein Symbol des Reichsapfels und natürlich der Passauer Wolf. Diese Symbole sind wiederum mit gelbem Metall in gravierten Rillen eingelegt.

Marken trugen aber auch andere mittelalterliche Waffen. Das Schwertoberteil in rechteckigem Kasten, gestanzt auf dem Hals einer böhmischen Streitaxt aus dem 14. Jahrhundert, ist zweifelsohne ein Herstellerzeichen. Diese Gewißheit hat man nicht bei den Schilden mit Rauten auf einer Axt aus dem 15. Jahrhundert. Es kann sich auch um die Beschaumarke des Herstellungsortes (in Bayern?) handeln. Gleiches gilt vom gleicharmigen Kreuz in quadratischer Vertiefung, eingeschlagen auf der Klinge eines böhmischen Spießes aus der zweiten Hälfte des 15. Jahrhunderts. Relativ häufig sind Zeichen auch auf weiteren Stangenwaffen, wie ein Skorpionzeichen auf Helmbarten italienischer Herkunft nach 1500 (wahrscheinlich Mailand). Erhalten sind ferner Marken auf Schweizer Helmbarten und anderen Stangenwaffen, doch ihre Identifizierung ist sehr schwierig.

Seit Ende des 15. Jahrhunderts erschienen in Italien und später in Fertigungszentren in Spanien und Deutschland Buchstabenmarken, wie die mit Kupfer ausgelegte gotische Majuskel *M* auf der Klinge eines Schwertes italienischer Herkunft vom Ende des 15. Jahrhunderts.

Als allgemeine Marke von Toledo galt im 16. Jahrhundert ein Buchstabe *O* oberhalb eines *T* in einem Schild. Später war in dem Klingenzug oft die Inschrift *EN TOLEDO* (auch *NTOLO*, *ENTOLO*), auch wenn die Marke oder der Name des Schwertfegers fehlten. Toledaner Meister gebrauchten häufig die Marke eines gekrönten Buchstabens im Schild. Die Buchstaben hatten manchmal Bezug auf den Familiennamen (*S* — Sahagum), häufiger jedoch auf den Vornamen. Mit dem Buchstaben *A* signierten zum Beispiel Alonso de los Rios, Alonso de Caba und Antonio Gutierez ihre Arbeiten. Die Kennzeichnung mit dem ganzen Namen erschien in der zweiten Hälfte des 16. Jahrhunderts; zuweilen bedienten sich ihrer einige Meister (Sahagum el Viejo, Thomas de Aiala). Erst an der Wende des 16. zum 17. Jahrhundert wurde sie üblicher und überwog bei einigen Schwertfegern (Francisco Ruiz) die anderen Marken. Einige spanische Schwertfeger fügten ihrer persönlichen Marke einen kleinen Halbmond zu — ein Zeichen, daß der Meister ein Espadero del Rey (königlicher Schwertfeger) war.

In Italien war die Wortkennzeichnung bereits in der ersten Hälfte des 16. Jahrhunderts häufiger vertreten; ein Prunkdolch aus dieser Zeit ist gekennzeichnet mit *FAUSTINO GELPHO BRESCIANO*. Die Mailänder Piccininos verwendeten oft eine Marke mit einem Turm im Heiligenschein und ihrem Namen außen am Umfang. Aber auf einem Zweihänder steht die Turmmarke gesondert und dazu die Inschrift *ANTONIO PICININO ME FECITE IN MILANO 1584*.

Die Solinger Meister gebrauchten oft Bildmarken, die innerhalb der Sippe vererbt und meist mit dem Namen ergänzt wurden. So gehörte ein Königskopf Johann Wundes; Wilhelm Wirsberg (Weyersberg) und weitere Angehörige dieser Familie hatten die Kneifzangenmarke, zuweilen im Heiligenschein und mit voller Namens- und Ortsangabe. Eine Marke dieses Typs mit Männerkopf sowie Namens- und Ortsangabe besaß auch Johann Ollich (Schwertklinge von 1643). Die Arbeit des etwas jüngeren I. Hoppe läßt sich nach der Kombination von fünf Marken sich kreuzender Pfeile im Schild mit Namen und Ort (um 1650) zuordnen. Sein älterer Namensgenosse und wahrscheinlich Verwandter Johannes Hoppe, der für einige Zeit auch in England wirkte, versah seine Arbeiten mit der Figur eines wilden Mannes. Manchmal fügte der Meister seinem Namen und der Ortsbezeichnung auch das Fertigungsjahr (Weilm Rodbrass 1613) zu.

Das Kennzeichnungssystem, wie es sich seit Anfang des 17. Jahrhunderts entwickelte, blieb auch weiterhin bestehen, obwohl viele erhaltene Waffen anonym sind. Die vorschriftsmäßigen Militärwaffen des 18. Jahrhunderts wurden meist mit dem Namen der Manufaktur bezeichnet. Seit der Gründung der Potsdamer Manufaktur 1722 trugen die meisten preußischen Waffen die manchmal mit einem eingeschlagenen Adler ergänzte Marke *POTZDAM*.

Die österreichischen Waffen trugen hauptsächlich in der zweiten Hälfte des 18. Jahrhunderts am häufigsten die Kennzeichnung der Manufaktur Pottenstein in der Steiermark, die russischen die der Manufaktur in Tula mit Jahresangabe.

Im Lauf des 19. Jahrhunderts (seit 1813) bezog Preußen die meisten Blankwaffen aus Solingen, deshalb trugen diese Waffen vor allem Marken Solinger Firmen. Die österreichischen Waffen stellte seit der Jahrhundertwende die Wiener Firma Fischer, später Jung und weitere her.

Die Kennzeichnung der französischen Waffen umfaßte seit Anfang des 19. Jahrhunderts die Bezeichnung der Manufaktur, den Monat und das Jahr der Herstellung. Nach 1882 kam noch die Bezeichnung des Musters hinzu. Am häufigsten handelt es sich um die bedeutende, um 1730 gegründete Manufaktur im elsässischen Klingenthal. Nach der Übertragung der staatlichen Manufaktur nach Chatellerault arbeitete in Klingenthal die Firma *COULAUX FRÈRES* weiter.

In Rußland übernahm nach ihrer Gründung 1814 die Manufaktur in Slatoust die Blankenwaffenherstellung; Bestandteil ihrer Marke sind manchmal auch Fertigungsmonat und -jahr. Die aus der Manufaktur hervorgegangene Fabrik kennzeichnete ihre Produkte in der zweiten Hälfte des 19. Jahrhunderts mit einer Kreismarke mit Zarenadler und *Slatoust Or*(ushenaja) *Fabr*(ika). Das Fabrikationsjahr wurde gesondert mit dem ergänzenden Buchstaben *g* (in kyrillischer Schrift) angegeben.

Die Waffenkennzeichnung ist eine Möglichkeit, Herstellungszeit und -ort einzelner Stücke zu bestimmen. Sie erfordert jedoch ein gründliches Studium der Fachliteratur.

MECHANISCHE SCHUSSWAFFEN

Das Bedürfnis, sich bewegendes Wild auf größere Entfernung zu treffen, bestand seit jeher. In der Urzeit dienten dazu Bogen und Pfeile. Bögen erhielten sich natürlich nicht, doch von ihrer Kraft zeugt die Tatsache, daß man die Handwurzel der linken Hand mit Steinplättchen gegen das Schnellen der Sehne schützte. Zusammen mit diesen Plättchen sind steinerne Pfeilspitzen und beinerne Pfeile die ältesten Belege für die Existenz der Fernwaffe.

Der Bogen wurde selbstverständlich bereits in der Bronze- und der Eisenzeit gebraucht. In den Frühzeiten der Geschichte unternahmen die Hunnen und später die Awaren Reiterangriffe auf Europa. In archäologischen Funden gibt es dafür zahlreiche Belege. Neben gekrümmten Säbelklingen waren es vor allem Pfeilspitzen. Ein typisches Merkmal dieser nomadischen Pfeile ist eine dreiblättrige Spitze mit Angel, mit der die Spitze in den Schaft eingeschlagen wurde.

Bogen und Pfeil blieben auch im frühen Mittelalter die einzige Fernwaffe der europäischen Völker. Die Pfeiltypen änderten sich jedoch im 8. bis 10. Jahrhundert. Die Weiterentwicklung der Schmiedetechnik brachte die Tülle, einen Hohlkegel, in den der Schaft eingesetzt wurde, die Spitze erhielt Flügelform.

196. Steinerne Unterarmschiene für Bogenschützen, zwei steinerne Pfeilspitzen, beinerne Pfeilspitze. Um 2000 v. Chr.

197. Drei Pfeilspitzen; Dreikantklinge mit Angel, 6.—8. Jh. (links).
Drei Pfeilspitzen; Widerhaken und Tülle; 8.—10. Jh (rechts)

Seit dem 11. Jahrhundert zeigen Pfeilspitzen eine beträchtliche Variabilität. Neben Pfeilen mit Tülle und Flügeln erschienen flache blattförmige Geschosse mit Angel, sogar mit V-förmig gespaltenen Spitzen. Man findet auch Spitzen, die durch ihren rhombischen Querschnitt eine größere Durchschlagskraft besaßen; einige waren schlank, andere robuster, alle jedoch mit Angel. Spitzen solcher neuen Formen gehörten anscheinend im 12. bis 13. Jahrhundert zu Geschossen für eine weitere Fernwaffe zu Jagd und Kampf, die Armbrust; im 14. und 15. Jahrhundert, als sie in der Regel mit einer Tülle versehen waren, überwogen sie völlig.

Der Schießbogen hielt sich noch lange in der Austattung der Jäger und der Ausrüstung der Armeen. Im 14. Jahrhundert war er noch in den meisten europäischen Ländern im Gebrauch. Einer der wichtigsten Typen war der lange englische Bogen, der sich in der Hand der englischen Bogenschützen in der Schlacht bei Crécy 1347 als den Genuesischen Armbrustschützen überlegen erwies.

Die üblichen europäischen Bögen, kürzer für den Reiter und etwas länger für den Fußsoldaten, waren direkt zu spannen. An den Enden des leicht konvexen Bogens (Bügels) war die Sehne befestigt. Durch Spannen der Sehne verstärkte der Schütze die Krümmung des Bogens und gewann so die zum Hinausschleudern des Geschosses benötigte Energie. Die Bögen wurden aus zähen, aber geschmeidigen Holzarten gefertigt, besonders aus Eiben- oder vielleicht aus Eschenholz, weniger aus Ahornholz, das einige heutige Forscher bevorzugen. Der englische Bogen, dessen Bügel Klafterlänge hatte, also mannshoch war, wies eine Reichweite bis zu mehreren hundert Metern und eine hohe Durchschlagskraft auf. Er erforderte jedoch einen beträchtlichen Kraftaufwand und eine außerordentliche Geschicklichkeit des Schützen. Auf der Form und den Eigen-

198. Pfeilspitzen; 11.—13. Jh.

199. Doppelhaken zum Armbrustspannen am Gürtel. Böhmen, vor 1437

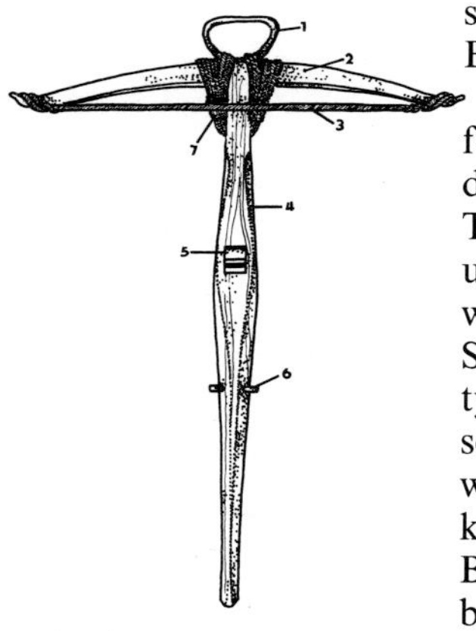

Armbrust
1 Steigbügel
2 Bogen
3 Sehne
4 Säule
5 Nuß
6 Knebel (Zapfen)
7 Strickverankerung

schaften des langen Bogens beruht heute das Gerät des modernen Sport-Bogenschießens.

Den Osten beherrschte das ganze Mittelalter über eine andere Bogenform — der reflexive Bogen. Er war wesentlich kürzer und deshalb für den Reiter vorteilhafter (zum Beispiel seit dem 13. Jahrhundert bei den Tataren). Die Enden der Bogenarme zeigten in Ruhestellung nach vorn, und der Schütze mußte deshalb zum Aufspannen eine große Kraft entwickeln, um (vor allem durch Biegen der Enden nach rückwärts) die Sehne ausreichend weit außerhalb des Bogens zu bringen. Dieser Bogentyp wurde das ganze Mittelalter über von der tatarischen und der türkischen leichten Reiterei, aber auch in Ungarn, Polen und Rußland verwendet. Er gehörte noch im 17. Jahrhundert zur Ausrüstung der Kosaken und anderer leichter Reiter. Er wurde meist in einem ledernen Bogenköcher getragen, der mit dem Pfeilköcher eine Garnitur bildete, die bei einfachen Kämpfern glatt war. Bei Prunkwaffen waren die Garnituren reich mit Silber- oder Goldstickereien, manchmal mit vergoldetem Bronzebeschlag verziert oder mit farbigen Steinen besetzt.

Die Armbrust entwickelte sich aus dem Bogen; ihr Prinzip war bereits den Römern bekannt. Aus deren Lateinischem Namen „arcubalista“ scheint auch das deutsche Wort Armbrust abgeleitet zu sein. Sie verbreitete sich in Europa, besonders bei den Kreuzzügen am Ende des 11. Jahr-

200. Armbrust; Stahlbogen; englische Winde. Mitteleuropa, um 1500

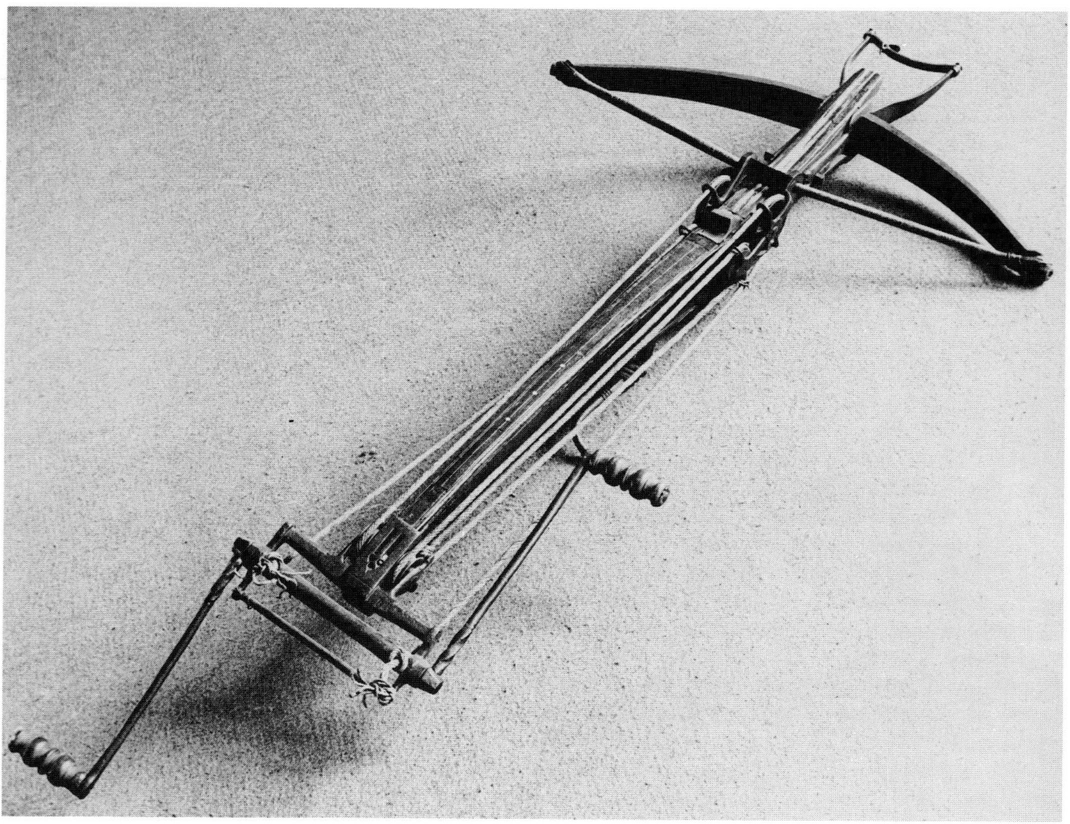

201. Bolzenspitzen. 15. Jh.

hunderts so schnell, daß die römische Kirche sich genötigt sah, auf der zweiten Lateransynode 1139 diese Waffe für „mörderisch und unchristlich" zu erklären und sie zu verbieten. Das Verbot, an der Wende vom 12. zum 13. Jahrhundert wiederholt, half allerdings nicht, und so verbreitete sich diese Fernwaffe unentwegt weiter.

Der Hauptbestandteil der Armbrust war der meist zusammengesetzte Bügel (Bogen). Ihn bildeten mehrere Schichten Zungen aus Horn oder elastischem Holz, ein andermal war der Hornkern mit Fischbeinplättchen belegt. Alles war mit Tiersehnen umhüllt und mit feinem Leder oder Pergament überzogen. Der Bogen war mit Hanf an die hölzerne Säule gebunden, auf gleiche Weise war der Steigbügel befestigt. Die Sehne war aus mehreren Dutzend quer mit Strick umwundenen Hanffasern gefertigt und mit Ösen an den Bogenenden befestigt. Beim Spannen rastete die Sehne in den Einschnitt in der meist beinernen Nuß ein. Die Nuß hatte außerdem oben einen Längseinschnitt zur Aufnahme des Pfeilendes und unten eine Vertiefung, in die das Ende des Abzugbügels eingriff. Die Oberseite der Säule war bereits im Hochmittelalter mit Bein belegt, darauf ruhte der in dem muldenartigen Steg geführte Bolzen. Direkt hinter der Nuß ging quer durch die Säule ein Eisenzapfen (Knebel), der zur Aufnahme der Spannvorrichtung diente.

Zum Spannen des mächtigen Bogens reichte die einfache Kraft eines Menschen nicht aus. Die im 14. und der ersten Hälfte des 15. Jahrhunderts üblichste Spannvorrichtung war das „cingulum balistareum": Der Schütze stellte die Armbrust mit dem Bogen nach unten und schob seinen

203. Prunkarmbrust; Stahlbogen; Säule mit Bein belegt, mit Ornamenten, Jagdszenen und der Entführung der Helena (nach Homer) verziert, Stirnfläche mit Inschrift und Jahr 1592, eiserne Teile ziseliert und vergoldet, auf dem Abzughebel Wappen und Jahreszahl 1592. Deutschland

202. Pfeilspitze sogenannter Schützenkönige; gravierte Versicherungen, Buchstabe *r*. 15. Jh.

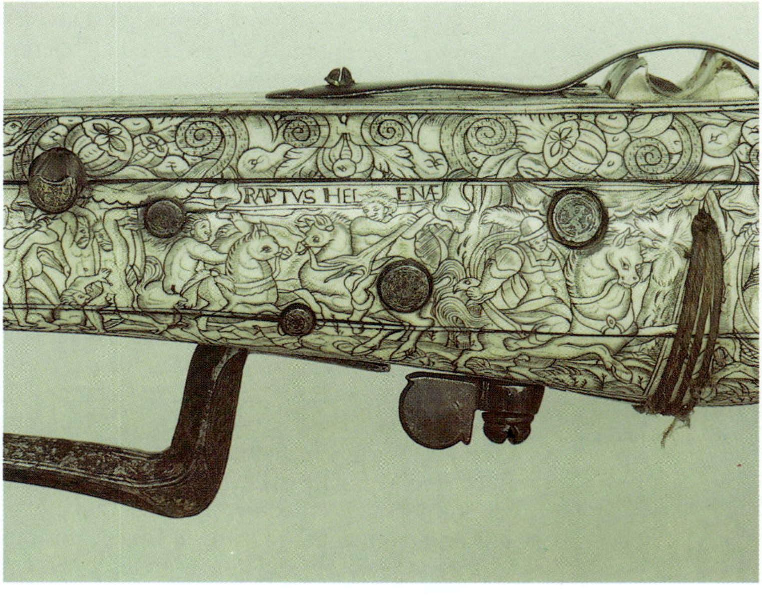

204. Detail der Prunkarmbrust

205. Jagdarmbrust Johann Georgs I.; Säule teilweise mit graviertem Fischbein belegt, teilweise mit Bein und Perlmutter eingelegt; Wappen von Sachsen und Meißen und das Monogramm *I G I* (Johann Georg I.). Sachsen, nach 1612

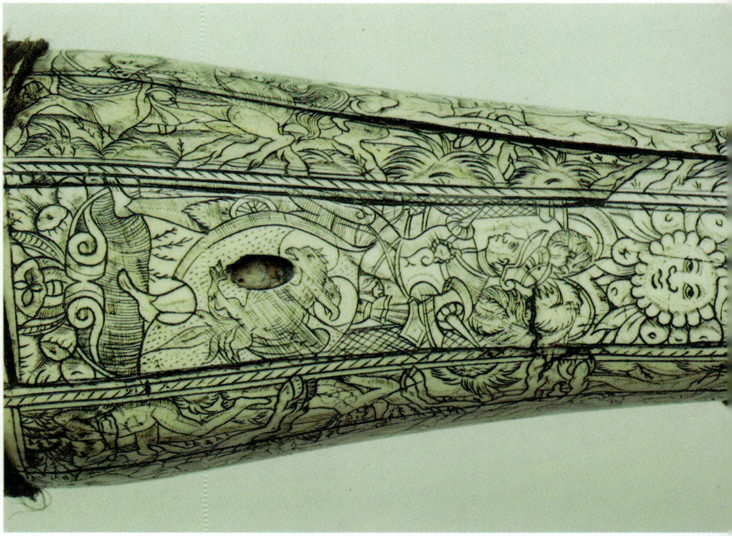

Details der Jagdarmbrust

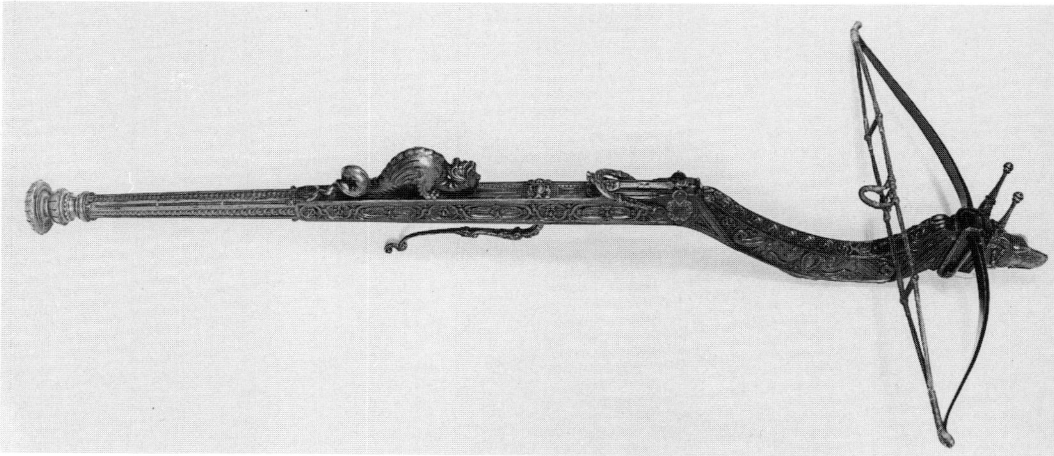

206. Balester italienischen Typs; Säulenvorderteil gebogen, doppelte Sehne; reicher Reliefschnitt. Die Waffe gehörte Wilhelm von Pernštejn, dem höchsten Kanzler des Königreichs Böhmen. 16. Jh.

Fuß in den Steigbügel. Mit dem am Gurt befestigten Doppelhaken fing er die Sehnenmitte auf, spannte durch Aufrichten seines Körpers den Bogen und schob die Sehne in den Einschnitt in der Nuß. Die Armbrust wurde auch mit dem Geißfuß, einem nach dem Hebelprinzip arbeitenden Gerät, gespannt (Geißfußarmbrust). Seit den vierziger Jahren des 15. Jahrhunderts belegen Schriftquellen, daß neben den zusammengesetzten auch stählerne Bügel verwendet wurden. Um sie zu spannen, waren die bisherigen Mittel nicht ausreichend. Geeignet dazu war die Englische Winde. Ihre längliche Hülse wurde um den Säulenfuß gelegt, mit den Haken die Sehne erfaßt und durch Drehen der Kurbel mit einander gegenüberliegenden Armen die Sehne bis zur Nuß gebracht. Die Englische Winde war nur bei statischer Stellung des Schützen, meist beim Verteidigen von Wällen, geeignet. Sie taugte weder für die Jagd noch für den Kampf auf offenem Feld.

Für Schützen zu Pferd und Jäger war eher die Deutsche Winde bestimmt, die in Schriftquellen bereits in den zwanziger Jahren des 15. Jahrhunderts erwähnt wird. Sie bestand aus einem in einer Hülse gelagerten Zahnrad, in das die Zähne einer Zahnstange mit zwei Haken zum Auffangen der Sehne griffen. Mit einer in der Radachse eingesetzten Kurbel drehte der Schütze, bis die Sehne hinter die Nuß zu liegen kam. Diese Spannweise überwog allmählich völlig.

Auch die Form und das Gewicht der Bolzen änderten sich. Der Armbrustbolzen hatte einen starken und kurzen Schaft, hinten mit sogenanntem Flug: In Einschnitte im Schaft waren längliche Pergamentdreiecke eingesetzt, die den Bolzen während des Flugs in der richtigen Lage hielten. Die Bolzenspitzen waren ziemlich mächtig, meist 8—10 cm lang, in der Regel von rhombischem Querschnitt, mit Angel oder noch häufiger mit Tülle. Besonders zur Jagd wurden große geflügelte und auch gegabelte Bolzen verwendet. Die Spitzen waren meist eisern, aber schon 1427 wurden auch stählerne erwähnt, die doppelt so teuer wie eiserne waren.

Zur Ausrüstung der Schützen gehörten auch Bolzenköcher. Sie waren in der Regel ledern, mit hölzernem Boden, und wurden am Gürtel eingehängt getragen.

Mit der Fertigung von Bögen und Armbrüsten befaßten sich spezialisierte Handwerker, die Bogen- und Armbrustmacher. In den mittelalterlichen Städten des 14. und 15. Jahrhunderts gehörten sie zu der zahlenmäßig mittelstarken, aber gutsituierten Handwerkerschicht, die neben der Fertigung die Aufgabe hatte, in Zeiten der Bedrohung als Schützen die Mauern zu verteidigen. Wie andere Handwerker, bildeten auch die Bogenmacher selbständige Zünfte. Im 15. Jahrhundert erschienen daneben spezialisierte Köcherhersteller.

Die Armbrust erhielt sich als Waffe des Fußvolks neben den in Entwicklung begriffenen Feuerwaffen bis zur ersten Hälfte des 16. Jahrhunderts. Doch auch dann verschwand sie nicht. Sie diente weiter für Jagd- und besonders für Sportzwecke. Zusammenschlüsse, in denen Bürger das Armbrustschießen erlernten, entstanden bereits Anfang des 14. Jahrhunderts, zunächst in der Schweiz, später in den meisten Ländern des mittelalterlichen Europa. Es wurden Feste veranstaltet, deren Sieger sowohl im Scheibenschießen als auch im Vogelschießen als Schützenkönige gefeiert wurden; neben anderen Preisen bekamen sie im 15. Jahrhundert auch einen Bolzen, dessen Spitze mit einem gravierten, die Minuskel r (rex, also König) umgebenden Ornament verziert war.

Armbrüste für Jagd und Schießwettbewerbe änderten sich das ganze 16. Jahrhundert über nicht nennenswert. Anders wurde jedoch ihre äußere Gestaltung. So nahmen die beinernen Belege zu, bis Ende des 16. Jahrhunderts die Säule ganz bedeckt war. Bei Prunkstücken waren diese Flächen mit reichen ornamentalen und figürlichen Gravierungen verziert. Eiserne Teile, wie zum Beispiel die Knebel und der Abzugbügel, waren oft vergoldet.

Seit Anfang des 17. Jahrhunderts änderte sich die Gestalt der Säule. Der kleine Vorsprung unten an der Innenseite zeichnete die Schaftbacke vor, ähnlich dem Schaft der derzeitigen Gewehre. Veränderungen sind auch in der Verzierung bemerkbar. Voll mit Bein belegte Teile nahmen ab, auf den übrigen gab es intarsierte Ornamente und figürliche Darstellungen.

Später im 17. Jahrhundert wurde der hintere Teil der Säule durch einen dem Kolben der deutschen Schäftung von Radschloßbüchsen ähnlichen Schaft ersetzt, an die Stelle des Abzugbügels trat der Gewehrabzug, manchmal auch mit Stecher. Nach der Mitte des 17. Jahrhunderts war die Armbrust keine Jagdwaffe mehr. Bis zum 19. Jahrhundert wurde das Sportschießen mit dieser Waffe nur in einigen Teilen Deutschlands und in der Schweiz gepflegt. In der letzten Zeit ist ein Comeback der Armbrust zu verzeichnen, mit so großem Erfolg, daß bereits regelmäßige Weltmeisterschaften und andere Wettbewerbe im Schießen mit dieser Waffe stattfinden.

Eine Abart der Armbrust im 16. Jahrhundert war der Balester (Balläster), eine mechanische Waffe zum Schießen mit Kugeln. Statt der einfachen hatte die Kugelarmbrust eine verdoppelte Sehne, in deren Mitte war ein Säckchen zur Aufnahme der Kugel.

Beim italienischen Typ ist die Säule im vorderen Teil gebogen, an der Stirn war zwischen zwei Balken das Visier zum genauen Zielen eingehängt. Die deutschen Balester, sogenannte Kugelschnepper, hatten eine Säule in Form eines viereckigen Eisenstabs mit oben angebrachtem Säulenhebel sowie einen von der deutschen Schäftung der Radschloßbüchsen abgeleiteten Kolben. Der Balester überlebte das 17. Jahrhundert praktisch nicht.

FEUERWAFFEN

Entwicklung der Handfeuerwaffen

DIE ERSTEN FEUERWAFFEN

Die Anfänge der Feuerwaffen liegen im Dunkeln. Unerläßliche Voraussetzung für ihre Entstehung war die Kenntnis des Schießpulvers. Das bis zum Ende des 19. Jahrhunderts gebräuchliche Schwarzpulver war ein Gemisch aus Salpeter (Kaliumnitrat), Schwefel und Holzkohle. Die Zusammensetzung der einzelnen Schießpulver war sehr unterschiedlich, meist waren es ungefähr drei Viertel Salpeter, in das letzte teilten sich Schwefel und Kohle gleichermaßen.

Einige Forscher sind der Meinung, daß sich das Schießpulver wahrscheinlich in Italien aus dem älteren, in Byzanz verwendeten „Griechischen Feuer" entwickelte, indem flüssige brennbare Substanzen durch feste ersetzt und Kaliumnitrat hinzugefügt wurden. Die meisten Kenner sind jedoch der Ansicht, daß die Kenntnis des Schießpulvers durch die Araber aus Asien kam. Die Chinesen, aber auch die Inder und die Araber kannten das Schießpulver tatsächlich viel früher als die Europäer. Es diente ihnen als Sprengstoff, später machten sie es sich sogar für Waffen mit Raketenantrieb zunutze, doch zur Konstruktion von Feuerwaffen kam es erst in Europa.

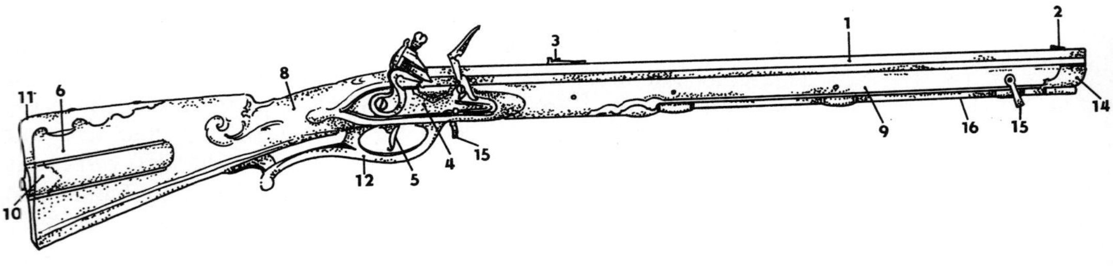

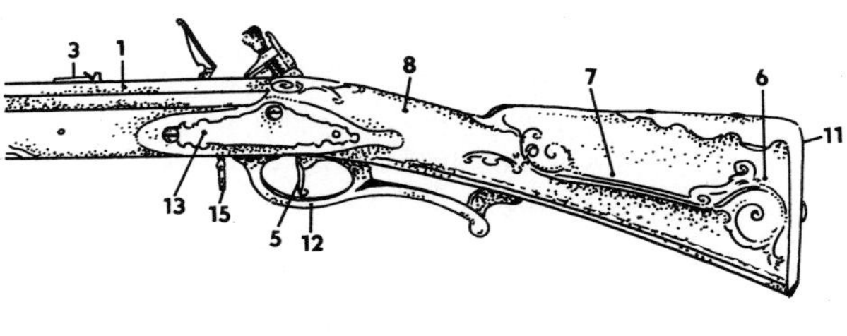

Jagdgewehr, 18. Jh.
1 Lauf
2 Korn
3 Visier (Kimme)
4 Schloß
5 Abzug
6 Kolben
7 Schaftbacke
8 Kolbenhals
9 Vorderschaft
10 Deckel des Kolbenkastens
11 Kolbenkappe
12 Abzugsbügel
13 Schloßgegenblech
14 Vorderschaftsabschluß
15 Riemenbügel
16 Ladestock
Visiervorrichtungen (2, 3)
Schaft (6—9)
Garnitur (11—15)

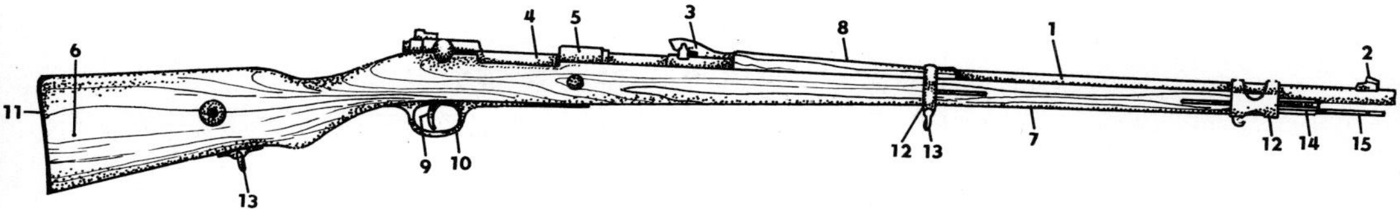

Militärgewehr, Ende des 19. Jh.

1 Lauf
2 Korn
3 Visier
4 Verschluß
5 Verschlußgehäuse
6 Kolben
7 Vorderschaft
8 Handschutz
9 Abzug
10 Abzugsbügel
11 Kolbenkappe
12 Gewehrring
13 Riemenbügel
14 Seitengewehrhalter
15 Putzstock

Die Kenntnis vom Schwarzpulver kam in der Mitte des 13. Jahrhunderts nach Europa; auch hier wurde es zunächst als Sprengstoff verwendet, im ersten Drittel des 14. Jahrhunderts entstanden älteste, primitive Feuerwaffen, bei denen Schießpulver als Antriebskraft, die das Geschoß auf ein entferntes Ziel brachte, diente. Anstoß für diese völlig neue Nutzung von Schießpulver waren der Aufschwung der mittelalterlichen europäischen Städte, zu dem es gerade im 14. Jahrhundert kam, und besonders der handwerklichen Fertigung sowie große Erfahrungen aus der Verarbeitung von Metallen, dazu die für die Fertigung der neuen Waffen notwendigen finanziellen Mittel.

Die ältesten aus zeitgenössischen Abbildungen bekannten Waffen zeigen einen hinten deutlich verbreiterten Lauf, geschossen wurde mit Pfeilen. Diese wurden bald durch steinerne und dann durch metallene (Eisen oder Blei) Kugeln ersetzt. Der Fertigung der neuen Waffen nahmen sich Handwerker an, die die größten Erfahrungen mit den verwendeten Verfahren hatten. Die im 14. Jahrhundert überwiegenden bronzenen Läufe gossen vor allem Glockengießer, die eisernen, die sich seit

207. Bronzelauf der ältesten erhaltenen Feuerwaffe, der sogenannten Loshult-Büchse (nach dem schwedischen Ort Loshult, bei dem sie 1861 gefunden wurde. Ende der ersten Hälfte des 14. Jh.

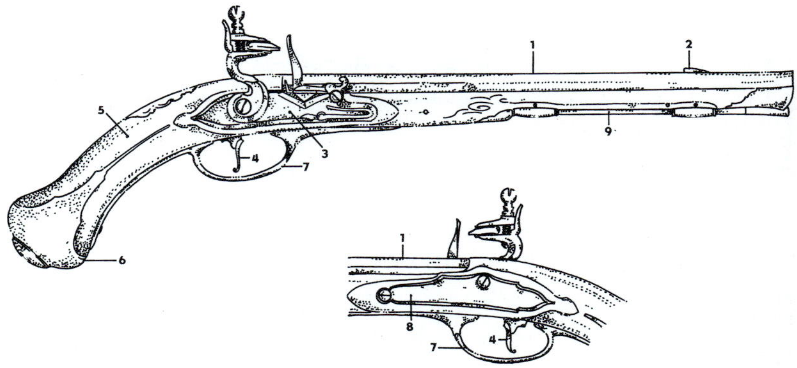

Pistole, 18. Jh.
1 Lauf
2 Korn
3 Schloß
4 Abzug
5 Griff
6 Knauf
7 Abzugsbügel
8 Schloßgegenblech
9 Ladestock

dem 15. Jahrhundert durchsetzten, wurden von Schmieden geschmiedet. Im Unterschied zu den Zunfthandwerkern arbeiteten die ältesten Hersteller von Feuerwaffen auf Vertragsbasis und wurden von den einzelnen Städten oder Herrschern angeworben; zu ihren Pflichten zählte in der Regel nicht nur die Waffenfertigung, sondern im Berdarfsfall auch deren Bedienung.

Die ältesten Feuerwaffen waren ausschließlich Geschütze, erst in der zweiten Hälfte des 14. Jahrhunderts erschienen leichte, tragbare Waffen für einzelne Kämpfer. Vom Aussehen her entsprachen sie den Kanonen (nur kleiner), deshalb bürgerte sich für sie die Bezeichnung „Handrohr" ein. Noch vor dem Ende des Jahrhunderts wurde der Lauf zur leichten Handhabung mit einem hölzernem Schaft ergänzt — so entstand die eigentliche, vom einzelnen Schützen bediente Büchse. Ihr Schaft hatte die Form eines geraden Stabes und war entweder hinter dem Lauf in einer Tülle befestigt, auf einem Dorn aufgesetzt oder schließlich in einer Bettung des Schaftes eingelassen und mit Eisenbändern befestigt. Um 1400 erschien an der Unterseite einiger Läufe ein Haken, der zum Fixieren der Waffe auf fester Unterlage (Wall, Schild u.ä.) diente; das Schießen mit

208. Bronzelauf; Zündkanal, kreisförmige Pfanne oben; hinten Tülle mit zwei Löchern, durch die der Lauf an den Holzschaft genagelt werden konnte. Zweite Hälfte des 14. Jh.

209. Eiserner Hakenbüchsenlauf; Ösen und Zapfen zum Fixieren am Schaft. Um 1430.
Bronzener Hakenbüchsenlauf; Tülle zum Einsetzen des Schaftes. 1440—1450

210. Eiserne Büchse (Handrohr); Lauf beim Schuß gesprengt. Um 1375

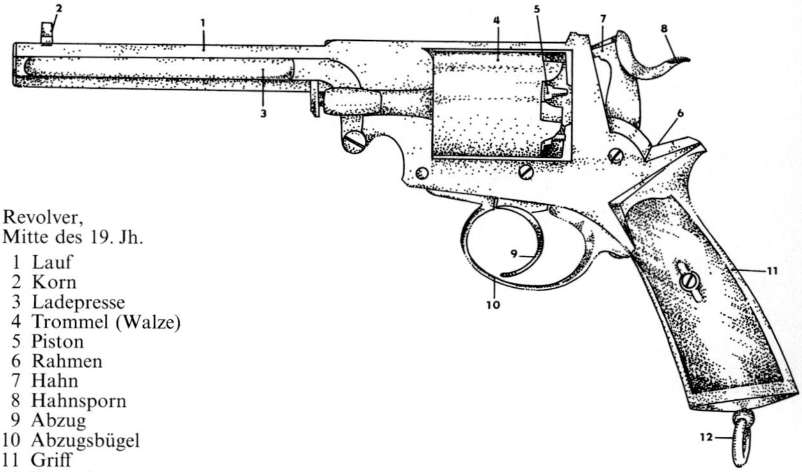

Revolver,
Mitte des 19. Jh.
1 Lauf
2 Korn
3 Ladepresse
4 Trommel (Walze)
5 Piston
6 Rahmen
7 Hahn
8 Hahnsporn
9 Abzug
10 Abzugsbügel
11 Griff
12 Tragering

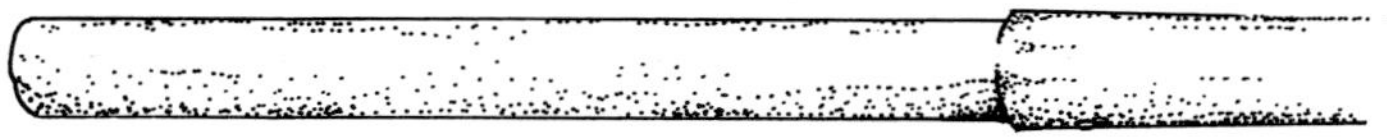

Stangenschäftung,
14. Jh.
(wird beim Schießen
in die Achselhöhle gelegt)

einer derart abgestützten Waffe war genauer, außerdem wurde der Rückstoß gedämpft. Nach dem Haken werden diese Waffen als Hakenbüchsen bezeichnet.

Die ersten schriftlichen Berichte über Feuerwaffen stammen aus den zwanziger Jahren des 14. Jahrhunderts, aus England und Italien, in den weiteren Jahren aus Frankreich, Deutschland und anderen Ländern; bis zum Ende des Jahrhunderts waren Feuerwaffen praktisch in ganz Europa bekannt. Obwohl sie seit einigen Jahrzehnten existierten, waren es immer noch keine sehr wirksamen Waffen, und auch ihr Einsatzvermögen war stark beschränkt. Der Schütze mußte die Waffe langwierig aufladen: Durch die Laufmündung schüttete er Schießpulver in die Geschoßkammer, und mit dem Ladestock beförderte er dorthin auch das Geschoß. Aus dem Geschoßraum führte ein Zündloch an die obere Fläche des Laufs, später zur rechten Seite, wo sich eine Zündpfanne mit einer kleinen Menge Schießpulver (Zündkraut) befand, das mit einem Gluteisen oder glimmenden Kohlestück, gehalten in einer Zange, angezündet wurde. Deshalb war der Gebrauch auf einen Ort beschränkt, wo ständig Feuer zur Verfügung stand, damit der Schütze den Zündgegenstand zum Glühen bringen konnte. Sowohl die Geschütze als auch die Handfeuerwaffen wurden deshalb ausschließlich zur Eroberung oder Verteidigung von Burgen und Städten verwendet.

LUNTENSCHLOSSWAFFEN

Von grundlegender Bedeutung für die weitere Entwicklung der Feuerwaffen war die Erfindung des Schloßmechanismus. Als Schloß wird eine Baugruppe von Teilen bezeichnet, die eine mechanische Abfeuerung ermöglicht. Diese Bezeichnung hat einen gemeinsamen Ursprung und deshalb gleiche Bedeutung in den meisten europäischen Sprachen. Sie kommt nicht etwa von einer schließenden Funktion, sondern von den Schlossern, die im 15. Jahrhundert diese Bauteile von Feuerwaffen anzufertigen begannen, denn gerade sie hatten die größten Erfahrungen mit der Fertigung ähnlicher Mechanismen.

Die Lunte (ein mit Kaliumchloratlösung getränkter und getrockneter Strick) brennt nach dem Anzünden nicht, sondern ihr Ende glimmt langsam. Die Lunte ersetzte anfangs das Glüheisen in der Hand des

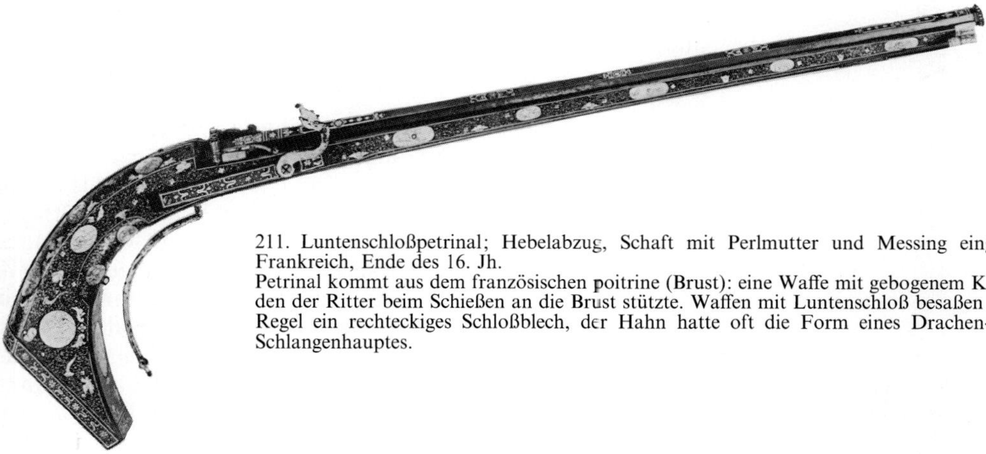

211. Luntenschloßpetrinal; Hebelabzug, Schaft mit Perlmutter und Messing eingelegt. Frankreich, Ende des 16. Jh.
Petrinal kommt aus dem französischen poitrine (Brust): eine Waffe mit gebogenem Kolben, den der Ritter beim Schießen an die Brust stützte. Waffen mit Luntenschloß besaßen in der Regel ein rechteckiges Schloßblech, der Hahn hatte oft die Form eines Drachen- oder Schlangenhauptes.

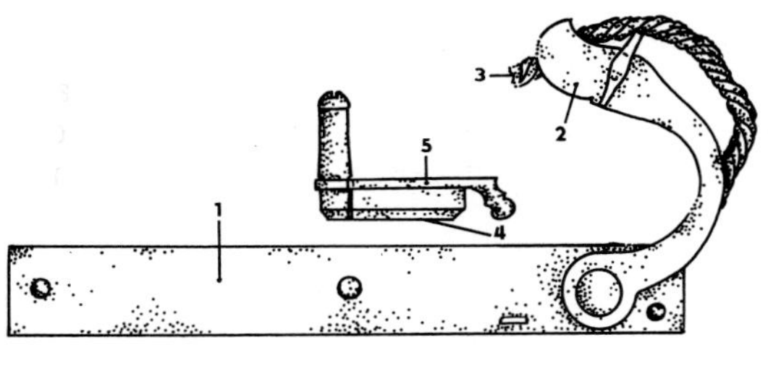

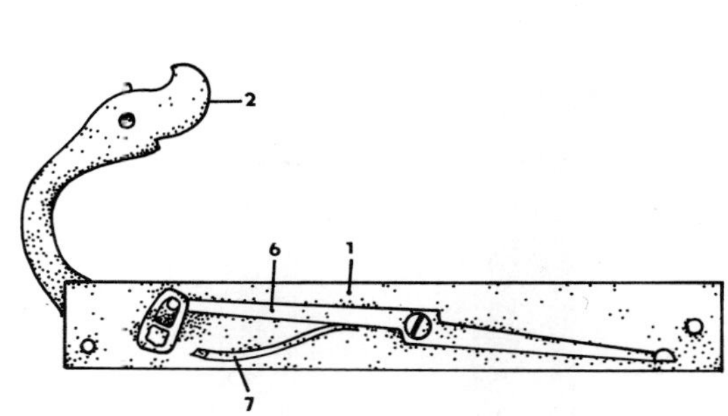

Luntenschloß
1 Schloßblech
2 Hahn (Luntenhahn)
3 Lunte
4 Pfanne
5 Pfannendeckel
6 Abzugsstange
7 Feder

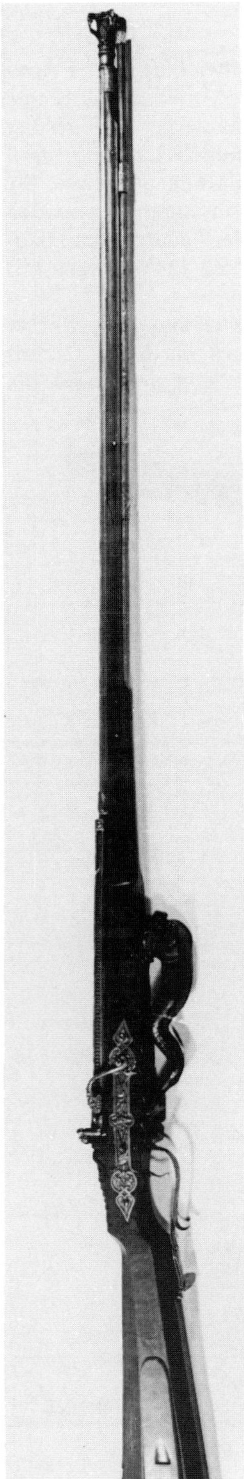

212. Luntenschloßmuskete; Lauf vergoldet, auf dem Schaft Wappen Kardinal Richelieus. Frankreich, um 1635

Schützen, und es war dann nur ein kleiner Schritt bis zu ihrer Anbringung an der Waffe. Das geschah im ersten Viertel des 15. Jahrhunderts, zu einer größeren Verbreitung des Luntenschlosses kam es jedoch erst in der zweiten Hälfte des Jahrhunderts. Der Schütze, der vorher vor allem auf das Abfeuern achten mußte, konnte nunmehr seine Aufmerksamkeit auf das Ziel konzentrieren und sich dem sorgfältigen Zielen widmen. Während des 15. Jahrhunderts erschienen bei Feuerwaffen Zieleinrichtungen — Visier und Korn. Die Waffen wurden weiter technisch vervollkommnet, zum Beispiel wurden Lauf und Schaft nach dem 15. Jahrhundert mit Zapfen verbunden, die in Ösen an der Laufunterseite griffen, der den Laufboden verschließende Zapfen wurde durch eine Schwanzschraube ersetzt. Die Wirksamkeit der Feuerwaffen wurde durch die Verlängerung des Laufes und die Verkleinerung des Kalibers erhöht, aber auch durch das gekörnte Schießpulver, das seit dem ersten Viertel des 15. Jahrhunderts anstelle des früheren Mehlpulvers verwendet wurde.

Bei den ältesten Schlössern war die Lunte am oberen Ende eines S-förmig gebogenen Hebels befestigt, dessen unterer Arm als Abzug diente. Seit der zweiten Hälfte des 15. Jahrhundertes wurde der Hahn mit Lunte durch eine einfache Blattfeder, deren Widerstand durch Drücken auf den Abzug zu überwinden war, in ihrer Ausgangsstellung gehalten. Seit Anfang des 16. Jahrhunderts war neben dem Hebelabzug ein senkrechter Abzug in Form einer kurzen Stange, die gegen unwillkürliche Betätigung durch einen Abzugbügel geschützt war; dieser Hahntyp überwog immer mehr, aber der Hebelabzug wurde, besonders bei Militärmusketen, noch ein ganzes Jahrhundert verwendet. Der Hahn mit Lunte konnte hinter der Pfanne angebracht sein und nach vorn gekippt werden, oder sich umgekehrt vor der Pfanne befinden — diese Bauweise überwog später allgemein — und sich auf den Schützen zu bewegen. Bei verschiedenen Luntenschloßvarianten gab es selbstverständlich auch weitere, weniger wesentliche Abweichungen.

Um 1500 erschien eine etwas andere Variante dieses Mechanismus — das Schwammschloß. Statt der Lunte diente hier zum Zünden des Schießpulvers ein Stückchen Zündschwamm, der durch Kochen des

213. Österreichische Luntenschloßmuskete. Wiener Neustadt, 1657

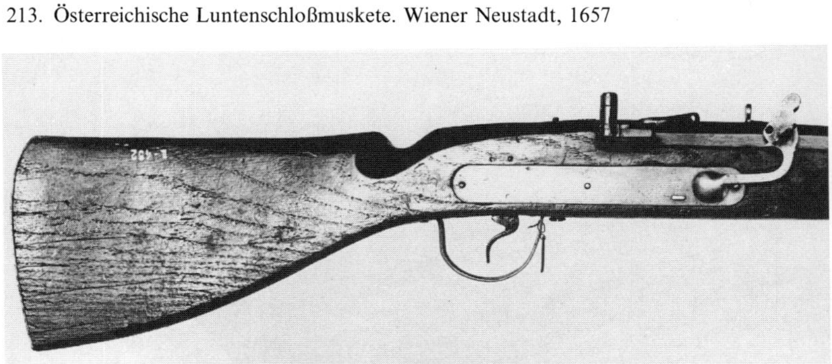

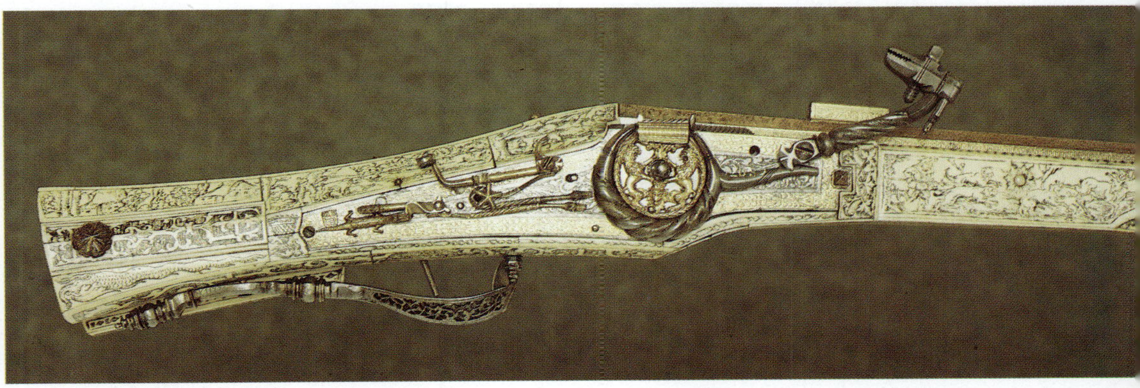

214. Gewehr mit Schwammschloß und Radschloß; reich graviert und vergoldet, Schaft mit Fischbein belegt, mit Ornamenten und figürlichen Darstellungen. Bezeichnet *WD* (Wolf Danner, Nürnberg). 1544 (Abzugsbügel jünger)

Echten Zunderpilzes mit Holzasche und eine Weiterbehandlung der Masse gewonnen wurde. Bei den Schwammschlössern endete der Hahn in der Regel in einem zylinderförmigen Röhrchen, in das der Zündschwamm eingeklemmt wurde. Meist mußte der Hahn zunächst aufgezogen werden, bis er mit seinem Zahn festhing; gelöst wurde er durch Drücken gegen das andere Ende des Hebels, der — in Form eines Knopfes — an der rechten Seite des Schaftes hervorragte. Dieser seitliche Abzug wurde später (um die Mitte des 16. Jahrhunderts) durch den üblichen Abzug ersetzt. Beim Schwammschloß wurde durch Drücken des Abzugs kein Federwiderstand überwunden, sondern der Hahn schlug auf die Pfanne.

Das Schwammschloß verbreitete sich viel weniger als das Luntenschloß und wurde vor allem beim Scheibenschießen verwendet. Der Schwamm mußte zwar vor jedem Abschuß angezündet werden, doch er erforderte nicht die Pflege wie die Lunte, die ständig glimmen mußte, sollte sie voll einsatzbereit sein. Das Feuer durfte nicht erlöschen, man mußte

215. Lange Handbüchse mit Schwammschloß und Radschloß. Mitteleuropa. Auf der Kolbenkappe Jahreszahl 1574, auf dem Lauf 1620 (kein Zusammenhang mit der Waffenfertigung)

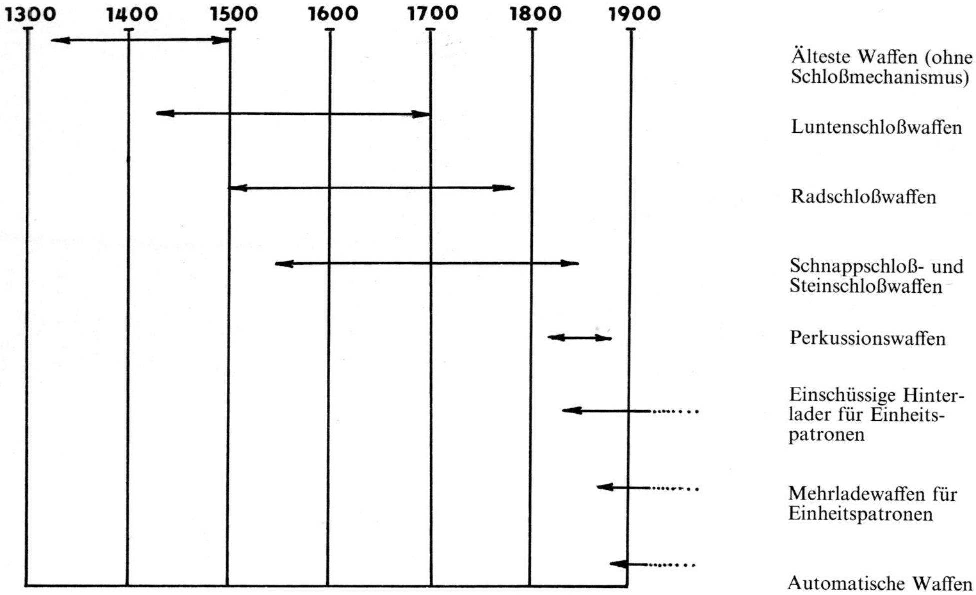

Handfeuerwaffen in Europa (bis 1900)

die Asche von dem weggebrannten Teil entfernen, die Lunte in den Hahnbacken weiterschieben und auf die richtige Befestigung achten, damit nach dem Abdrücken das glühende Ende direkt in die Mitte der Pfanne mit Schießpulver einschlug.

Das Luntenschloß wurde in Europa bis zur Wende des 17. zum 18. Jahrhundert eingesetzt. Dabei ist auf zwei Faktoren hinzuweisen, die auch für die weiteren Schloßmechanismen zutreffen. Die Tatsache, daß ein technisch besserer Abfeuerungsmechanismus erfunden wurde, bedeutet nicht, daß vorhergehende Typen sofort verschwanden. Oft wurden lange Zeit Waffen mit unterschiedlichen Schloßsystemen nebeneinander verwendet. Manchmal war die Wahl des Schloßmechanismus von der Waffengattung abhängig, manchmal war ein bestimmter Schloßtyp langzeitig an eine geographische Region gebunden. Auch in den Fällen, in denen eine neue Konstruktion allgemein als vorteilhafter akzeptiert wurde, dauerte es Jahre, bis alle Waffenbesitzer sich umstellten; bis dahin waren stets beide Systeme in Gebrauch. Gerade in diesen Übergangszeiten kam es vor, daß an einer Waffe zwei verschiedene Schloßsysteme zu finden waren. Diese Lösung sollte die Zuverlässigkeit der Waffe erhöhen (wenn der eine Mechanismus versagte, konnte auf die andere Weise abgefeuert werden) oder dem Schützen die Möglichkeit geben, das Schloß seiner Wahl zu benutzen.

Die Zeitangaben zu den einzelnen Schloßmechanismen gelten nur für Europa. Waffen mit Luntenschloß dienten in vielen asiatischen Ländern (Japan, China, Indien usw.) und auch in Lateinamerika noch lange, nachdem sie aus Europa endgültig verschwunden waren (noch im 19. Jahrhundert). Ähnlich war es wohl auch bei anderen, späteren Schloßmechanismen, die sich außerhalb Europas ebenfalls viel länger hielten, ob sie nun in der Einsatzregion gefertigt oder aus Europa importiert wurden.

RADSCHLOSSWAFFEN

Während bei den ältesten Schlössern das Schießpulver mit einem bereits glühenden Mittel (Lunte oder Zündschwamm) angezündet wurde, erzeugte das Radschloß (später auch das Schnapp- bzw. Steinschloß) einen Funken, der das Pulver (Zündkraut) anzündete. Das Radschloß wurde nach dem quergerieften Rad, das bis zum Pfannenboden reichte, benannt. Nach dem Laden der Waffe wurde die Schlagfeder mit Hilfe eines auf die Radachse aufgesetzten Spezialschlosses gespannt und der Hahn von Hand so hinuntergekippt, daß der in den Hahnbacken befestigte Stein (Schwefelkies) den Radrand berührte. Ein Druck auf den

Radschloß mit außenliegendem Mechanismus
1 Schloßblech
2 Rad
3 Pfanne
4 Pfannendeckel
5 Schlagfeder
6 Gelenkkette
7 Hahn
8 Stein (Schwefelkies)
9 Hahnfeder

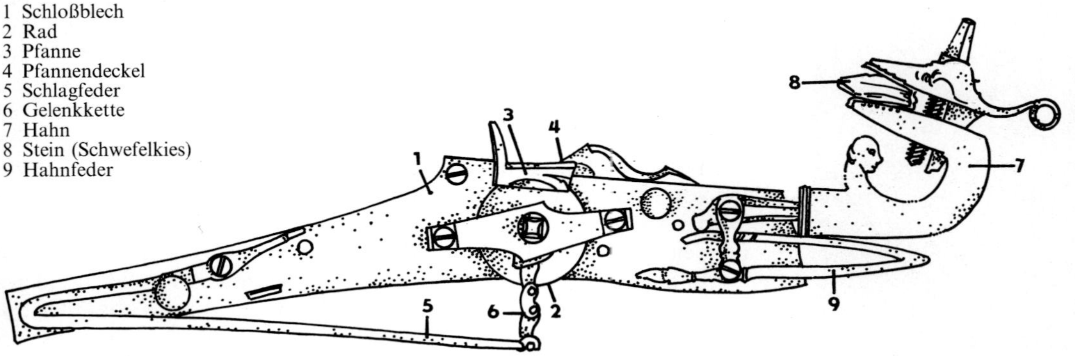

216. Radschloßbüchse; Fischschwanzkolben, mit Eisendraht eingelegtes Rankenwerk. Italien, um 1580

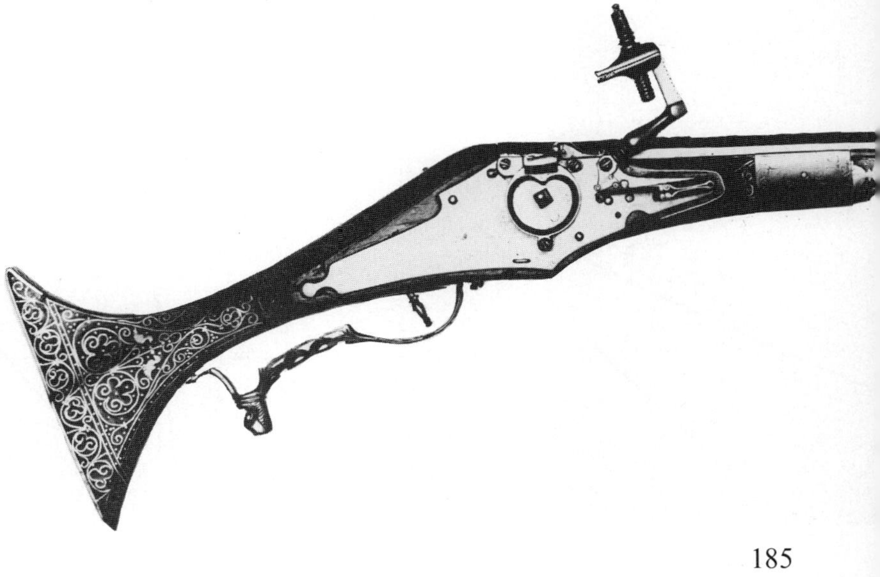

Abzug löste die Schlagfeder, und diese drehte — über ein Kettengetriebe — das Rad ruckartig. Das Reiben des Feuersteins am Randumfang schlug Funken, die das Zündkraut (Pulver in der Pfanne) anzündeten.

Bei der Erforschung der Herkunft des Radschlosses wird eine Zeichnung Leonardo da Vincis aus dem Codex Atlanticus und auch eine etwas spätere Zeichnung aus der Handschrift des Nürnberger Bürgers Martin Löffelholz aus dem Jahr 1505 erwähnt. Radschloßwaffen tauchten tatsächlich Anfang des 16. Jahrhunderts auf, vielleicht in Norditalien oder eher in Süddeutschland, wo zur selben Zeit das Uhrmacherhandwerk zur Blüte gelangte. Die Uhrmacher, denen die Welt der Räder und Federn nahe war, wußten sich zweifelsohne auch bei der Konstruktion und Fertigung von Radschlössern nützlich zu machen.

Die ältesten Radschlösser sind bei Waffen erhalten, bei denen die Feuerwaffe mit einer Armbrust oder einer blanken Waffe kombiniert ist. Bald erschienen auch gesonderte Gewehre oder Pistolen mit Radschloß, um 1530 waren diese Waffen in nahezu ganz Europa in Gebrauch. In der zweiten Hälfte des 16. Jahrhunderts kamen die Steinschloßwaffen auf, die mit ihnen konkurrierten und sie im 17. Jahrhundert in einigen Regionen völlig ersetzten. Anderswo, namentlich in Mitteleuropa, wurden Radschloßwaffen neben Steinschloßwaffen allgemein bis in die zweite Hälfte des 18. Jahrhunderts hinein verwendet. Die Entwicklung des Radschlosses erstreckt sich über mehr als 250 Jahre; es gibt eine ganze Reihe von Varianten, so daß sie nur in ihren Hauptzügen erfaßt werden können.

Bei den ältesten Radschloßwaffen war die Schlagfeder an der Außenseite des Schloßblechs angebracht. Seit der Mitte des 16. Jahrhunderts befand sie sich an der Innenseite, mit Ausnahme einiger Varianten, wie zum Beispiel bei dem zwar portugiesisch genannten, doch vor allem in Italien verwendeten Schloß, oder dem der Teschinke (auch Tschinke, benannt nach dem deutschen Namen Teschen der schlesischen Stadt Těšín, wo die Waffe von allem hergestellt wurde). Die Schlagfeder befand

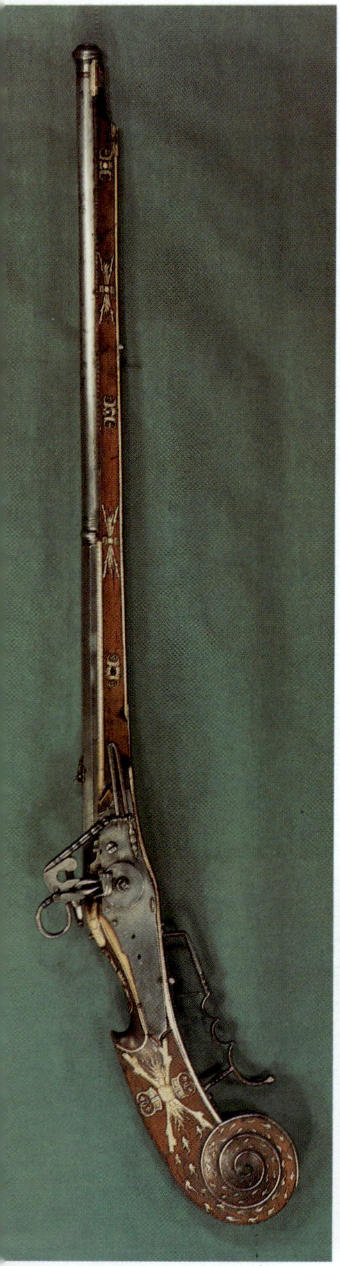

◀ 217. Radschloßbüchse von Erzherzog (später Kaiser) Matthias; Schaft mit weißem Bein eingelegt (Symbolik des Ordens vom Goldenen Vlies), schneckenförmiger Kolben, Hahn mit Ring. Süddeutschland, um 1600

218. Tschinke mit Radschloß. Schlesien (Těšín ?), Mitte des 17. Jh.

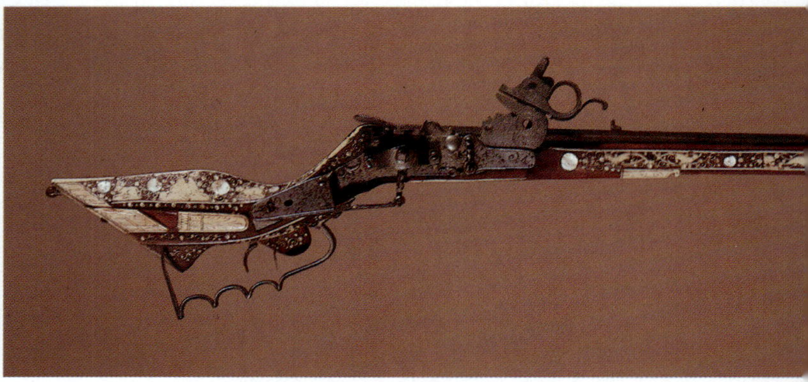

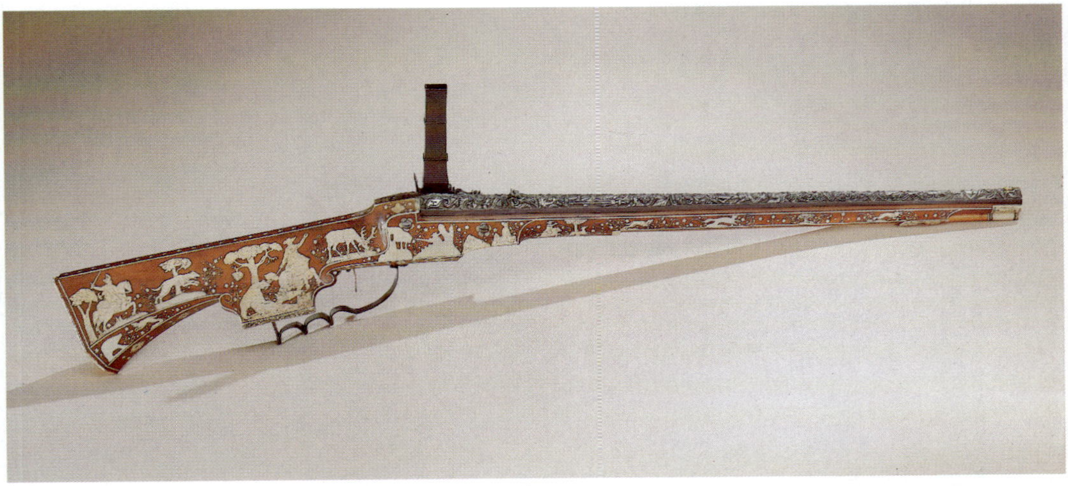

219. Radschloßbüchse mit Rauchableiter. Deutschland, Mitte des 17. Jh.

220. Kugelbüchse mit Radschloß; Rad unter dem Schloßblech verborgen, langer Hahnsporn, Abzugsbügel mit Fingerstütze. Matheus Crannister, Mitteleuropa, um 1730—1740.
Im Unterschied zum kleinen Luntenwaffen-Schloßblech war das große Schloßblech der Radschloßwaffen für Verzierung geeignet, im 18. Jh. wurde meist auch der Hahn verziert. Die Darstellungen auf dieser Waffe — ein sitzender Herrscher, dem ein Adler das Zepter aus der Hand reißt — lassen annehmen, daß es sich um eine allegorische Darstellung Karls VI. (regierte 1711—1740), der keine männlichen Nachkommen hatte, handelt; die Herrschaft der Habsburger wurde durch Ansprüche einiger Nachbarländer bedroht

Radschloß mit innen-
liegendem Mechanismus
1 Schloßblech
2 Rad
3 Pfanne
4 Pfannendeckel
5 Schlagfeder
6 Abzugsstange
7 Hahn
8 Stein (Schwefelkies)
9 Hahnfeder

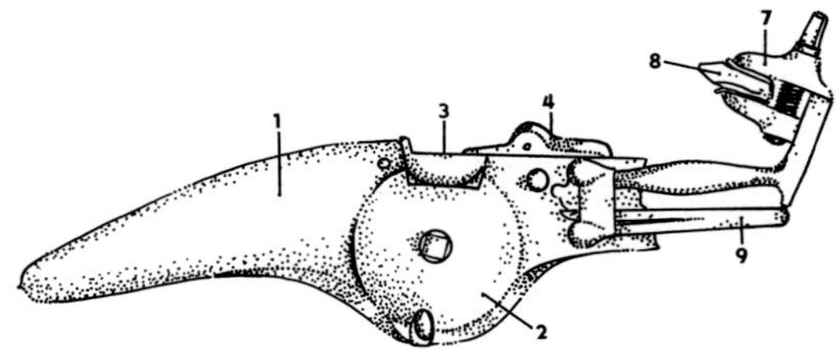

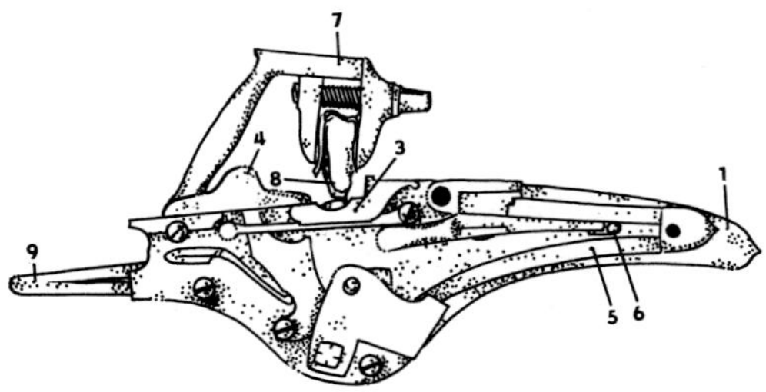

222. Radschlösser mit außenliegender Schlagfeder (Bruchstücke). Wahrscheinlich von Waffen, die in zeitgenössischen Quellen als „Handrohr mit aussern behemischen Feuerschlössern" bezeichnet wurden und aus denen sich das Radschloß der Tschinken entwickelt haben könnte. Nach 1550, gefunden auf einem Feld bei Mirovice in Böhmen

▼

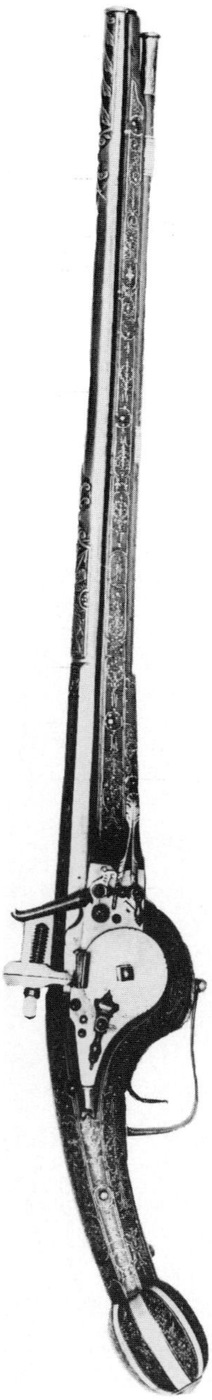

◀ 221. Radschloßpistole; Monogramm *FP* (Lilienzeichen). Frankreich, erstes Viertel des 17. Jh.

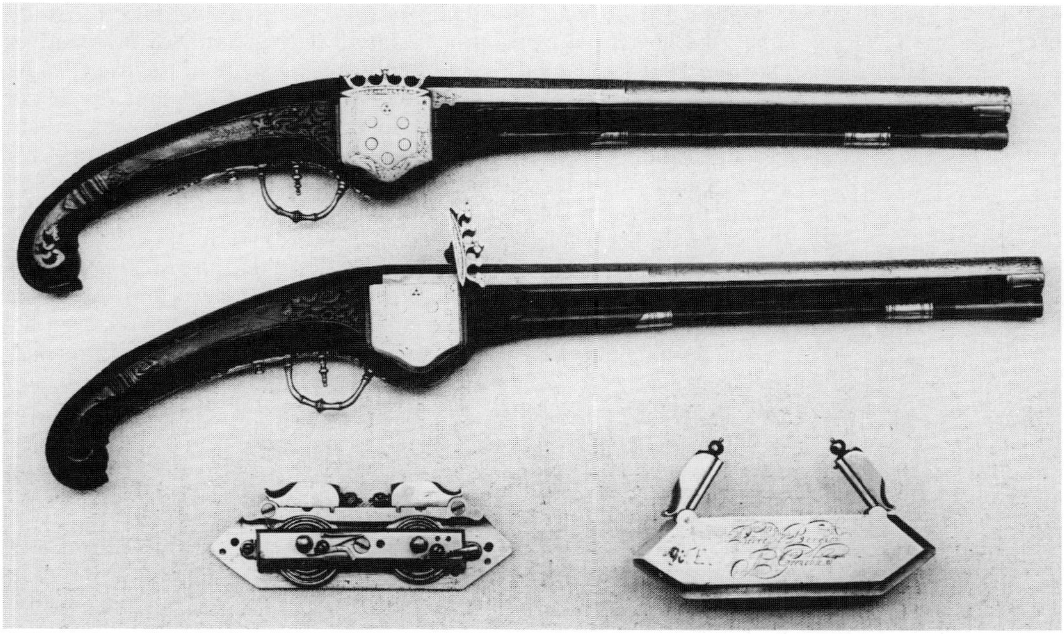

223. Pistolenpaar mit wasserdichten Radschlössern. Lafontaine, Mourges, 1642.
Paar von wasserdichten doppelten Radschlössern; spiralförmige Schlagfeder, Aufziehachse links (typisch für das französische Radschloß), der klappbare Pfannendeckel, der den Feuerstein aufnimmt, dient zugleich als Hahn. Pierre Bergier, Grenoble, um 1640

sich an der Innenseite des Schloßblechs und war daran befestigt, anders jedoch beim französischen Radschloß, bei dem sie in der Schäftung gelagert war.

Zu verschiedenen Zeiten und in unterschiedlichen Regionen änderte sich die Form und Plazierung der Hahnfeder, die Form des Schloßblechs, des Hahns und weiterer Teile des Schloßmechanismus. Das Rad, das anfangs aus dem Schloßblech herausragte, war seit Mitte des 17. Jahrhunderts ganz hinter dem Blech versteckt, durch das nur die Radachse griff. Dieser Schloßtyp wurde seit der zweiten Hälfte des 17. Jahrhunderts in Mitteleuropa, aber auch in anderen Regionen, wo Radschloßwaffen in dieser Zeit bereits dem Schnappschloß wichen, allgemein verwendet. Zur leichteren Handhabung des Hahns erschien bei einigen Exemplaren entweder ein Ring oder, noch häufiger, ein Daumenhebel, im 16. Jahrhundert noch kurz und selten, im 17. und 18. Jahrhundert ziemlich verlängert und nahezu allgemein. Später war auch der Hahn mit einem Blech verdeckt, das eine zusätzliche Fläche zur Verzierung bot.

Solange der Hahn nach oben zeigte, konnte es zwar nicht zu einem unwillkürlichen Schuß kommen, andererseits war die Waffe auch nicht zum sofortigen Einsatz parat. Damit die Waffe zum schnellen Schuß, also mit geneigtem Hahn, bereit sein konnte, wurde eine Reihe von Sicherungen verwendet, von denen einige bereits bei Luntenwaffen erschienen waren. Zur Erhöhung der Zuverlässigkeit konnte eine einläufige Waffe zwei Hähne oder einen drehbaren Hahn mit Backen auf beiden Seiten haben, damit beim Versagen ein Pulverzünd-Ersatz zur Verfügung stand.

Neben den üblichen Radschlössern erschienen in geringerer Anzahl auch verschiedene Konstruktionen mit abweichenden Details. So gab es statt der Blatt-Schlagfeder eine Spiralfeder, anstelle des ganzen Rades nur ein Segment. Bei einigen Waffen wurde die Feder mit der Hand gespannt, sie brauchten also keinen Spezialschlüssel. Es gab „wasserdichte“ Radschloßwaffen, bei denen das Schießpulver in der Pfanne vor Feuchtigkeit geschützt und die Waffe auch bei ungünstigem Wetter voll funktionsfähig sein sollte, oder Radschlösser mit Rauchableiter, damit Pulverrauch den Schützen nicht am Zielen behinderte.

Der Bau eines relativ komplizierten und fertigungstechnisch anspruchsvollen Radschlosses war oftmals eine Meisterprüfung und die Bedingung zur Aufnahme in die Büchsenmacherinnung. Vereinzelt erscheint deshalb dieses System — als Meisterarbeit oder auf Auftrag eines Kunden angefertigt — auch aus einer Zeit, als es in der gegebenen Region entwicklungsmäßig veraltet war; in Mitteleuropa war es allerdings noch in der zweiten Hälfte des 18. Jahrhunderts üblich.

SCHNAPPSCHLOSS- UND STEINSCHLOSSWAFFEN

Bei diesen Waffen muß vor dem Abschuß der Hahn, in dessen Backen sich der Feuerstein befindet, von Hand aufgezogen werden. Beim Drükken auf den Abzug wird der Hahn durch Druck der Schlagfeder in Bewegung gesetzt, der Feuerstein schlägt gegen den Feuerstahl und erzeugt die zum Zünden des Zündkrauts in der Pfanne notwendigen Funken.

Die ältesten schriftlichen Belege über die Existenz von Schnappschlössern (1547) stammen aus Italien und Schweden; noch während des 16. Jahrhunderts erschienen frühe Schnappschlösser (Schnapphahnschlösser) verschiedener Ausführungen in einem Großteil Europas. Die einzelnen Varianten erhielten ihren Namen nach dem Land oder der Region, in der sie verwendet wurden, entstanden sind oder von wo sie sich auch verbreiteten, manchmal auch nach dem Ort, wo sie von späteren Forschern zuerst festgestellt wurden (was nicht bedeuten muß, daß dort ihr Ursprung war).

Zu den grundlegenden Unterscheidungsmerkmalen der einzelnen Varianten gehört die Plazierung der Schlagfeder entweder an der Außenseite des Schloßblechs (ältere deutsche und skandinavische Schlösser, das russische, das Schloß „alla Romana“ und katalanische — „alla Catalana“ —, in der Fachliteratur auch das spanische, eventuell auch Miqueletschloß genannte Schloß) oder an der Innenseite (Schloß „alla fiorentina“, holländisches, englisches, schottisches Schloß). Ein weiteres Kriterium ist, ob der Feuerstahl und der Pfannendeckel zwei selbständige Teile — wie bei den meisten Schlössern — oder nur ein Teil, die sogenannte Batterie (Schloß „alla Romana“ und katalanisches Schloß) bilden. Diese beiden Kriterien würden allerdings zur Unterscheidung der großen Zahl von Schlössern nicht genügen. Bei der Klassifikation spielen auch weitere Konstruktionselemente eine Rolle — die Art der Hahnsicherung gegen unwillkürlichen Abschuß, die Wirkung der Feder auf die Spitze oder die Ferse des Hahns, die Richtung der Wirkung (von oben oder von unten) sowie weitere Details. Von Bedeutung ist aber auch die Gestalt einiger Teile — zum Beispiel werden nach der Form des Hahns die skandinavischen Schlösser in schwedische, norwegische und baltische unterschieden.

Den Gipfel der Entwicklung dieses Schloßtyps stellt eine Variante dar, die am Anfang des 17. Jahrhunderts in Frankreich entstand und deren Urheber höchstwahrscheinlich Martin le Bourgeoys ist. Das Französische Steinschloß hat die Schlagfeder an der Innenseite des Schloßblechs, Feuerstahl und Pfannendeckel bilden eine Batterie. Der Hahn ist fest mit der Nuß verbunden, in der zwei Einkerbungen sind, so daß der Hahn zwei Stellungen hat — die sichernde, in der der Abzughebel in die erste Rast (Ruhrast) eingreift und in der ein Abfeuern nicht möglich ist, und die Spannrast. Im Unterschied zu allen vorangegangenen Schnappschloßvarianten, bei denen sich der mit einem senkrechten Abzug betätigte Abzughebel waagerecht bewegte, bewegte er sich beim französischen Steinschloß in der senkrechten Ebene.

Schloß alla catalana
1 Schloßblech
2 Hahn
3 Stein (Schwefelkies)
4 Batterie (Feuerstahl und Pfannendeckel)
5 Pfanne
6 Schlagfeder
7 Abzugsstange

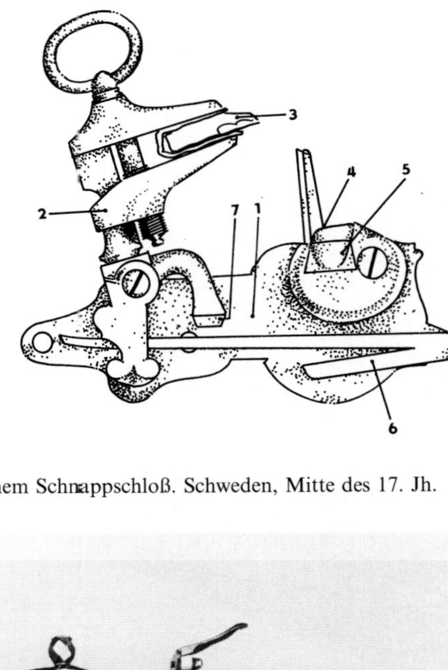

224. Kugelbüchse mit baltischem Schnappschloß. Schweden, Mitte des 17. Jh.

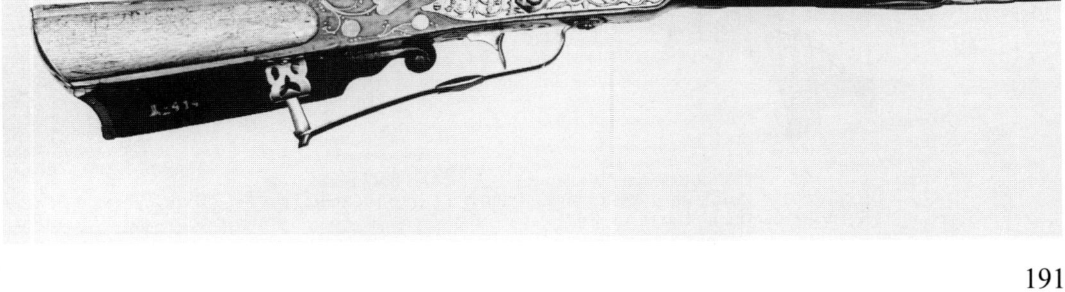

Bald nach seiner Erfindung verbreitete sich das französische Steinschloß schnell, zunächst in Frankreich und in weiteren Jahrzehnten in ganz Europa; es verdrängte, bis auf wenige Ausnahmen, die übrigen Schnappschloßvarianten. In einigen Randgebieten (Schottland, Skandinavien) überdauerten weiterhin örtliche Formen, das Schloß „alla fiorentina" erhielt sich in der Toskana und der Emilia bis zum Beginn des 19. Jahrhunderts. In kleineren Mengen lief die Fertigung anderer Typen, zum Beispiel „alla Romana", weiter, doch die einzige Variante, die in größerem Ausmaß dem französischen Steinschloß auf die Dauer konkurrierte, war das katalanische Schloß. Bis zum Ende der Steinschloßära war es in Spanien und Portugal in Gebrauch, beliebt war es fast im ganzen Mittelmeerraum. Das katalanische Schloß findet man häufig bei Waffen aus Süditalien, das lange Zeit politisch mit Spanien verbunden war, deutlich überwog es bei Waffen aus dem Balkan und weiteren Regionen, die unter islamischem Einfluß standen. Außerhalb Südeuropas fand das katalanische Schloß nur vereinzelt Verbreitung, wenn dies auch keine Ausnahmsfälle waren, wie die bisherige Literatur behauptet. Viele Adelsgeschlechter der habsburgischen Monarchie waren durch Heirat mit der spanischen Aristokratie verwandt, und so verwundert es nicht, daß es vor allem österreichische oder böhmische Büchsenmacher waren, die — offenbar auf Kundenwunsch — auch Waffen mit katalanischem Schloß fertigten.

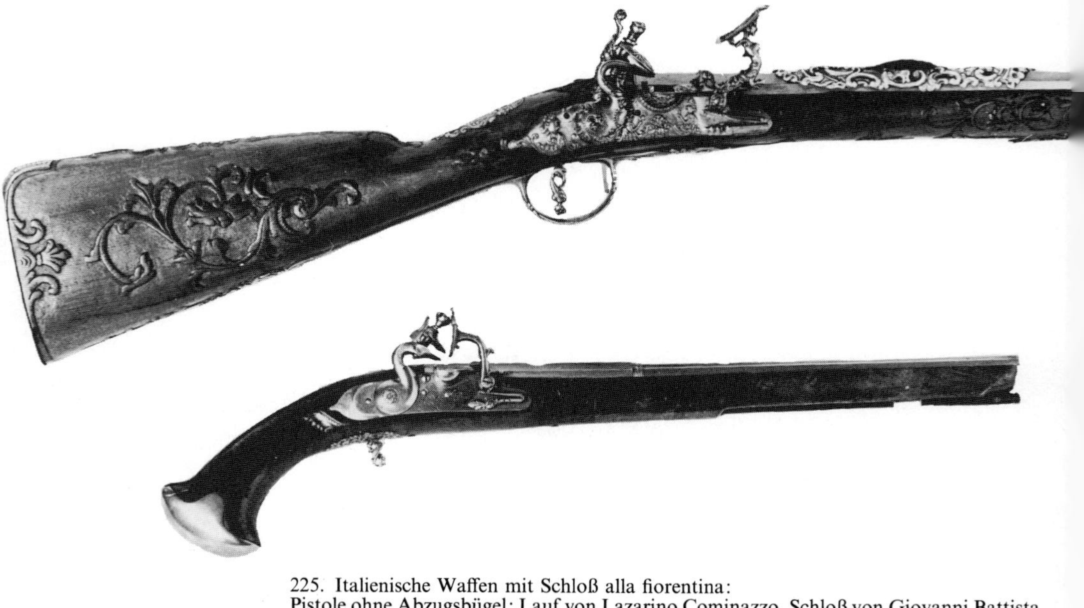

225. Italienische Waffen mit Schloß alla fiorentina:
Pistole ohne Abzugsbügel; Lauf von Lazarino Cominazzo, Schloß von Giovanni Battista Buoni, Cavriago, Ende des 17. Jh.
Gewehr 1761 in Brento gefertigt.

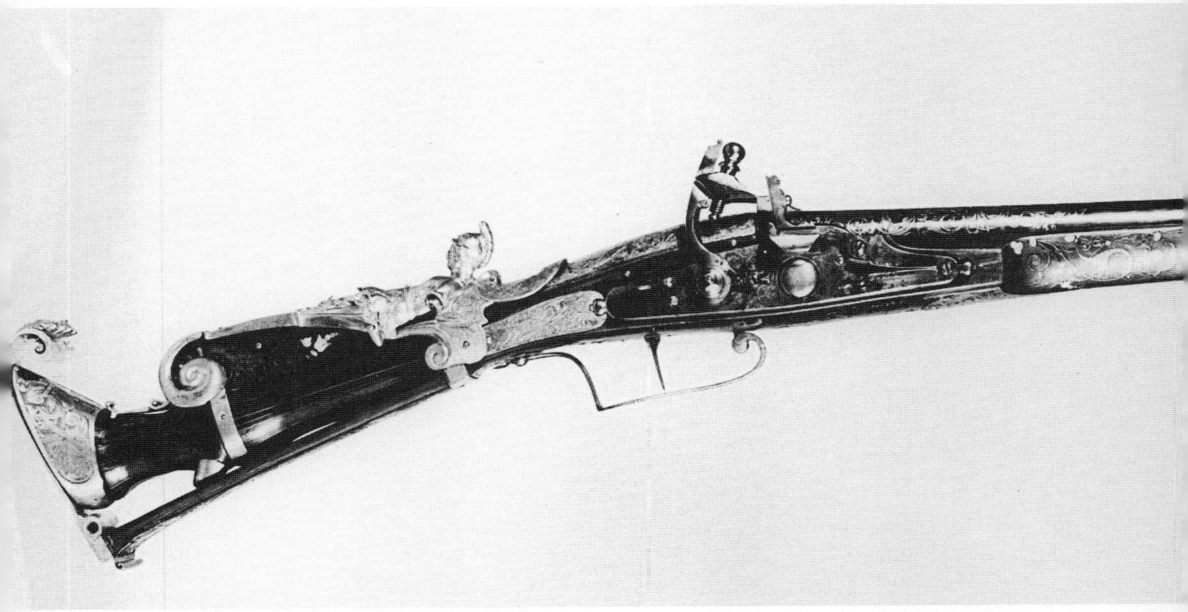

226. Eine der ältesten Waffen mit französischem Steinschloß. Marin le Bourgeoys, Lisieux, Anfang des 17. Jh.

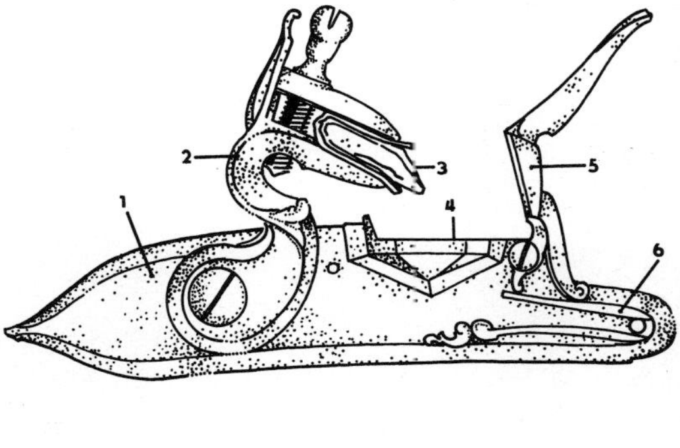

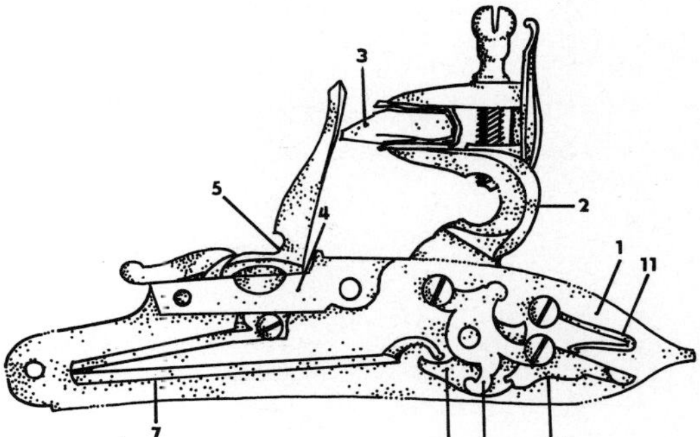

Französisches Steinschloß
1 Schloßblech
2 Hahn
3 Stein (Schwefelkies)
4 Pfanne
5 Batterie (Feuerstahl und Pfannendeckel)
6 Batteriefeder
7 Schlagfeder
8 Nuß
9 Studel
10 Abzugsstange
11 Abzugsstangenfeder

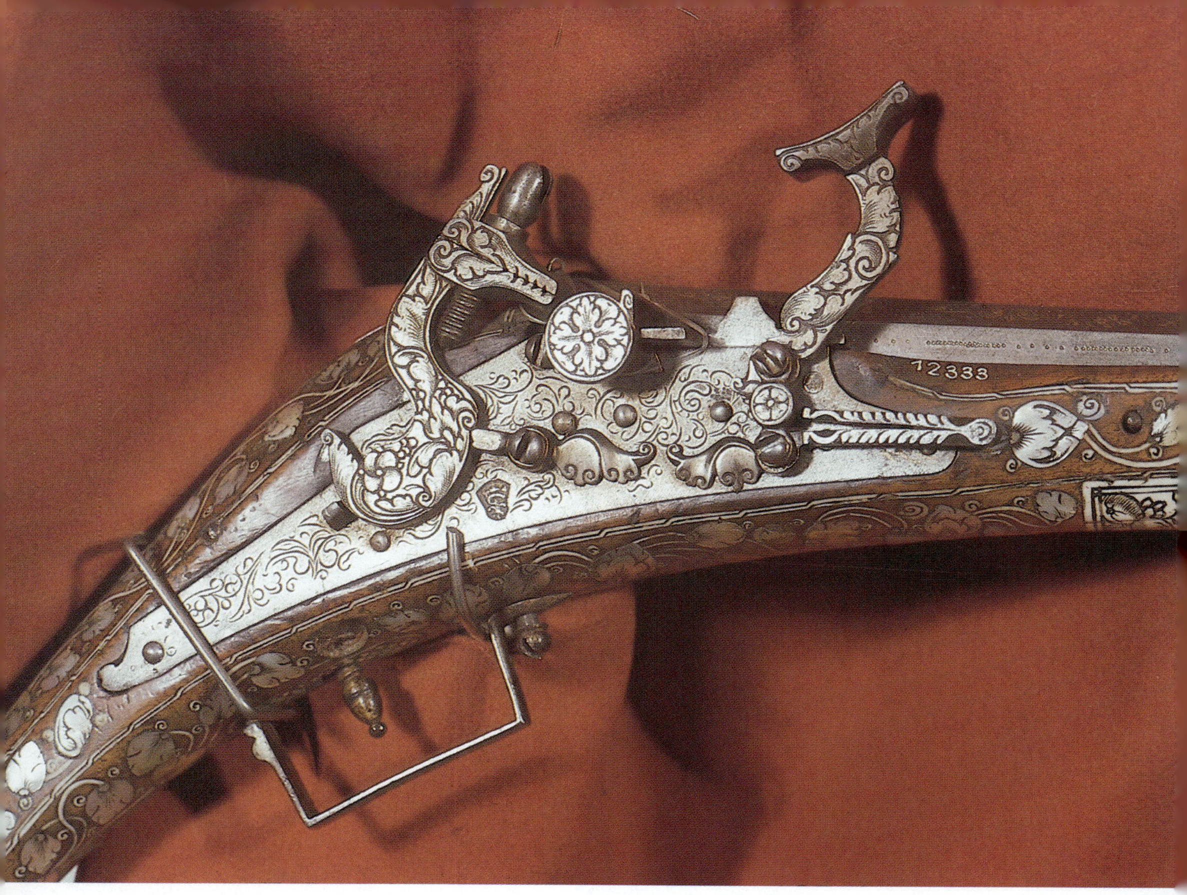

227. Pistole mit englischem Schnappschloß. England, 1593

228. Schottisches Pistolenpaar mit Schnappschloß; Eisenschaft. Im Unterschied zu den europäischen Kontinentalwaffen hatte die eine Pistole ein rechtsseitiges, die andere ein linksseitiges Schloß sowie einen Abzug ohne Bügel. Die Pistolen wurden nicht im Holster, sondern am Gürtel getragen, deshalb hatten sie einen Tragehaken. 1662

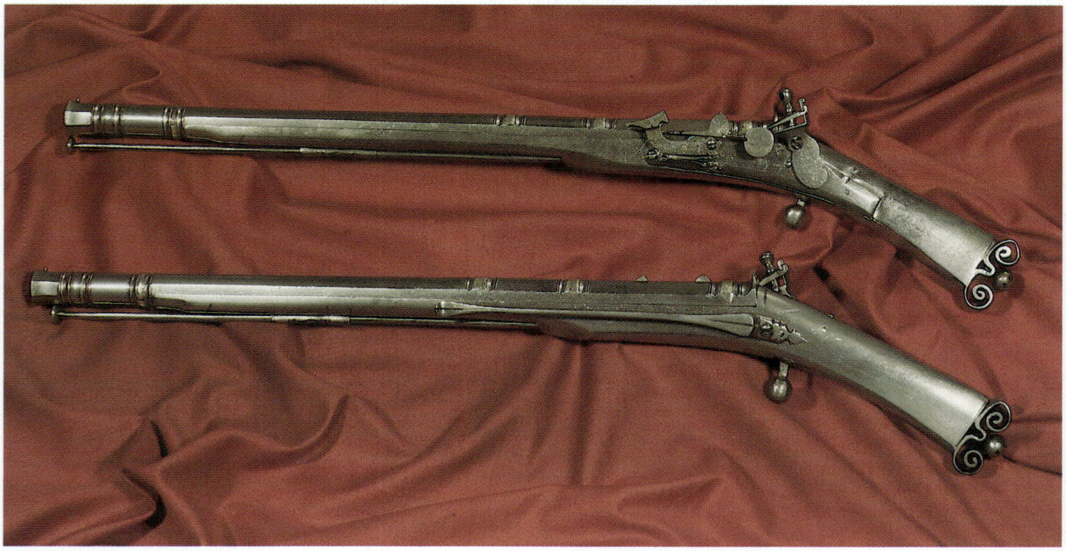

Schon vor der Erfindung des Steinschlosses sind Beispiele dafür zu finden, wie eine Variante die Konstruktion eines anderen Schnappschlosses beeinflußte. Noch durchschlagender wirkte das französische Steinschloß, von dem einige Elemente bei späteren englischen und Schlössern „alla fiorentina" verwendet wurden. Auch in der Heimat des katalanischen Schlosses machte sich dieser Einfluß bemerkbar, und im 18. Jahrhundert entstanden in Spanien besondere Konstruktionen, genannt „a las tres modas" (nach drei Moden, d.h. mit Elementen des katalanischen, des französischen und des alla-fiorentina-Schlosses) oder „a la moda" (ein äußerlich dem französischen ähnliches Schloß mit innerem Mechanismus spanischen Typs und einer anderen Hahnsicherung). Das Schloß „a la moda" wird auch als Madrider Schloß bezeichnet.

Während seiner mehr als zweihundertjährigen Existenz entwickelte sich auch das französische Steinschloß, seine einzelnen Konstruktionsdetails und die Formen einiger Teile änderten sich. Eine bedeutsame Verbesserung war — nach der Mitte des 17. Jahrhunderts — die Einführung eines neuen Teils, der Studel, die parallel zum Schloßblech lag und die Nuß gegen Hinausschwenken aus der senkrechten Lage sicherte. In Frankreich wechselten sich in bestimmten Zeiten flache und konvexe Formen von Schloßblech und Hahn ab. Für andere Länder läßt sich dieses Merkmal nur schwerlich für eine genauere Datierung heranziehen, denn außerhalb Frankreichs wurden sie mit einer gewissen Verspätung übernommen, außerdem konnte man gleichzeitig beide Formen nebeneinander finden. Wichtiger waren einige technische Verbesserungen aus dem letzten Viertel des 18. Jahrhunderts. In erster Linie ist dies die Kette — ein T-förmiges Verbindungsglied zwischen der Schlagfeder und der Nuß, so daß die Feder nicht direkt auf die Nuß, sondern über die Kette

229. Pistolenpaar mit Schloß alla romana. Antonio Sicurani, Rom, um 1700

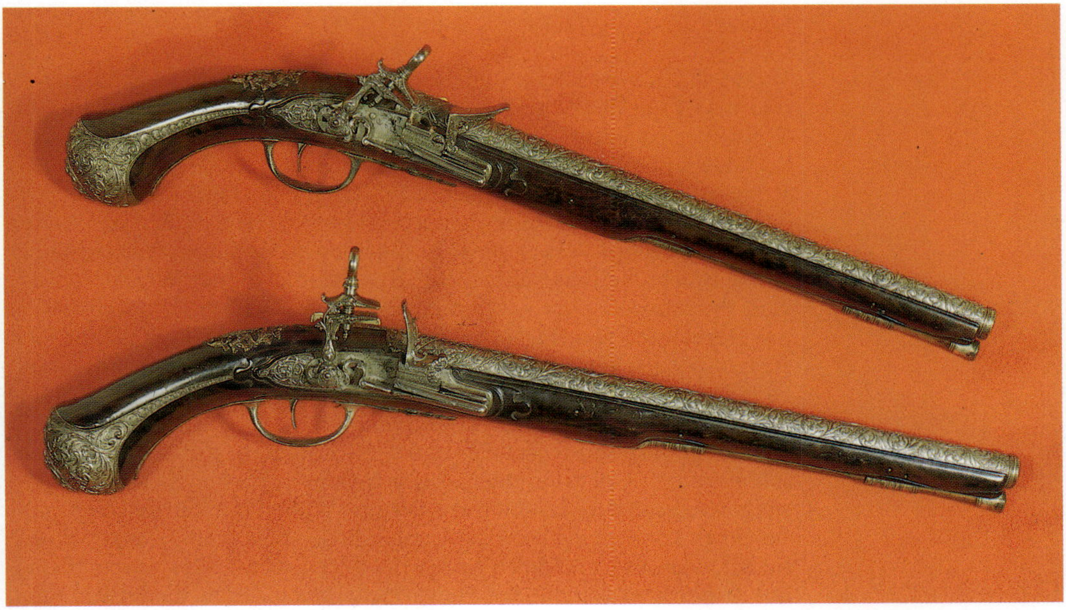

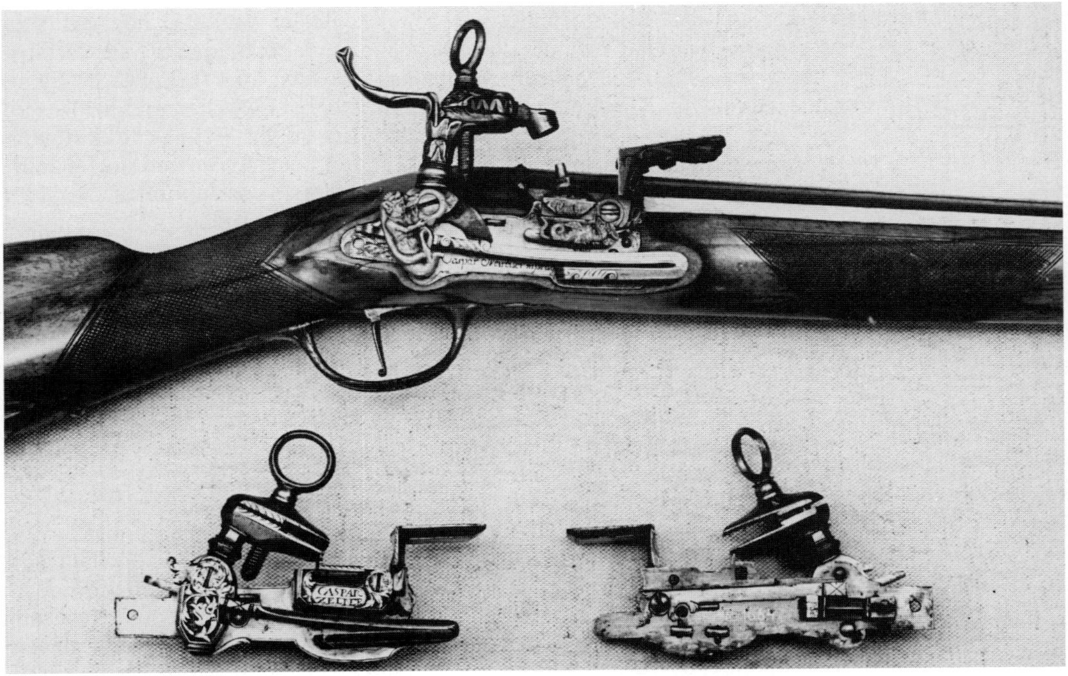

230 Mitteleuropäische Schlösser alla catalana. Caspar Zelner, Wien, um 1700.
Neireitter-Jagdflinte; um 1830 zum Perkussionssystem umgeändert. Caspar Neireitter, Prag, 1673.
Beim Hahn wurde der Feuerstein durch einen Hammer ersetzt, die Pfanne mit Piston versehen, ansonsten blieb das Schloß einschließlich des nicht mehr funktionstüchtigen Feuerstahls erhalten. Im Zuge des Umformens wurde die Flinte neu eingeschäftet; der Besitzer verwendete also eine Waffe, deren Lauf und Schloßmechanismus über 150 Jahre alt waren.

wirkte. Die Kette und die Studel lagen allerdings hinter dem Schloßblech, und man muß das Schloß herausnehmen, um an sie heranzukommen. Von außen ist jedoch das Rollglied zu sehen, ein drehbarer Teil zwischen Schlagfeder und Batterie, der die Bewegung der Batterie erleichterte. Das Rollglied wurde seit den siebziger Jahren des 18. Jahrhunderts in England verwendet, bald fand es auch anderswo, namentlich bei Waffen besserer Qualität, Verwendung. Es tauchten auch weitere, wirkliche oder vermeintliche Verbesserungen auf, zum Beispiel an der Wende vom 18. zum 19. Jahrhundert verschiedene Typen „wasserdichter" Pfannen, die das Herblaufen von Regentropfen in die Pfanne verhindern sollten. Seit Anfang des 19. Jahrhunderts waren in Frankreich und in England — und bald darauf auch anderswo — neben klassischen in S-Form auch Hähne in Form eines umgekehrten C gebräuchlich.

Wie bei anderen Systemen, findet man auch im Zeitalter der Steinschloßwaffen Konstruktionen, die sich ein wenig von der üblichen Lösung unterscheiden. Es sind zum Beispiel Waffen mit Ganzmetallschaft. Bei ihnen konnten die Schloßteile nicht in den Schaft eingesenkt werden, sie befanden sich zu beiden Seiten des Metallschaftes, es waren Waffen mit Unterhahn (damit der Hahn nicht beim Zielen hinderlich war).

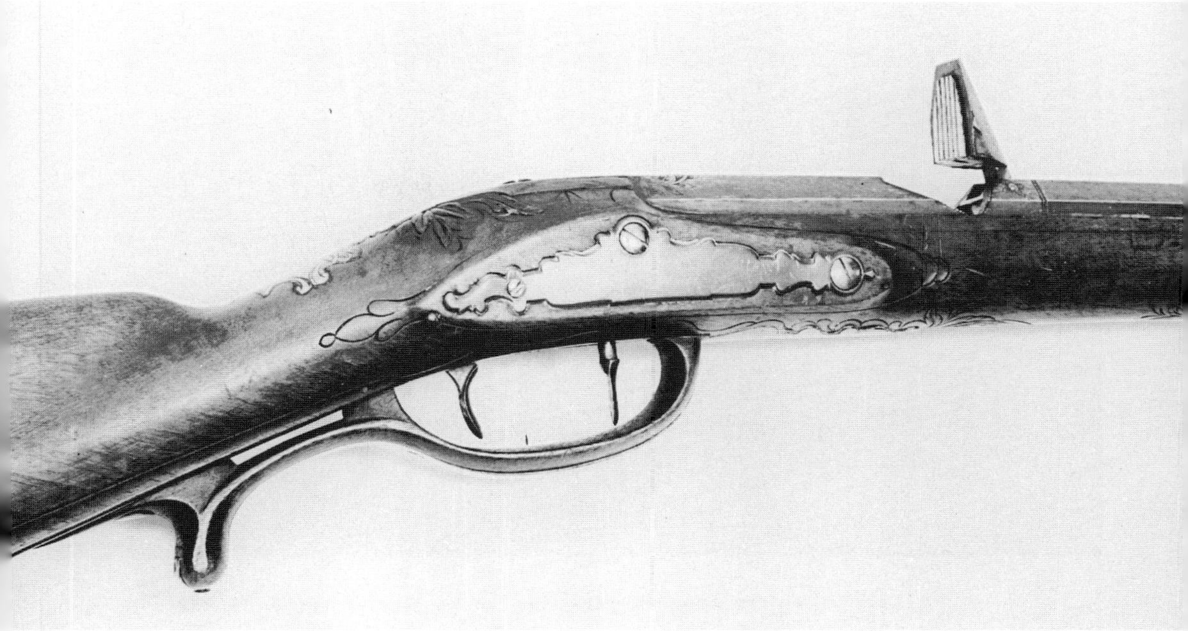

231. Flinte mit innenliegendem Steinschloß. Beim Schießen ist der Feuerstahl heruntergeklappt, in der Lauflinie liegend. Im Kasten hinter dem Lauf befindet sich das Schlagstück mit Feder und Backen für den Feuerstein Es wird mit der im Abzugsbügel vor dem Abzug liegenden Stange aufgezogen (bei anderen Exemplaren mit einer Zugstange mit zwei seitlichen, durch Ausschnitte im Schaft herausragenden Spangen). Die Waffe weist die sogenannte Kapuzinerschäftung auf — Abzugsbügel und Schaft sind aus einem Stück Holz geschnitten, typisch für einige mitteleuropäische Gewehre des 18. und vom Anfang des 19. Jh.; der ursprünglich rein hölzerne Abzugsbügel wurde später mit einem Metallband (Eisen oder Messing) verstärkt. Ferdinand Morávek, Český Krumlov (Krumau), Ende des 18. Jh.

232. Gewehr; Schloß alla moda, Madrider Schäftung. Antonio Rovira, Igualada, Katalanien, 1758

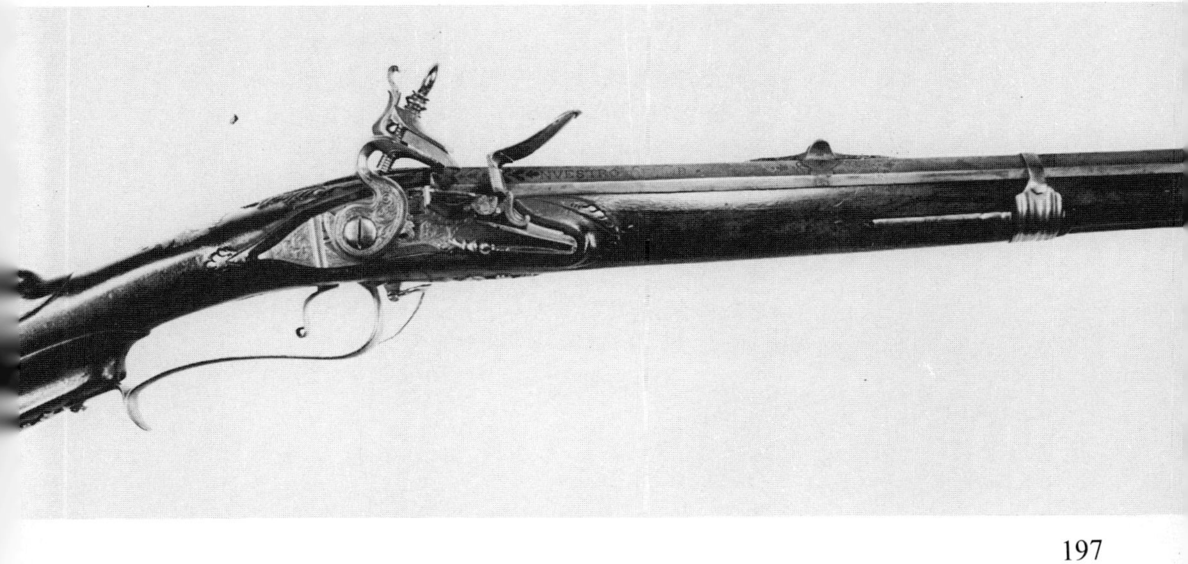

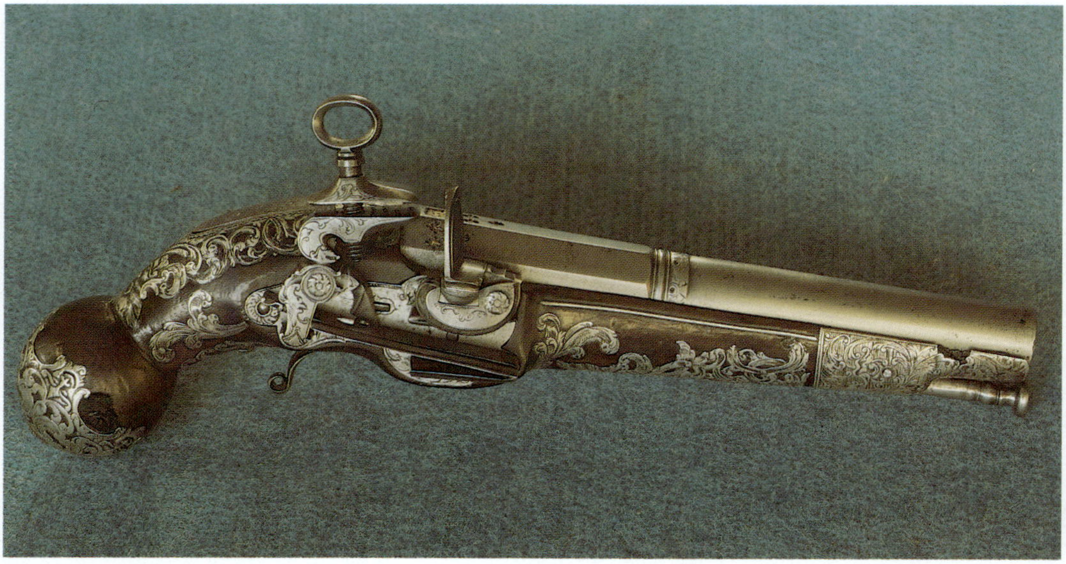

233. Kurzpistole mit Schloß alla catalana; Bearbeitung typisch für Büchsenmacher aus dem spanischen Ripoll im 17. und 18. Jh. Das Schloßblech wurde möglichst klein gehalten

234. Steinschloßpistolenpaar im Etui; Hahn in Form eines seitenverkehrten C (fehlt bei einer Pistole). Manufaktur Boutet et Fils, Versailles, um 1810

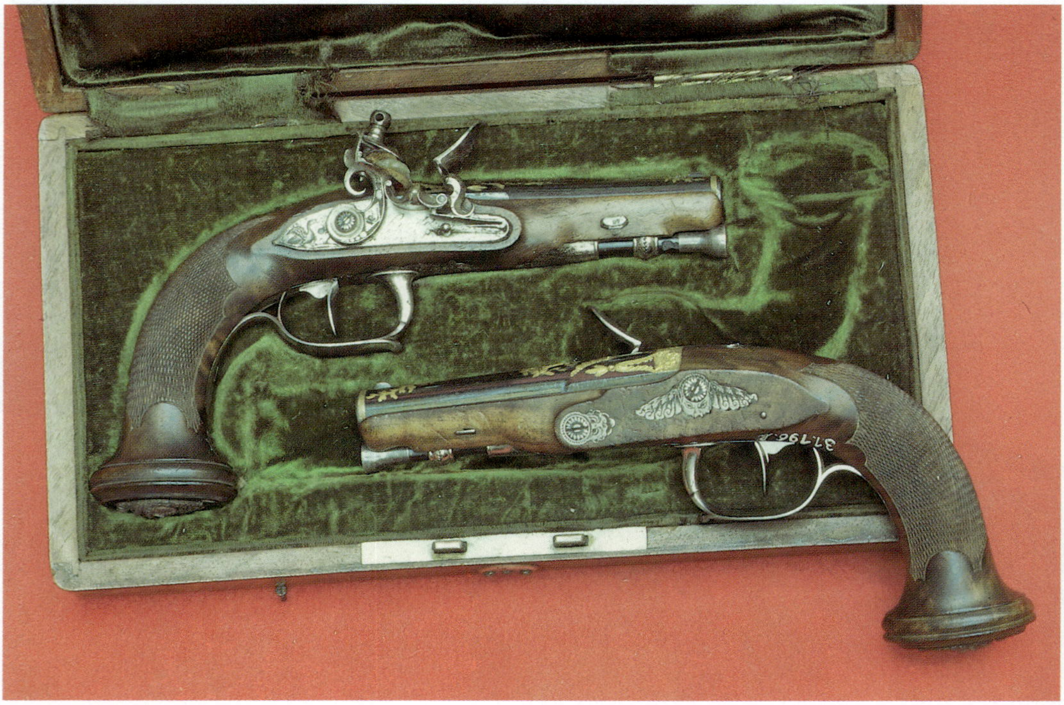

235. Schnappschloßgewehr. Schloßblech und durchbrochener Schaft mit Seejungfrauen, Drachen und Meeresungeheuern verziert. Niederlande, um 1640

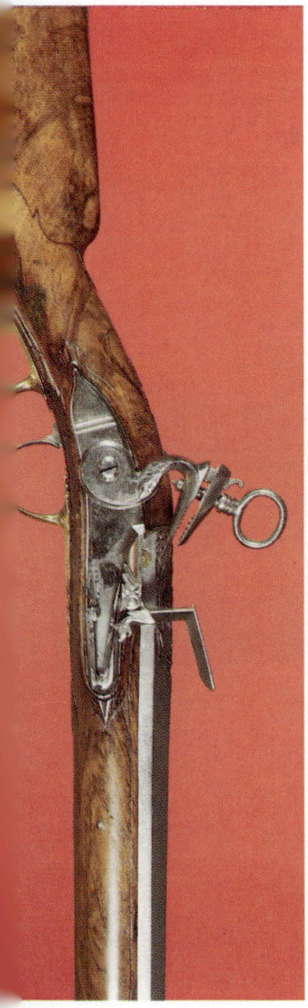

◀ 236. Steinschloßflinte; auf dem Lauf das Wappen der Herren von Dietrichstein (zwei Winzermesser). Die Waffe ist ein Beispiel für die Koexistenz zweier Schloßtypen — französisches Steinschloß; Batterie (mit gerilltem Feuerstahl), Hahnbacken und -schraube wie bei Schlössern alla catalana. Anfang des 18. Jh.

237. Taschenpistole. Der Hahn war bei Taschenwaffen in der Mitte vorteilhafter als an der Seite, da er beim Herausziehen der Waffe weniger behinderte und sich nicht so leicht an der Tasche verfangen konnte. Aus dem gleichen Grund war der Abzug kippbar; er sprang beim Hahnaufziehen automatisch aus der Schäftung heraus. Samuel Brunn, London, Anfang des 19. Jh.

Vorgänger der viel späteren Hammerleßgewehre waren Waffen mit innenliegendem Steinschloß, wahrscheinlich eine böhmische Erfindung aus den dreißiger Jahren des 18. Jahrhunderts, bei der der ganze Schloßmechanismus im Inneren der Waffe hinter dem Lauf gelagert war. In der zweiten Hälfte des 18. Jahrhunderts verbreiteten sich in England Pistolen mit dem Hahn in der Mitte, mit der Pfanne über der Pulverkammer, ohne Nuß (die Schlagfeder wirkte direkt auf den Hahnunterteil), meist mit einer verschiebbaren Sicherung hinter dem Hahnfuß außen am Schloßblech.

WAFFEN MIT PERKUSSIONSSCHLOSS

Gegen Ende des 18. Jahrhunderts kamen Explosivstoffe in Gebrauch. Sie werden durch Schlag zum Zünden gebracht. Bei den Feuerwaffen konnten sie das Schießpulver im Lauf nicht ersetzen, dafür dienten sie aber als Mittel zu dessen Zündung. Sie ersetzten das Schießpulver auf der Pfanne. Ältere Varianten des Perkussionssystems werden als chemische Schlösser bezeichnet. Die erste Waffe dieses Typs patentierte der schottische Geistliche Alexander Forsyth im Jahr 1807. Bestandteil des Forsyth-Schlosses war ein flakonähnliches Magazin für das Knallpulver. Durch

238. Flinte mit chemischem Schloß. Das Knallsatzmagazin ist durch eine Zugstange mit dem Hahn verbunden. Beim Hahnaufziehen wird die kleine Vertiefung (Pfanne) mit Knallpulver gefüllt, in die beim Abdrücken der Hahn schlägt. Joseph Contriner, Wien, um 1820

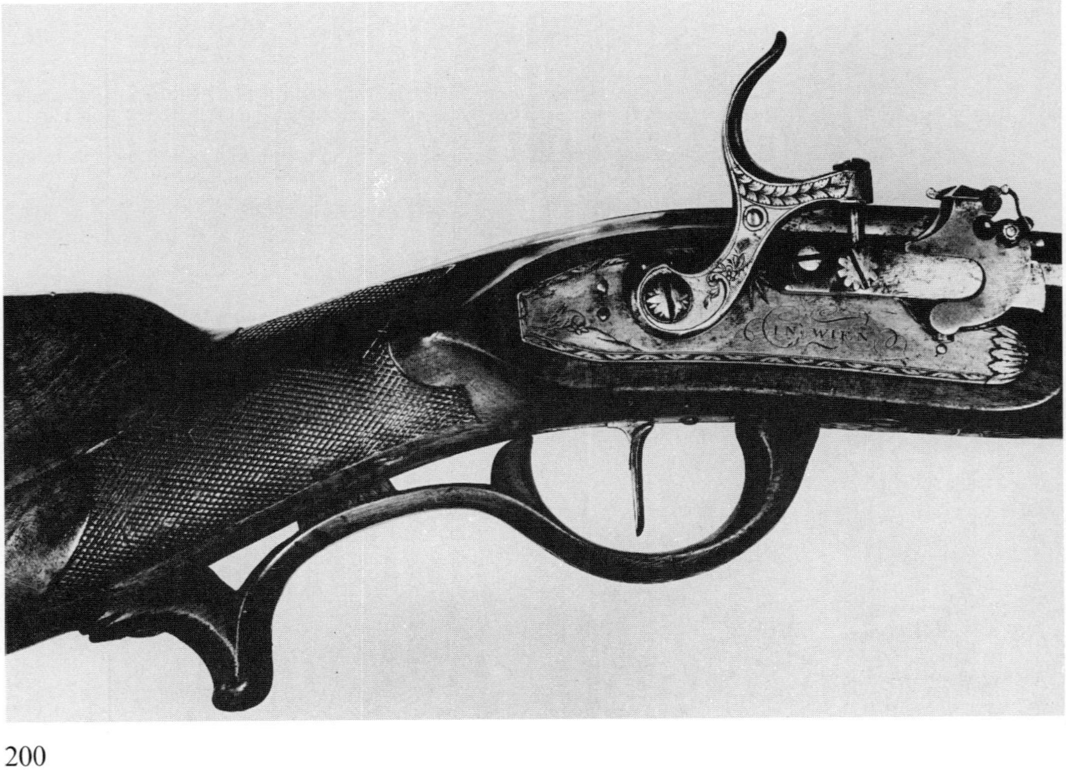

Drehung des Flakons um 180° wurde die benötigte Menge Knallpulver auf die Pfanne gebracht; beim Abschuß schlug der Hahn durch einen getrennten Schlagstift in das Knallpulver. Forsyths Erfindung wurde bald in vielen Ländern des europäischen Kontinents nachgeahmt; bald traten auch einfachere und sicherere Varianten auf, bei denen der Knallsatz in verschiedenen Papier- bzw. Metallzündpillen oder -röhrchen, später in einem verschiebbaren Zündkapselstreifen u.ä. untergebracht war.

Am günstigsten zeigte sich eine Lösung, bei der das Knallpulver sich in einem Kupferzündhütchen befand, das auf ein Piston aufgesetzt wurde. Im Vergleich zum Steinschloß hatte der Hahn des Perkussionsschlosses keine Backen für einen Stein, er schlug direkt auf das Zündhütchen, der frühere Feuerstahl mit Pfanne wurden durch das Piston ersetzt. Um 1820 war dieses eigentliche Perkussionssystem in England bekannt (den Anspruch, Urheber zu sein, erhoben mehrere britische Büchsenmacher), in den zwanziger Jahren verbreitete es sich auf dem europäischen Kontinent. In einigen Regionen wurden noch eine Zeit lang vorübergehend auch ältere chemische Schlösser verwendet, doch das Perkussionsschloß überwog allgemein und diente bis zum Ende der Ära der Vorderlader.

Die Umänderung des Steinschlosses zum Perkussionsschloß war ziemlich einfach, und so wurden zahlreiche Militär- und Zivilwaffen in ein modernes System umgewandelt. Heutige Sammler sind in der Regel

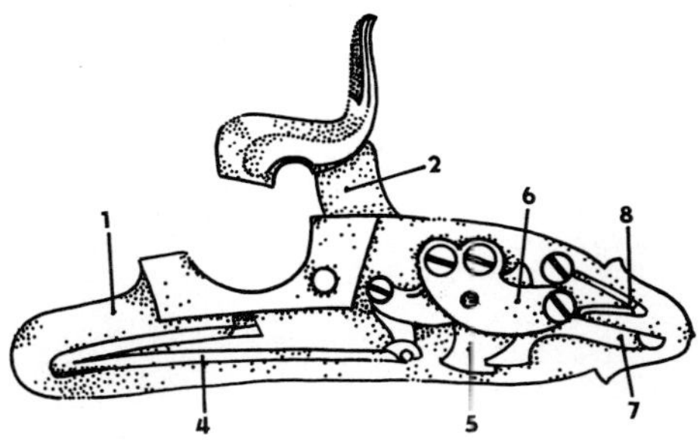

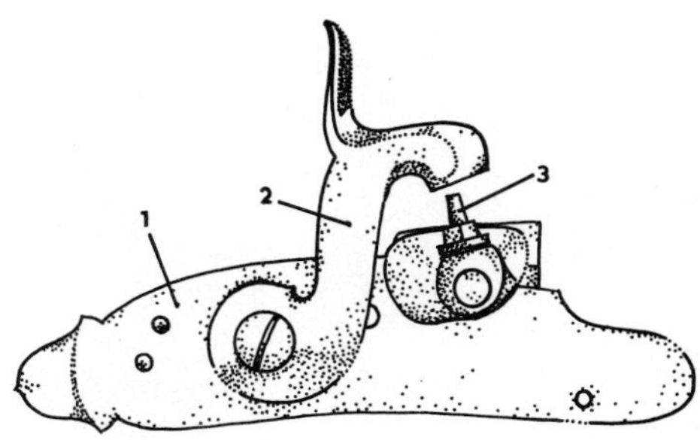

Perkussionsschloß
1 Schloßblech
2 Hahn
3 Piston
4 Schlagfeder
5 Nuß
6 Studel
7 Abzugsstange
8 Abzugsstangenfeder

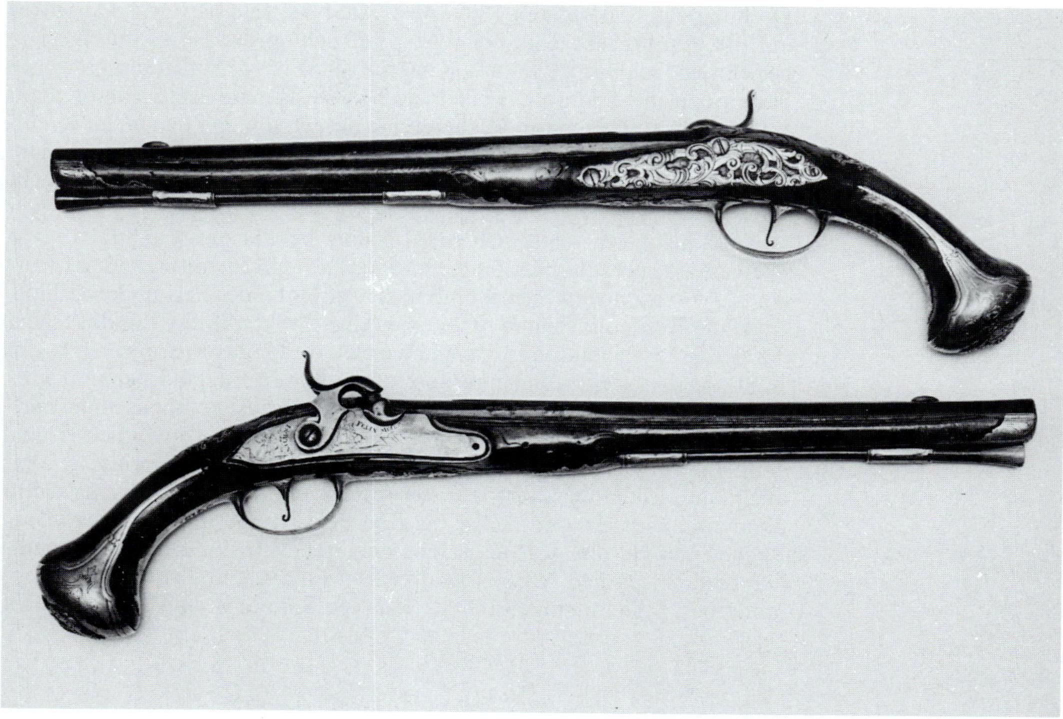

239. Pistolenpaar; ursprünglich Steinschloßwaffen, um 1840 zum Perkussionssystem umgeändert. Felix Meier, um 1730

240. Flinte mit Perkussions-Kastenschloß. Beim Kastenschloß (Patent von A. V. Lebeda, 1828) war der Mechanismus nicht an der Innenseite im herausnehmbaren Schloßblech, sondern in einem von oben im Schaft (oder bei Jagddoppelflinten hinter dem Lauf) versenkten Kasten untergebracht. So war der Schloßmechanismus besser gegen Beschädigung geschützt und leichter demontierbar. A. V. Lebeda, Prag, 1829

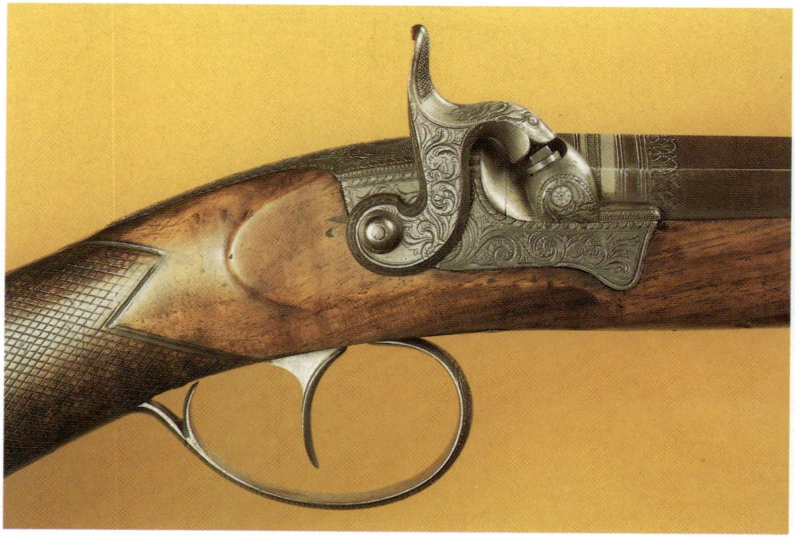

241. Perkussionsdoppelflinte; Feder vorn. Fabrik zu Suhl, um 1830.
Perkussionsdoppelflinte; Feder hinten. Johann Leonhardt Dotter, Würzburg, 1854

der Meinung, daß dermaßen umgeänderte Waffen einen niedrigeren Wert haben, als wenn sie Steinschloßwaffen geblieben wären — was in den meisten Fällen auch zutrifft, und viele streben eine Rückverwandlung der Waffe an, was allerdings nicht zu empfehlen ist. Umänderungen von Steinschloßwaffen zu Perkussionswaffen führten meist versierte Büchsenmacher durch. Zudem hatte jede Waffe nach langem Gebrauch ihr Eigenleben. Ihr ursprünglicher Besitzer wie auch der spätere verlangten nicht nur die notwendige Instandhaltung und Reparatur, sie ließen dazu oft nicht nur den Schloßmechanismus, sondern auch die Zieleinrichtungen, den Schaft und weitere Teile ändern. Das alles ist heute bei eventuellen Änderungen an historischen Waffen in Betracht zu ziehen.

Die Ära der Perkussionswaffen dauerte in Europa rund ein halbes Jahrhundert. Das System fächerte sich nicht in so viele Varianten wie die viel länger bestehenden vorangegangenen Schloßsysteme. Zahlreicher als bei den Steinschloßwaffen waren Schlösser mit unteren Hähnen, es erschienen auch Exemplare mit seitlichem Hahn. Es gibt Perkussionswaffen mit mittlerem Hahn und weitere spezielle Konstruktionen, wie zum

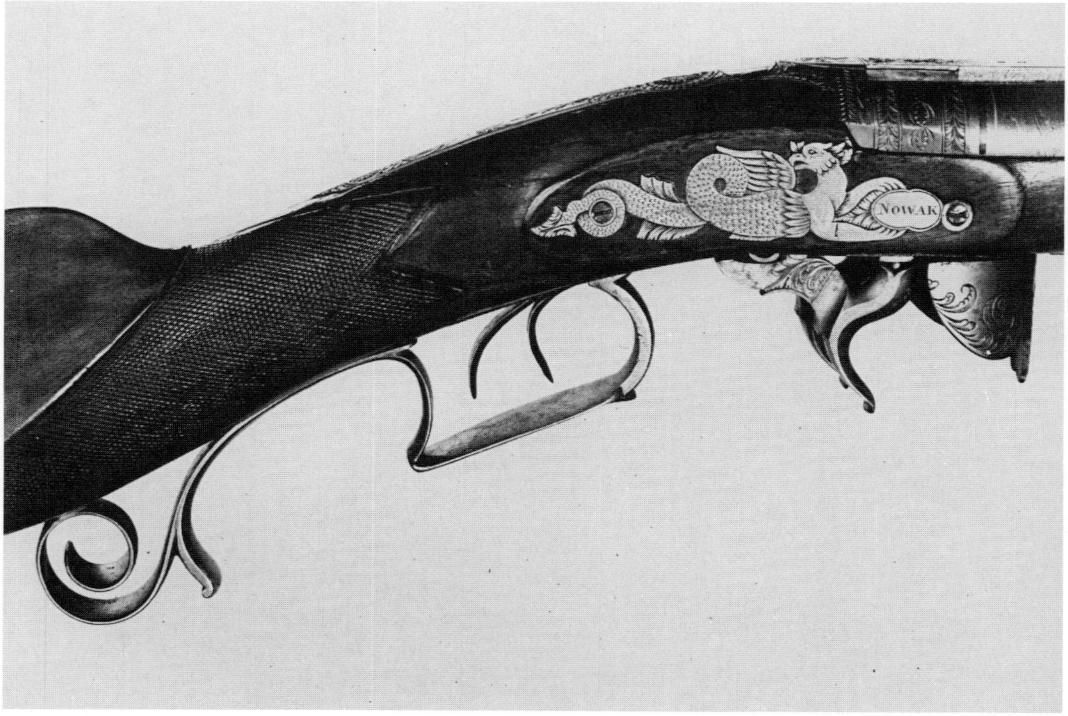

242. Perkussionsdoppelflinte; untere Hähne. Joseph Nowak, Wien, um 1840

243. Doppelflinte; Perkussionsschlösser besonderer Bauweise. Die Hähne liegen am Ende der Schlagfedern, die zugleich den Abzugsbügel bilden. Nach Lösen der Flügelschrauben hinter den Hähnen läßt sich das Schloß ohne Instrumente demontieren. Pottet-Delcusse, Paris, um 1835

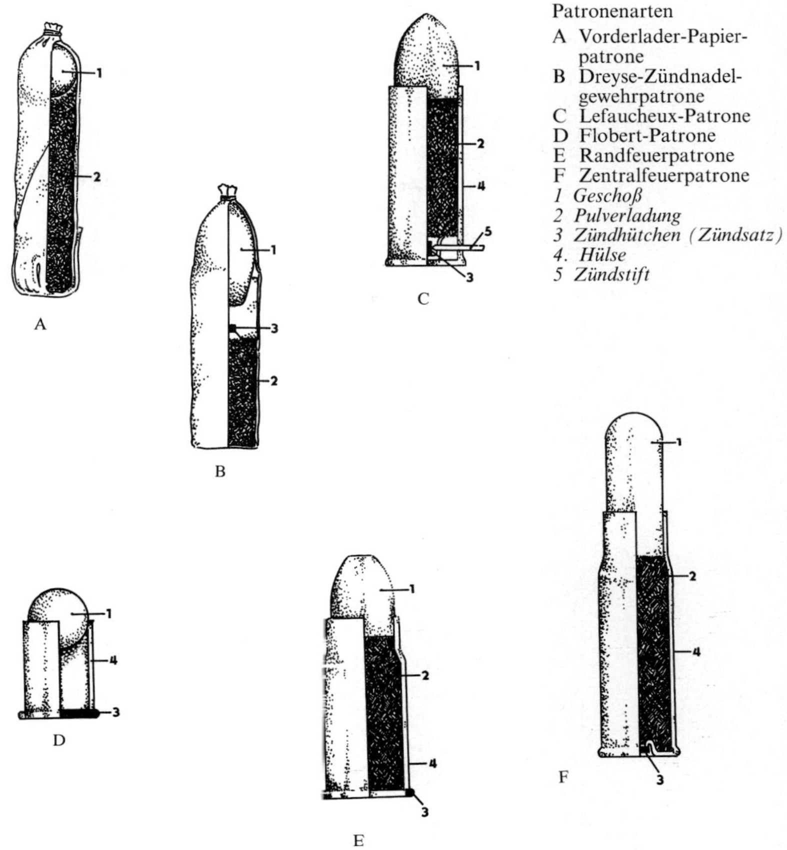

Patronenarten
A Vorderlader-Papierpatrone
B Dreyse-Zündnadelgewehrpatrone
C Lefaucheux-Patrone
D Flobert-Patrone
E Randfeuerpatrone
F Zentralfeuerpatrone
1 Geschoß
2 Pulverladung
3 Zündhütchen (Zündsatz)
4. Hülse
5 Zündstift

Beispiel das Kastenschloß des Prager Büchsenmachers Lebeda. Die Mode beeinflußte die Form des Schloßblechs und einige weitere Details, neben Perkussionsschlössern mit vorderer Feder (die Schlagfeder lag vor dem Hahn) kamen häufig auch Waffen mit hinterer Feder (hinter dem Hahn nach hinten liegend) vor. Schlösser mit hinterer Feder gab es zwar bereits beim Steinschloßsystem, dort jedoch nur, wenn die Waffenkonstruktion es erforderte, also bei Gewehren bzw. Pistolen mit drehbarem oder Kipplauf.

Perkussionswaffen kamen in den meisten Teilen Europas in den siebziger Jahren des 19. Jahrhunderts aus dem Gebrauch. Für den Export in andere Kontinente und einige Randgebiete Europas (hauptsächlich die Balkan-Halbinsel) wurden jedoch vor allem im belgischen Lüttich bis zum 20. Jahrhundert nicht nur Perkussions-, sondern auch Steinschloßwaffen hergestellt. Das ist verständlich, denn moderne Waffen mit Einheitspatrone erforderten ausschließlich die spezielle Munition für die jeweilige Waffe. In West- oder Mitteleuropa, wo es in jeder kleineren Stadt einen Laden mit breitem Munitionssortiment gab, war es kein Problem, sich die benötigte Munition zu beschaffen. In Regionen, wo das nicht so war, mußte jeder Besitzer einer modernen Waffe einen großen Munitionsvorrat haben; war dieser aufgebraucht, konnte die Waffe nicht verwendet werden.

EINHEITSPATRONEN

Die weitere Entwicklung der Feuerwaffen ist mit der Einheitspatrone verbunden. Bei allen bisherigen Systemen wurden die drei zum Abschuß notwendigen Hauptkomponenten — das Schießpulver, die Zündmasse (eine kleine Schießpulverdosis auf der Pfanne bzw. das Zündhütchen beim Perkussionsschloß) und das Geschoß — getrennt geladen. Bereits im 17. Jahrhundert wurde — besonders beim Heer — die benötigte Pulvermenge vorher abgemessen in kleinen Holzbüchsen aufgehoben, später in Papierhüllen; seit der Wende des 17. zum 18. Jahrhundert war auch das Geschoß in der Papierhülle. Zur Zeit der Perkussionswaffen wurde der Papier-„Patrone" auch ein Zündhütchen angefügt. Diese Lösung beschleunigte das Laden, denn der Schütze hatte, was er brauchte, alles zusammengestellt, doch in die Waffe mußte er immer noch jede Komponente einzeln laden.

Die erste Einheitspatrone baute 1812 in Paris der Büchsenmacher Pauly: Geschoß, Pulver und Zündsatz verband eine Patrone aus Pappe mit Messingboden. Paulys Patrone fand jedoch nur wenig Verbreitung, da ihre Fertigung arbeitsaufwendig und teuer war. Mit der Konstruktion einer Einheitspatrone befaßten sich im 19. Jahrhundert Dutzende von Konstrukteuren. Hier können nur die grundlegenden Meilensteine dieser Entwicklung erwähnt werden, auch wenn zur Lösung dieses Problems viele Erfinder beigetragen haben.

In der Mitte der dreißiger Jahre entstand in Paris die Lefaucheux-Patrone aus Papier und mit Messingboden; aus der Bodenkapsel ragte seitlich ein Metallstift heraus, auf den beim Abschuß der Hahn schlug. Später wurde die Lefaucheux-Patrone mit einer Ganzmetallhülse versehen, die kein Entweichen von Pulverexplosionsgas zuließ; in den fünfziger Jahren des 19. Jahrhunderts ging sie als erste integrierte, schußfertige, selbstdichtende Einheitspatrone in die Massenproduktion.

244. Hinterlader; Verschluß (mit Hebel am Kolbenhals) hochklappbar; Patent 1812. Johannes Samuel Pauly, Paris

245. Französischer Revolver System Lefaucheux, Muster 1858

246. Zündnadelflinte. Nicolaus Dreyse, Sömmerda, um 1865.
Zündnadeldoppelflinte. Rudolf Berger, Köthen, um 1870

247. Hinterladerpistole mit Radschloß; zur Seite klappbarer Verschluß. Die gerade Schäftung der ältesten Pistolen erinnert an den Dolchgriff, erst später entwickelten sich gebogene (gekröpfte) Griffe. Süddeutschland (Augsburg ?), Mitte des 16. Jh.

Sehr beliebt waren seit den vierziger Jahren des 19. Jahrhunderts Einheitspatronen für preußische Dreyse-Zündnadelgewehre. Wie auch einige andere Patronensysteme aus jener Zeit hatten sie nur eine Papphülse, die beim Schuß verbrannte. Bei längerdauerndem Schießen konnten die Rückstände unvollkommen verbrannter Papierhülsen das Funktionieren der Waffe behindern, auch das unverwünschte Entweichen von Pulverexplosionsgas zählte zu den Mängeln.

Ende der vierziger Jahre konstruierte der Franzose Flobert eine Patrone mit Randzündung, bei der der Zündsatz am Rand des Patronenbodens gelagert war. Floberts Patrone enthielt kein Schießpulver, das Geschoß wurde nur von der Energie des Zündsatzes angetrieben. Ende der fünfziger Jahre brachte die amerikanische Firma Smith & Wesson Randfeuerpatronen für ihre Revolver auf den Markt. Seit den sechziger Jahren wurden in großem Ausmaß verschiedene Patronentypen mit Zündmittel im Rand, aber auch in der Mitte (das Zündhütchen befand sich in der Mitte des Patronenbodens) hergestellt. Bei Einheitspatronen mit Metallhülse ergab sich ein neues Problem: die Notwendigkeit, die Hülse nach dem Abschuß zu beseitigen; an den Waffen erschienen deshalb neue Teile: Hülsenauszieher oder -auswerfer verschiedener Typen. Die Einheitspatrone war zugleich eine unerläßliche Voraussetzung für die Entwicklung wirksamer und zuverlässig funktionierender Hinter- und Mehrlader und später auch der Maschinenwaffen.

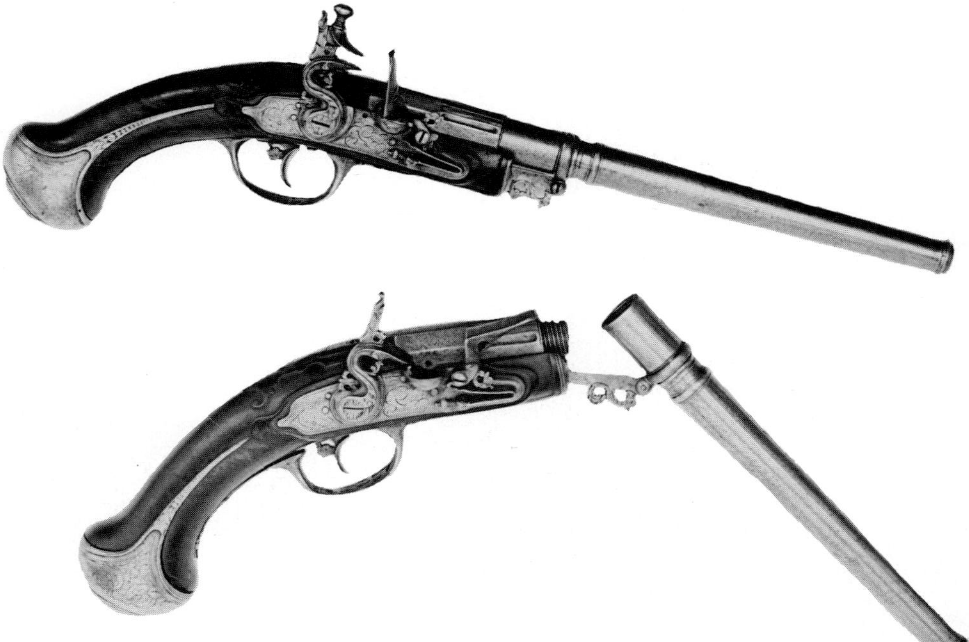

248. Hinterladerpistolenpaar; französisches Steinschloß, abschraubbarer Lauf (bei der unteren Pistole fehlt die obere Hahnbacke). R. Hewse, Wooton Basset, England, um 1660

EINSCHÜSSIGE HINTERLADER

Eine Waffe von hinten zu laden ist natürlich viel einfacher, als ein Vorderladergewehr aufzuladen. In geringer Anzahl erschienen Hinterlader bereits seit der zweiten Hälfte des 15. Jahrhunderts. Die ältesten hatten oft einen Kammerverschluß (die Kammer ließ sich herausnehmen, außerhalb der Waffe aufladen und wieder zurücklegen), manchmal war ein Klappenverschluß vorhanden, der sich nach der Seite oder nach oben abklappen ließ. In der zweiten Hälfte des 17. Jahrhunderts erschienen Kippläufe und auch abschraubbare Läufe, die sich am meisten in England verbreiteten. In Gebrauch waren vertikale Schraubverschlüsse und eine Reihe weiterer Konstruktionen. Alle Hinterlader waren herstellungstechnisch anspruchsvoll und deshalb auch teurer als die Vorderlader. Mit den technischen Möglichkeiten bis zur Mitte des 19. Jahrhunderts konnte man weder den Verschluß vollkommen dicht bekommen noch das Entweichen von Gas ganz verhindern. Das verringerte gewissermaßen die Reichweite, schwerwiegender war jedoch, daß es die Sicherheit des Schützen beeinträchtigte.

Um die Mitte des 19. Jahrhunderts und unmittelbar danach entstanden Dutzende Konstruktionen von Perkussionshinterladern — mit nach unten, oben oder zur Seite kippbaren, nach vorn verschiebbaren Läufen, mit herausklappbaren Kammern, mit Blockverschlüssen u.ä. Dreyse

Verschlußtypen

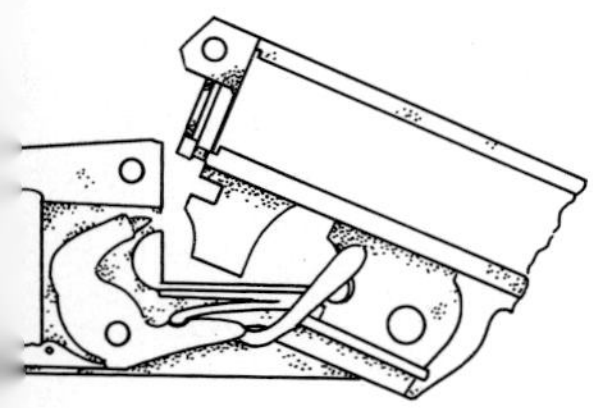

Baskülverschluß
(Greener)

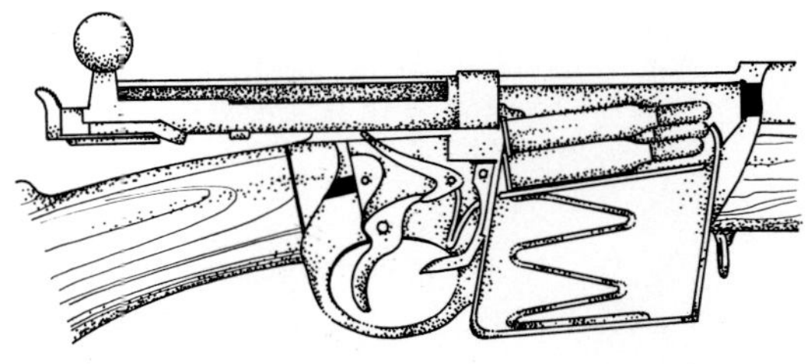

Zylinderverschluß
(Lee)

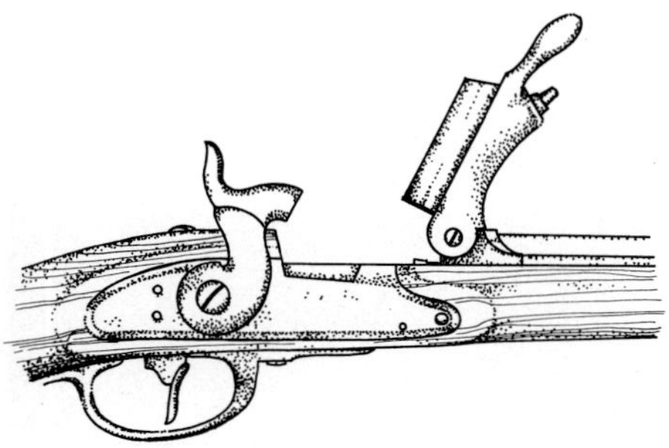

Klappverschluß
(Wänzl)

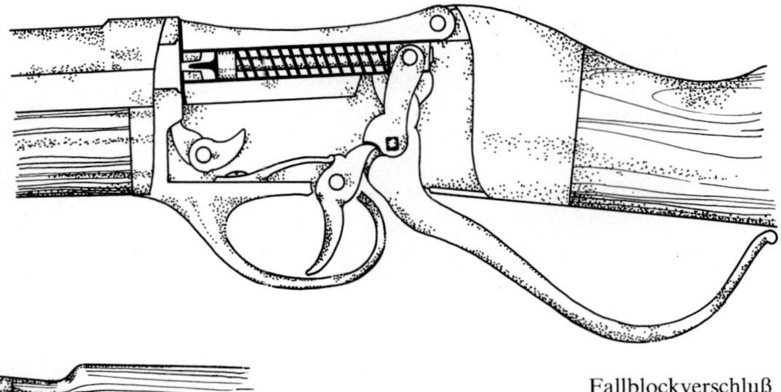

Fallblockverschluß
(Martini)

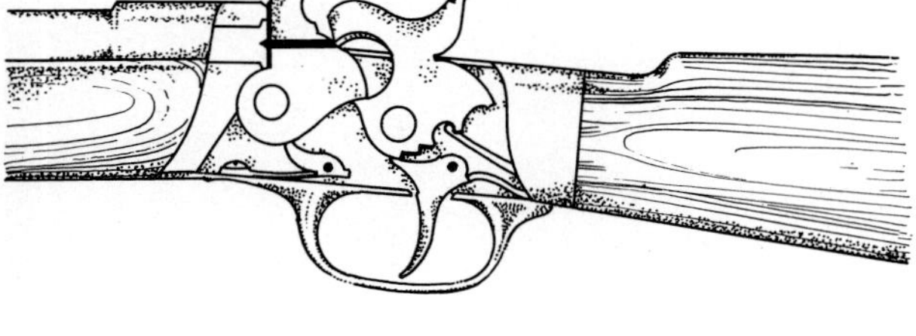

Drehblockverschluß
(Remington)

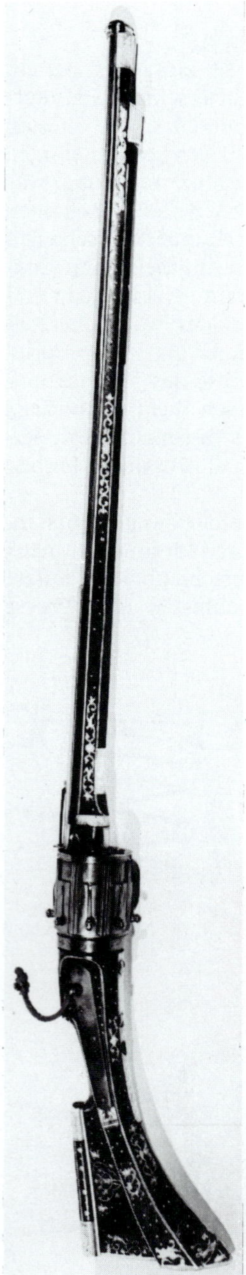

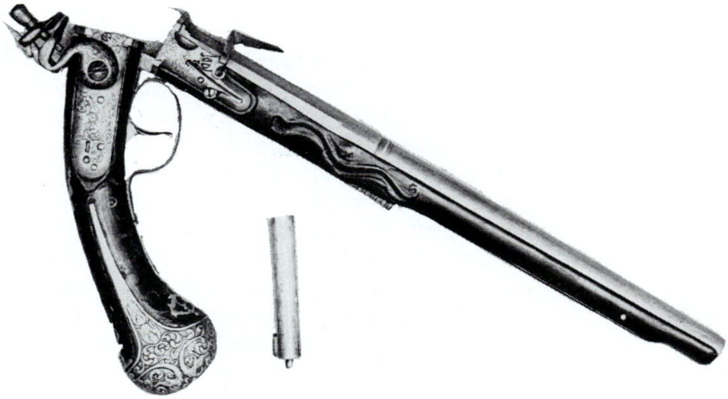

249. Hinterladerpistole (von einem Paar); französisches Steinschloß, Kipplauf. In den Lauf wird von hinten eine geladene Eisenpatrone eingesteckt. Für dieses Gewehr- und Pistolensystem ist typisch, daß Pfanne und Feuerstahl Bestandteil der Patrone sind. Das abgebildete Exemplar ist eine Ausnahme, bei der sich diese Teile am Schloßblech befinden. Frankreich, um 1670

◀ 250. Luntenschloß-Revolvergewehr; Achtkammerntrommel. Deutschland, Anfang des 17. Jh.

251. Hinterlader-Kugelbüchse; französisches Steinschloß, Vertikalschraubenverschluß, mit dem Abzugsbügel betätigt. Johann Adam Knodt, Karlsbad, Böhmen, um 1730

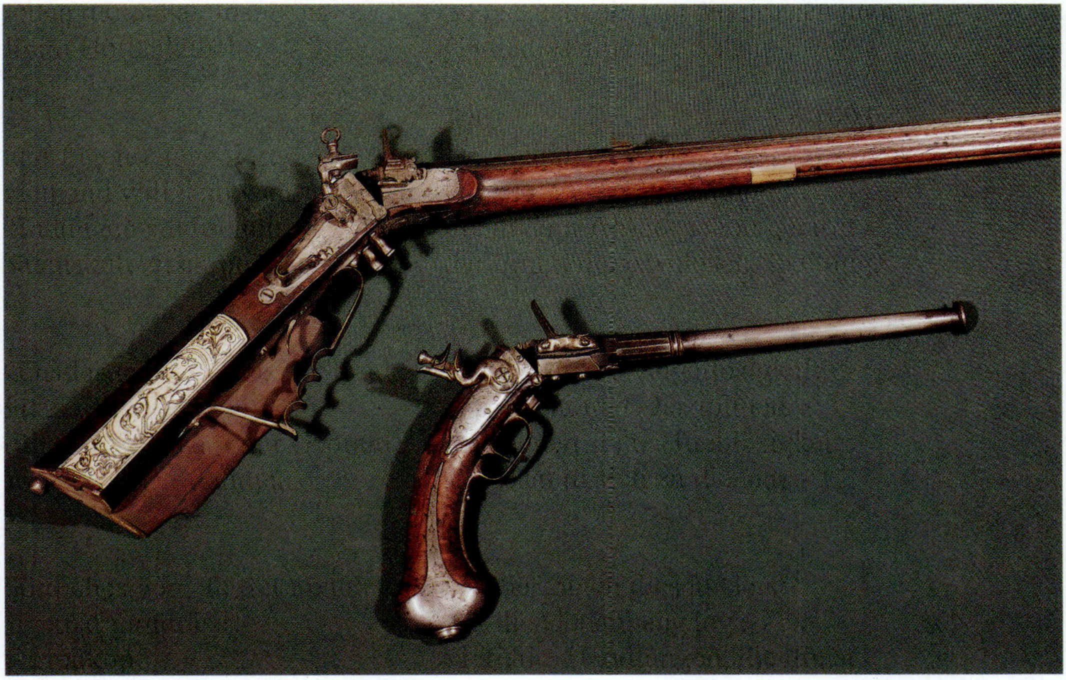

252. Hinterlader-Kugelbüchse; Steinschloß, Kipplauf. Hans Ernst Jaidtl, Brno (Brünn), Mähren, um 1660.
Pistole vom selben System. Unsigniert, etwas jünger

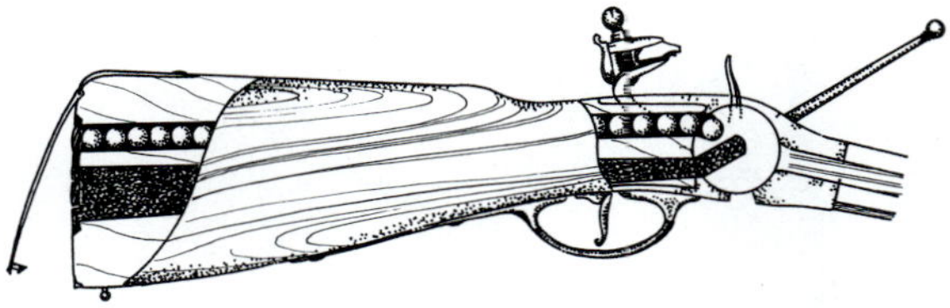

Mehrlader mit Querwalze und Röhrenmagazinen für Kugeln und Pulver im Kolben

betrachtete seine Idee des Nadelbolzens als seinen größten Beitrag und strebte ihre Anwendung auch bei den Vorderladern an. Bis die Unfälle, zu denen es bei Versuchen mit seiner Waffe kam, ihn zum Bau eines drehbaren Zylinderverschlusses führten, einer hoch zukunftsträchtigen Konstruktion, die ihm einen Dauerplatz unter den Waffenkonstrukteuren sicherte. Der Erfolg Preußens im Krieg gegen Dänemark 1864 und besonders sein Sieg über Österreich 1866 bedeuteten die endgültige Durchsetzung der von hinten geladenen Waffen. Während einiger weniger Jahre enstanden Dutzende von Hinterladern — mit Klappen-, Vertikalblock-, Drehblock, Fallblock-, Zylinderverschluß mit Drehbewegung, mit Baskülverschluß (mit Kipplauf) usw. Viele Lösungen blieben im Prototypstadium stecken oder wurden nur in wenigen Exemplaren gefertigt, nur wenige Konstruktionen erfuhren Serienfertigung. Alle diese Waffen hatten selbstverständlich Einheitspatronen. Mit den einschüssigen Waffen begannen bereits Mehrladewaffen ernsthaft zu konkurrieren.

REPETIERGEWEHRE

Die Bemühungen um das Konstruieren repetierender Feuerwaffen sind sehr alt. Die Erhöhung der Feuergeschwindigkeit (Schußfolge) war besonders angesichts des langwierigen Ladens der Waffen von großer Bedeutung, allerdings gab es hier noch größere technische Probleme als bei den einschüssigen Hinterladern.

Die einfachste Lösung war die Erhöhung der Anzahl der Läufe, die entweder nach und nach oder auf einmal (in Salve) abgefeuert wurden. Bereits im frühen Stadium der Feuerwaffen gab es sogenannte Orgelgeschütze, mehrläufige Waffen kamen auch in späteren Zeiten vor. Je mehr Läufe sie hatten, desto schwerer waren sie; bei den Handfeuerwaffen, die ja tragbar sein sollten, waren zwei Läufe am häufigsten. Zunächst waren sie meist übereinander angeordnet, erst in der zweiten Hälfte des 18. Jahrhunderts und namentlich im 19. Jahrhundert nahmen Waffen mit zwei Läufen nebeneinenader zu. Es gab auch Stücke mit einer größeren Anzahl von Läufen, häufiger Pistolen als Gewehre, weil die Gewichtserhöhung bei den kurzen Waffen immerhin akzeptabler war. Bei Waffen, die nicht in Salve, sondern nacheinander schossen, konnte entweder jeder Lauf einen eigenen Schloßmechanismus haben oder es war an jeder Waffe nur ein mit jedem Lauf durch ein System verschließbarer Zündkanäle verbundenes Schloß.

Ziemlich bald erschienen Waffen mit sich drehendem Laufbündel; von da war es nicht weit zu dem Konzept einer Waffe mit einem einzigen Lauf und einer drehbaren Kammertrommel. Nach dem drehbaren Magazin wurden diese Waffen Revolverwaffen (das lateinische Wort revolvere und das daraus abgeleitete englische revolve heißen sich drehen) benannt. Die ältesten Exemplare von Revolverwaffen stammen bereits aus dem

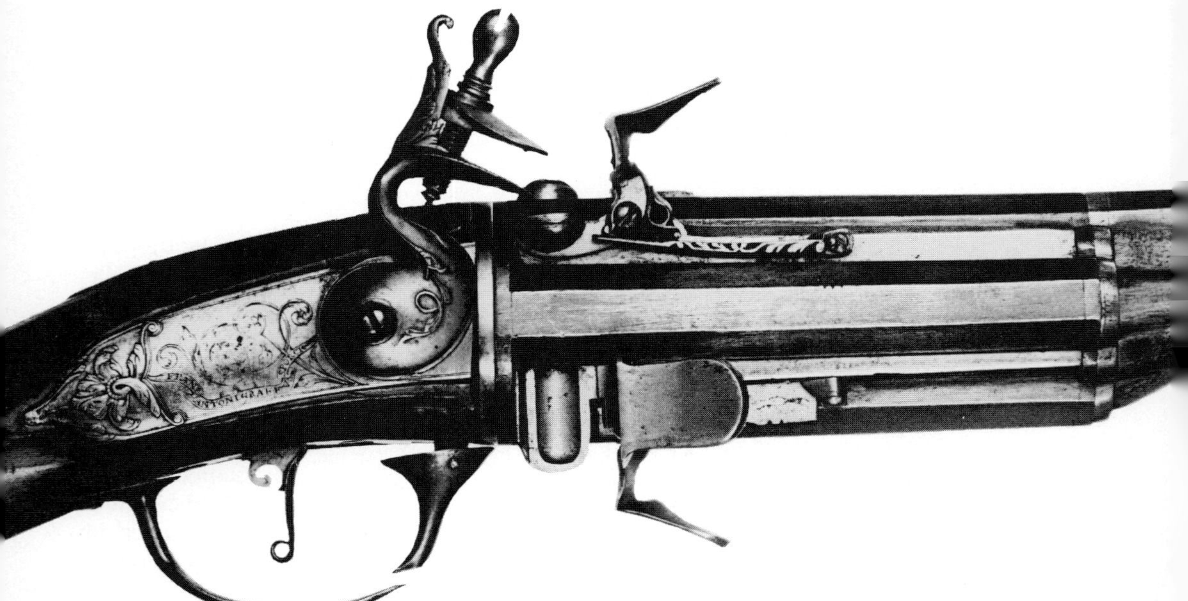

253. Revolvergewehr mit französischem Steinschloß und von Hand zu drehender Vierkammerntrommel aus dem Besitz des Grafen F. A. Sporck. Böhmen, Ende des 17. Jh.

Magazintypen

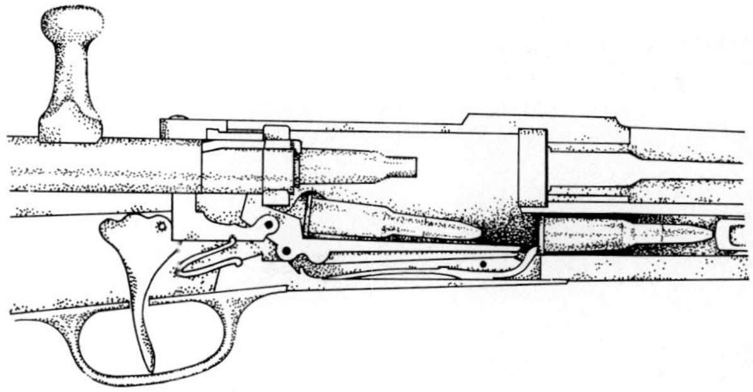

Röhrenmagazin im Vorderschaft (Lebel)

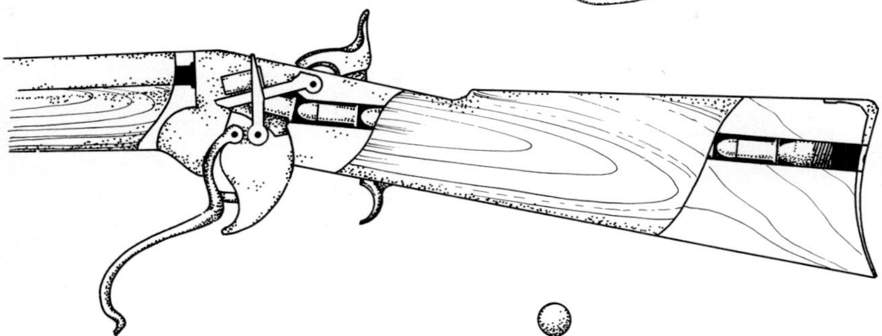

Röhrenmagazin im Kolben (Spencer)

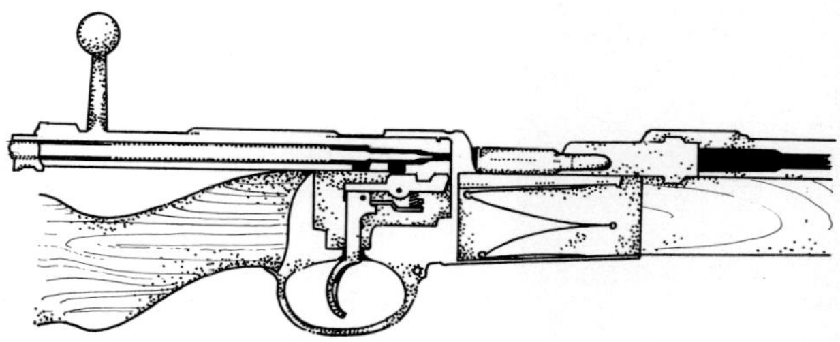

Kastenmagazin im Mittelschaft (Mauser)

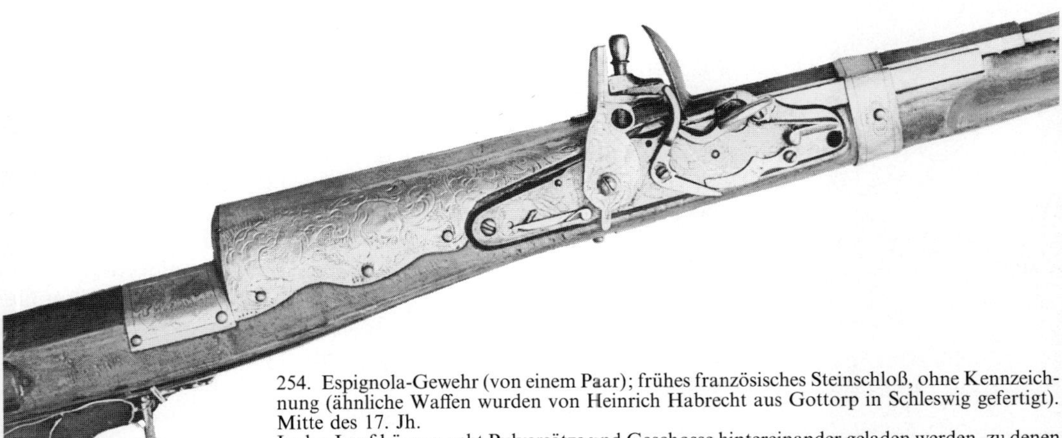

254. Espignola-Gewehr (von einem Paar); frühes französisches Steinschloß, ohne Kennzeichnung (ähnliche Waffen wurden von Heinrich Habrecht aus Gottorp in Schleswig gefertigt). Mitte des 17. Jh.
In den Lauf können acht Pulversätze und Geschosse hintereinander geladen werden, zu denen acht Zündkanäle (mit 3,2 cm Abstand) führen. Nach Abschuß des ersten Geschosses verschieben sich schrittweise weitere Pulversätze (mit Hilfe einer durch den Kolben bis zur Kappe hindurchreichenden Stange) nach vorn zur Pfanne. Die exakte Verbindung der Zündkanäle mit der Pfanne wird durch die genaue Einstellung der Nummern 1 bis 8 am Lauf gesichert. Das Rohr vor dem Schloß rechts am Lauf (Pfannenpulvermagazin) wurde von Hand geöffnet und automatisch, mit Hilfe zweier Hebel am Schloßblech, beim Hahnaufziehen geschlossen.

256. Vierläufige Schrotflinte; französisches Schloß, drehbares Laufbündel. Pierre Barroy, Paris, um 1660

16. Jahrhundert; bis in das 18. Jahrhundert hinein überwogen unter ihnen Gewehre, nur ausnahmsweise wurden Revolverpistolen gebaut. Erst im 19. Jahrhundert erfuhr die Produktion kurzer Feuerwaffen mit drehbarem Trommelmagazin, also Revolver, einen großen Aufschwung. Zunächst waren es Perkussionsrevolver, später solche für Einheitspatronen. Die meisten wurden in Amerika entwickelt (Firmen Colt, Smith & Wesson u.a.), doch auch in Europa entstanden bemerkenswerte Konstruktionen (Adams und Webley in England, Gasser in Österreich, Chamelot-Delvigne in Frankreich, Nagant in Belgien u.a.). Bei den ältesten Revolverwaffen mußte die Trommel mit der Hand gedreht werden, doch bereits um 1680 baute der Londoner Büchsenmacher John Dafte eine Waffe, bei der die Trommeldrehung mit dem Aufziehen des Hahns verbunden war.

Die Revolver teilen sich in Single- und Doppel-Action-Systeme (mit Einzel- bzw. Doppelbewegung), genauer gesagt in Waffen mit Hahn- oder Abzugspannung. Bei den ersteren muß der Hahn mit der Hand aufgezogen werden, erst dann kann der Abzug betätigt werden, bei den letzteren genügt ein Druck auf den Abzug zum Abschuß. Das steigert zwar die Schußgeschwindigkeit, doch die Treffgenauigkeit ist geringer. Deshalb wurden auch Revolver gebaut, die das Schießen auf beiderlei Art ermöglichten — notfalls konnte per Abzug geschossen werden; wenn die Zeit ausreichte und es mehr auf die Treffgenauigkeit ankam, konnte der Schütze den Hahn von Hand aufziehen. Man kann die Revolver auch nach anderen, weniger wichtigen Kriterien aufteilen, zum Beispiel in Waffen mit offenem oder geschlossenem Rahmen. Es entstanden auch einige Bauarten mit drehbarem Magazin, das anders war als die übliche Revolvertrommel; sie fanden jedoch keine besondere Verbreitung.

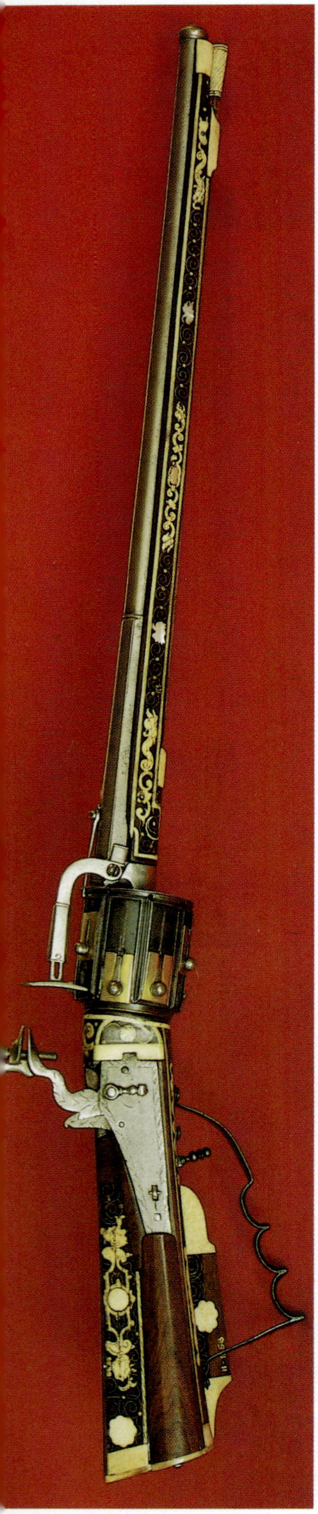

◀ 255. Revolvergewehr; Schnappschloß frühen Typs, von Hand zu drehende Neunkammerntrommel (Kastendeckel im Kolben nicht ursprünglich). Mitteleuropa, Ende des 16. Jh.

Auch zur Zeit des allgemeinen Revolver-Booms bestanden Waffen mit drehbarem Laufbündel weiter. Nur vereinzelt waren es Gewehre, in ziemlich großem Ausmaß verbreiteten sich jedoch Pistolen dieses Typs, sogenannte Pfefferbüchsen, die seit dem 18. Jahrhundert in England, seit dem 19. auch in Belgien und in kleineren Mengen anderswo hergestellt wurden.

Auf eine andere Art wurde die Feuergeschwindigkeit bei der sogenannten Espignole erhöht, einer Waffe mit nur einem Lauf, in dem jedoch mehrere Geschosse hintereinander waren. Die Geschosse waren durchbohrt, so daß die Schwarzpulverdosen, die hinter jedem Geschoß lagen, miteinander verbunden waren; nach dem Abschuß des ersten Geschosses wurden auch die übrigen in kurzen Intervallen nacheinander abgefeuert; der Schütze konnte das Feuer nicht mehr anhalten. Bei anderen Espignolenarten waren die Pulverdosen nicht verbunden, so daß einzeln abgefeuer werden konnte. An der Waffe waren entweder mehrere Schlösser hintereinander (entsprechend der Zahl der Geschosse) oder nur ein verschiebbares Schloß, eventuell ein festes Schloß und ein verschiebbarer Lauf. Es existieren auch Waffen mit festem, nicht verschiebbarem Schloß, von dem zu jeder Pulverdosis verschließbare Zündkanäle führen. Solche Konstruktionen scheinen weder besonders zuverlässig noch ganz ungefährlich gewesen zu sein, es handelt sich eher um Kuriositäten.

Neben Revolverwaffen wurden bereits im 17. Jahrhundert Repetierwaffen anderer Systeme gefertigt. Die grundlegende Frage war stets die Konstruktion der Magazine (mindestens zweier — für Kugeln und für Schießpulver) und des Mechanismus, der aus ihnen Geschoß und Pulver in den Lauf bringen sollte.

257. Vierläufige Taschenpistole; zwei in der Mitte liegende Steinschlösser; in den Pfannen je ein Zylinderverschluß mit zwei Zündkanälen. Durch Drehung des Verschlusses wurde der obere oder der untere Lauf abgefeuert. England, Anfang des 19. Jh.

258. Espignola-Pistole; frühes französisches Steinschloß; Griff mit Messingknauf in Form eines Menschenkopfes. In den Lauf konnten vier Geschosse und Pulversätze hintereinander geladen werden. Von der Pfanne führt ein schießpulvergefülltes Röhrchen zum Pulversatz des ersten Geschosses. In diesem Raum befindet sich ferner eine Öffnung zum Röhrchen entlang der anderen Laufseite, von diesem Röhrchen führen Zündkanäle zum zweiten und dritten Pulversatz. Für das vierte Geschoß ist ein eigener, mit Schieberverschluß verschiebbarer Zündkanal bestimmt. Niederlande, um 1650

Bei einigen Konstruktionen befanden sich die Magazine im Mittelschaft, bei anderen beide oder zumindest eines im Schaft oder im Vorderschaft. Gegenüber den zeitgenössischen einschüssigen Waffen hatten diese Mehrlader eine wesentlich höhere Feuergeschwindigkeit, andererseits waren sie natürlich viel teurer, aber auch technisch kompliziert und störanfällig. Die einzige Variante, die sich relativ weit verbreitete und von der mehrere Dutzend Exemplare erhalten blieben, ist ein Magazingewehr mit Querwalze. Ihre Erfindung wird den italienischen Büchsenmachern Lorenzi oder Berselli zugesprochen, aber auch anderen Meistern, von denen einige sich in ihrer Bezeichnung für den Urheber dieser Bauweise ausgaben. Die Waffen hatten im Kolben zwei röhrenförmige Magazine, aus denen sich, wenn man die Waffe mit dem Lauf zum Boden hielt, das Geschoß und die Pulverdosis in zwei Vertiefungen im Zylinder verlagerten. Drehte man diesen mit einem seitlichen Hebel, fiel das Geschoß aus der ersten Vertiefung in den hinteren Teil des Laufs, die zweite Vertiefung mit Schießpulver kam dann hinter dem Geschoß zu liegen. Diese Waffen wurden von vielen Büchsenmeistern gefertigt — im letzten Drittel des 17. Jahrhunderts in Italien, im 18. Jahrhundert vor allem in England, aber auch in Österreich, Deutschland, der Schweiz und in Rußland. Daraus läßt sich schließen, daß das System, obwohl scheinbar kompliziert, ohne größere Schwierigkeiten funktioniert haben muß.

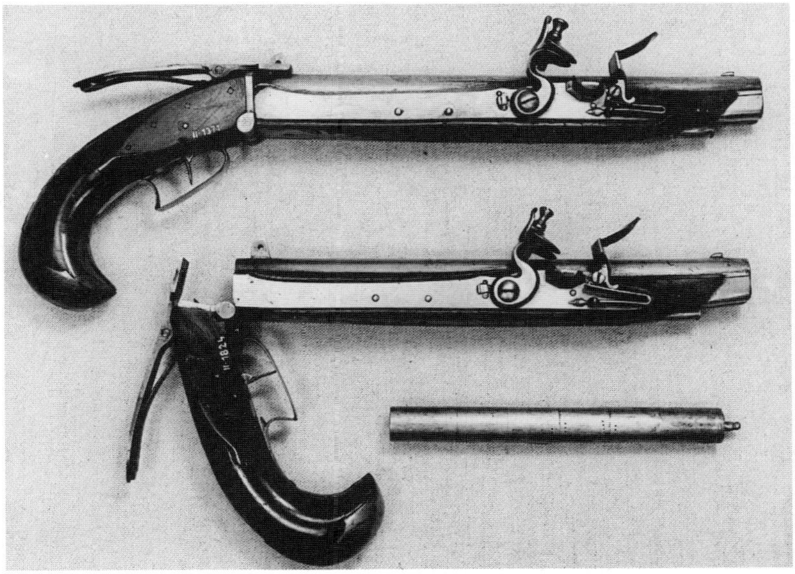

259. Espignola-Pistolenpaar; französisches Steinschloß; Kipplauf. Das zylinderförmige Magazin (umgekehrt einzuschieben als abgebildet) besteht aus sechs Kammern für miteinander verbundene Geschosse; nach Abschuß des ersten Geschosses werden schrittweise auch die weiteren abgeschossen. Um 1770.

260. Steinschloß-Repetiergewehre mit Querwalze.
Unsigniertes Exemplar, datiert 1699.
Antonio Costantini, Bologna, Ende des 17. Jh.

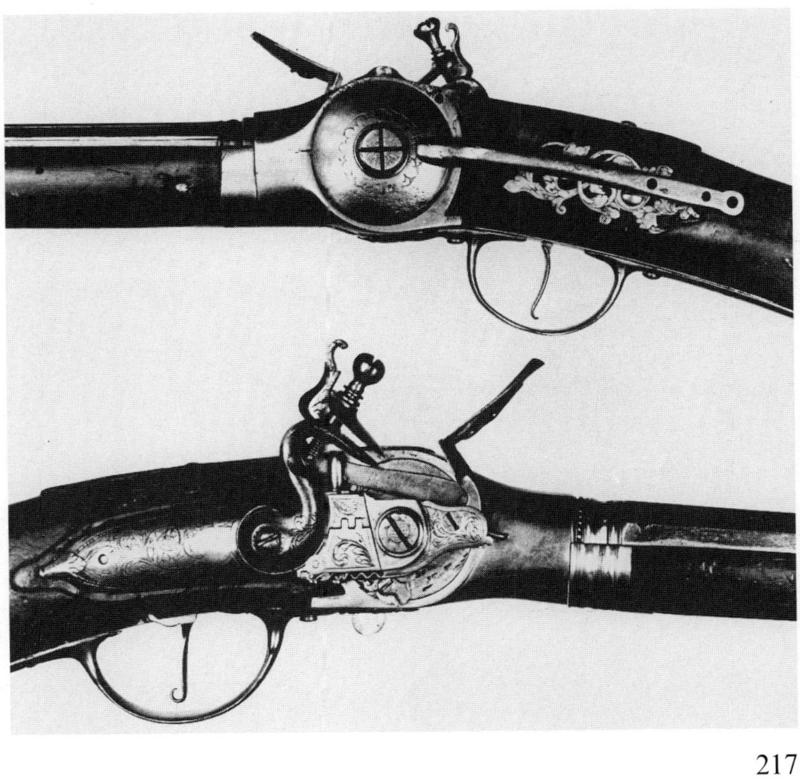

261. Detail der Waffen der Abb. 260; die Röhrenmagazine im Kolben sind bei der italienischen Arbeit (Costantini) bezeichnet mit *B* (balla — Geschoß) und *P* (polvere — Pulver), bei der unsignierten (deutschen) sind die Schrauben mit *K* (Kugel) und *P* (Pulver) bezeichnet.

262. Revolver Le Mat für Patronen mit Zentralzündung. Aus dem oberen Lauf werden die im Neunkammernzylinder gelagerten Kugelgeschosse abgefeuert, aus dem unteren eine Schrotpatrone aus der Zylindermitte. Mit dem Hebel am Hahn wird der Schlag auf den oberen oder den unteren Lauf umgeschaltet. Für dieses Waffensystem erhielt J. A. F. Le Mat 1856 in den USA ein Patent, gefertigt wurde es in Paris, aber auch in England und Belgien, zunächst als Perkussionsrevolver, später für Lefaucheux-Patronen. Ende der sechziger Jahre baute Le Mat die Waffe um für Patronen mit Zentralzündung. Um 1870

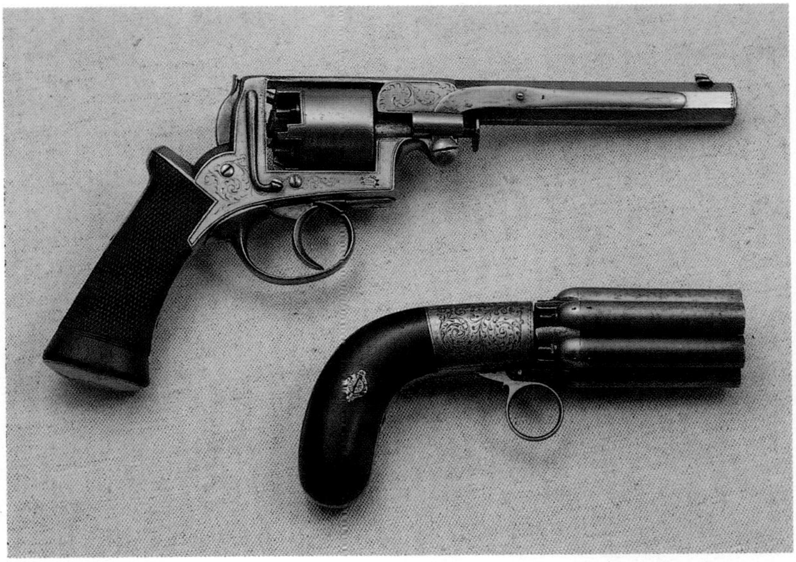

263. Perkussionsrevolver Adams; Fünfkammerntrommel, Abzugsspannung. Produktion A. Francotte, Lüttich (Lizenz R. Adams, London).
Sechsläufiger Bündelrevolver; Unterhammerschloß, ringförmiger Abzug. G. Mariette, Lüttich. Mitte des 19. Jh.

Das Problem der Repetierwaffen wurde endgültig erst mit der Einheitspatrone für Selbstdichtung gelöst. Konstrukteure der zweiten Hälfte des 19. Jahrhunderts verwirklichten zunächst in neuartiger Form Ideen ihrer Vorgänger aus weit vergangener Zeit. Das Röhrenmagazin — diesmal nur noch eines und für Einheitspatronen — plazierten sie in den Kolben oder den Vorderschaft. Beide Varianten verbreiteten sich vor allem in den Vereinigten Staaten von Amerika (Spencer, Henry, Winchester u.a.), vom Ende der sechziger zur Mitte der achtziger Jahre des 19. Jahrhunderts bauten ähnliche Waffen auch zahlreiche europäische Konstrukteure (Vetterli, Fruwirth, Kropatschek u.a.) einschließlich derer, die später als Urheber von Gewehren mit Mittelschaftmagazin berühmt wurden (Mauser, Mannlicher).

Als vorteilhafteste Lösung erwies sich bei den Gewehren das Mittelschaftmagazin. Seiner Einführung gingen verschiedene Schnellader und Patronenträger (patentiert vor allem von Sylvester Krnka) voraus, die darin bestanden, daß — vereinfacht gesagt — die Patronentasche statt am Gürtel in der Mitte des Schaftes an der Kammer befestigt war. Das Laden wurde dadurch ohne Zweifel beschleunigt, doch gegenüber dem Magazin, das ein dauerhafter Bestandteil der Waffe war, konnte diese Lösung nicht bestehen. Seit den achtziger Jahren setzten sich nahezu allgemein Mehrladegewehre mit Mittelschaftmagazin durch: in England eine umgeänderte Version der ältesten Konstruktion des Amerikaners L. P. Lee, in weiteren Staaten Lösungen europäischer Konstrukteure (Mauser, Mannlicher, Mosin u.a.) mit senkrechtem, nur vereinzelt mit waagerechtem Magazin (Krag-Jörgensen). Die Waffen vom ausgehenden 19. Jahrhundert verwendeten die Soldaten, mit kleinen Verbesserungen, über ein halbes Jahrhundert lang, für Jagd und Sport werden sie bis heute gebraucht.

AUTOMATISCHE WAFFEN

Auch die Mehrlader konnten die Ansprüche der Armee an die Feuergeschwindigkeit nicht voll befriedigen. Seit den sechziger Jahren des 19. Jahrhunderts entstanden verschiedene mechanische Maschinengewehre — Waffen mit Laufbündel, im Grunde modernisierte Varianten uralter sogenannter Orgelgeschütze. In Europa gelangten sie zum Beispiel im preußisch-französischen Krieg von 1870/71 zum Einsatz. In den

264. Russisches Infanteriegewehr Muster 1870 (Berdan II); Schnellader, Typ des Jahres 1875. Patent Sylvestr Krnka

265. Bereits bei einschüssigen Waffen wurde versucht, einige Mechanismen zu automatisieren und so das Laden zu beschleunigen. Karel Krnka änderte versuchsweise das österreichisch-ungarische Infanteriegewehr Muster 1873 (Werndl) so, daß durch Druck auf den Hahn außer einem Abschuß ein automatisches Öffnen des Verschlusses erfolgt

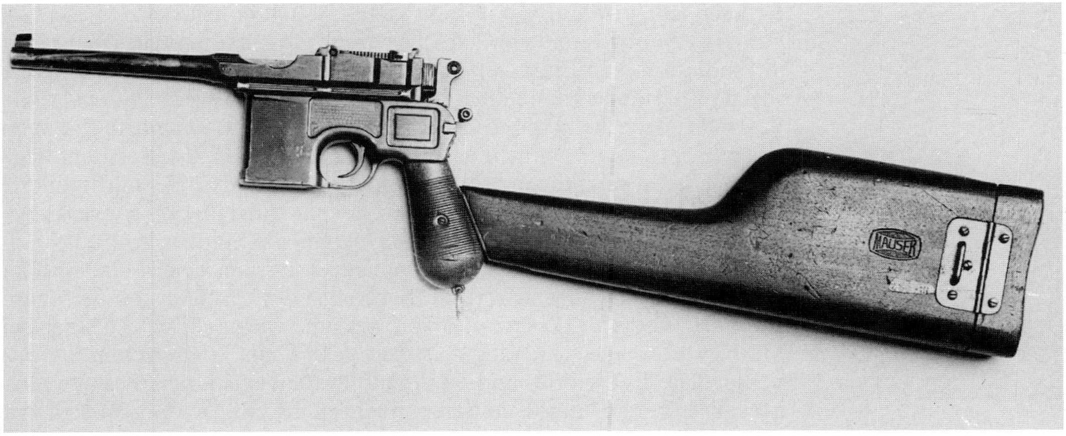

266. Von den Selbstladepistolen des 19. Jh. zählte die Mauser-Pistole Muster 1896 zu den beliebtesten. Bei späteren Varianten, angefangen 1898, konnte ein Futteralkolben angefügt werden, das als Anschlagstütze diente.

achtziger Jahren traten die ersten automatischen Waffen auf. Was bei den mechanischen Maschinengewehren die Bedienung besorgen mußte, erfolgte nun automatisch durch Nutzung eines Teils der Energie des verbrannten Schießpulvers. Während die Maschinengewehre in Salven feuerten, handelte es sich bei den Handfeuerwaffen des 19. Jahrhunderts um Selbstladewaffen, bei denen nach dem Abschuß die leere Patronenhülse automatisch ausgeworfen und aus dem Magazin eine neue Patrone in die Kammer gebracht wurde. Für jeden Abschuß mußte jedoch erneut der Abzug gedrückt werden. Neben einer Reihe von Versuchsmustern wurden bereits im 19. Jahrhundert erste erfolgreiche Typen von Selbstladegewehren und namentlich Selbstladepistolen (Luger, Krnka, Mauser u.a.) verwendet. Der Aufschwung der Konstruktion und Produktion der Maschinenwaffen fällt in das 20. Jahrhundert.

Der gewaltige technische Fortschritt in unserem Jahrhundert berührte natürlich auch den Bereich der Handfeuerwaffen. Was jedoch ihre Grundkonstruktion angeht, so brachte er nichts Umwälzendes, eigentlich war es nur eine Weiterentwicklung der am Ende des vergangenen Jahrhunderts bekannten Systeme.

Klassifikation der Feuerwaffen

MILITÄRWAFFEN

In den ersten zwei Jahrhunderten ihrer Existenz waren die Feuerwaffen eine ausschließliche Angelegenheit des Militärs, denn sie waren wegen ihrer technischen Unvollkommenheit in anderen Bereichen der menschlichen Tätigkeit praktisch nicht zu verwenden. Obwohl sich die ältesten Handfeuerwaffen weder in Treffsicherheit oder Reichweite, noch in der

Ladeschnelligkeit mit der Armbrust messen konnten, setzten sie sich immer mehr durch und wurden schrittweise vervollkommnet. Die Folgen ihres militärischen Einsatzes waren riesig. Das Schießpulver änderte die soziale Zusammensetzung der Heere und die Kampfweise. Umwälzende Veränderungen stellten sich selbstverständlich nicht von einem Tag zum anderen ein, es war vielmehr ein langer Prozeß, in dem die Hussitenkriege eine nicht unwesentliche Rolle spielten. Anfang des 15. Jahrhunderts herrschten auf den europäischen Kriegsschauplätzen noch souverän die Ritter zu Pferd, hundert Jahre später bereits die Söldner zu Fuß.

Das Luntenschloß ergriff sehr schnell Besitz von den Militärwaffen, verbreitete sich allgemein und blieb bis zur Wende des 17. zum 18. Jahrhundert im Einsatz. Der Hauptgrund, warum er sich so lange bei Militärwaffen auch zu einer Zeit hielt, als bereits lange technisch vollkommenere Radschloß- und Steinschloßwaffen existierten, bestand darin, daß es herstellungstechnisch einfacher und billiger war. Waffen mit Radschloß (Pistolen und Karabiner) trug in der Armee nur die Reiterei. Diese verschwand mit dem Auftauchen des Söldnerfußvolks nicht, bildete jedoch nur noch einen zahlenmäßig kleinen Teil der Armee und änderte auch ihren Charakter gegenüber der Vergangenheit. Weiterhin wurde sie aus den reicheren Gesellschaftsschichten gestellt, die sich teurere Waffen leisten konnten, außerdem war der Umgang mit glimmender Lunte für Berittene nicht gerade geeignet.

Im Söldnerheer der zweiten Hälfte des 16. Jahrhunderts bildeten die Schützen immer noch nur rund die Hälfte aller Kämpfer. Die Eigenschaften der damaligen Feuerwaffen, namentlich das langwierige Laden, zwangen den Schützen, in taktischen Formationen zusammen mit Pikenieren zu kämpfen (die feindliche Reiterei konnte den Fußsoldaten angreifen, ehe er erneut laden konnte). Zum typischen Infanteriegewehr wurde die Muskete; als ihre Heimat gilt das Spanien der zweiten Hälfte des 16. Jahrhunderts. Der Lauf der Muskete war im hölzernen Vorderschaft gelagert, der Schaft war zwischen dem Kolben und dem Vorderschaft leicht gekröpft. Zum Schießen wurde der Schaft an die Schulter

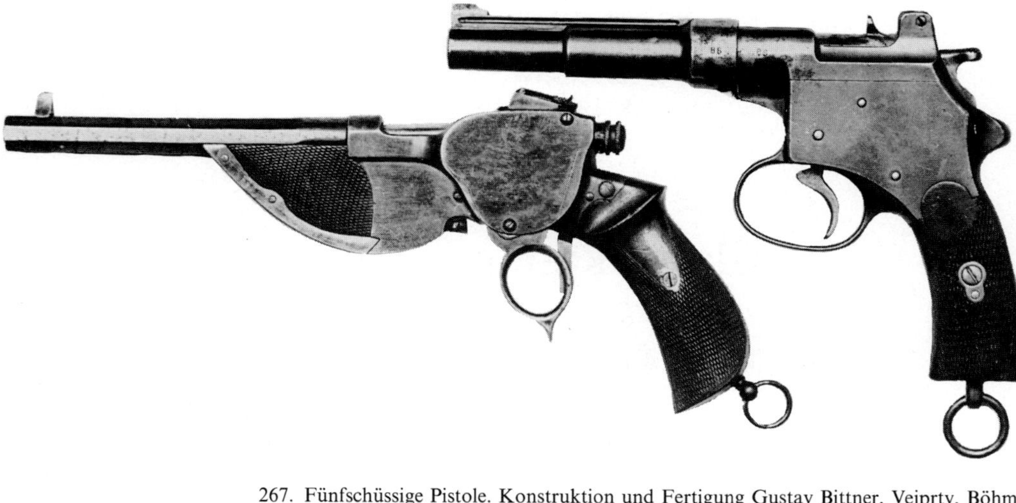

267. Fünfschüssige Pistole. Konstruktion und Fertigung Gustav Bittner, Vejprty, Böhmen, Ende des 19. Jh.
Versuchsmuster Mannlicher 1894; Fünfschußmagazin im Pistolengriff

268. Schützen mit Handbüchsen und Armbrüsten; Brandpfeile nicht nur in Armbrüsten, sondern auch in Büchsenläufen. Zeichnung aus dem sog. Wiener Kodex, um 1430 (nach: Armáda a národ, Prag 1938)

angelegt und der Kolben an die Backe gedrückt. Dieser Schäftungstyp und diese Schießweise, später bei den Gewehren allgemein verbreitet, stellten bei den Handfeuerwaffen einen bedeutenden Fortschritt dar. Gekröpfte Schäfte wurden im 17. Jahrhundert in Italien und namentlich in Frankreich weiterentwickelt.

In der zweiten Hälfte des 17. Jahrhunderts kam es zu Ereignissen, die die Militärausrüstung auf bedeutende Weise beeinflußten. Vorher wurden Militärformationen lediglich für die Zeit eines bewaffneten Konflikts formiert und nach Kriegsende wieder aufgelöst. Die Sorge um die einzel-

269. Hussitische Pfeifenbüchse (leichte Büchse). Böhmen, erstes Viertel des 15. Jh.

270. Hakenbüchse; auf dem Lauf Marke der Stadt Wien, Schäftung aus dem 15. Jh., Lauf vom Ende des 14. Jh.

nen Einheiten oblag deren Befehlshaber oder Kriegsunternehmern, die die angeheuerten Soldaten an den Herrscher vermieteten. Nun gab es ständige Heere auch zu Friedenszeiten. Es wurden immer mehr Waffen gebraucht, sie wurden allmählich vereinheitlicht, die Ausrüstung der Armee ging in die Kompetenz staatlicher Organe über. Im 17. und 18. Jahrhundert entstanden einige Rüstungsmanufakturen, doch die Produktion der meisten Ausrüstungen blieb weiterhin zersplittert unter einer Reihe kleinerer Privathersteller. Auch in Zeiten, da bereits offiziell in die Ausrüstung aufgenommene Waffenmuster existierten, wurde die geforderte Einheitlichkeit nicht immer erreicht. In zeitgenössischen Quellen finden sich zahlreiche Beschwerden der Armee-Abnahmekommissionen über einzelne Lieferanten, deren Waffen in ihren Einzelheiten oder Abmessungen von den vorschriftsmäßigen Mustern abwichen.

In der zweiten Hälfte des 17. Jahrhunderts kam das Bajonett in Gebrauch. Ein langes Gewehr mit langem Bajonett ersetzte den Spieß, die Teilung in Musketiere und Pikeniere verschwand, die Feuerwaffe wurde zur einheitlichen Ausrüstung der ganzen Infanterie. Das bedeutete jedoch nicht, daß in der Infanterie die Schießausbildung überwog; in den meisten Armeen galt bis zur Mitte des 19. Jahrhunderts der Bajonettangriff als entscheidende Form des Fußkampfes.

Wie bereits erwähnt, überwog bei den Armeewaffen bis zum Ende des 17. Jahrhunderts das Luntenschloß. Das Radschloß fand nur bei der Reiterei — bei Pistolen und kurzen Gewehren (Arkebusen, später Karabiner) — Verwendung. Die Infanteriemusketen aus der zweiten Hälfte des 17. Jahrhunderts mit einer Kombination von Lunten- und Radschloß blieben eher vereinzelte Ausnahmen. Für militärische Zwecke wurden auch frühe Schnappschlösser verwendet, zum Beispiel bei einigen schwedischen oder russischen Musketen, die Entwicklung wurde erst durch das französische Steinschloß wesentlich beeinflußt. Seit Anfang des 18. Jahrhunderts setzte sich diese Variante nahezu allgemein bei Militärwaffen des europäischen Kontinents durch, um ihn für ganze 130 Jahre zu beherrschen. Das erste Viertel des 18. Jahrhunderts bedeutete zugleich einen wichtigen Meilenstein, weil sich in den europäischen Armeen konsequent die Standardisierung der Ausrüstung, die weiterhin aus vorschriftsmäßigen Einheitswaffen (Mustern) bestand, durchsetzte. Nach der allgemeinen Praxis wurde jedes Muster mit dem Jahr bezeichnet, in dem über die Einführung der Waffe in die militärische Ausrüstung entschieden worden war; zu den Truppen gelangten die Waffen jedoch oft einige Jahre später, nachdem eine ausreichende Menge davon gefertigt war.

Frankreich war im 18. Jahrhundert in der Gewehrfertigung tonangebend, und so wurden die Waffen dieses Landes anderswo nachgeahmt. Das französische Infanteriegewehr Muster 1717 war Vorlage für das österreichische Gewehr Muster 1722 und Waffen einiger anderer Staaten. In einer ganzen Reihe europäischer Staaten wurde das französische Gewehr Muster 1777 (auch Details wie der herzförmige Ausschnitt am Hahn) nachgeahmt, das zugleich das erste in sich abgeschlossene Armeewaffensystem darstellte, das verschiedene Varianten übereinstimmender Grundkonstruktion umfaßte (Infanterie-, Artillerie-, Marinegewehr, Reitermusketen, Pistole u.a.)

Im 18. Jahrhundert dienten Infanteriegewehre einzelner Muster relativ lange unverändert oder nur mit geringen Änderungen. Das trifft für England zu, wo das Dienstgewehr von den Soldaten mit dem Spitznamen „Brown Bess" (Braune Elisabeth) benannt wurde, gleichermaßen wie für Frankreich, Österreich und weitere Staaten. Es wurden allerdings Teilverbesserungen vorgenommen. Bei den Militärwaffen wurden im Lauf des 18. Jahrhunderts eiserne Ladestöcke eingeführt, die die früheren hölzernen ersetzten, die immer wieder zerbrachen und die Waffe damit unbrauchbar machten. Obwohl die Waffen verschiedener Armeen den

271. Hakenbüchse; „Schweinsrückenlauf", die jeweilige Oberkante konnte zum Zielen dienen. Mitteleuropa, 1440—1460

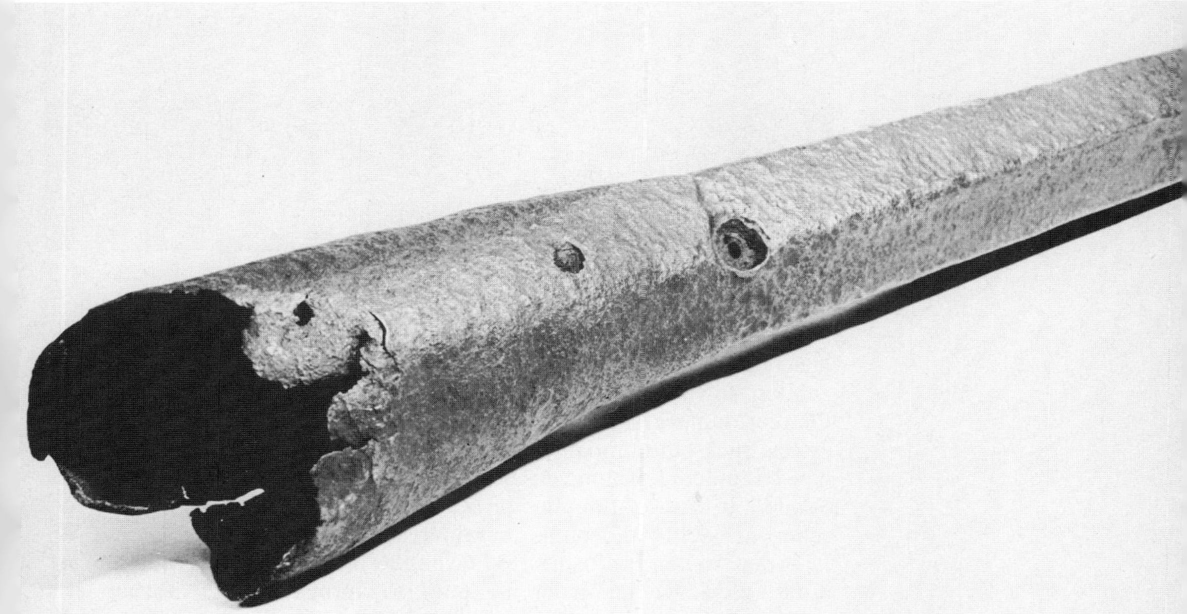

272. Musketier. Kolorierter Kupferstich. Jacob de Gheyn, 1608

gleichen Schloßmechanismus hatten und manchmal in der Gesamtkonzeption sowie einer Reihe von Details ähnlich waren, zeichnen sich Gewehre einiger Armeen durch typische Züge aus, nach denen sie auf den ersten Blick bestimmbar sind. Für preußische Waffen sind zum Beispiel eine besondere Formung des Schaftes, ein robustes Schloß und ein ovales Schild mit Monogramm des zur Zeit der Anfertigung regierenden Herrschers auf dem Kolbenhals charakteristisch.

In der zweiten Hälfte des 18. Jahrhunderts kam eine neue Infanterieart auf — die Jäger. Die tieferen Kampfformationen des 17. Jahrhunderts verschwanden, für das 18. Jahrhundert wurde die Lineartaktik typisch. Die Soldaten schritten auf dem Schlachtfeld in mehreren langen Reihen

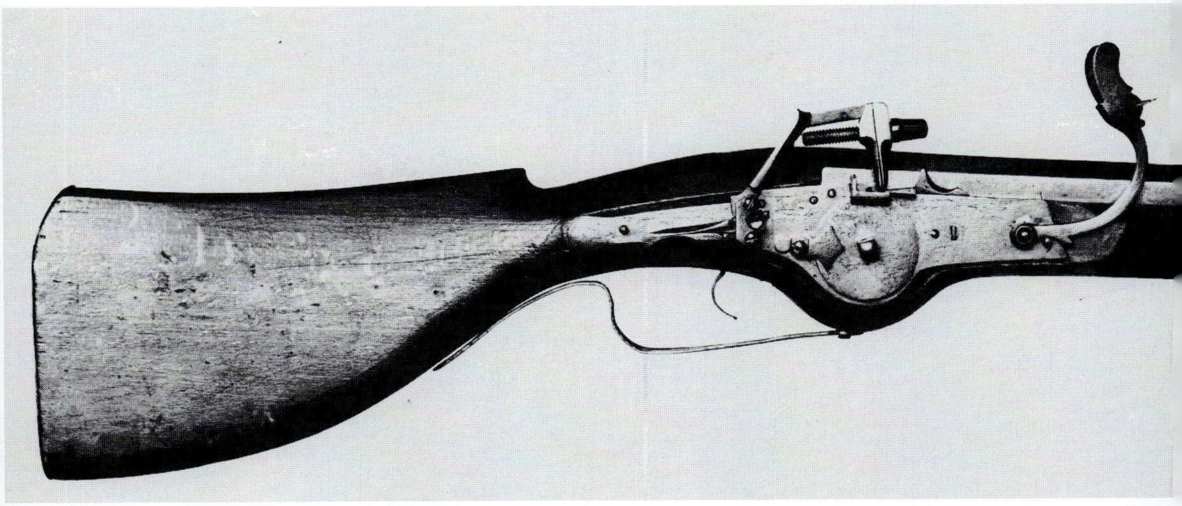

273. Österreichische Muskete; Lunten- und Radschloß; Konstruktion 1686. Suhl, Ende des 17. Jh.

274. Luntenschloßmuskete. Suhl, Dreißigjähriger Krieg

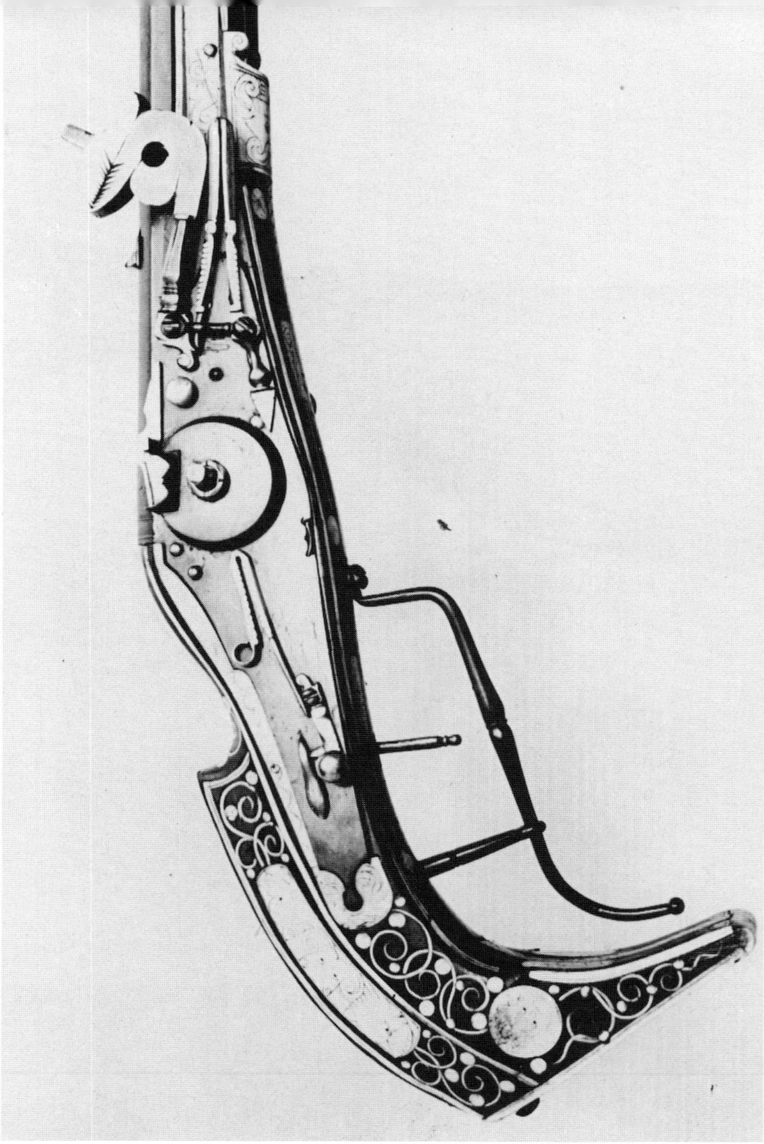

275. Radschloßkarabiner (Petrinal). Deutschland, 1589

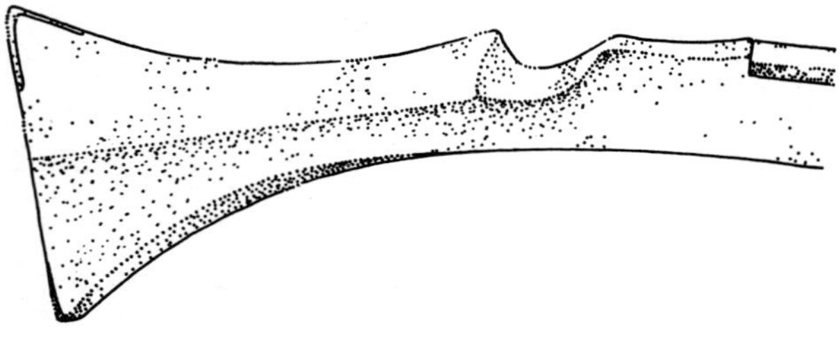

Musketenschaft, 17. Jh.

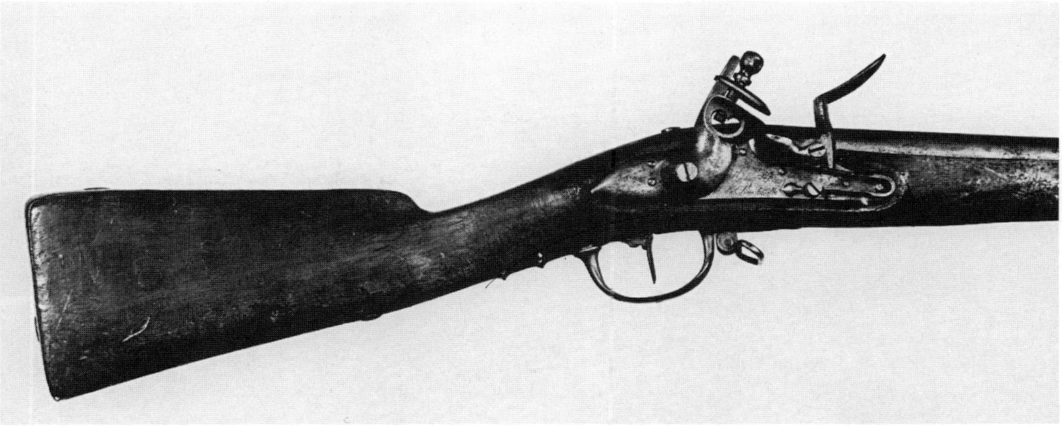

276. Französisches Kavallerie-Musketon Muster 1777. Manufacture royale de Charleville

277. Waffen aus der Zeit der Napoleonischen Kriege:
Russisches Infanteriegewehr Muster 1808. Tula 1812 (oben). Englisches Infanteriegewehr (1806 von der Militärverwaltung übernommen; unten)

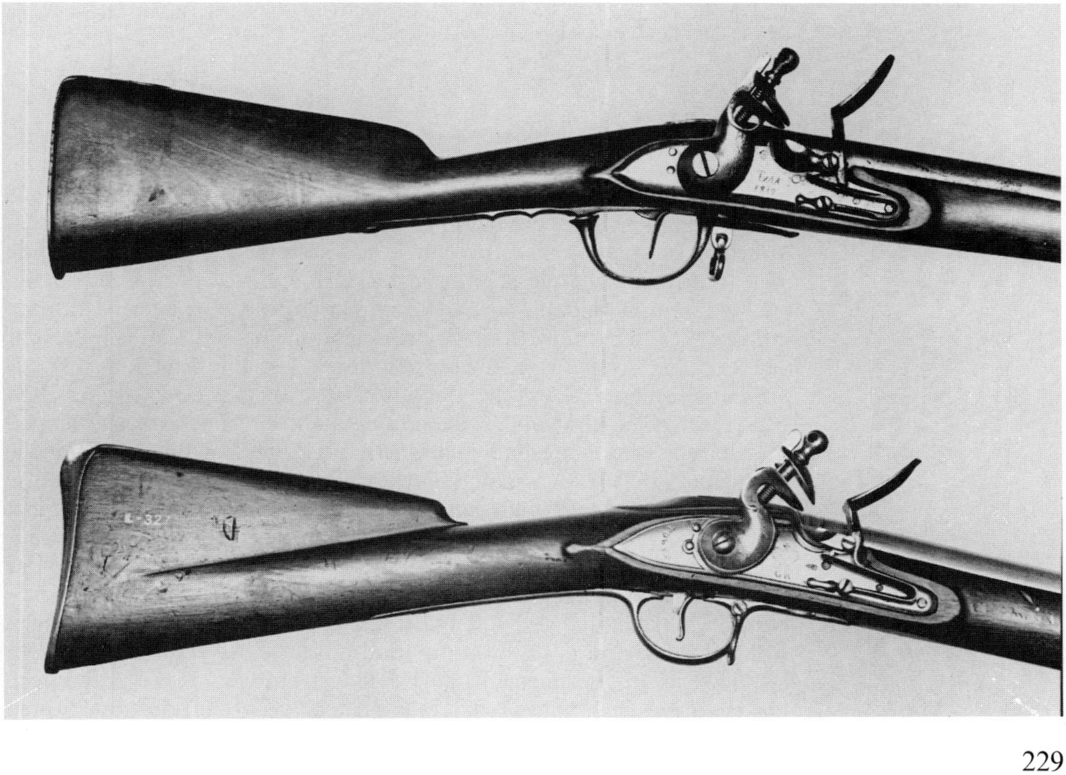

278. Kampf zwischen Österreichern und Türken vor Belgrad 1789. Kolorierter Kupferstich. Zeitgenössische Darstellungen zeigen überraschend oft die Verwendung von Feuerwaffen als Schlagwaffen, nicht als Feuer- oder Stichwaffen (mit aufgepflanztem Bajonett). Im Nahkampf reichte die Zeit oft nicht zum erneuten Laden

voran, dicht nebeneinander; sie schossen nur auf Befehl ihres Vorgesetzten, und zwar in Salve. Nach der ersten Reihe schoß die zweite, und dann weitere, während jeweils die nicht schießenden Reihen aufluden. Auf das Feuer-Vorspiel folgte der Bajonettangriff. Die Jägereinheiten gehörten zwar zur Infanterie, kämpften aber anders als die Linieninfanterie. Die Jäger schritten nicht in geschlossenen Reihen voran, sondern selbständig, suchten sich im Gelände Verstecke, wählten das Ziel selbst und führten ein gezieltes Feuer. Sie waren bestrebt, vor allem wichtige Personen der gegnerischen Armee — Offiziere, Kuriere, Geschützbedienung u.ä. — außer Gefecht zu setzen. Sie mußten bessere Waffen besitzen und auch besser schießen können als die Linieninfanterie. Die ersten Truppen diesen Typs wurden deshalb aus Jägern aufgestellt, und die traditionelle Bezeichnung blieb auch später, als dieser neue Bestandteil der Infanterie zahlenmäßig anwuchs und mit Soldaten aus anderen Berufen ergänzt wurde. Das Jägergewehr war etwas kürzer als die Waffe der Linieninfanterie, vor allem aber hatte es einen gezogenen Lauf. Die Bedeutung der Nutung war in dieser Zeit zwar schon bekannt, aber weil in der Armee kein Nachdruck auf gezieltes Feuer gelegt wurde, besaßen die übrigen Militärwaffen eine glatte Bohrung (und waren selbstverständlich billiger als Gewehre mit gezogenem Lauf). Die Gewehre der Jäger hatten auch bessere Zieleinrichtungen und einen achteckigen Lauf, der mit Zapfen

279. Österreichischer Husarenkarabiner Muster 1770; links am Schaft das Reitstangel

280. Schlacht bei Waterloo am 18. Juni 1815. Kolorierte Aquatinta; links vorn Napoleon. Johann Lorenz Rugendas, 1816

281. Österreichischer Dragonerkarabiner Muster 1770; Hinterlader mit hochklappbarer Kammer, Konstruktion Giuseppe Crespi, Mailand

mit dem Schaft verbunden war, während bei den übrigen Militärgewehren der Lauf einen runden Querschnitt hatte und mit Ringen am Schaft befestigt war.

Die Reiterei legte am Anfang des 18. Jahrhunderts die Radschloßwaffen ab und begann Waffen mit französischem Steinschloß zu gebrauchen. Die Spezialisierung war damals in der Kavallerie größer als in der Infanterie. Es gab hier Dragoner — ursprünglich berittene Infanterie, der das Pferd nur zur Verschiebung diente, die aber als Fußsoldaten kämpfte. Die schwere Kavallerie bildeten die Kürassiere, die leichte die Chevaulegers. Aus Ungarn stammten die Husaren, aus Polen die Ulanen; Husaren- und Ulaneneinheiten entstanden jedoch auch in geographisch entfernten Regionen. Zur Kavallerieausrüstung gehörten sowohl Pistolen als auch kurze Gewehre, Musketone und Karabiner, die sich innerhalb der Reiterei nach Kaliber, Länge und Ausführung unterschieden. Die kürzesten Karabiner waren die der Husaren.

In der zweiten Hälfte des 18. Jahrhunderts wurden in den Armeen verschiedene technische Einheiten gebildet — Mineure, Sappeure u.a. Die Spezialisierung der militärischen Tätigkeit setzte sich in der ersten Hälfte des 19. Jahrhunderts fort — und damit auch eine manchmal übertriebene und durch wirkliche Bedürfnisse nicht gerechtfertigte Spezialisierung in der Ausrüstung. Während die Grundkonstruktion der Militärgewehre in der Armee eines Staates einheitlich war, konnte hier eine Reihe von Varianten mit unterschiedlicher Länge und verschiedenen Details existieren. Neben Infanteriegewehren und Kavalleriekarabinern entstanden Varianten nicht nur für die Jäger, Füsiliere und Pioniere, für Schüler von Militärschulen, die von kleinerem Wuchs waren, sondern auch für Artilleristen, Sanitäter und Angehörige weiterer Waffengattungen und Dienste.

Das Perkussionssystem, das sich bei den Jagdwaffen in den zwanziger und dreißiger Jahren des 19. Jahrhunderts verbreitete, setzte sich in der Armee später durch und überwog dort erst in den vierziger Jahren. Auch in der Armee wurden die früheren Steinschloßwaffen zu Perkussionswaffen umgeändert. Interessant ist, daß das eigentliche Perkussionssystem mit Zündhütchen sich in der Armee manchmal mühsam durchsetzte und daß ältere, bei den Zivilwaffen bereits überholte Varianten bevorzugt wurden. In der österreichischen Armee waren es zum Beispiel die Systeme Comsole und Augustin, die erst nach der Mitte des 19. Jahrhunderts durch das eigentliche Perkussionssystem ersetzt wurden. Der Grund scheint die offensichtlich leichtere und billigere Umstellung der Steinschlösser auf die erwähnten Systeme zu sein, da bei ihnen auch die Pfanne und der Zündkanal erhalten blieben.

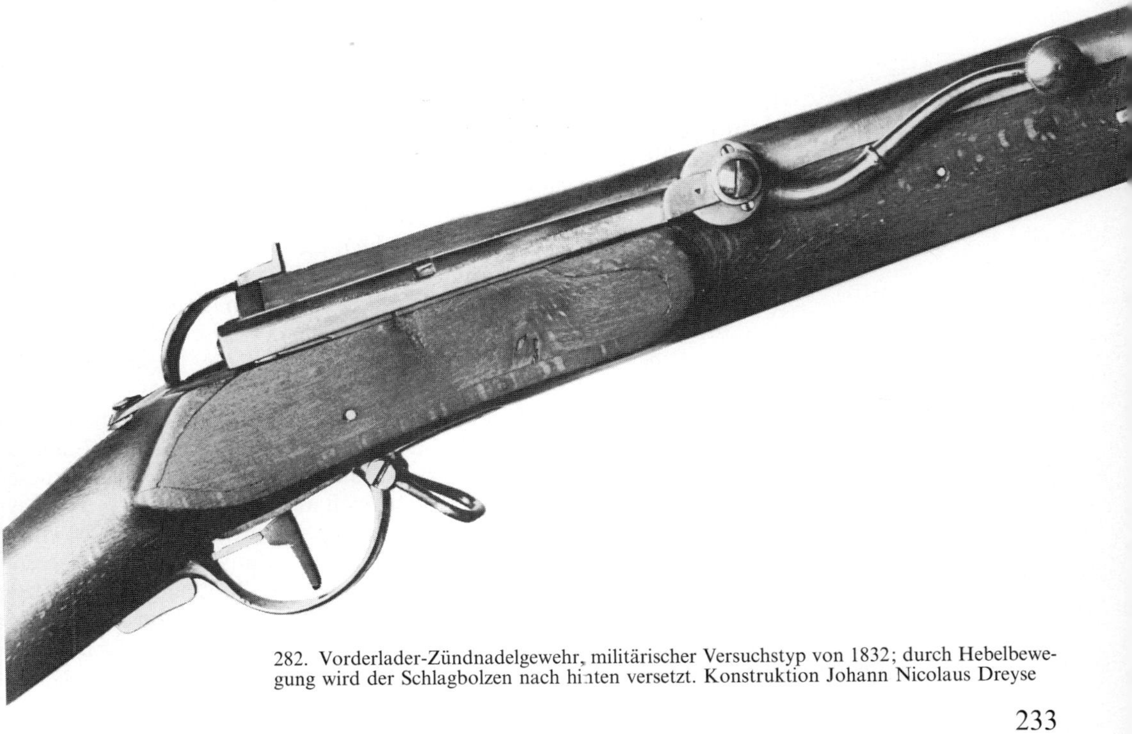

282. Vorderlader-Zündnadelgewehr, militärischer Versuchstyp von 1832; durch Hebelbewegung wird der Schlagbolzen nach hinten versetzt. Konstruktion Johann Nicolaus Dreyse

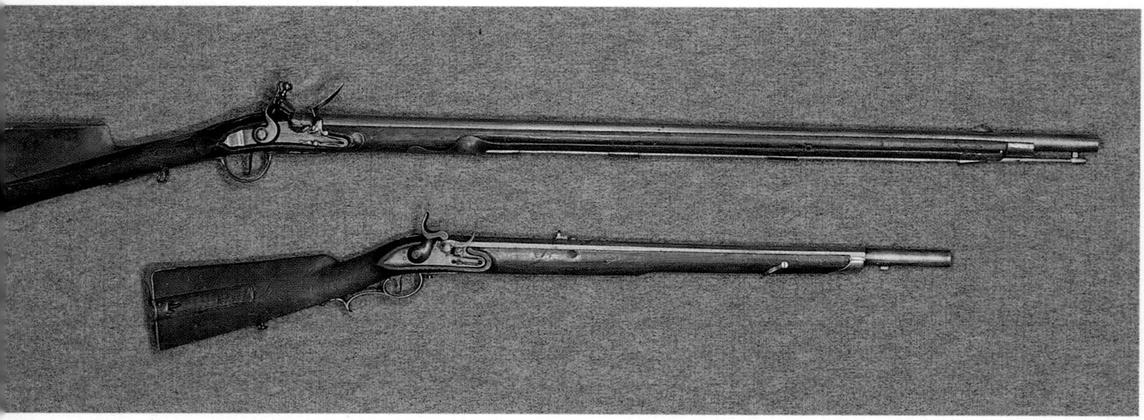

283. Preußisches Infanteriegewehr; zylinderförmiger Lauf mit glatter Bohrung, ohne Visier; eiserner Ladestock. Zweite Hälfte des 18. Jh.
Österreichisches Jägergewehr Muster 1838 (Umänderung des Jägergewehrs mit Steinschloß Muster 1795 zum System Console; mehrkantiger gezogener Lauf mit Visier; Kasten im Kolben; Abzugsbügel mit Fingerstütze; der Ladestock wurde getrennt von der Waffe getragen

Im Zeitalter der Perkussionswaffen kam es zu weiteren bedeutenden Änderungen. Der gezogene Lauf, mit dem bisher nur Jägergewehre und einige Karabiner versehen waren, setzte sich seit den dreißiger Jahren des 19. Jahrhunderts immer mehr in der Armeeausrüstung durch, um die Mitte des Jahrhunderts überwog er. Das Laden der Vorderlader mit gezogenem Lauf war jedoch schwieriger. Die Kugel mußte in die Laufmündung eingepreßt werden und sie passierte die Bohrung schlechter. Deshalb wurde sie zusammen mit eingefettetem Abdichtungsmittel geladen, das einen leichteren Durchgang der Kugel durch den Lauf ermöglichte und die Bohrung vor Beschädigung schützte. Beim Schießvorgang verhinderte es das Entweichen der Pulverexplosionsgase um das Geschoß herum und erhöhte somit Reichweite und Wirksamkeit der Waffe.

In der Mitte des 19. Jahrhunderts wurden empirische Erkenntnisse immer mehr durch wissenschaftliche ersetzt. Die jahrhundertelang verwendete Kugel wurde vom zugespitzten Geschoß abgelöst, verschiedene Typen von Kompressions- oder Expansionsgeschossen erleichterten das Laden der Vorderlader. Sie hatten einen kleineren Durchmesser als der Lauf (Unterkaliber) und konnten deshalb leicht den Lauf von der Mündung bis zur Kammer passieren. Verbreitet wurden sie durch Stoßen des Ladestocks, der das Geschoß auf den Dorn in der Geschoßkammer trieb, oder erst im Augenblick des Abschusses durch die Wirkung der Explosionsgase auf den Geschoßboden.

Bereits zur Zeit der Steinschloßwaffen erschienen vereinzelt Militärhinterlader. In etwas größerem Umfang waren es Perkussionshinterlader, namentlich bei den Kavalleriekarabinern; die Konstruktion dieser Waffen stammte aus den USA, aber auch aus England (Terry, Westley-Richards u.a.) und anderen Ländern. Eine wesentliche Wende bewirkte jedoch erst das Dreyse-Zündnadelgewehr. Nicolaus Dreyse konstruierte eine neue Patrone mit Papierhülse, in der die Zündpille in der Mitte zwischen Pulver und Geschoß lag. Er entdeckte, daß zum Zünden der Zündpille kein Schlag des Hahns notwendig ist, sondern daß ein Nadelstich ausreicht. Diese Idee setzte er dann an Waffen mit langem Nadel-

284. Österreichische Jäger im Kampf. Kolorierte Lithographie. Im Unterschied zu der Linieninfanterie rückten die Jäger einzeln vor, sie versteckten sich und feuerten gezielt. Links ein seine Waffe ladender Jäger. Zwanziger Jahre des 19. Jh.

stecher um; die bekam nach dem Stecher ihren Namen — Zündnadelgewehr. Preußen rüstete als erstes Land der Welt seine Armee auf Zündnadelgewehre um — auf Infanteriehinterlader Muster 1841 sowie die nachfolgenden Zündnadelgewehrmuster vom Dreyse-System.

In der Mitte der sechziger Jahre des 19. Jahrhunderts wiesen in vielen europäischen Armeen einige Offiziere, meist jünger und von niedrigerem Rang, auf die Erfahrungen aus dem amerikanischen Bürgerkrieg hin, in dem in beschränkter Anzahl Hinterlader und Repetiergewehre zum Einsatz gelangten. Auch die Ergebnisse der preußischen Zündnadelgewehre

285. Österreichische Pistole Muster 1798. Fertigungsjahr 1831

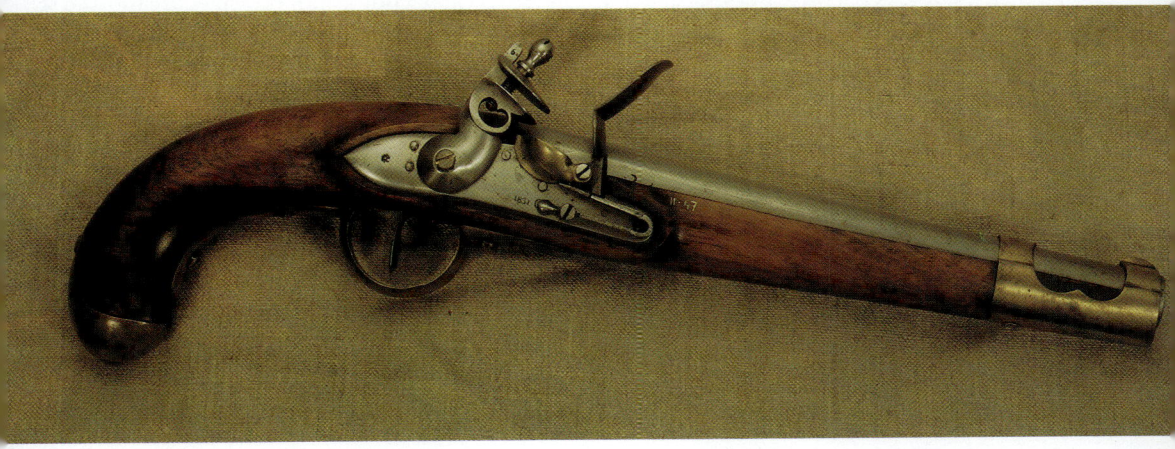

286. Preußisches Dreyse-Infanteriegewehr Muster 1841. Es handelt sich um eine ältere Variante des Gewehrmusters 1841; kreisförmiges (später kreissegmentförmiges) Visierloch, gebogener (später gerader) Abschluß des Abzugsbügels. Firma N. Dreyse, Sömmerda, 1846

im Kampf gegen Dänemark 1864 trugen zur Aufnahme der Hinterlader in die Armeeausrüstung bei. Einen allgemeinen Umbruch im Denken bewirkte erst der Blitzsieg Preußens im Konflikt mit Österreich 1866, der der unterschiedlichen Ausrüstung zugeschrieben wurde. Dabei waren die österreichischen Vorderlader genauer und zeigten eine größere Reichweite als die preußischen Zündnadelgewehre, die jedoch eine dreimal höhere Feuergeschwindigkeit aufwiesen. Die weiteren taktischen Vorzüge der Hinterlader, die ein leichtes Laden und den Kampf im Liegen ermöglichten, begriffen gewöhnliche Soldaten früher als ihre Befehlshaber. Als sich die Soldaten in die Schlacht bei Česká Skalice (Böhmisch Skalitz) 1866 im dichten Feuer niederlegten, erklärte der preußische General Steinmetz, niemand solle auf dem Boden liegen, bevor er gefallen sei!

Nach dem preußisch-österreichischen Krieg erfolgte eine allgemeine Umrüstung der europäischen Armeen auf Hinderlader. Zündnadelgewehre erschienen in Frankreich (Chassepot 1866), Italien (Carcano 1867) und Rußland (Carlé 1867), insgesamt überwogen jedoch andere Hinterladerkonstruktionen. In einer Reihe von Armeen wollte man die Vorräte an ballistisch geeigneten Vorderladern ausnutzen, und so wurden sie zu

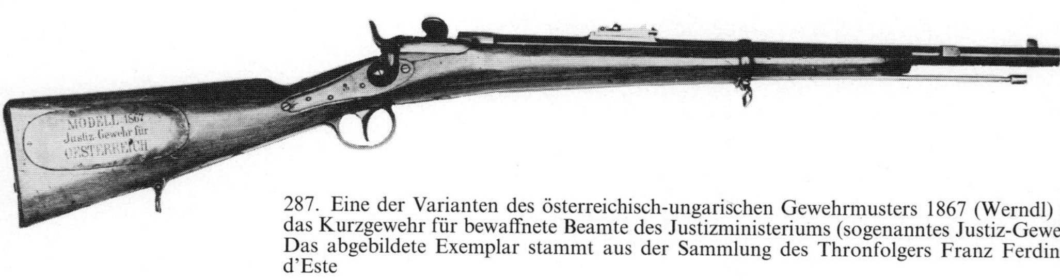

287. Eine der Varianten des österreichisch-ungarischen Gewehrmusters 1867 (Werndl) war das Kurzgewehr für bewaffnete Beamte des Justizministeriums (sogenanntes Justiz-Gewehr). Das abgebildete Exemplar stammt aus der Sammlung des Thronfolgers Franz Ferdinand d'Este

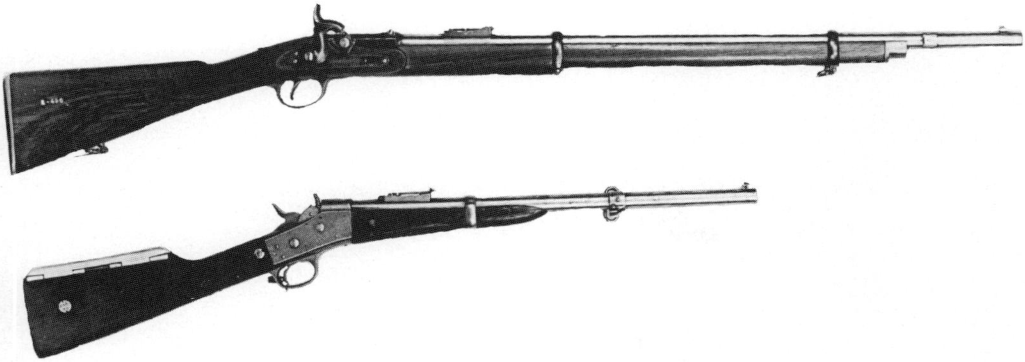

288. Englisches Perkussionsgewehr Mont Storm; britisches Patent 1857, 1864 in die Armeeausrüstung eingeführt, doch 1865 wegen Konstruktions- und Produktionsmängeln durch Snider-Gewehr ersetzt.
Dänischer Karabiner Muster 1867 Remington; Patent von 1864: Magazin für zehn Schuß im Kolben, mit abklappbarem Deckel. Die ersten Hinterlader aus den sechziger und siebziger Jahren des 19. Jh. (Perkussions- sowie Systeme für Einheitspatronen) hatten noch einen außenliegenden Hahn, erst später kamen Waffen mit innenliegendem Schlagmechanismus. Kopenhagener Waffenfabrik Kjøbenhavns Tøihuus, 1871

Hinterladern umgewandelt; zugleich entstanden auch völlig neue Modelle. Dutzende von Erfindern boten die verschiedensten Konstruktionen an, aber nur wenige fanden praktische Anwendung. Es kamen verschiedene Typen von Klappenverschlüssen auf — aufklappbar zur Seite (Snider in England, Krnka in Rußland) oder nach vorn (Wänzl in Österreich-Ungarn, Berdan in Rußland, Albini-Brändlin in Belgien), verschiedene Typen von Blockverschlüssen (Martini in England, der Türkei und Rumänien, Werndl in Österreich-Ungarn, Remington in Dänemark, Schweden und Spanien, Werder in Bayern) und Zylinderverschlüssen (Mauser in Deutschland, Berdan II. in Rußland, Gras in Frankreich). Alle diese Waffen schossen bereits Einheitspatronen mit Metallhülse. Die einschüssigen Hinterlader aus den sechziger und siebziger Jahren des vergangenen Jahrhunderts wurden bei der Armee bald von Repetierwaffen abgelöst.

In älteren Zeiten, als die Einheitspatrone noch nicht existierte, erschienen Repetiergewehre selten in der Ausrüstung und dann nur vereinzelt (zum Beispiel Kalthoffs Magazingewehr in Dänemark in der zweiten Hälfte des 17. Jahrhunderts). Der amerikanische Bürgerkrieg (1861 bis 1865) wurde vorwiegend mit Perkussionsvorderladern ausgetragen, in geringerem Maß wurden auch Mehrladegewehre mit röhrenförmigem Magazin im Gewehrkolben (Spencer) oder unter dem Lauf (Henry) eingesetzt. Die amerikanischen Winchester-Mehrladegewehre (Nachfolger des Henry-Mehrladegewehrs) tauchten auch in der Ausrüstung der türkischen und der französischen Armee auf. Die ersten Militärmehrlader europäischer Herkunft besaßen ebenfalls ein röhrenförmiges Magazin unter dem Lauf (Vetterli in Italien und der Schweiz, Jarmann in Schweden und Norwegen, Gendarmengewehre Fruwirth und Kropatschek in Österreich-Ungarn, das Marinegewehr Kropatschek in Frankreich, Lebel in Frankreich u.a.). Auch die bekanntesten Armeegewehrkonstrukteure vom Ende des 19. Jahrhunderts — Paul Mauser und Ferdinand Mannlicher — verwendeten zunächst Röhrenmagazine und

289. Der erste in Europa als Colt-Lizenz hergestellte Revolver war der 1849 patentierte österreichische Revolver. Er wurde in die Ausrüstung der österreichischen Marine eingeführt und auch als Zivilwaffe verwendet. Mit *J. PETERLONGO ./. INNSBRUCK* bezeichnetes komplettes Exemplar in Kassette

gingen erst später zum Kastenmagazin in der Mitte der Waffe über. Das erste Patent für diese Konstruktion hatte der Amerikaner J. P. Lee, sein Mehrlader wurde in die britische Ausrüstung eingeführt. Gewehre mit Zylinderverschluß und Mittelschaftmagazin fanden allgemeine Verbreitung, vor allem das System Mauser, in Österreich-Ungarn und einigen anderen Staaten Mannlicher, vereinzelt auch andere Konstruktionen (zum Beispiel in Rußland Mosin, in Norwegen und Dänemark Krag-Jörgensen). Ende des 19. Jahrhunderts kamen in die Armeeausrüstung die ersten automatischen Waffen — schwere Maschinengewehre und Selbstladepistolen, deren Entwicklung aber bereits in die nachfolgende Zeit gehört.

Kurze Feuerwaffen — Pistolen — waren die Waffe der Offiziere und einiger Angehöriger der Kavallerie, später erhielten sie auch verschiedene Spezialisten aus der Infanterie, der Artillerie u.ä. Die Offizierspistole war ursprünglich keine vorschriftsmäßige Waffe, erst im 18. Jahrhundert gab es die ersten Armeepistolenmuster. Auch im 18. Jahrhundert war ihr Gebrauch Pflicht, jedoch nur für die Angehörigen der Mannschaft, Offiziere konnten sich auf eigene Kosten eine vom eingeführten Muster abweichende Waffe beschaffen. In der zweiten Hälfte des 19. Jahrhunderts wurden in der Armee einschüssige Pistolen durch Revolver ersetzt. In den fünfziger und sechziger Jahren waren es Lefaucheux-Revolver (Frankreich, Italien, Spanien, Norwegen u.a.), der einzige Fall eines

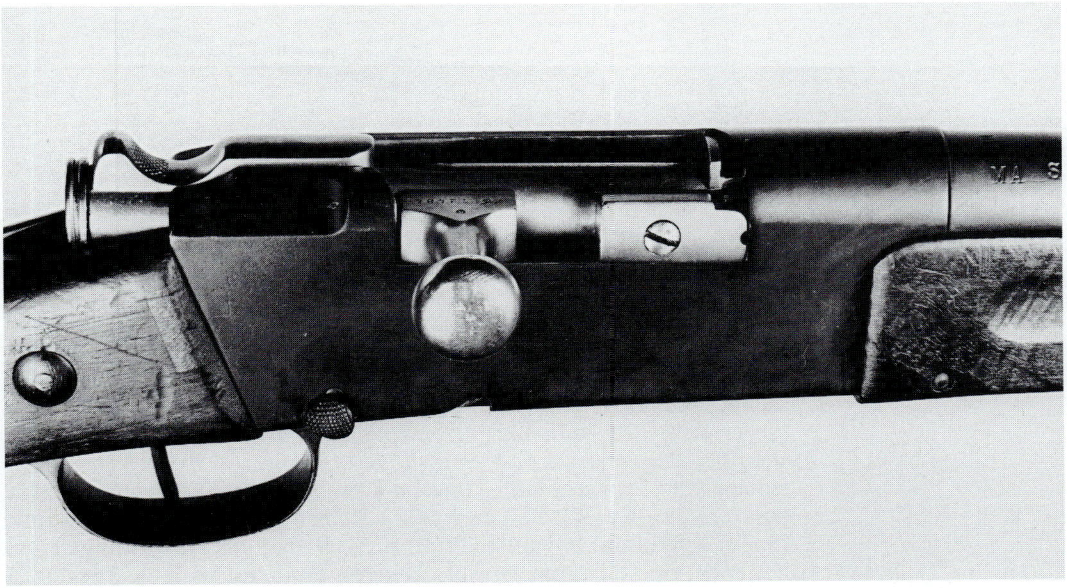

290. Französisches Gewehr Muster 1886 (Lebel); das letzte und am längsten dienende Militärmehrladegewehr mit Röhrenmagazin unter dem Lauf und zugleich das erste kleinkalibrige (8 mm) Armeegewehr für Patronen mit rauchschwachem Pulver

291. Österreichisch-ungarischer Revolver Muster 1870 (Gasser)

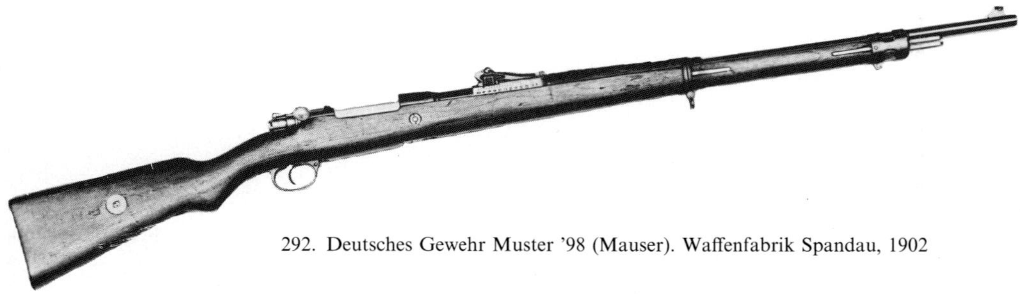

292. Deutsches Gewehr Muster '98 (Mauser). Waffenfabrik Spandau, 1902

militärischen Einsatzes der ältesten Patrone mit Selbstdichtung, denn bei den langen Armeewaffen setzte sich die Lefaucheux-Patrone überhaupt nicht durch. Perkussionsrevolver Colt und Adams verwendete hauptsächlich die britische Armee, in geringerem Umfang auch andere Staaten (Österreich, Preußen), und zwar vor allem bei der Marine. Seit den siebziger Jahren setzte eine schnelle Verbreitung von Revolvern für Patronen mit Zentralzündung (ausnahmsweise für solche mit Randzündung) ein. In wenigen Fällen wurden Waffen amerikanischer Herkunft (Smith & Wesson) in Rußland oder in Sachsen in die Ausrüstung aufgenommen; meist waren es verschiedene europäische Konstruktionen (Adams und Webley in England, Gasser in Österreich-Ungarn, Chamelot-Delvigne in Frankreich, Italien und der Schweiz, Nagant in Belgien und später auch in Rußland).

Außer den erwähnten Gewehren und Pistolen gab es bei den Armeen in kleinerem Umfang auch verschiedene Spezialwaffen. Die Tromblons waren Gewehre oder Pistolen mit elliptisch oder kreisförmig (trichterförmig) verbreiterter Laufmündung; sie wurden mit mehreren Geschossen (kleinen Kugeln u.ä.) geladen und der Schuß überstrich einen größeren Raum. Die Tromblons erschienen in der zweiten Hälfte des 16. Jahrhunderts und wurden bis zum 19. Jahrhundert verwendet, sowohl außerhalb

293. Österreichisches Kürassiertromblon Muster 1759; Hahn späteren Typs mit herzförmigem Ausschnitt, die hakenförmige Sicherung fehlt

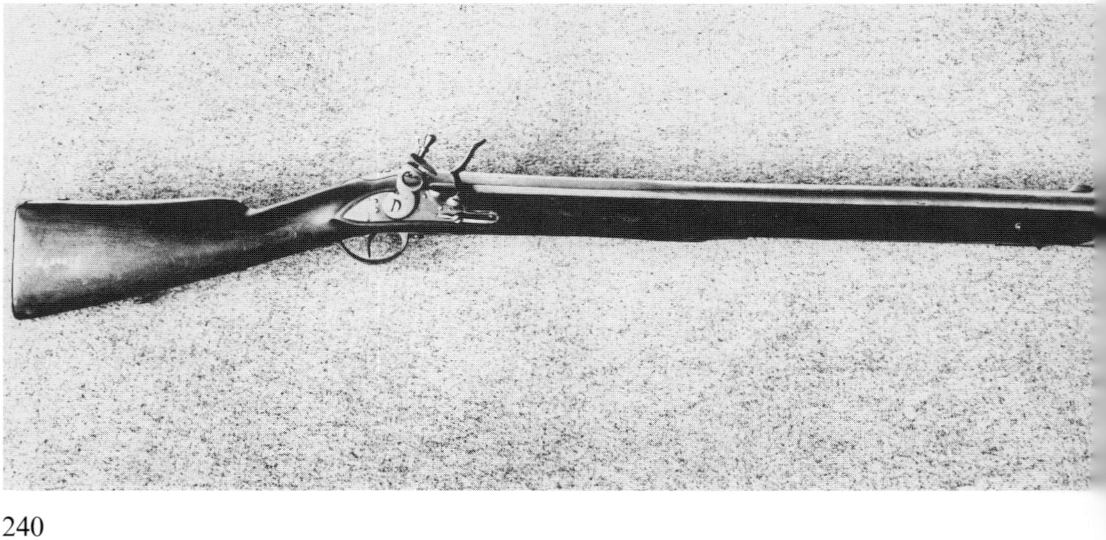

der Armee (zum Schutz von Kutschen und Banken, zum Überwachen von Häftlingen) als auch in den Streitkräften. Besonders beliebt waren sie in der britischen Marine, in der zweiten Hälfte des 18. Jahrhunderts trug sie ein Teil der österreichischen Kürassiere, am Anfang des 19. Jahrhunderts die Mameluckengarde Kaiser Napoleons. Tromblons wurden auch mit Klappbajonett versehen, Marinewaffen hatten einen Messinglauf, der widerstandsfähiger gegen die Einwirkung der feuchten Atmosphäre auf See war als der aus Eisen. Beim Nahkampf zwischen feindlichen Schiffen zeigten diese Waffen unbestrittene Vorzüge gegenüber den üblichen Armeegewehren.

Zu den außergewöhnlichen Militärwaffentypen zählten Gewehre und Pistolen, die Granaten auf größere Entfernungen schossen, schwere Wallgewehre zur Verteidigung von Festungen und Signalgewehre. Es kamen auch Militärpistolen mit Ansatzkolben vor, die wie Karabiner zu verwenden waren. Mehrläufige Militärgewehre stellen eine Ausnahme dar, weil die Feuergeschwindigkeit bei der Infanterie durch die Menge der Schützen und deren schrittweises, auf Befehl des Offiziers durchgeführtes Feuer gelöst war. Nur in der Marine einiger Staaten kamen Salvengewehre mit mehreren zugleich abgefeuerten Läufen vor; eine Kuriosität ist zum Beispiel die Bockbüchsflinte Muster 1768 der österreichischen Grenztruppen.

294. Detail der Waffe Abb. 293; ellipsenförmig verbreiterter Lauf (Breite 46 mm, Höhe 25 mm)

295. Belgischer Offiziersrevolver Muster 1878 (Nagant).
Sächsischer Revolver Muster 1874 (Smith & Wesson)

296. Tromblon mit französischem Steinschloß; Durchmesser der Messinglaufmündung 41 mm. Ketland, London, um 1770

297. Handmörser (Granatbüchse) mit französischem Steinschloß. Barrey, Besançon, zweite Hälfte des 18. Jh.

Die Entwicklung der militärischen Feuerwaffen wies zwar in verschiedenen europäischen Staaten einige geringfügige Unterschiede auf; deutlich hob sich jedoch von der übereinstimmenden Grundlinie nur eine Region ab — die Balkan-Halbinsel. Die Gewehre und Pistolen von dort unterschieden sich von den übrigen Waffen des europäischen Kontinents in Aussehen, Bau und Verzierung, zugleich wurde bei ihnen nicht zwischen Kampf- und Jagdwaffen unterschieden. Blank- und Feuerwaffen waren auf dem Balkan selbstverständlicher Bestandteil der Männerkleidung; diese Tatsache mußte auch von der österreichischen Monarchie respektiert werden, als im 19. Jahrhundert einige südslawische Gebiete dem Habsburgerstaat einverleibt wurden. Das Waffengesetz (kaiserliches Patent vom 24. 10. 1852) verlangte keinen Waffenschein für Dienstwaffen, es ordnete unter weiteren Ausnahmen an, daß auch all jene Bürger eine Waffe ohne Genehmigung tragen durften, bei denen sie „Bestandteil der Landestracht" war.

Im Mittelalter war es die Pflicht eines Bürgers, für die Verteidigung seiner Stadt Sorge zu tragen. Zu diesem Zweck wurden städtische Zeughäuser errichtet, Waffen von militärischem Charakter bewahrten die Städter aber auch zu Hause auf (später erhielt sich dieser Brauch nur in der Schweiz). Das städtische Aufgebot verlor allmählich an Bedeutung,

298. Bockbüchsflinte Muster 1768 für österreichische Grenzsoldaten. Joseph Heizenberger, Wiener Neustadt

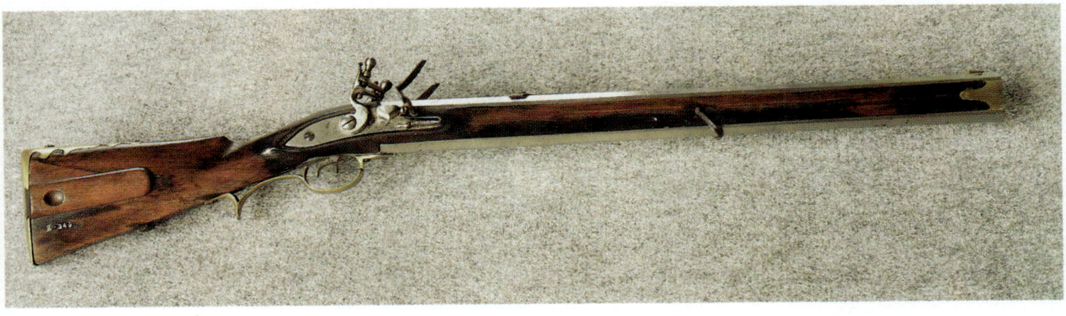

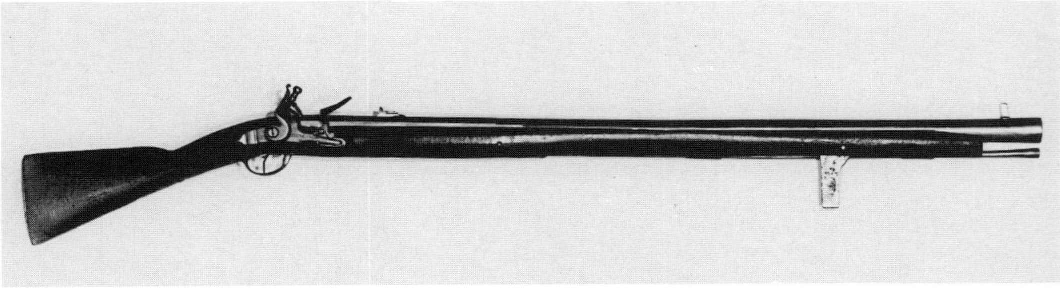

299. Preußisches Wallgewehr mit französischem Steinschloß; Kaliber 23 mm, Gesamtlänge 162 cm. Mitte des 18. Jh.

300. Gewehr eines Mitglieds des Prager Scharfschützenkorps; österreichisches Militärgewehr System Wänzl 1867

301. Salvengewehr mit französischem Steinschloß; sieben durch Zündkanäle miteinander verbundene Läufe, die Geschosse wurden auf einmal abgefeuert. Philibert Chenevier, Saint-Étienne, 1786

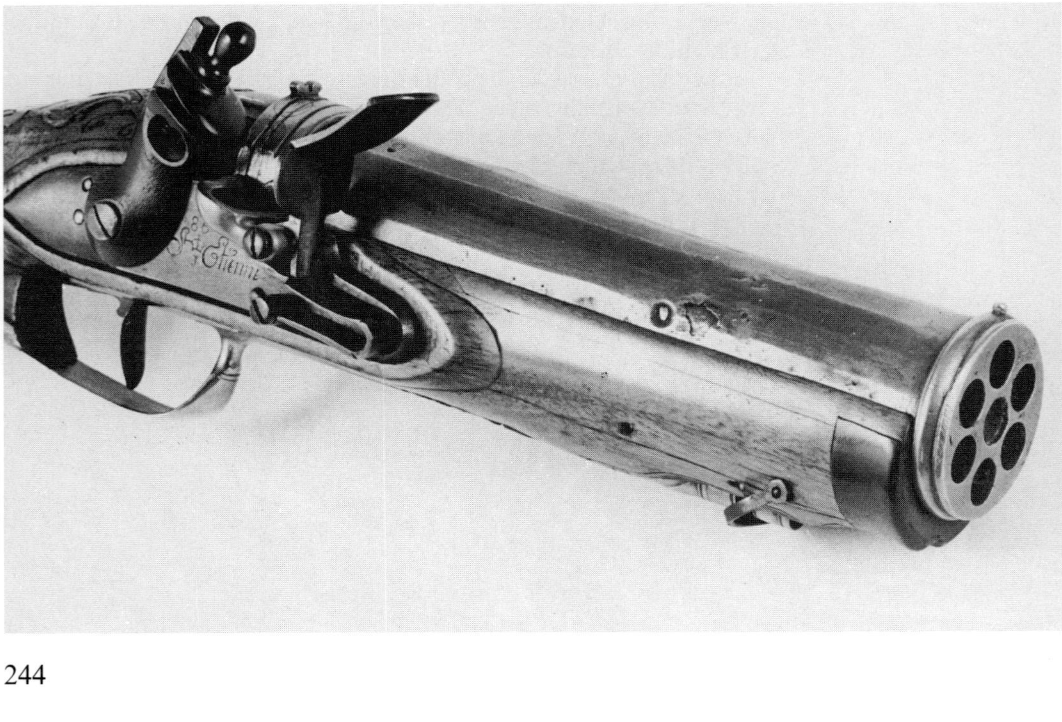

302. Balkan-Gewehr; Schloß alla catalana. 18.—19. Jh.

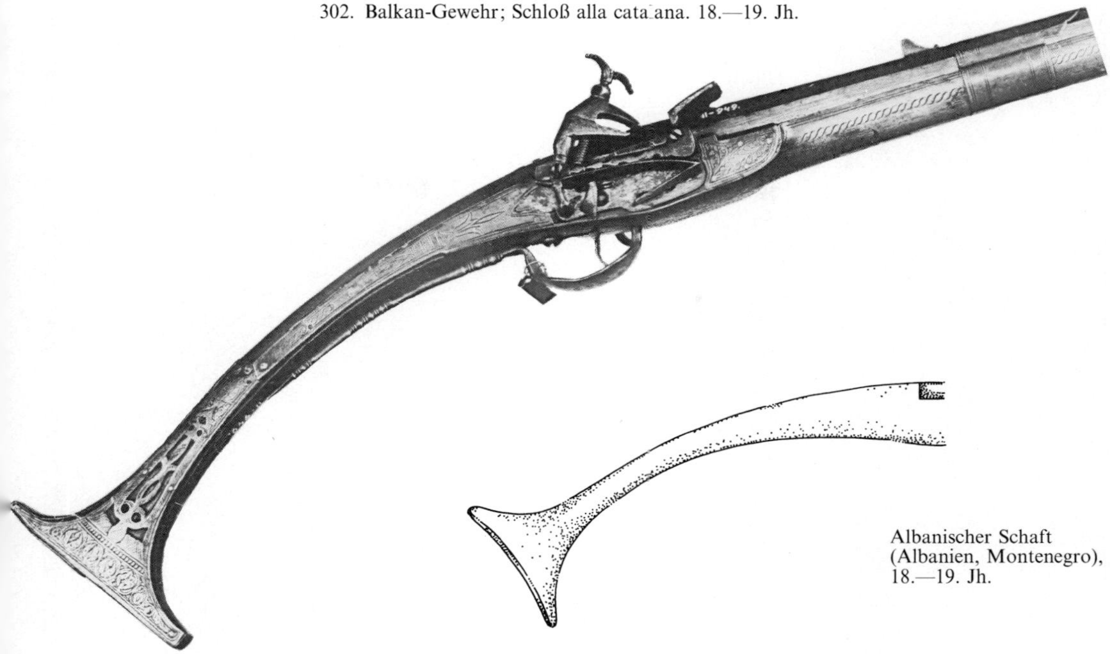

Albanischer Schaft
(Albanien, Montenegro),
18.—19. Jh.

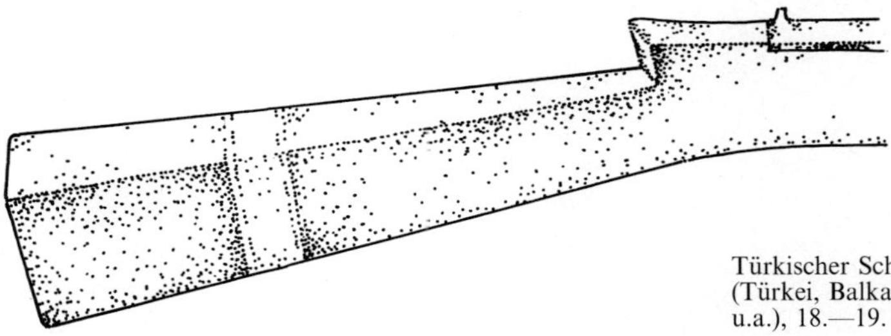

Türkischer Schaft
(Türkei, Balkan-Halbinsel
u.a.), 18.—19. Jh.

namentlich nach der Einführung stehender Heere. In Form städtischer Bürgerkorps bestand es jedoch in vielen Ländern weiter. In Kriegszeiten sorgten die Angehörigen dieser Korps für Ruhe und Ordnung, standen Wache und versahen weitere Aufgaben; zu Friedenszeiten vernachlässigten sie meist die militärische Ausbildung und konzentrierten sich auf Feste und Paraden. Neben verschiedenen traditionellen Scharfschützen- und Grenadiertruppen entstanden im 19. Jahrhundert auch neue halbmilitärische Formationen, verschiedene wehr- und sporttechnische Vereine, die für die Schießausbildung ihrer Mitglieder sorgten. Regierungsorgane unterstützten diese Tätigkeit meist, unter anderem durch Zuteilung älterer, aus der Armeeausrüstung ausgemusterter Waffen.

Gewehre militärischen Charakters waren auch in der Ausrüstung verschiedener zahlenmäßig nicht starker Wachen und Garden auf Adelssitzen. Wie für Knaben aus Herrscher- und Fürstenfamilien Kinderrüstungen geschaffen wurden, gab es auch Kindergewehre militärischen Typs.

303. Angehörige der 2. Wiener Bürger-Grenadier-Division. Farblithographie, teilweise koloriert. Vierziger Jahre des 19. Jh.

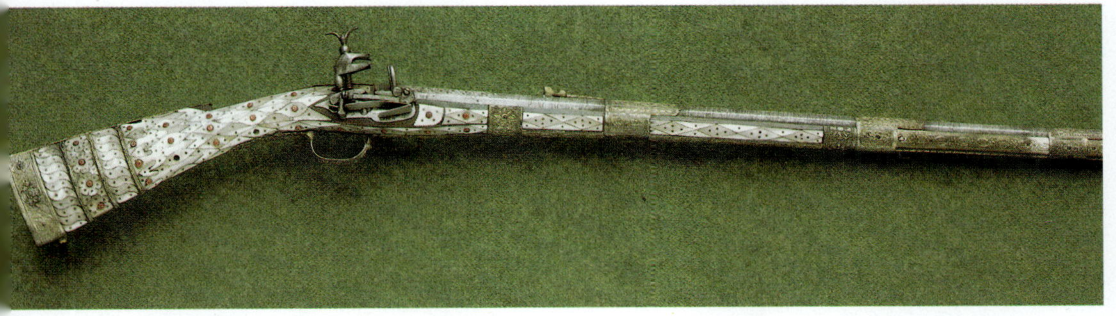

304. Balkan-Gewehr; Schloß alla catalana, Schloßblech datiert 1864; Schaft mit Perlmutter belegt und mit roten Steinen verziert; Schaftringe aus Messing

JAGDWAFFEN

Feuerwaffen konnten erst nach der Erfindung des Schloßmechanismus zur Jagd verwendet werden. Im 16. Jahrhundert war bei den Jagdwaffen die Armbrust noch so häufig wie die Feuerwaffen, doch im 17. Jahrhundert wurde ganz eindeutig das Gewehr die Hauptwaffe des Jägers. In beschränktem Umfang wurden zwar weiterhin einige Jagdtechniken verwendet, die diese Waffe nicht erforderten, wie zum Beispiel Falkenjagd, Frettieren (Austreiben von Kaninchen mit Frettchen aus dem Bau), Fangen mit Jagdnetzen und anderem Jagdzeug. Im 17. Jahrhundert kam auch die Parforcejagd auf.

Die Jagdgewehre spielten in der technischen Entwicklung der Feuerwaffen bis zum 19. Jahrhundert eine dominierende Rolle. Im 20. Jahrhundert ist man gewöhnt, daß die meisten Erfindungen, technisch neue Lösungen und Verfahren zunächst im militärischen und erst später im zivilen Bereich Anwendung finden. In der Vergangenheit war das nicht so. Bei den in großen Serien gefertigten Gewehren wurde gespart, die meisten technischen Verbesserungen erschienen zuerst bei zivilen Waffen.

305. Kindergewehr mit französischem Steinschloß; wahrscheinlich Waffe des späteren österreichischen Kaisers Joseph II., datiert 1750; Kaliber 10 mm, Gesamtlänge 90 cm, mit Bajonett 98 cm, Gewicht 820 g; Lauf bezeichnet mit *Nicolaus Nisel a Wien*, Schloßblech mit *Wen. Fingelandt, Prag*; Garnitur und Bajonett aus Silber; Verzierung mit militärischen Szenen, österreichischem Adler und den Initialen *J II*, auf dem Bajonett beiderseitig der österreichische Adler und die Namen der Eltern Josephs II.

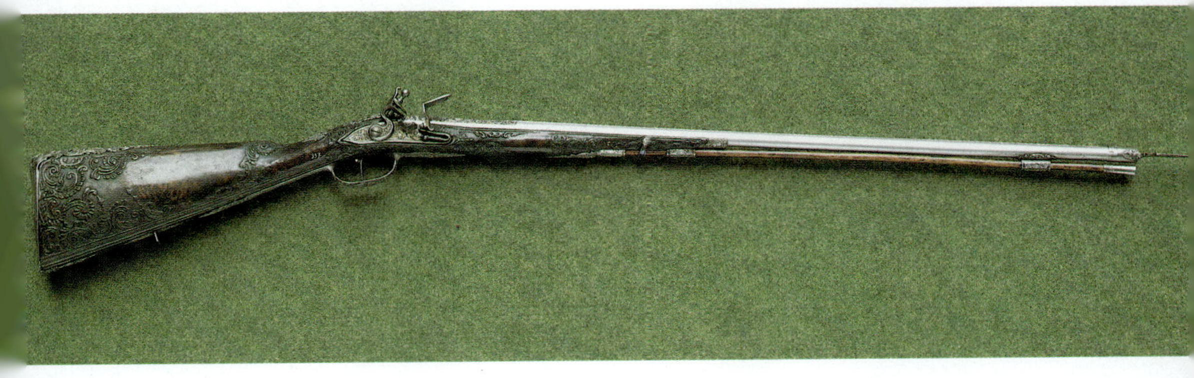

Flinte (glatte Laufbohrung)

Büchse (gezogener Lauf)

Doppelflinte

Doppelbüchse

Büchsflinte

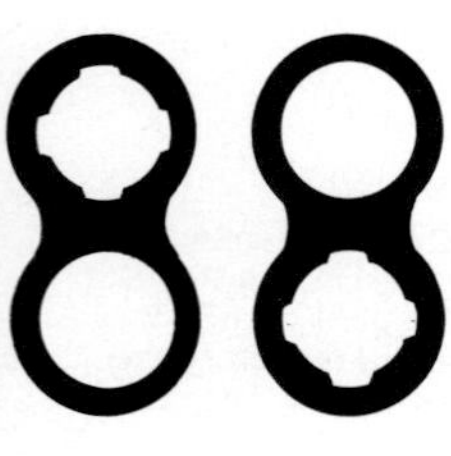

Bockbüchsflinte

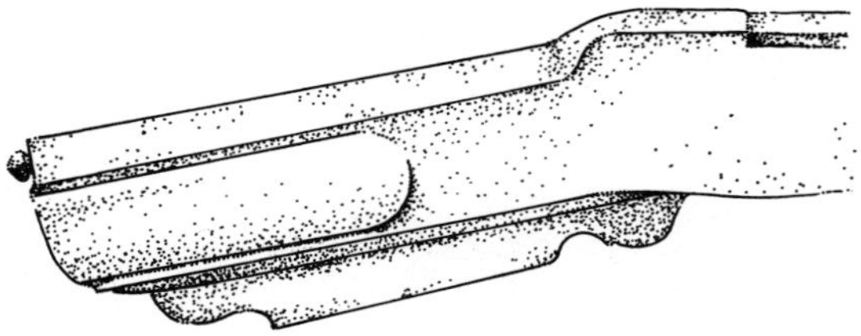

Deutscher Schaft, 17.—18. Jh. (wird beim Schießen an die Wange angeschlagen, nicht an der Schulter gestützt)

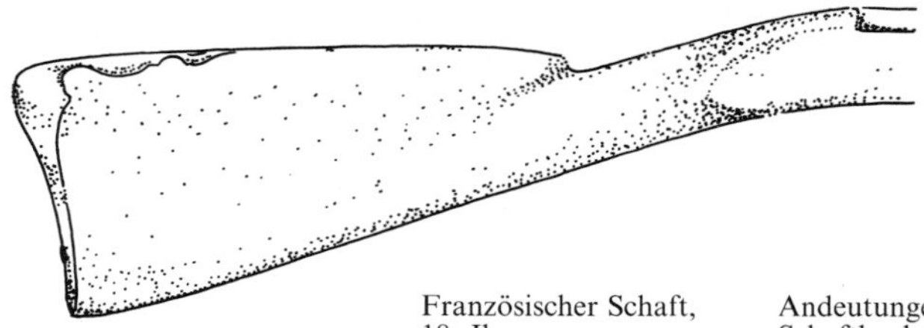

Französischer Schaft, 18. Jh. Der Schaft wurde an die Schulter gestützt; seit dem 19. Jh. als französisch bezeichnet; er weist Andeutungen von Schaftbacke und Pistolgriff auf; englische Schäfte haben weder Backe noch Pistolgriff, deutsche haben beides

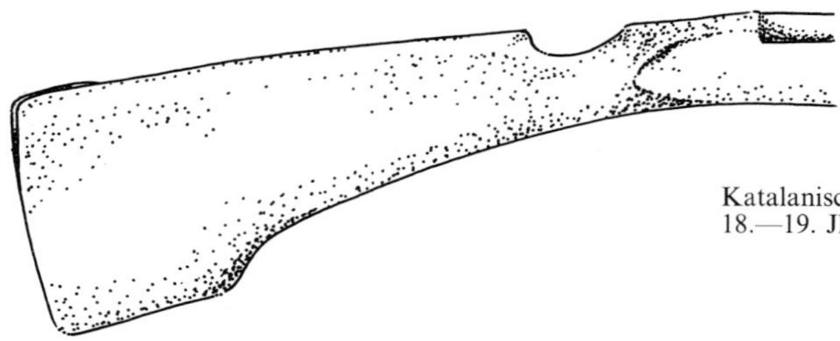

Katalanischer Schaft, 18.—19. Jh.

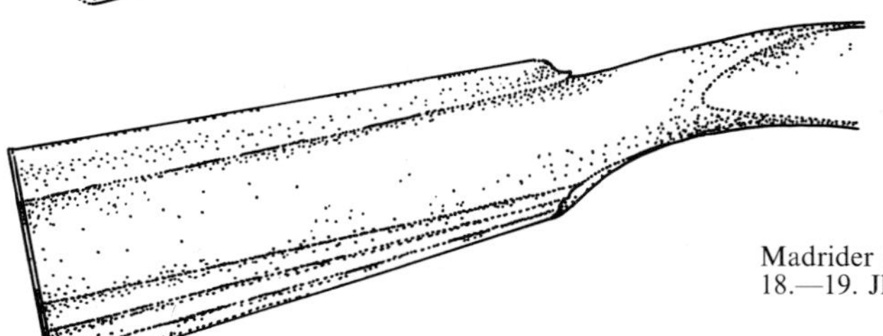

Madrider Schaft, 18.—19. Jh.

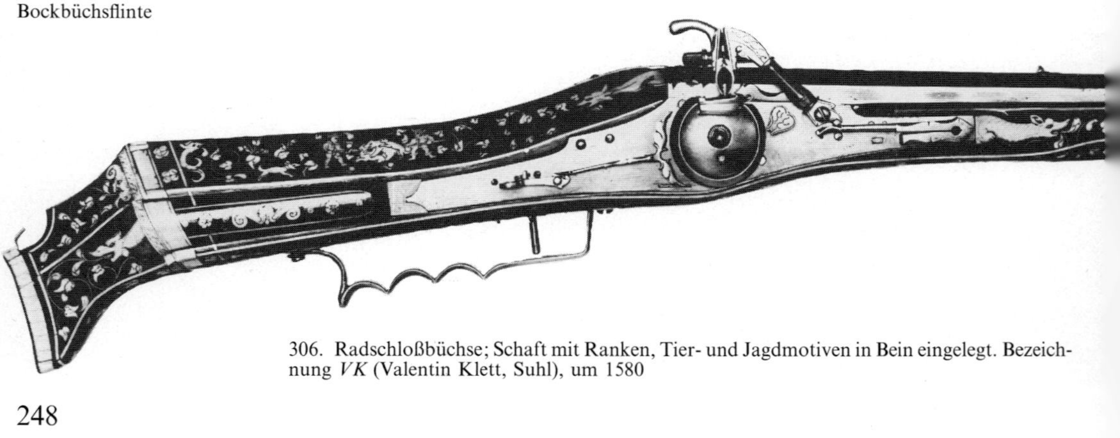

306. Radschloßbüchse; Schaft mit Ranken, Tier- und Jagdmotiven in Bein eingelegt. Bezeichnung *VK* (Valentin Klett, Suhl), um 1580

Flintendrilling

Kugeldrilling
(Drillingsbüchse)

307. Jagd auf Wasservögel. Holzschnitt; Jäger mit Radschloßbüchsen. Jost Amman, 1582 (nach: Schuß und Waffe, Band III)

Drilling

Bockflinte

Bockbüchse

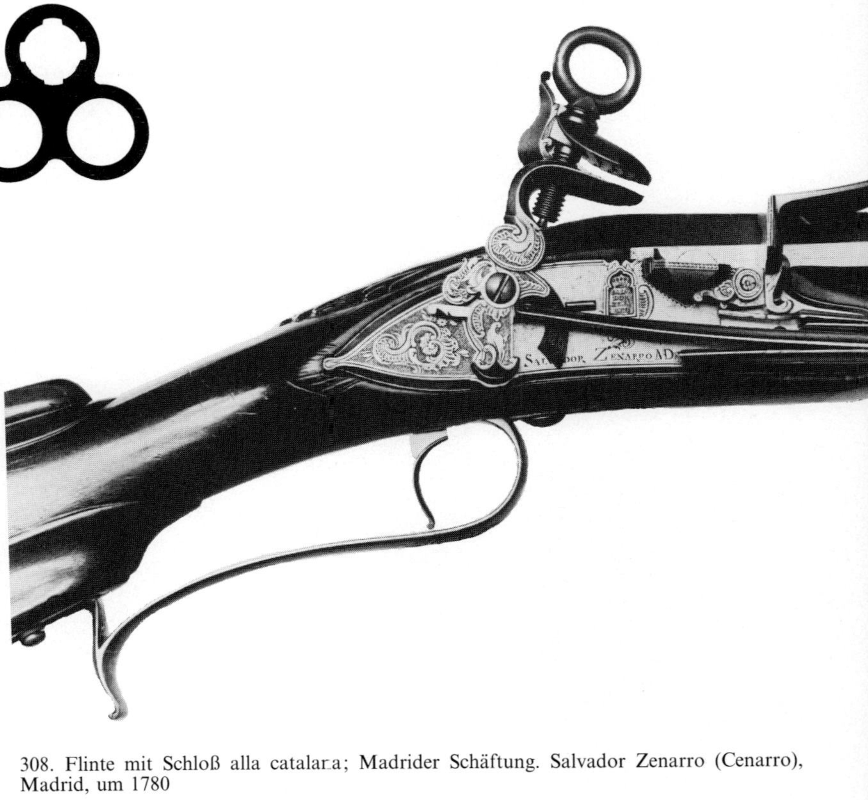

308. Flinte mit Schloß alla catalana; Madrider Schäftung. Salvador Zenarro (Cenarro), Madrid, um 1780

309. Radschloßkugelbüchse; Schloßgegenblech mit Hirschhetzjagd verziert. Lorenz Neireiter, Prag. 1727

Die Jagd auf verschiedene Tiere erforderte unterschiedliche Waffenarten, für die sich spezielle Bezeichnungen einbürgerten. So heißt zum Beispiel das einläufige Jagdgewehr mit glatter Laufbohrung, das zum Schrotschießen auf Hasen oder Vögel verwendet wird, Flinte, während eine Kugelbüchse mit Zügen zum Schießen mit Einheitspatronen auf

310. Leichtes Jagdgewehr mit französischem Steinschloß; unsigniert, einige Zierelemente (z.B. Schloßblech und Garnitur aus vergoldetem Messing) entsprechen Arbeiten Karlsbader Büchsenmacher der ersten Hälfte des 18. Jh.

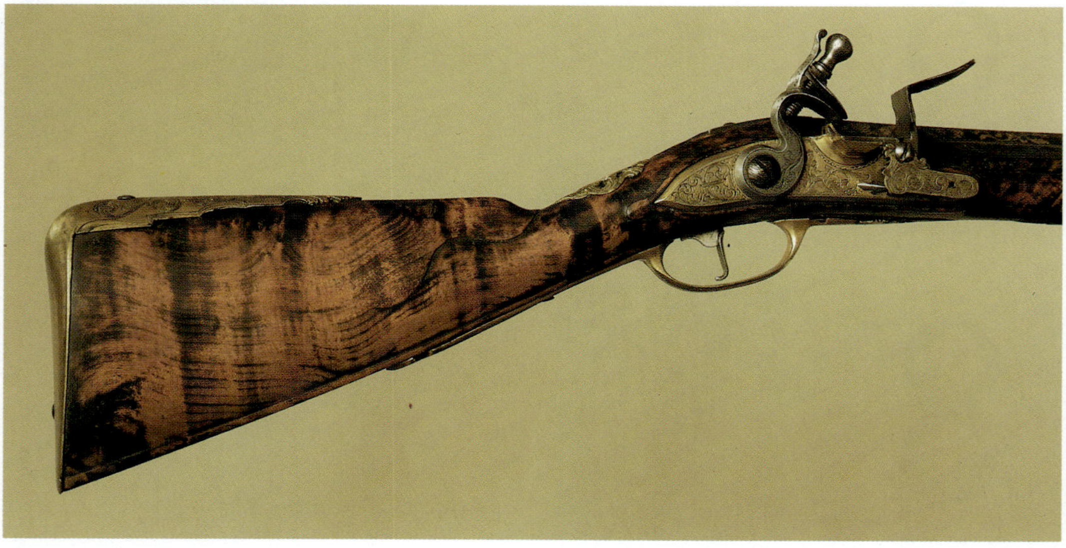

311. Radschloß-Prachtbüchse und Pulverflasche; reich verziert (vergoldet, versilbert, geschnitten, emailliert u.a.), angefertigt für Kaiser Rudolf II.; David Altenstetter und Daniel Sadeler, Prag, um 1608

Hochwild bestimmt ist. Für ältere Zeiten gilt diese Einteilung jedoch nicht ganz, auch wenn gezogene Läufe bereits aus der ersten Hälfte des 16. Jahrhunderts bekannt sind. Die meisten Soldaten schossen bis zur Mitte des 19. Jahrhunderts Kugeln aus glatten Läufen, und auch die Jäger konnten noch im 18. Jahrhundert Läufe ohne Züge zum Schießen mit kugelförmigen Geschossen verwenden.

In den Armeen wurden Luntenschloßmusketen lange Zeit gebraucht, doch die Ära der Jagdwaffen mit Luntenschloß war sehr kurz. Der Hauptgrund war keineswegs, wie häufig behauptet, daß die glimmende Lunte von weitem zu sehen und zu riechen sei, wodurch die Tiere aufgescheucht würden. Zunächst wurden Luntenwaffen zur Jagd verwendet, doch sobald im 16. Jahrhundert technisch vollkommenere Waffen — mit Radschloß und später auch mit Schnapp- und Steinschloß — erfunden

312. Vogeljagd; Jäger mit einem Gewehr mit französischem Steinschloß. Johann Elias Ridinger (1695—1767), gestochen von seinem Sohn Martin Elias Ridinger (ungefähr 1730—1780)

Zylinderförmiger Lauf (typisch für ältere Waffen, später bei glatter Laufbohrung)

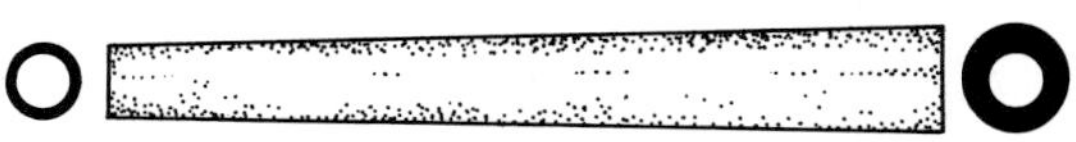

Mehrkantiger Lauf (vorwiegend bei gezogenen Läufen)

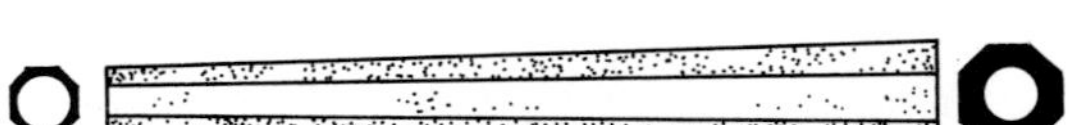

Zweiteiliger Lauf, vorne zylinderförmig, hinten mehrkantig (beliebte Variante im 17.—18. Jh., namentlich bei Waffen italienischer Herkunft)

313. Jäger in den Bergen; mit Radschloßkugelbüchse. Johann Elias Ridinger (1695—1767), gestochen von seinem Sohn Martin Elias Ridinger (ungefähr 1730—1780)

wurden, kamen diese Mechanismen bei Jagdwaffen zur Anwendung, obwohl sie beträchtlich teurer waren.

In West- und Südeuropa wurden bei den Jägern die Radschloßwaffen bald von Schnapp- und Steinschloßwaffen abgelöst. Namentlich seit dem 17. Jahrhundert setzte sich das französische Steinschloß durch, im Mittelmeerraum war das Schloß „alla catalana", in anderen Regionen waren auch örtliche Formen des Schnappschlosses in Gebrauch. Anders war die Situation in Mitteleuropa, wo das Radschloß bei den Jagdgewehren, vor allem den Kugelbüchsen, bis zur zweiten Hälfte des 18. Jahrhunderts üblich war. Mitteleuropäische Radschloßkugelbüchsen hatten meist die sogenannte deutsche Schäftung, gerade oder leicht gekröpft, mit kurzem eckigem Kolben, der beim Schießen nicht in die Schulter eingezogen, sondern nur an die Backe angelegt wurde. Der Abzugsbügel war in der Regel als Fingerstütze geformt, im Gewehrkolben war ein Kasten. In

314. Doppelflinte mit französischen Steinschlössern; Geschenk Kaiser Napoleons an den österreichischen Botschafter in Paris, Fürst zu Schwarzenberg. Nicolas Boutet, Versailles, um 1810

West- und Südeuropa entwickelte sich demgegenüber im 16. Jahrhundert ein gekröpfter (gebogener) Schaft mit rundem Umriß, der beim Zielen und Schießen an der Schulter gestützt war. Neben der französischen Schäftung existieren verschiedene örtliche, weniger verbreitete Varianten, wie zum Beispiel Madrider und katalanische Schäftung.

Die Unterschiede in der technischen Lösung der Jagdwaffen, die im 17. und 18. Jahrhundert zwischen Mitteleuropa und den westlichen und südlichen Regionen des Kontinents bestanden, lassen sich nicht allein durch die herstellungstechnischen Traditionen erklären, sie entstanden durch die verschiedenen Jagdbedingungen und -arten. In den reichen

315. Bockbüchse; drehbare Läufe; ursprünglich Steinschloßwaffe, zum Perkussionssystem umgeändert, Schaft um 3 cm verlängert. Wie bei einigen anderen Vorderladern aus dem 19. Jh. ist der Ladestockkopf von unten im Kolben eingeschraubt, da er sonst das Schießen behindern würde. Der Kopf ist aufschraubbar, der Ladestock mit großem Kopf ermöglichte ein leichteres Laden. Ignaz Koppensteiner, Gmünd, erstes Viertel des 19. Jh.

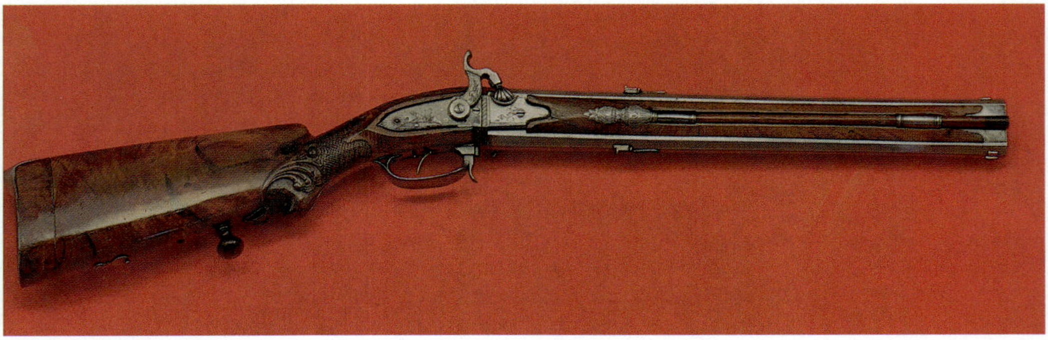

316. Perkussionsdrilling. Detail: Darstellung zweier Jäger, der eine lädt einen Vorderlader (auf dem Kastendeckel im Kolben). Die früheren länglichen rechteckigen Kästen im Kolben mit schiebbarem Holzdeckel wurden von Kästen mit abklappbaren, oft kreisförmigen oder ovalen Metalldeckeln abgelöst. Jan Burda, Prag, zweites Viertel des 19. Jh.

mitteleuropäischen Revieren überwog die Jagd auf Hochwild, seit dem 16. Jahrhundert setzte sich die Jagd im geschlossenen Gelände durch. Die Jäger — und oft auch die Zuschauer — warteten in mit Zäunen, Lappen oder Netzen umgrenzten Räumen, und Diener trieben Hunderte von Hirschen oder Wildschweinen vor die Läufe ihrer Gewehre. Der Drang, möglichst viele Trophäen zu besitzen, führte in dieser Gestalt zu einem sinnlosen Schlachten der Tiere, für die es kein Entkommen gab.

In West- und Südeuropa, wo die Edelwildbestände ärmer waren, verbreitete sich das Schrotschießen am meisten, gejagt wurden unter anderem Hasen, eine Mittelmeerspezialität war die Jagd auf fliegende Vögel. Dieser Jagdstil erforderte leichte Handbüchsen, von den Zieleinrichtungen reichte das Korn, denn man zielte über den Laufrücken und das Visier erübrigte sich.

Bei den niedrigeren Edelwildbeständen in West- und Südeuropa verbreitete sich als vorherrschende Jagdweise die Hetzjagd auf ein einzelnes Tier, was jedoch nicht bedeutet, daß es in diesen Regionen nicht auch die mitteleuropäische Jagd auf geschlossenem Gelände gab. In der zweiten Hälfte des 17. Jahrhunderts entstand in Frankreich die Parforcejagd — die Hetze eines ausgewählten Hirsches oder Rehs nach bestimmten Regeln, bis zur völligen Erschöpfung des Tieres. In England fand zur gleichen Zeit die Jagd auf einen einzelnen Fuchs oder Hasen Verbreitung. Bei diesem Jagdstil kam es nicht auf die Anzahl der erlegten Tiere an.

Die Tiere hatten die Chance zu entkommen, die Jagd stellte hohe Ansprüche an die Reitkunst der Jäger sowie die Dressur der Pferde und Jagdhunde.

Je nach der Wildart war eine Kugelbüchse oder eine Schrotflinte zu verwenden. Gezogene Läufe überwogen im 16. bis 18. Jahrhundert in Mitteleuropa und einem Teil Nordeuropas, während sie in übrigen Teilen Europas einen bescheideneren Anteil hatten; hier waren mehr Gewehre mit glattem Lauf vertreten, die den meisten jagdbaren Tieren entsprachen. Die Jagdweise beeinflußte auch die Wahl der Waffe — entweder mit Radschloß und deutscher Schäftung oder mit Steinschloß und französischer Schäftung. Bei der Wahl einer dieser beiden Varianten konnten auch andere Gesichtspunkte mitspielen, objektive oder subjektiv empfundene, wie zum Beispiel Feuerbereitschaft oder Streuung.

Die neuen Jagdformen fanden ihre Anhänger auch in Regionen mit anderen Traditionen. Ende des 17. Jahrhunderts begann in Mitteleuropa die Jagd auf fliegende Vögel (bis dahin wurden nur sitzende Vögel geschossen oder mit Netzen gefangen), die Parforcejagd wurde propagiert, zum Beispiel von Fürst Karl Eusebius Liechtenstein oder Graf Franz Anton Sporck. Das Ziel der Parforcejagd war zwar das Erlegen eines einzelnen Tieres, doch es handelte sich um eine viel aufwendigere Jagd als andere, denn sie erforderte eine große Anzahl ausgebildeter Gehilfen, Pferde und Jagdhunde und auch Waldwege, breit genug für

317. Perkussionsdoppelflinte mit vier Hähnen; in jedem Lauf jeweils zwei Geschosse hintereinander; beim Drücken auf den Abzug wird der vordere Hahn betätigt (der hintere blokkiert), beim erneuten Hahndrücken wird das andere Geschoß abgefeuert. Dewalle Frères, Lüttich, um 1850

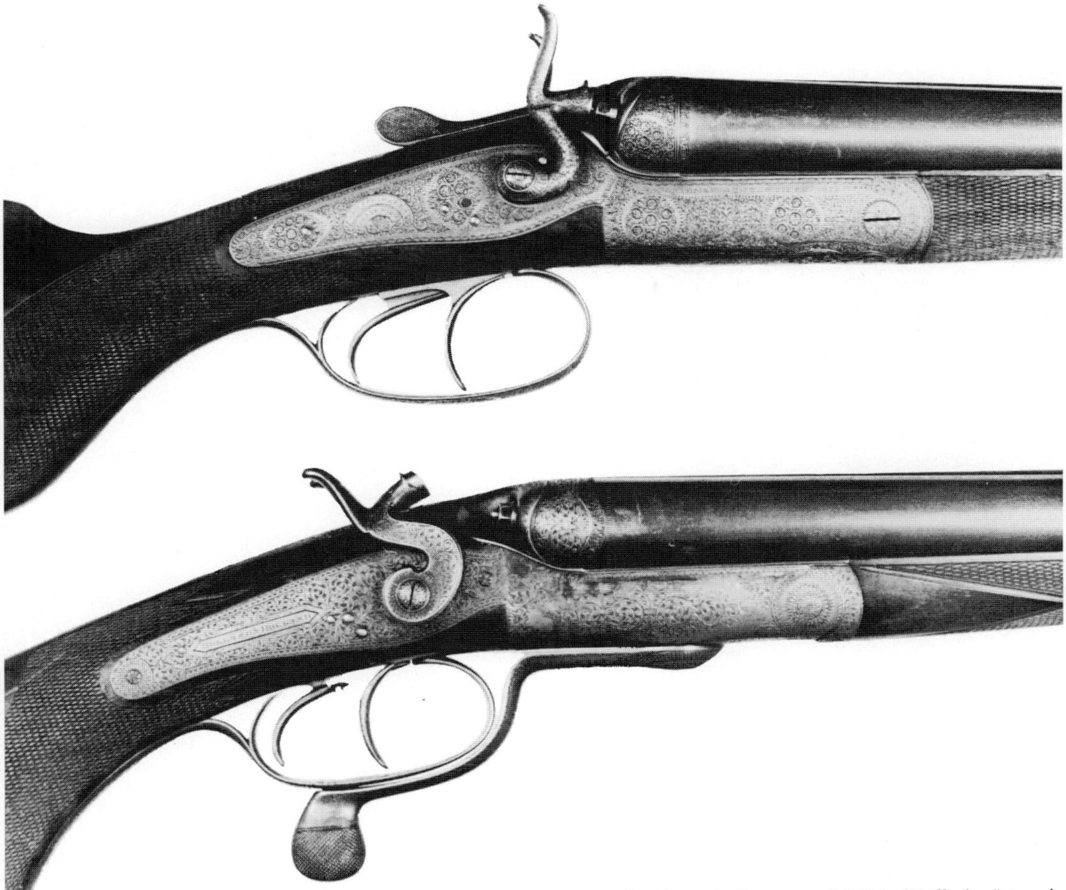

318. Doppelflinte Lancaster; Läufe von der Firma A. Francotte, Lüttich; Waffe des österreichisch-ungarischen Thronfolgers Franz Ferdinand d'Este. Joh. Springer's Erben, Wien, Ende des 19. Jh.
Lancaster-Doppelbüchse; Waffe des Fürsten Colloredo-Mansfeld. Holland & Holland, London, Ende des 19. Jh.

die Reiter. Auch im 18. Jahrhundert überwog deshalb in Mitteleuropa die frühere Jagd im geschlossenen Gelände.

Gemeischaftsjagden waren stets auch ein gesellschaftliches Ereignis. Jäger, für die das individuelle Jagderlebnis entscheidend war, bevorzugten deshalb die einsame Jagd, entweder auf der Kanzel, wo sie auf Tiere warteten, oder die Pirschjagd, bei der sie sich anschlichen. Zur Schleichjagd diente eine kurze Pirschbüchse, die im dichten Wald besser zu handhaben war.

Im Lauf des 18. Jahrhunderts kam es zur Vereinheitlichung der Grundtypen der europäischen Jagdwaffen. In den mitteleuropäischen Ländern hielten sich zwar weiterhin Radschloßkugelbüchsen mit deutscher Schäftung, doch auch hier setzten sich das französische Steinschloß und der französische Schäftungstyp durch. Neben Hirschen, Rehen, Damhirschen, Bären und weiteren mit Kugeln gejagten Tieren wurde auch dem Schrotschuß auf Niederwild Beachtung geschenkt. Für diese

319. Büchsflinte Lefaucheux; im Kolben sind an beiden Seiten Jagdtrophäen eingezeichnet. Damastläufe von der Firma A. Francotte, Lüttich. Johann Springer, ehemals Novotny, Wien, um 1860

320. Flinte mit chemischem Schloß. Adalbert Fridrich, Roudnice, 1820. Kugelbüchse Lancaster. Josef Gutwirth, Orlík, Ende des 19. Jh.

Jagdweise waren leichte Schrotflinten in der Form, die sie im 17. Jahrhundert in Frankreich gewonnen hatten, am geeignetsten.

Um 1820 gab es bei den Jagdwaffen verschiedene Varianten chemischer Schlösser, etwas später das Perkussionsschloß mit Zündhütchen, das von den dreißiger bis zu den sechziger Jahren des 19. Jahrhundert das überwiegende System war. Die dreißiger und vierziger Jahre des 19. Jahrhunderts waren die Hauptzeit der Umänderungen der Steinschloßjagdwaffen zum Perkussionssystem.

Jagdhinterlader für Einheitspatronen mit Selbstdichtung kamen in den vierziger Jahren des 19. Jahrhunderts auf, in großem Umfang verbreiteten sie sich ab den sechziger Jahren. Die vorherrschende Jagdwaffenbauweise der zweiten Hälfte des 19. Jahrhunderts wurde zunächst das System Lefaucheux, das bei den übrigen Feuerwaffen (Militär-, Sportwaffen) nur ausnahmsweise Anwendung fand. In den fünfziger Jahren entstand das System Lancaster, das etwas später erfolgreich mit den Lefaucheuxwaffen konkurrierte. Gegen Ende des Jahrhunderts verbreiteten sich Hammerleßgewehre, Jagdgewehre, die keinen äußeren Hahn wie die Lefaucheuxgewehre oder die Lancastergewehre, sondern ein innenliegendes Schlagstück hatten. Für Jagdhinterlader sind Baskülverschluß und Kipplauf typisch, in geringerem Maß gab es auch andere Konstruktionen, zum Beispiel Zylinderverschluß, verschiebbare Läufe u.a. Jagdwaffen wurden mit automatischen Leerhülsenauswerfern ausgestattet, bei Schrotflinten setzte sich eine Querschnittsverminderung des Laufs hauptsächlich an der Mündung durch. Dieses Choke-Prinzip wurde 1886 in England patentiert (William Pape), obwohl es von einigen Büchsenmachern einige Jahrzehnte früher angewandt worden war.

Wie bereits erwähnt, waren die Jagdwaffen vom 16. bis zur ersten Hälfte des 19. Jahrhunderts der Hauptbereich, in dem verschiedene technische Neuheiten erprobt wurden und Versuche um den Bau von Hinterladern und Repetierwaffen der verschiedensten Konstruktionen stattfanden. Es erhielt sich eine Reihe von Hinterladern mit verschiedenen Schloßtypen und von Mehrladern mit einer größeren Anzahl Läufe oder mit einem Lauf und verschiedenen Arten von Magazinen für Kugeln und Schießpulver. Diese Waffen wurden meist für Jäger gefertigt,

321. Doppelflinte; Hähne schlagen auf den getrennten waagerechten Schlagstift. Heinrich Barella, Magdeburg und Berlin, 1860—1865

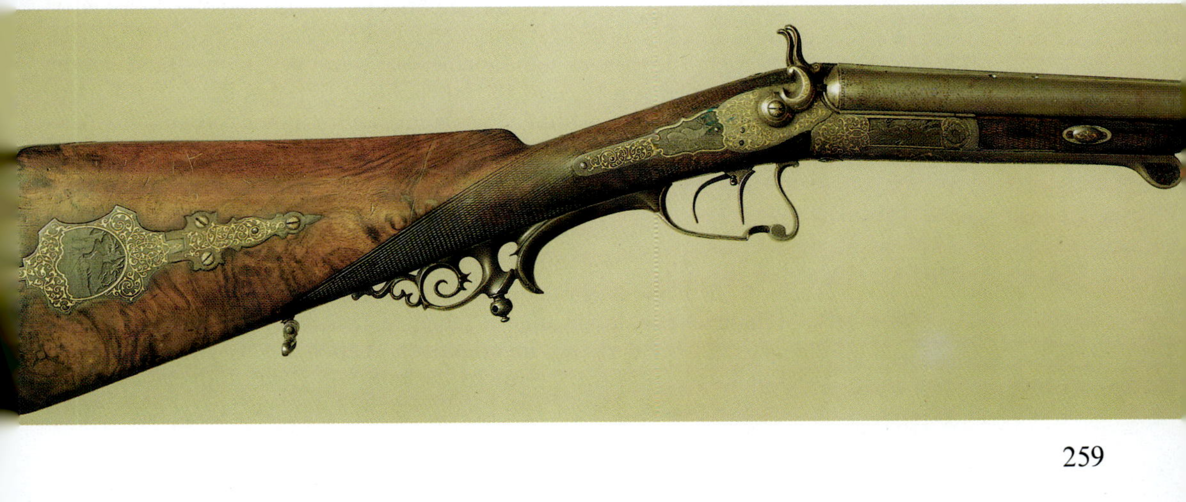

322. Jagd aus dem fahrenden Wagen. Damit das Wild nicht vorzeitig aufgescheucht wurde, war der Wagen als gedeckter Bauernwagen getarnt. Lange Läufe und große Kaliber der Wagenbüchsen hatten eine größere wirksame Reichweite. Wolff Pirckner, Jagdbuch, 1639 (nach: Zeitschrift für historische Waffenkunde, Band IV.)

die zugleich eine Vorliebe für interessante Konstruktionen oder technische Neuheiten hatten. Im 18. Jahrhundert gehörten zu ihnen zum Beispiel Graf F. A. Sporck, für den eine Reihe verschiedener Hinterlader und Repetierwaffen hergestellt wurde, oder die Herrscher von Hessen-Darmstadt Ernst Ludwig und Ludwig VIII., die Jagdwindbüchsen liebten. Die Jagdweise selbst erforderte kein schnelles Laden und keine wiederholten Schüsse aus einer Waffe.

Die Jagd war ein Privileg des Herrschers und des Adels und die übrigen Angehörigen der Gesellschaft beteiligten sich daran entweder überhaupt nicht oder nur in beschränktem Maß. Große Herren verfügten über ihre persönlichen Büchsenmacher, Jäger, Hundeführer und weiteres Personal. Bei der Jagd schossen sie nur, die Diener nahmen ihnen die leergeschossenen Waffen ab und reichten ihnen aufgeladene. Die Feuergeschwindigkeit wurde also durch eine größere Anzahl gleicher Büchsen gelöst, damit dem Jäger ständig eine Waffe zur Verfügung stand, an die er gewöhnt war. Im 18. und 19. Jahrhundert fertigten deshalb Büchsenmacher Serien übereinstimmender Jagdgewehre (numeriert auf dem Ausläufer der Schwanzschraube), häufig vier oder sechs Stück, aber auch zwölf und ausnahmsweise auch mehr. Der preußische König Friedrich Wilhelm I. (1713—1740) feuerte zum Beispiel auf einer Jagd im Lauf eines einzigen Tages über 600 Schüsse ab, brachte es also mit Hilfe der Diener auf eine Feuergeschwindigkeit, die beim damaligen Stand der Technik für keine Mehrladewaffe denkbar gewesen wäre.

Mehrschüssige Jagdwaffen erschienen in kleiner Menge bereits seit dem 16. Jahrhundert. Bei mehrläufigen Waffen wuchs ihr Gewicht beträchtlich; für Jagdzwecke waren deshalb vor allem doppelläufige Gewehre akzeptabel. Davor gab es allgemein einläufige Jagdwaffen, und

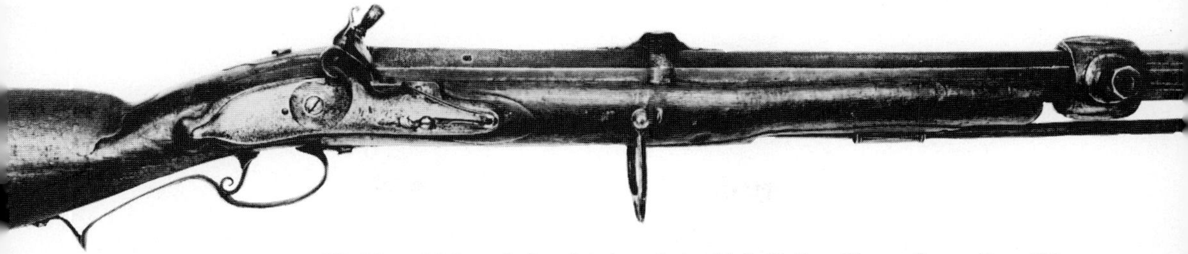

323. Wagenbüchse mit französischem Steinschloß; Kaliber 28 mm, Gesamtlänge 231 cm, Lauflänge 177 cm, Gewicht ungefähr 20 kg. Lauf aus Suhl, datiert 1605, Schloß und Schäftung jünger (letzte Änderungen im 18. Jh.), Batterie fehlt

wenn zweiläufige erschienen, handelte es sich um Bockbüchsflinten, also Waffen mit übereinanderliegenden Läufen. Es gab entweder feste Läufe (dann brauchte die Waffe zwei Schloßmechanismen) oder sie waren drehbar, dann reichte ein Schloß aus. Erst um die Mitte des 18. Jahrhunderts kamen in Frankreich Büchsen mit zwei Läufen nebeneinander auf, die sich jedoch nur langsam verbreiteten und deren Zahl erst nach 1800 anstieg. Bei den Bockflinten und den Büchsen mit nebeneinanderliegenden Läufen können diese unterschiedlich sein (einer für Kugeln und einer für Schrot), damit der Besitzer eine Waffe zur Jagd verschiedener Tiere hatte. Es gab auch Waffen mit gleichartigen Läufen, damit ein Jäger, der ein Tier mit dem ersten Schuß verfehlte, ihn sofort wiederholen konnte.

Flinten mit zwei Läufen nebeneinander begannen in der Jagdausstattung des 19. Jahrhundert zu überwiegen; die Gründe lagen vor allem in der gesellschaftlichen Entwicklung. Große revolutionäre Ereignisse, wie der Bürgerkrieg in England im 17. Jahrhundert und namentlich die Französische Revolution im ausgehenden 18. Jahrhundert, griffen tief in die Entwicklung des Jagdwesens ein. In Mitteleuropa wurde erst im Revolutionsjahr 1848 das Jagdrecht aufgehoben, das bisher nur den Adel privilegierte. Mit zunehmender Beteiligung bürgerlicher Kreise an der Jagd erstarkte spürbar der Bedarf an doppelläufigen Waffen. Die neuen Jäger aus den Reihen der Beamten, Ärzte, Richter usw. hatten keine Scharen von Dienern um sich herum, die ihnen ständig neue aufgeladene Waffen zugereicht hätten, deshalb waren oft Schußwiederholungen er-

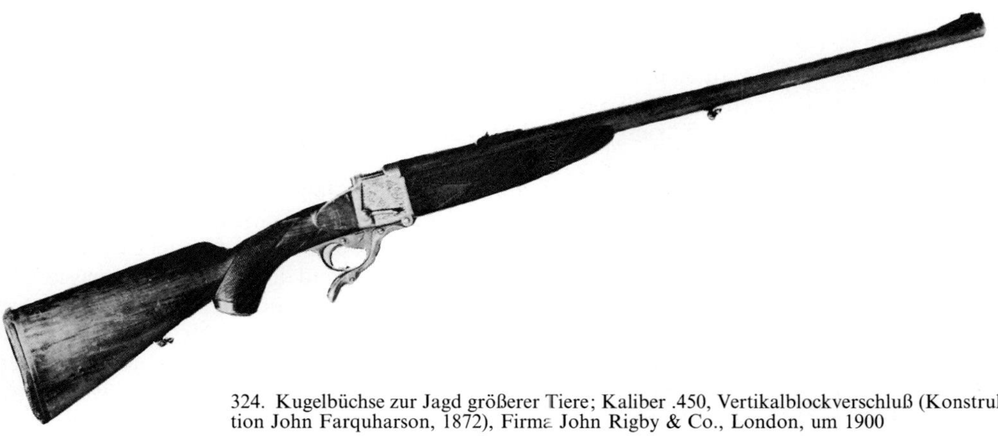

324. Kugelbüchse zur Jagd größerer Tiere; Kaliber .450, Vertikalblockverschluß (Konstruktion John Farquharson, 1872), Firma John Rigby & Co., London, um 1900

325. Zwei Flinten (Nr. 3 und Nr. 12) von einem Dutzend gleicher Jagdgewehre; französisches Steinschloß. Franz Adam (Büchsenmacher von Fürst Liechtenstein), Valtice (Feldsberg), um 1780

forderlich, bevor das Wild verschwand. Auch ein technischer Grund sorgte für die schnelle Verbreitung zweiläufiger Gewehre im 19. Jahrhundert. Bereits im 18. Jahrhundert begann man in Europa Läufe aus hochwertigen Materialien zu fertigen, die sich im darauffolgenden Jahrhundert durchsetzten; eine doppelläufige Waffe mit leichteren Damastläufen hatte das gleiche Gewicht wie früher eine einläufige mit schwerem massivem Lauf. Zur Senkung des Gewichts von Jagdwaffen trug auch die Einführung des halben Vorderschaftes, der nicht bis zur Laufmündung reichte, bei.

Das Erscheinen der bürgerlichen Jäger führte zu einer Ausdehnung der niederen Jagd (Hasen, Enten u.a.) und einem Rückgang der Zahl der prunkvoll verzierten Jagdwaffen. Dazu trug auch der Aufschwung der industriellen Waffenproduktion während des 19. Jahrhunderts bei. In der zweiten Hälfte des 19. Jahrhunderts enstanden zwar verschiedene Armeerepetiergewehre, doch Jagdwaffen solcher Konstruktionen erschienen nur vereinzelt. Im Unterschied zu den Vereinigten Staaten von Amerika, wo Jagd-Repetiergewehre Winchester große Beliebtheit gewannen, blieb für den europäischen Jäger vor allem ein doppeläufiges Gewehr typisch.

Neben üblichen Kugelbüchsen und Schrotflinten entstanden Waffen für spezielle Jagdweisen oder besondere Waffenanwenderkreise. Gegen Ende des 16. und während des ganzen 17. Jahrhunderts gab es in Schlesien und später auch in anderen Regionen Tschinken (Teschinken). Es waren leichte Jagdbüchsen mit einem zu dieser Zeit bereits veralteten Radschloß mit äußerem Mechanismus. Hier war dieser Schloßtyp jedoch angesichts des leichten, schlanken Schaftes mit stark geneigtem Kolbenhals, in dem der Schloßmechanismus untergebracht werden konnte, notwendig. Die Tschinkenschäftung zeichnet sich durch reiche Ornamentenverzierung aus, Beinintarsien mit figürlichen und Tiermotiven, auch Perlmutter, Messing u.a. sind häufig. Im Vergleich mit anderen

326. Tschinke. Monogram *PK* (Pavel Kalivoda), Těšín, um 1640

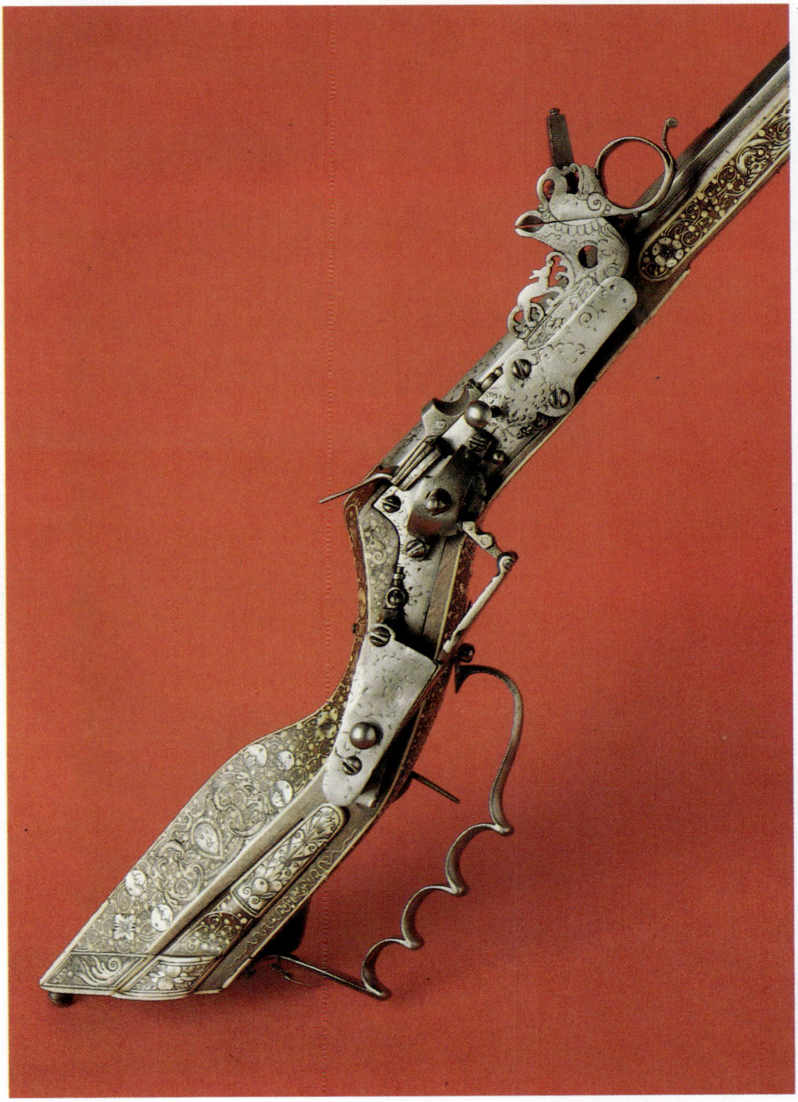

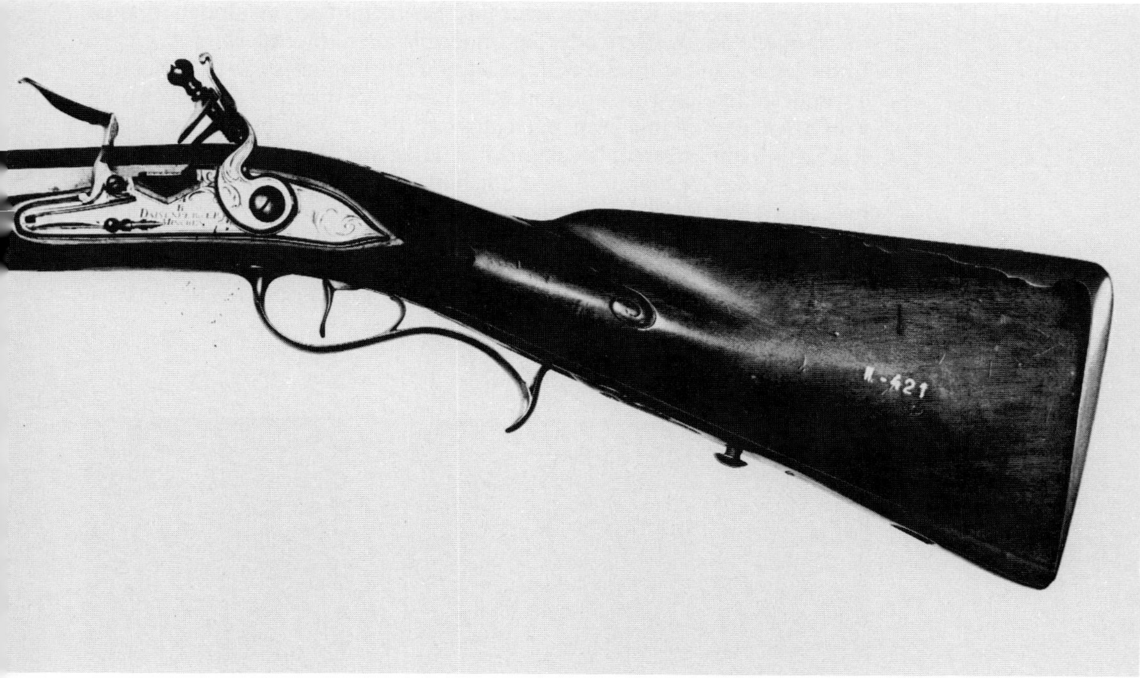

327. Kugelbüchse mit französischem Steinschloß; Waffe für Linkshänder, auch Schloß und Schaftbacke sind auf der anderen Seite, Bartholomäus Daisenberger, um 1760

328. Büchsflinte mit Perkussionsschlössern; gekröpfter Schaft für das linke Auge (Krüppelschaft). F. C. Anschütz, Suhl, zweites Viertel des 19. Jh.

zeitgenössischen Waffen hatten die Tschinken ein niedriges Gewicht und ein ungewöhnlich kleines Kaliber (6,5—9 mm). Heutige Forscher halten die Tschinken für Gewehre zum Schießen auf sitzende Vögel (wofür zeitgenössische Quellen sprechen) oder — angesichts des geringen Gewichts und der reichen Verzierung — für Damenwaffen. Einige Autoren neigen zu beiden Varianten; sie meinen, daß die ursprünglich zur Jagd sitzender Vögel gefertigten Waffen später, im 17. Jahrhundert, zu Damengewehren wurden. In der Vergangenheit war die Jagd, genauso wie heute, vor allem Männersache, aber auch einige Frauen huldigten ihr. Ein Beispiel ist die Gemahlin des römischen Kaisers und böhmischen Königs Karl VI., Elisabeth Christine, die 1721 bei Křivoklát in Böhmen in nur fünf Stunden 138 Hirsche erjagte.

Ein Sondertyp des Jagdgewehrs waren die langen und schweren Wagenbüchsen, die auf Wagen durch die Jagdreviere geführt wurden. Geschossen wurde daraus auf Vögel (Trappen, Kraniche), selbstverständlich nicht auf fliegende, sondern auch solche, die auf dem Boden oder auf dem Teich saßen. Wagenbüchsen wurden im 17. und 18. Jahrhundert verwendet; ähnlich waren die Entenflinten, so hießen im 18. und 19. Jahrhundert in Frankreich und England auf Booten montierte schwere Gewehre (sie wurde auch Schrotkanonen genannt).

329. Hinterladerkugelbüchse mit französischem Steinschloß; Kipplauf mit quadratischer Bohrung; Waffe aus dem Besitz des Grafen F. A. Sporck, dem das Gut Kuks gehörte. Jan Michael, Kuks (Kukus), Böhmen, um 1730

Ziemlich kleine Wagenbüchsen wurden in Osteuropa, in Polen und Rußland verwendet, wo Reisenden im Winter Angriffe von Wolfsrudeln drohten. Für solche Fälle war eine kleine Waffe, die sich im geschlossenen Kutschenraum gut handhaben ließ, unerläßlich.

Bereits im 18. Jahrhundert wurden in seltenen Fällen an Fürstenhöfen außer dem üblichem Wild auch exotische Tiere geschossen, die man zu diesem Zweck aus ihrem Käfig ließ. Im 19. Jahrhundert, namentlich in seiner zweiten Hälfte, unternahmen Interessenten Jagdexpeditionen in andere Kontinente, vor allem nach Afrika, aber auch nach Amerika und nach Asien. Außer Raubtieren (Löwen, Tiger) waren vor allem große Tiere (Elefanten, Nashörner, Giraffen, Zebras, Büffel) ihr Ziel. Dazu brauchten sie starke, wirksame Waffen, in denen eine Munition von großer Durchschlagskraft verwendet werden konnte. Die Fertigung solcher Spezialkugelbüchsen zur Jagd großer und gefährlicher Tiere war von allem in England entwickelt.

Die Feuerwaffe des Jägers war fast ausschließlich das Gewehr. Kurze Waffen — Pistolen und im 19. Jahrhundert Revolver — erschienen in der Jagdausrüstung nur ausnahmsweise und in geringem Umfang. Bei der Parforcejagd wurde der gehetzte Hirsch mit Pistolenschüssen angespornt; nach der erfolgreichen Hetzjagd wurden die Tiere in der Regel mit dem Hirschfänger abgefangen, manche verwendeten aber auch eine Pistole. Im 19. Jahrhundert diente die Pistole oder der Revolver bei der Raubtierjagd als Hilfswaffe, wenn ein Jäger von einem Tier angegriffen wurde und die Kugelbüchse nicht verwenden konnte, entweder wegen zu dichter Nähe des Tiers oder weil er es nicht schaffte, das leergeschossene Gewehr wieder aufzuladen. Die zu diesem Zweck bestimmten Pistolen waren ziemlich großkalibrig, sowohl die Perkussionsvorderlader als auch die späteren Hinterlader für Einheitspatronen.

So wie heute war auch in der Vergangenheit ein Teil der Bevölkerung Linkshänder. Früher wurde diese Tatsache selten toleriert. Bei den reicheren Schichten, zu deren Privilegien früher die Jagd gehörte, wurde dies jedoch meist respektiert, und so kann man auch Jagdbüchsen für Linkshänder finden. Es handelt sich um übliche Waffen mit spiegelbildlich umgekehrtem Mechanismus und Schaft — das Schloß links und die Schaftbacke rechts. Ein Sonderfall sind Waffen, deren Schaft Backen zu beiden Seiten hatten, so daß sie von Links- sowie von Rechtshändern verwendet werden konnten.

Unter den Jagdwaffen kommt zuweilen ein Gewehr mit Kröpfung für das linke Auge — ein sogenannter Krüppelschaft — vor. Eine solche Waffe verwendete der Jäger, der Rechtshänder war, also das Gewehr an die rechte Schulter zog, aber mit dem linken Auge zielte, weil das rechte verloren oder stark geschwächt war.

Eine besondere Kategorie sind die Jagdwaffen der Wilddiebe. Häufig wurden Militärgewehre verwendet, die in großer Anzahl auf Schlachtfeldern zurückblieben und in die Hände der örtlichen Bevölkerung gelangten. Damit ein Wilderer seine Waffe unbemerkt führen konnte, wurde sie verkürzt: entweder wurden Lauf und Schaft verkürzt oder der Schaft abnehmbar gemacht, so daß er erst im Bedarfsfall auf den Lauf montiert werden mußte.

Neben konstruktionsmäßig und technisch interessanten Exemplaren findet man unter den Jagdgewehren auch Waffen, die durch ungewöhnliche Merkmale bestechen. Unter diesen Kuriositäten sind selten Waffen aus dem 17. und 18. Jahrhundert, deren Laufbohrung keinen runden

Querschnitt hat, sondern zum Beispiel einen viereckigen, dreieckigen oder herzförmigen. Zu diesen Waffen gehören Spezialzangen, mit denen statt Kugeln Geschosse entsprechender Form abgegossen wurden. Ein ähnliches Beispiel, wo eine ungewöhnliche, Lösung nicht eine bessere Funktion, sondern nur Unterhaltung oder Überraschung zum Ziel hatte, sind Gewehre, deren Lauf in einem Glasmantel gelagert ist. Der deutsche Büchsenmacher Johann Gsell aus Schleiz fertigte sie in den sechziger Jahren des 17. Jahrhunderts auf Anregung seines Herrn, der einmal gefragt hatte, ob es denn möglich sei, aus Glas zu schießen.

SPORTWAFFEN

Einige Sportdisziplinen können auf eine lange Tradition verweisen, zu ihnen gehört auch das Sportschießen. Ohne Zweifel mußten sich bereits in der Frühzeit der Feuerwaffen die Schützen im Zielen üben. Darüber gibt es jedoch keine eingehenden Informationen. Zur Schießübung wurden die gewöhnlichen Kampfwaffen verwendet.

Erst die zivilen Feuerwaffen gaben, nach dem Bau der ersten Schloßmechanismen, den Impuls zur Entwicklung von Spezialwaffen zum Scheibenschießen. Schützenwettbewerbe mit Feuerwaffen ersetzten schrittweise die älteren Wettbewerbe im Armbrustschießen; die Waffe war zwar eine andere, doch viele Gepflogenheiten in der Schießweise und Wett-

330. Schwammschloß-Scheibenbüchse; der Vorsprung im Mittelschaft diente als Stütze und ermöglichte eine bessere Zielgenauigkeit. Niederlande (?), 1580

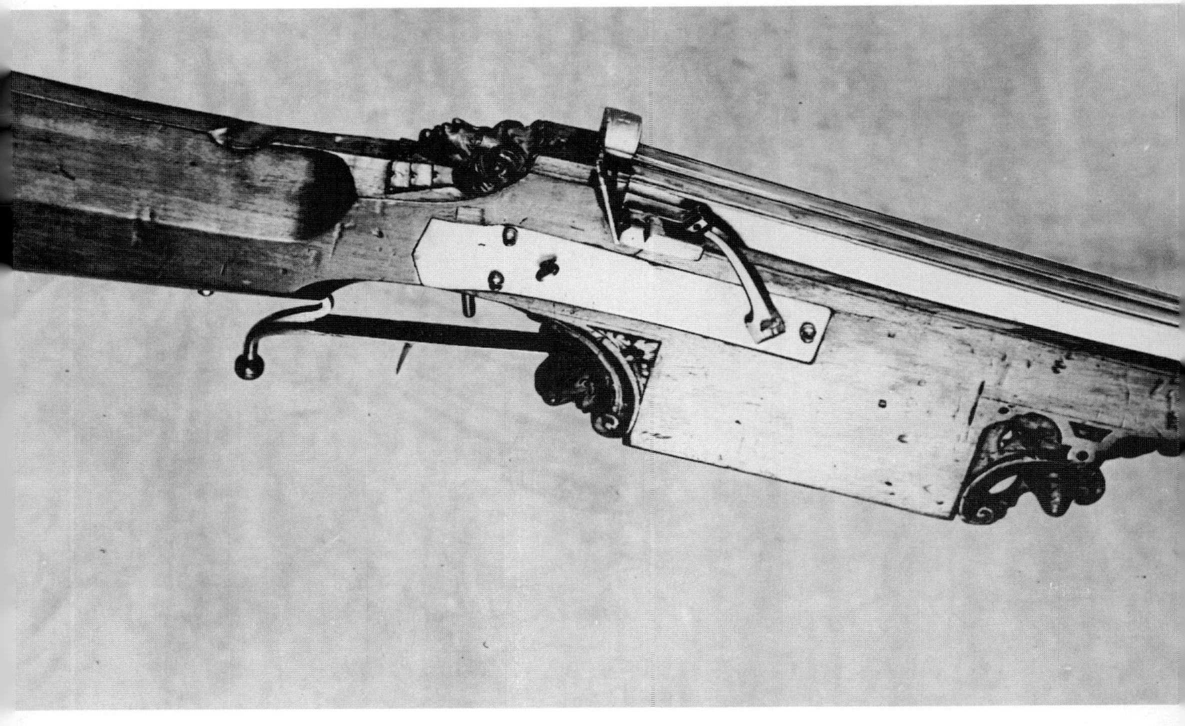

bewerbsorganisation wurden an die nachfolgenden Generationen weitergereicht.

Die zahlreichen Verbesserungen der Scheibenbüchse konnten selbstverständlich auch bei Jagd- oder Militärwaffen angewendet werden. Tatsache bleibt, daß in historischen Quellen aus dem 16. Jahrhundert unter den Benennungen der Feuerwaffen eine extra Bezeichnung für Handbüchsen zum Zielen, also spezifisch für das Scheibenschießen bestimmte Waffen, existierte.

In der kurzen Ära der zivilen Luntenschloßwaffen war für die Scheibenbüchsen eher das Schwammschloß typisch, denn auf dem Schießplatz war es nicht störend, den Schwamm nach jedem Abschuß neu anzünden zu müssen. Die Scheibenbüchsen hatten dann für lange Zeit ein Radschloß, seit dem 16. Jahrhundert gab es bei diesen Waffen eine Reihe von Verbesserungen zur höchstmöglichen Treffgenauigkeit. Für Scheibenbüchsen ist vor allem die gezogene Laufbohrung typisch, auch wenn aus dem 16. Jahrhundert Verbote einiger Städte, gezogene Läufe zum Scheibenschießen zu verwenden, bekannt sind.

Einfache Zieleinrichtungen — Korn und Kerbe — gab es bei Feuerwaffen bereits im 15. Jahrhundert, im 16. Jahrhundert wurden sie verbessert, das Kimmenblatt und das Röhrenvisier kamen auf. Gerade das Röhrenvisier, auch wenn es nicht auf Scheibenbüchsen beschränkt war, war für das Schießen auf einen festen Punkt am geeignetsten; hier mußte der Schütze das breite Umfeld nicht mitverfolgen, wie es bei der Jagd der Fall war, wo sich die Tiere bewegten. Seit dem 16. Jahrhundert ist der Stecher bekannt — eine Vorrichtung zur Verringerung des Abzugwiderstands auf ein Minimum; sie beschleunigte das Abfeuern der Waffe und beschränkte das Ausschlagen im Augenblick des Abschusses. Beim sogenannten deutschen Stecher mit zwei Drückern im Abzugsbügel dient der hintere „Abzug“ zum Spannen des Mechanismus, der andere, eigentliche Abzug (manchmal nadelförmig) zum Abschuß. Bei den späteren, den französischen Stechern, gab es einen Abzug, der bei der Bewegung nach vorn den Mechanismus spannte und beim üblichen Drücken die Waffe abfeuerte.

Bei einigen Scheibenbüchsen aus dem 16. Jahrhundert war in der Mitte des Schafts ein Vorsprung, mit dem die Waffe beim Schießen auf eine Unterlage gestützt oder mit der linken Hand gehalten wurde; er fand jedoch keine große Verbreitung, einige Schießregeln verboten sogar das Schießen mit Stütze. Üblicher waren bei den Scheibenbüchsen ein geformter Abzugsbügel mit Fingerstütze und namentlich ein auf dem Schaftrücken, also wesentlich näher am Auge als das Visier liegendes Diopter; dadurch vergrößerte sich die Länge der Visierlinie. Bei Scheibenbüchsen setzte sich allmählich ein schwerer, massiver achteckiger Lauf durch.

Vom 16. bis zum Anfang des 19. Jahrhunderts wurde eine mit Diopter und Stecher versehene Kugelbüchse mit Radschloß, später mit französischem Steinschloß zur typischen Scheibenbüchse. Das Sportschießen war in dieser Zeit weit verbreitet, Wettbewerbe im Schießen veranstalteten auch Adelige, vor allem aber war diese Kurzweil mit dem städtischen Leben verbunden. An den Sonn- und Feiertagen, namentlich beim sogenannten Königsschießen, wetteiferte eine große Anzahl Teilnehmer auf den städtischen Schießplätzen, die sich in Gräben unter den Stadtmauern oder anderen Plätzen (Parks, Inseln) befanden, wo das Schießen niemanden gefährten konnte.

331. Im Juni 1585 wurde aus Anlaß der Verleihung des Ordens vom Goldenen Vlies an Rudolf II. in Prag ein Schießen auf bewegliches Ziel — eine am Seil gezogene hölzerne Reiterfigur — veranstaltet. Teilnehmer gewannen, was sie an der Figur trafen; Kaiser Rudolf II. Rapier und Dolch, andere Pferd, Sattel, Pistole usw. (Detail eines zeitgenössischen Stiches von A. de Boys)

Die Holzscheiben waren quadratisch, (seltener rund), weiß mit schwarzer Mitte, jedoch ohne numerierte Kreise, denn ein Treffer galt ohne Rücksicht auf die Entfernung von der Mitte. Seit dem 18. Jahrhundert waren die Zielscheiben meist bemalt, in der Regel von örtlichen Malern, oft Amateuren, bekannt sind aber auch Scheiben von namhaften Künstlern. Außer dem Scheibenschießen war das sogenannte Vogelschießen beliebt, ursprünglich ein Wettbewerb der Armbrustschützen, seit dem 16. Jahrhundert auch für Feuerwaffenschützen veranstaltet. Das Ziel war ein aus Holz geschnitzter Vogel mit ausgebreiteten Flügeln auf einem hohen Stock. Wer den letzten Vogelrest von der Stange abschoß, wurde zum Schützenkönig, für das Abschießen der rechten und linken Schwinge erhielt man den Titel Marschall.

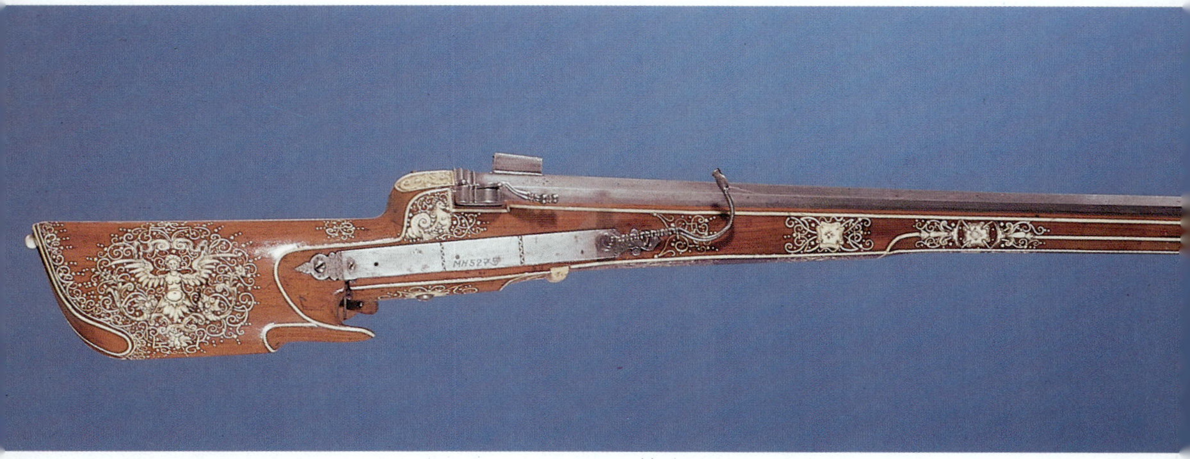

332. Schwammschloß-Scheibenbüchse: Röhrenvisier. Monogramm *HS* (Hans Stockman, Dresden), 1618

Zu bedeutenden Wettbewerben wurden auch Schützen aus anderen Städten und Ländern geladen. Die Schießwettbewerbe waren große gesellschaftliche Ereignisse, verbunden mit Umzügen.

Neben rechteckigen und runden Zeilscheiben wurden seit dem 16. Jahrhundert auch aus Holz geschnittene Menschengestalten als Ziel verwendet. Die Hauptgefahr für das christliche Europa war die türkische Expansion, und so verwundert es nicht, daß diese Zielscheiben oft die Gestalt eines Türken hatten. Mannscheiben wurden auch später verwendet, vor allem bei der Schießausbildung in der Armee, wo die Zielscheibe oft die Uniform

333. Schwammschloß-Scheibenbüchse; auf dem Schloßblechrad das Wappen des Herzogs von Liegnitz-Brieg, Schaft mit Bein und weißem Horn eingelegt. Monogram *GT*. Mitteleuropa (Schlesien ?), 1614

334. Schießscheibe, Jičín (Jitschin), Böhmen, 1861

335. Deckel zum Kolbenkasten einer Radschloßkugelbüchse; Szene von einem Schießplatz: schießende Dame, ladende Diener, Zielrichter hinter einer Schutzwand. Leopold Becher d.Ä., Karlsbad, Böhmen, 1726—1728

336. Weihe eines Schützenkorps in Jihlava (Iglau) am 30. Mai 1843. Kupferstich von Josef Klauser

des Feindes trug. Bereits im 16. Jahrhundert existierte das Schießen auf bewegliche Ziele oder Klappscheiben, die sich nur für kurze Zeit dem Schützen zeigten. Es gab auch andere, weniger übliche Scheibentypen, allgemein überwog jedoch das Schießen auf feste Ziele.

Zur Zeit der Perkussionsvorderlader begannen sich die Scheibenbüchsen noch deutlicher von den anderen Gewehren zu unterscheiden, und zwar besonders in der Form des Schaftes. Der Schaft wurde schwerer, die Backe vergrößerte sich deutlich, die Waffe erhielt eine massive Kolbenkappe mit Haken (sogenannte Tiroler Schäftung oder die etwas leichtere Schweizer Schäftung mit kleineren Backen). Auch mit diesen Änderungen sollte eine höhere Genauigkeit der Waffe erreicht werden, durch Verbesserung der Bedingungen für das Zielen und Minderung des Rückstoßes, wobei das Gewicht und eine schlechtere Handhabung auf dem Schießplatz keine solchen Schwierigkeiten bereiteten wie bei der Jagd im Wald.

Mit den Hinterladern änderte sich die Ladeweise, doch das Aussehen blieb bei den europäischen Scheibenbüchsen gleich. Der Schaft hatte weiterhin einen mächtigen Kolben mit großer Backe sowie eine Kolbenkappe mit Haken, einige Waffen waren mit einem Auflager für den rechten Daumen, eventuell auch einer kugelförmigen Stütze für die linke

Visier-Typen

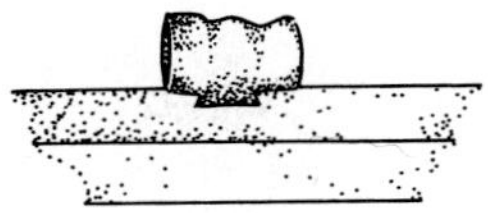

Röhrenvisier (häufig bei Zivilwaffen im 16. und 17. Jh.

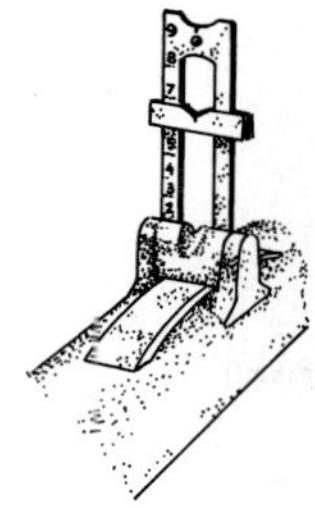

Rahmenvisier (häufig bei Militärgewehren in der zweiten Hälfte des 19. Jh.)

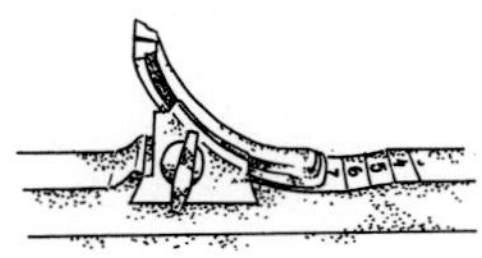

Segmentvisier (bei einigen Militärgewehren in der Mitte des 19. Jh.)

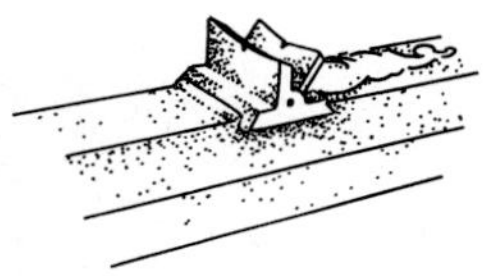

Klappvisier (mit einem festen und einem klappbaren Blatt; häufig bei Jagdbüchsen)

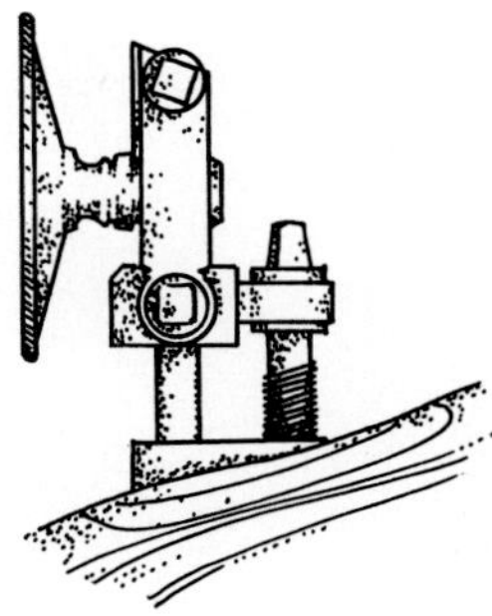

Diopter (häufig bei zivilen, vorwiegend Scheibenwaffen)

337. Radschloßhandbüchse; die sichelförmige Hahnfeder hat eine der Zeit von 1545—1560 entsprechende Form; Röhrenvisier. Süddeutschland, Mitte des 16. Jh.

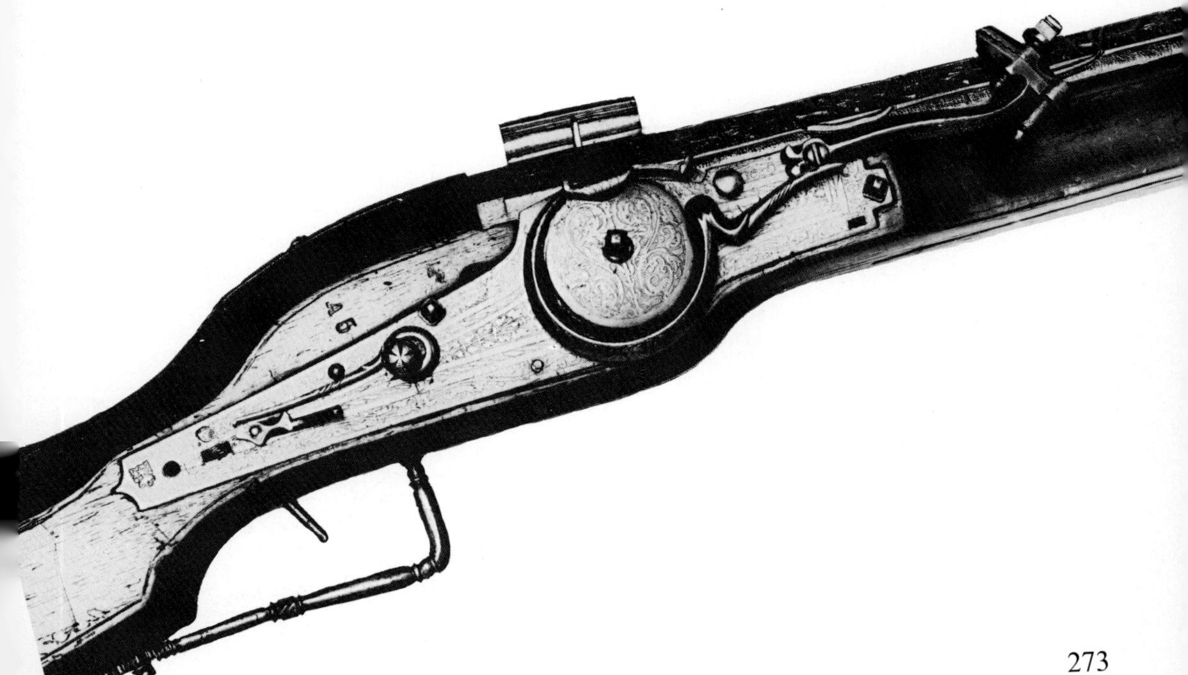

338. Radschloßkugelbüchse (von einem Paar); Diopter; deutscher Stecher. Christoph Ris, Wien, Mitte des 18. Jh.

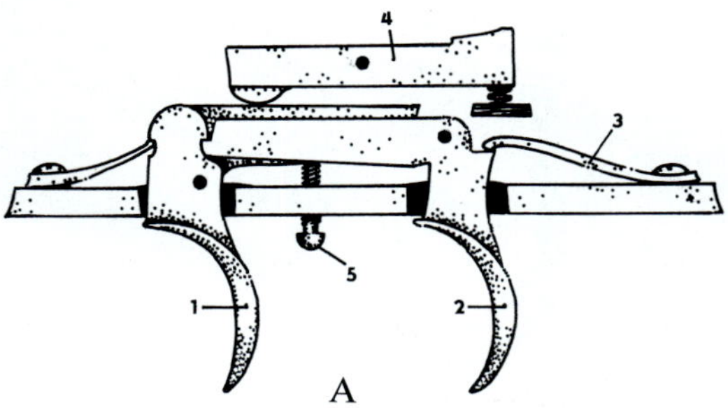

A

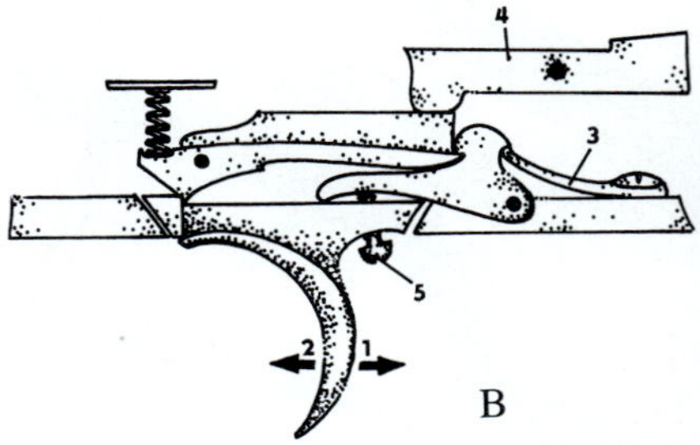

A Deutscher Stecher
B Französischer Stecher

1 Auslösabzug
2 Spannabzug
3 Stecherfeder
4 Abzugsstange
5 Stecherstellschraube

Hand unter dem Vorderschaft versehen. Das Visier der Scheibenbüchsen war in dieser Zeit schon einstellbar, der Diopterdurchmesser vergrößerte sich gegenüber der Vergangenheit. Das beliebteste Scheibenbüchsensystem wurde, besonders in Mitteleuropa, seit den siebziger Jahren des 19. Jahrhunderts das Fallblockverschlußsystem Martini, obwohl auch Scheibenbüchsen vieler anderer Systeme existierten. Varianten des Martini-Verschlusses waren Konstruktionen der Suhler Büchsenmacher F. W. Kessler und R. Stahl, beliebt wurden bei Sportschützen auch einschüssige Scheibenbüchsen mit Vertikalblockverschluß, namentlich vom Suhler Büchsenmacher C. W. Aydt.

Im 16. bis 18. Jahrhundert gehörten in die Gruppe der Sportwaffen fast ausschließlich Scheibenbüchsen für Kugeln. Im 19. Jahrhundert, besonders in seiner zweiten Hälfte, dehnte sich das Spektrum der Sportwaffen stark aus, es erschienen auch neue Sportdisziplinen.

Bereits im 18. Jahrhundert hielten beim Schießen auf kurze Entfernungen Windbüchsen, namentlich mit Blasebalg, Einzug. Diese Waffen brachten gleich zwei Vorteile mit sich: Die Schießkosten waren wesentlich niedriger und man brauchte sich nicht auf den Schießplatz zu bemü-

339. Scheibenbüchse System Martini. Jan Novotný, Prag, achtziger Jahre des 19. Jh.

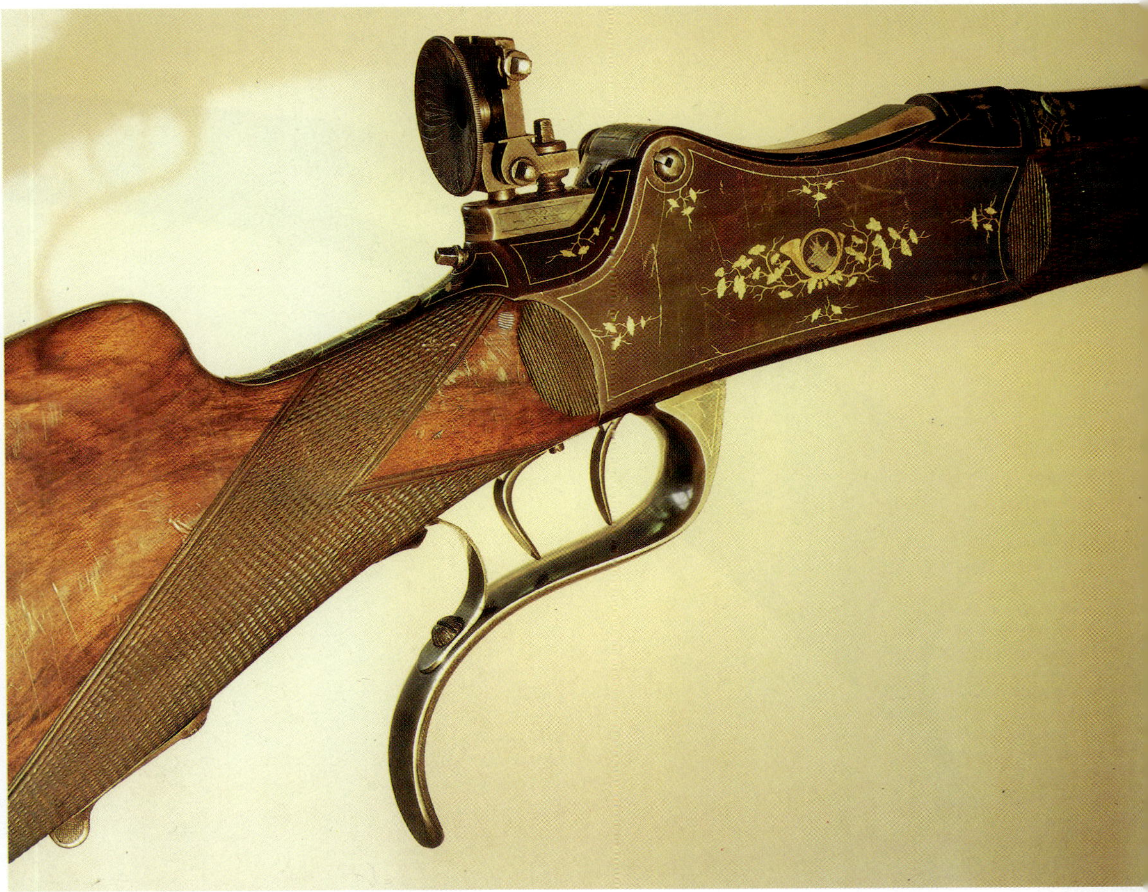

hen, denn bei niedriger Schußweite und geringer Wirkung konnte auch zu Hause geschossen werden — im Zimmer oder im Garten. Im 19. Jahrhundert erweiterte sich das Sortiment dieser „Salonbüchsen“ und neben Windbüchsen begann man auch andere Waffen zu verwenden. Vor allem war es das System Béringer, eine französische Erfindung, die sich in Mitteleuropa mehr als in ihrer Heimat verbreitete. Die Gewehre bzw. Pistolen dieses Systems hatten einen Verschluß, der mit einem Hebel um 90° (in der Regel in horizontaler, seltener in vertikaler Ebene) gedreht werden konnte. In das Vorderteil des geöffneten Verschlusses wurde die Kugel und in das Hinterteil ein spezielles Kupferzündhütchen mit verstärkter Explosivstoff-Füllung eingelegt. Schießpulver wurde bei diesem System nicht verwendet, zum Befördern des Geschosses auf das nahe Ziel reichte die Energie des Knallsatzes im Zündhütchen. In kleinerer Anzahl gab es auch Waffen vom System Béringer mit zur Seite kippbarem Lauf, in den von hinten nur das Hütchen eingelegt, das Geschoß dann wie bei den Vorderladern durch den Lauf geladen wurde.

340. Perkussions-Scheibenbüchse; seitlich liegender Hahn, deutscher Stecher; Diopter, Schaft mit aufgerauhter Daumenauflage, Kolbenkappe mit Haken. V. Wenzel, Znojmo (Znaim), um 1860

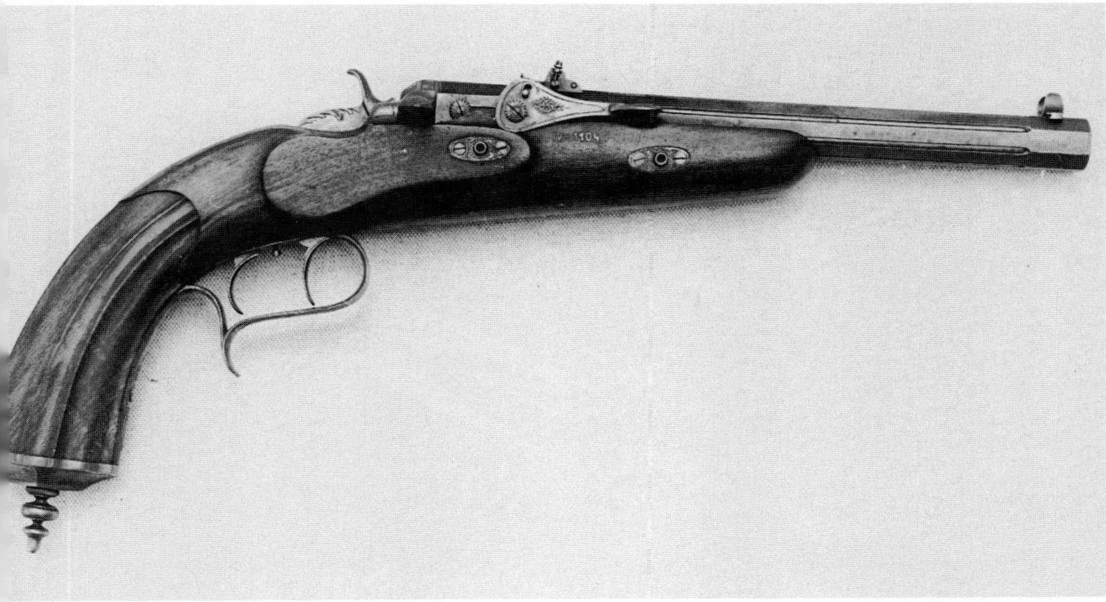

341. Kleinkalibrige Hinterlader-Scheibenpistole; Klappenverschluß, Hebel zum Betätigen des Hülsenausziehers, Abzugsbügel mit Fingerstütze, deutscher Stecher. H. Rödl, Prag, um 1870

Zum Schießen auf kurze Entfernungen dienten in der zweiten Hälfte des 19. Jahrhunderts auch Perkussionsscheibenbüchsen mit Einstecklauf. In den vorderen Teil des Laufs wurde bei älteren Scheibenbüchsen (eventuell bei ehemaligen Jagdwaffen) ein kurzer, etwa 20 cm langer, kleinkalibriger, hinten mit Piston abgeschlossener Lauf eingesteckt. Durch einen Ausschnitt im ursprünglichen Lauf wurde das Hütchen auf das Piston aufgesetzt, das Geschoß wurde wie bei den Vorderladern durch den Lauf eingelegt. Innerhalb des ursprünglichen Laufs (manchmal an ihm entlang) zog sich eine Verbindung mit dem Hahn, die beim Abzugdrücken auf das Hütchen schlug. Scheibenbüchsen mit Einstecklauf besaßen gleiche Vorteile wie andere beschriebene Systeme (kleine Reichweite, billiger Betrieb). Zudem deckten sich ihre Abmessungen und ihr Gewicht mit denen schwerer, auf dem Schießplatz verwendeter Scheibenbüchsen, so daß sie bei der Ausbildung besser die Schießbedingungen nachahmten als Windbüchsen oder Waffen vom Béringer-System. Nach der Einführung der Einheitspatrone kamen Waffen für Flobert-Patronen, Karabiner und Salonscheibenbüchsen für verschiedene Kleinkaliberpatronen vor. In der zweiten Hälfte des 19. Jahrhunderts entfaltete sich die Fertigung von Luftbüchsen verschiedener Bauweisen. Alle beschriebenen „Zimmerwaffen“ aus dem 19. Jahrhundert, sowohl solche mit Perkussionssystem als auch solche für Einheitspatronen, dienten nur zur Schießausbildung oder zum Unterhaltungsschießen im engeren Kreis. Offizielle Wettbewerbe im Schießen aus Kleinkalibergewehren oder Luftwaffen entwickelten sich erst im 20. Jahrhundert.

Die Vervollkommnung der Waffen im 19. Jahrhundert und ihre höhere Leistung ermöglichten eine neue Disziplin — das Schießen auf große

342. Pistolenpaar Béringer mit Zubehör in Kassette. J. Lhotský, Prag, um 1850

343. Scheibenrevolver Tranter mit Zubehör in Kassette, C. A. Fischer & Sohn, Lübeck, um 1870

344. Scheibenpistolenpaar System J. Schulhof. Der Hebel am Griffrücken öffnet den Drehblockverschluß und spannt den Schlagmechanismus. Fertigung J. Postler, Wien, achtziger Jahre des 19. Jh.

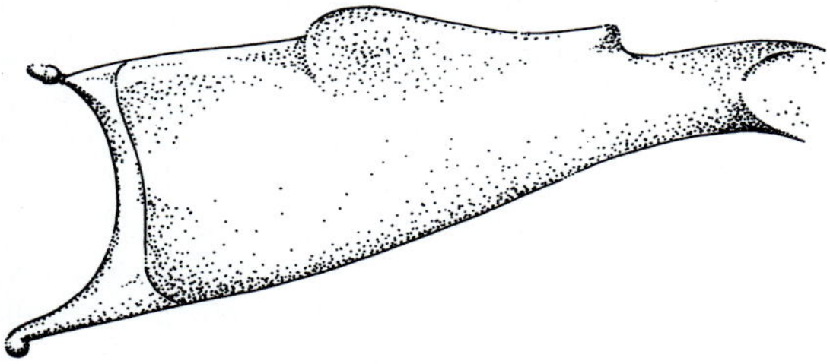

Tiroler (Schweizer) Schaft. 19. Jh.

345. Jagdgewehr; in der zweiten Hälfte des 19. Jh. in ein Scheibengewehr für kurze Entfernungen umgeändert; in der Mündung des ursprünglichen Laufs ein 20 cm langes Einsteckrohr, Kaliber 4 mm, durch den Ausschnitt im unteren Teil des ursprünglichen Laufs wurde die Zündkapsel aufgesteckt. Erste Hälfte des 19. Jh.

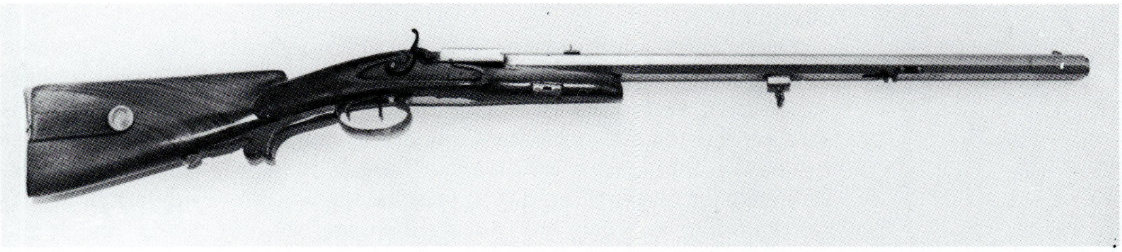

Entfernung. Diese Wettbewerbe begannen in England — in den sechziger Jahren in Wimbledon und ab 1890 in Bisley — und verbreiteten sich von dort in weitere Staaten. In England wurde üblicherweise auf eine 800 bis 1000 Yard entfernte Scheibe geschossen, im kontinentalen Europa waren es 300 und mehr Meter. Anfangs wurden noch Perkussionswaffen benutzt, besonders erfolgreich waren zum Beispiel Scheibenbüchsen von John Rigby aus Dublin; im Zeitalter der Waffen für Einheitspatronen wurden keine Spezialscheibenbüchsen verwendet, sondern normale Armeewaffen.

England war die Wiege einer weiteren Schießsportdisziplin. Bei allen vorherigen Wettbewerben wurde das Ziel aus Kugelbüchsen angeschossen, erst in der Mitte des 19. Jahrhunderts begannen Wettbewerbe im Schießen mit Schrotflinten auf Tauben, die man aus Käfigen herausließ. Diese Neuigkeit verbreitete sich schnell nach Frankreich, Monaco, Italien, Spanien, Deutschland und in weitere Staaten, zur Zielscheibe wurden auch andere Vogelarten (z.B. Schwalben). Der neue Wettbewerb rief den Widerstand der Naturschützer hervor, und so wurde er noch im 19. Jahrhundert in den Niederlanden, später auch in anderen Staaten verboten. Man begann die lebenden Vögel durch Glaskugeln, Gummibällchen und weitere Gegenstände zu ersetzen, die bei Wettbewerben mit Spezialgeräten in verschiedenen Richtungen in die Luft geworfen wurden. Am geeignetsten zeigten sich die Tontauben (Teller aus Ton, später aus Asphalt), die man endgültig anstelle lebendiger Vögel beim Schießen auf ein fliegendes Ziel zu verwenden begann. Es entstanden Spezial-Schrotwaffen ausschließlich für diese Disziplin.

Das Sportschießen aus der Pistole tauchte als neue Wettbewerbsdisziplin erst im letzten Viertel des 19. Jahrhunderts auf; es gibt auch ältere Perkussionspistolen — Vorderlader mit Stecher, einstellbarem Visier, die zum Scheibenschießen bestimmt waren. Seit den siebziger Jahren des 19. Jahrhunderts entstanden einschüssige Hinterladerpistolen, in der Regel mit Blockverschluß und Kipplauf, in Mitteleuropa mit Stecher, in Westeuropa ohne. Einige Revolver wurden dem Scheibenschießen angepaßt, doch bei Schießwettbewerben setzten sich auch übliche Armeerevolver ohne Umänderung durch, so zum Beispiel der russische Revolver Muster 1871 (System Smith & Wesson 1869) oder der französische Revolver Muster 1892. Die Entwicklung der Scheibenpistolen setzte sich Ende des 19. und besonders im 20. Jahrhundert fort.

Spezialwaffen zum Scheibenschießen enstanden bereits im 16. Jahrhundert, eine deutliche Abgrenzung dieser Waffen setzte erst während des 19. Jahrhunderts ein. Das hing nicht nur mit den Fortschritten in der Waffenfertigung, sondern auch mit der gesellschaftlichen Entwicklung zusammen.

Die bewaffneten Bürgertruppen, die zu Kriegszeiten einige militärische Aufgaben zu versehen hatten und mit Gewehren von Militärtyp ausgerüstet waren, verloren ihre Bedeutung. Auch die früheren Schießgesellschaften hörten auf zu existieren oder verschmolzen mit Sportorganisationen, die auf neuen Grundlagen aufgebaut wurden und deren ausschließlicher Gegenstand das Sportschießen wurde. In modernen Sportwettkämpfen konnten sich nur Teilnehmer behaupten, die eine Waffe besaßen, deren Parameter bestmöglich den Bedingungen der jeweiligen Sportdisziplin entsprachen. Die Einzweck-Sportwaffen der zweiten Hälfte des 19. Jahrhunderts unterschieden sich deshalb deutlicher von den anderen Feuerwaffentypen als ihre Vorgänger.

FEUERWAFFEN AUS ANDEREN BEREICHEN

Feuerwaffen, die nicht zu den Militär-, den Jagd- oder den Sportwaffen gehören, gibt es nicht viele. Praktisch die einzige große Gruppe bilden unter ihnen die Waffen zur persönlichen Verteidigung, vor allem Pistolen. Vereinzelt kamen Kurzwaffen noch vor dem Radschloß vor, aber erst diese Erfindung machte ihre Fertigung in großem Stil möglich. Radschloßpistolen stellten insofern eine echte Neuheit dar, als daß es sich um Exemplare von kleinen Abmessungen handelte, die leicht versteckt werden konnten, zum Beispiel unter der Kleidung, und zwar in geladenem Zustand und sofort schußbereit. Das schuf günstige Bedingungen für eine wirksame Verteidigung, brachte aber auch den kriminellen Mißbrauch. Deshalb wurden das Tragen und Anwenden von Feuerwaffen in verschiedenen europäischen Regionen in den ersten Jahrzehnten des 16. Jahrhunderts verboten. Die Herstellung und schnelle Verbreitung von Feuerwaffen verhinderten diese Verbote jedoch nicht.

Seit der zweiten Hälfte des 16. Jahrhunderts befanden sich Pistolen in der Reiterausrüstung. Erst viel später erhielten einige Soldaten zu Fuß sie als Waffe, in beschränktem Maß wurden sie bei der Jagd, im 19. Jahrhundert auch beim Sportschießen verwendet. Die meisten Pistolen blieben jedoch Waffen zur persönlichen Verteidigung, ihre kurze Reichweite war dabei ausreichend. Sie waren kleiner als die Kavalleriepistolen, die meist in Lederholstern transportiert wurden. Einige Exemplare wurden später als Reisepistolen bezeichnet, denn die Waffe begleitete ihren Besitzer in einer Holzkassette oder einem Stoffetui auf Reisen; Taschenpistolen waren klein und konnten leicht in der Kleidertasche getragen werden.

Die technische Entwicklung änderte bei den Feuerwaffen schrittweise den Schloßmechanismus der Pistolen, bei nicht datierten Exemplaren ist die Bestimmung der Entstehungszeit nach der Form der Griffschale möglich. Neben Pistolen mit Holzschaft waren im 16. Jahrhundert unter den Erzeugnissen deutscher Büchsenmacher, namentlich Nürnberger und Augsburger, auch Ganzeisenpistolen zahlreich vertreten. Eisengeschäftete Pistolen finden sich später auch anderswo, typisch sind sie zum Beispiel für Schottland. Auf dem europäischen Kontinent kam eine Welle von Waffen mit dieser Schäftung um die Mitte des 17. Jahrhunderts im Rheinland, namentlich bei Arbeiten der Büchsenmacherfamilie Cloeter, die in Grevenbroich bei Düsseldorf und später in Mannheim

346. Radschloßpistolen:
Wahrscheinlich französische Waffe, Anfang des 17. Jh.
Deutsche Waffe, um 1575, Lauf bezeichnet *PD* mit Schlange (Peter Danner, Nürnberg), Schloß *ZS* mit Lilie

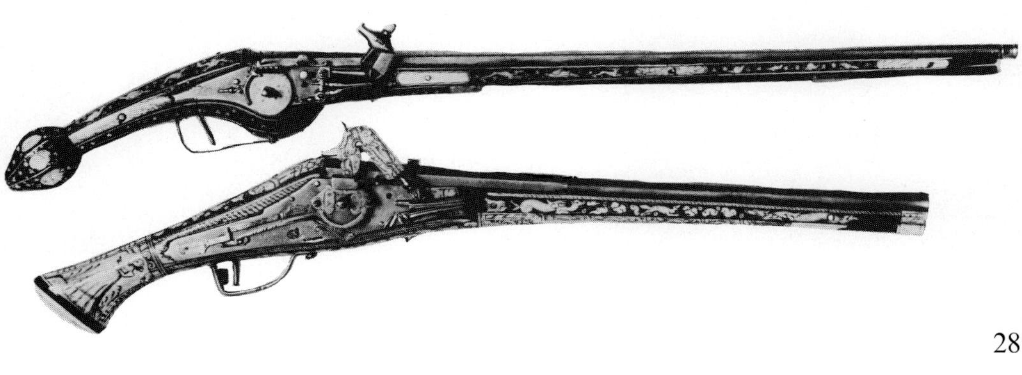

347. Pistolenpaar mit französischem Steinschloß; Läufe bezeichnet mit *LAZARO LAZARINO*; Griffkappe in Adlerkopfform. Leopold Becher d.J., Karlsbad, Böhmen, um 1770

348. Unterschiede in der Revolvergröße im letzten Viertel des 19. Jh. (zwei belgische Waffen): Armeerevolvertyp Warnant und Taschenrevolver der Firma Manufacture Liégeoise d'Armes à Feu

349. Tromblon mit französischem Steinschloß. Ziviltromblons italienischer Provenienz waren häufig mit abklappbarem Kolben versehen, damit die Waffe besser transportiert oder versteckt werden konnte. S. Fachitti, Brescia (?), letztes Viertel des 18. Jh.

350. Perkussions-Duellpistolen. Matyáš Mach, Prag, um 1860

Pistolengriffe

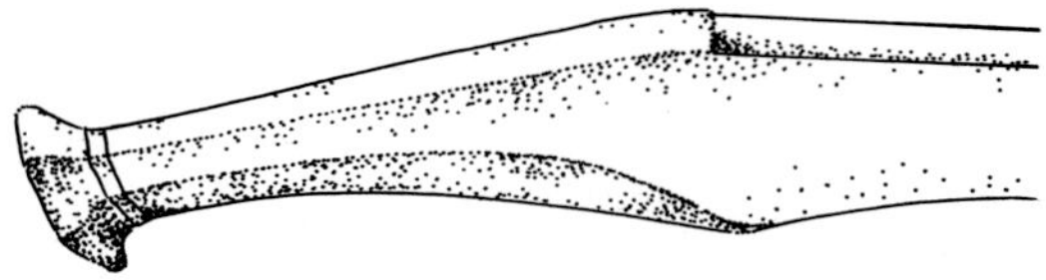

Mitte des 16. Jh.

Ende des 16. Jh.

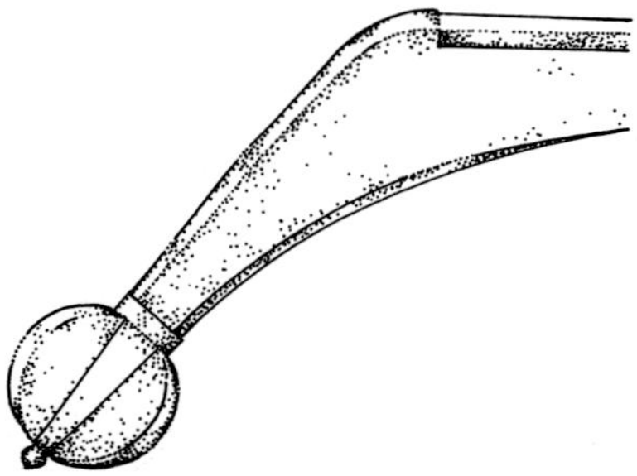

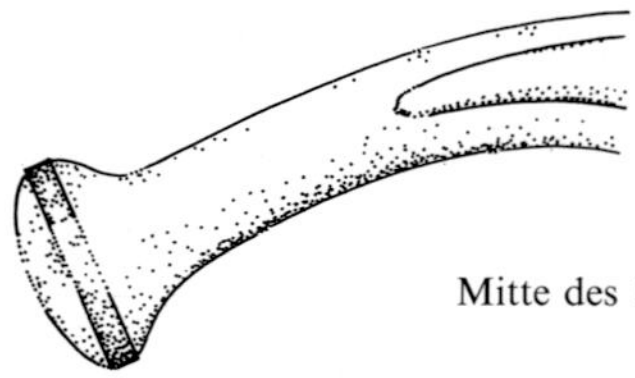

Mitte des 17. Jh.

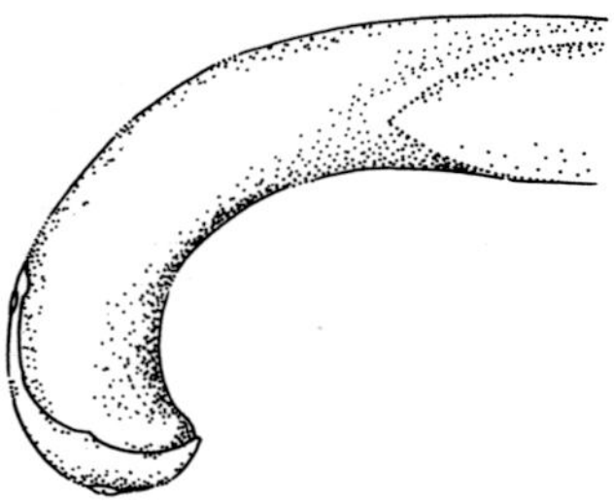

Mitte des 18. Jh.

351. Ganzmetallpistolen mit Radschloß:
Nürnberg um 1580.
Süddeutschland um 1570

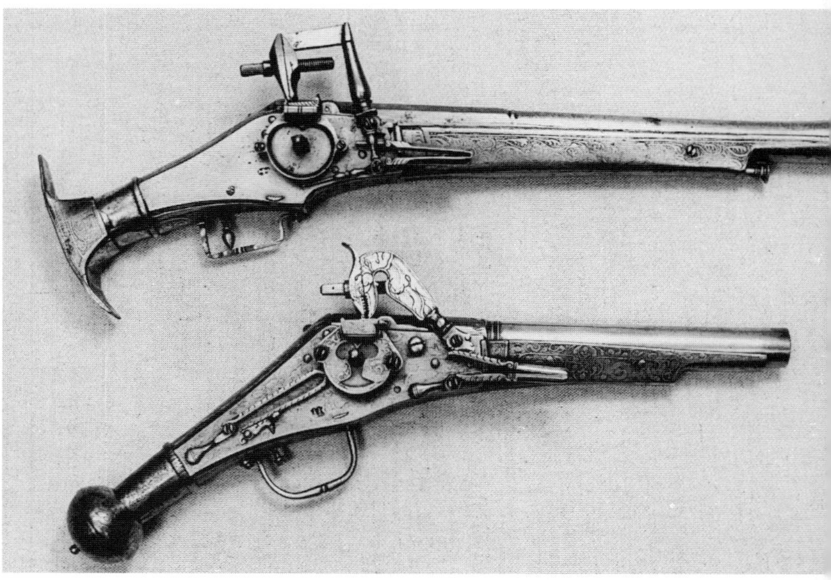

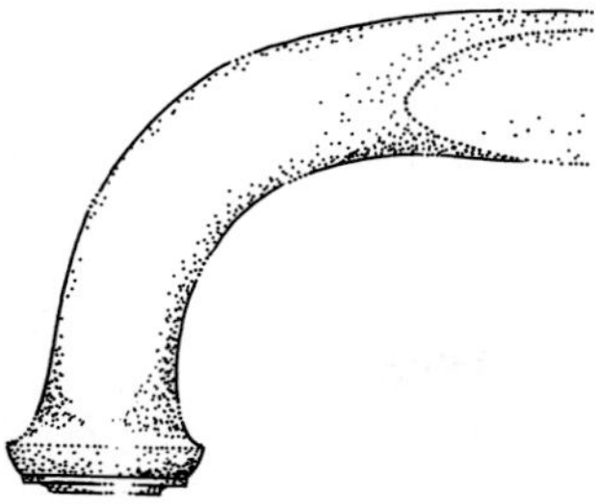

Anfang des 19. Jh.

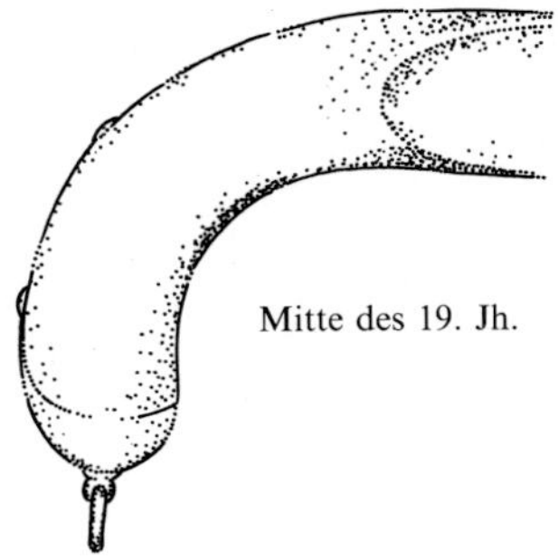

Mitte des 19. Jh.

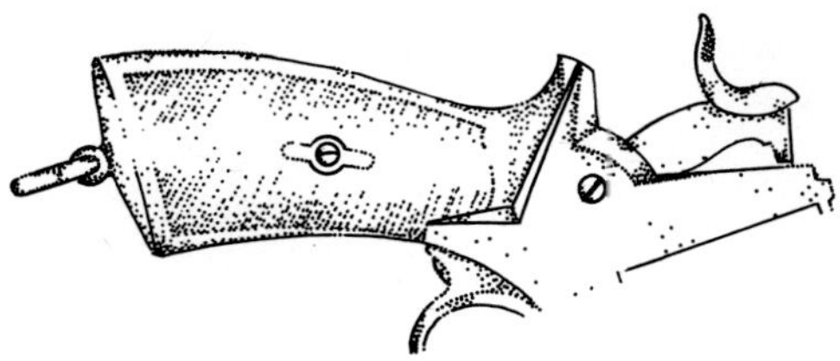

Revolver, zweite Hälfte des 19. Jh.

352. Ganzmetallflinte. Cloeter, Mannheim, um 1680.
Ganzmetallpistole mit französischem Steinschloß. Rheinland, um 1660.
Ein Vorteil der Metallwaffen war ihre Bruchfestigkeit (im Gegensatz zur Holzschäftung). Der Kolben war hohl, so daß die Waffe nicht übermäßig schwer war.

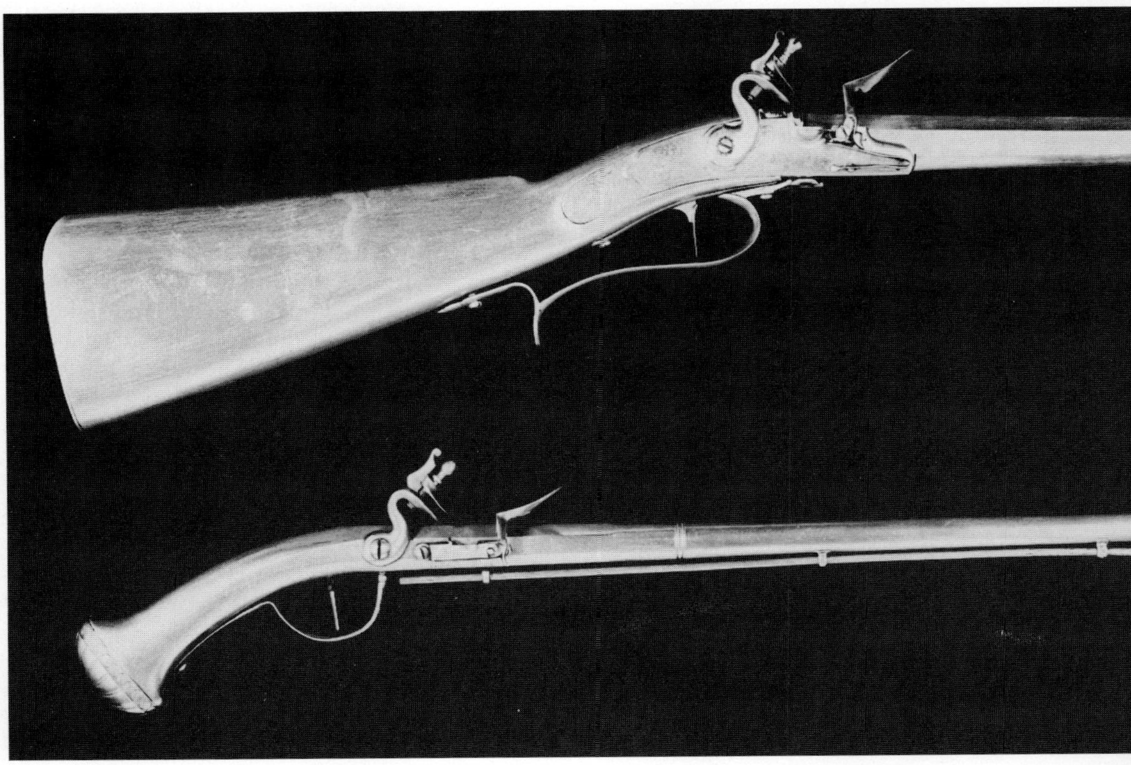

353. Unter den Miniaturwaffen findet man meist Radschloßpistolen, es wurden jedoch auch funktionstüchtige Waffen mit anderen Schloßmechanismen gefertigt.
Luntenschloßgewehr, Länge 315 mm (zum Vergleich ein übliches Luntenschloß aus dem 16. Jh., Länge 260 mm).
Pistole mit französischem Steinschloß, Gesamtlänge 155 mm

wirkte, auf; neben Pistolen stellten sie auch Gewehre mit hohlem Ganzeisenschaft her.

Die technische Entwicklung der Pistole nahm einen ähnlichen Verlauf wie die der Gewehre. Es gab verschiedene Konstruktionen von Hinterladern und Repetierpistolen, doch bis zur zweiten Hälfte des 19. Jahrhunderts überwogen einschüssige Vorderlader völlig. Unter den Waffen zur persönlichen Verteidigung spielten die Revolver die wichtigste Rolle. Auch verschiedene Konstruktionen von Repetierpistolen kamen auf den Markt, fanden jedoch keine größere Verbreitung, von grundlegender Bedeutung waren erst die Selbstladepistolen am Ende des Jahrhunderts.

Eine besondere Gruppe stellen die Duellpistolen dar. Duelle sind bereits aus dem Mittelalter bekannt, ursprünglich als ein Mittel des Gottesgerichts, das die Schuld oder Unschuld des Angeklagten beweisen sollte. Im 17. Jahrhundert wurden — besonders in Frankreich, aber auch in anderen Ländern — Duelle häufig; den Anlaß gaben verschiedene tatsächliche oder vermeintliche Beleidigungen. Allerdings durften nur Adelige ihre Ehre in einem Duell verteidigen, erst seit Ende des 18. Jahrhunderts verbreiteten sich Duelle auch in bürgerlichen Kreisen, zunächst unter akademisch gebildeten Personen und später auch unter Angehörigen des Bürgerstandes. Besonders zahlreich waren Duelle von Offizieren, häufige Duellanten waren auch Journalisten, Schriftsteller oder Politiker.

Im 17. Jahrhundert fanden Duelle überwiegend mit kalten Waffen statt, es kamen aber auch Pistolenduelle zu Pferd vor, bei denen übliche Reiterpistolen zum Einsatz gelangten. Im 18. Jahrhundert gab es neben

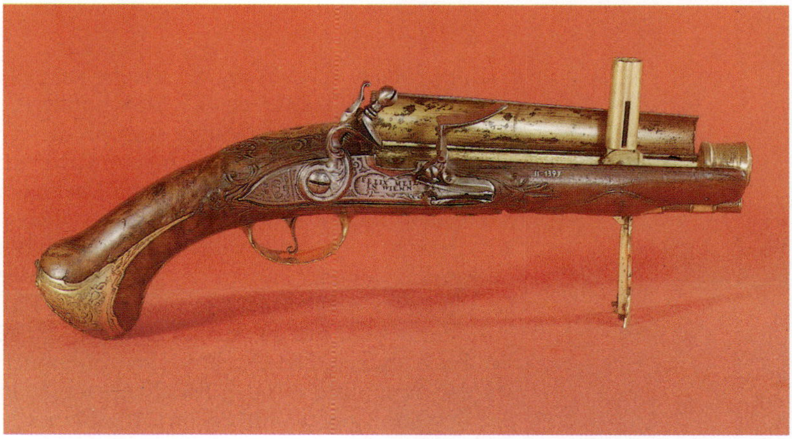

354, 355. Scheinbar eine Pistole mit französischem Steinschloß, in Wirklichkeit Leuchter mit Anzünder. Büchsenmacher Felix Meier, Wien, um 1730.
Beim Drücken auf den Abzug wird wie sonst Pulver auf der Pfanne angezündet. Gleichzeitig wird der obere Teil des „Laufs" abgekippt, beim Rückgang des Abzugs in die vordere Stellung wird automatisch der Kerzenhalter mit angezündeter Kerze aufgerichtet und die Stütze im Vorderschaft herausgeschwenkt, so daß der Leuchter auf den Tisch gestellt werden kann.

Reiterduellen, die wie Kampfbegegnungen in Schlachten durchgeführt wurden, auch Pistolenduelle zu Fuß, die sich nach genau bestimmten Regeln richteten. Die Duellbedingungen wurden von den Sekundanten ausgehandelt, Ende des 18. und besonders in der ersten Hälfte des 19. Jahrhunderts wurde eine Reihe gedruckter Regeln und Duellkodexe mit verschiedenen Duellvarianten herausgegeben.

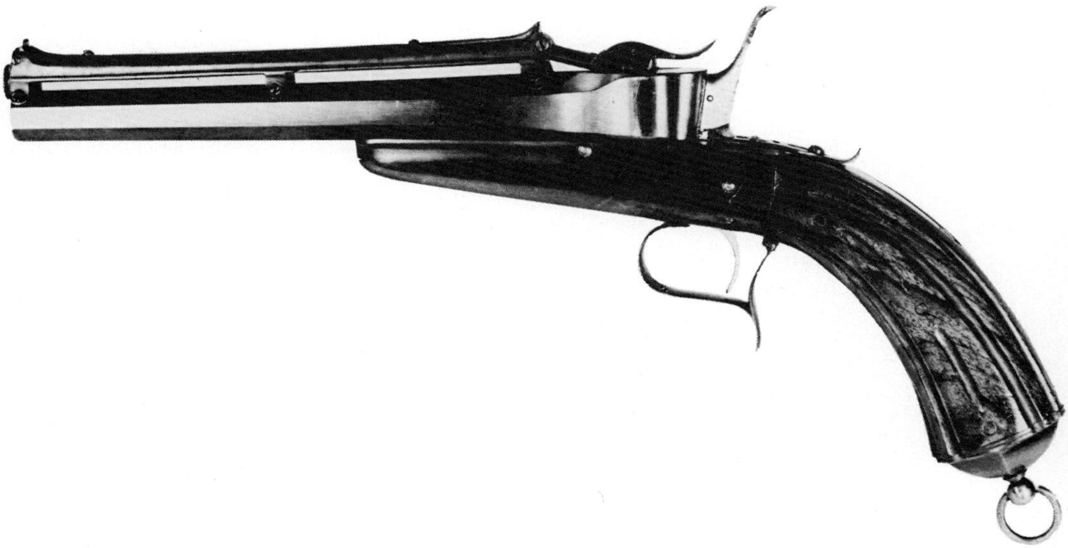

356. Achtzehnschüssige Repetierpistole für Spezialpatronen (Hohlgeschosse mit Pulverfüllung und Zündhütchen). Von vorn (nach Abklappen des Deckels) zu ladendes Magazin über dem Lauf. Der Hahn hebt und senkt den Blockverschluß mit Kammer, in die das Geschoß durch sein Eigengewicht fällt. Der Hebel über dem Verschluß dient zum Hineinpressen des Geschosses in die Kammer. Konstruktion Herman, Lüttich, 1852; Fertigung Victor Colette, Lüttich, um 1855

Zur größten Verbreitung der Duelle kam es im letzten Viertel des 18. und der ersten Hälfte des 19. Jahrhunderts. Weiterhin fanden zwar Duelle auch mit kalten Waffen statt, in dieser Zeit begann man jedoch schon, Pistolenduelle zu bevorzugen. Mit Pistolen hatten beide Gegner theoretisch gleiche Chancen, während bei einem Duell mit Degen oder Säbel der jüngere Duellant gegenüber dem älteren, der größere mit längerem Arm gegenüber dem kleineren im Vorteil war.

Seit den siebziger Jahren des 18. Jahrhunderts wurden auch spezielle Duellpistolen hergestellt. Die verwendeten Pistolen sollten den Rivalen unbekannt sein, nur in Ausnahmefällen durften die Duellanten eigene Waffen benutzen. Die Duellpistolen waren identische Pistolenpaare und wurden zusammen mit den Behelfen zum Aufladen und weiterem Zubehör in einer Kassette aufbewahrt. Ein halbes Jahrhundert lang waren es Steinschloßwaffen, ab den zwanziger Jahren des 19. Jahrhunderts wurden sie mit Perkussionsschloß gefertigt. Manchmal wurden alle in einer Kassette aufbewahrten Pistolenpaare als Duellpistolen bezeichnet, was nicht richtig ist, denn es kann sich auch um Reise- oder Scheibenwaffen handeln.

Einige Duellregeln enthielten die Forderung, daß die bei einem Duell verwendeten Pistolen keine gezogene Läufe und Stecher haben sollten, auch keine Zieleinrichtungen, oder wenigstens sollten diese nicht einstellbar sein. Diese Gesichtspunkte können jedoch nicht als allgemeine Attribute der Duellpistolen angesehen werden, denn die verschiedenen Regeln und Kodexe besaßen nur örtliche Gültigkeit und die erwähnten Forderungen tauchten erst später als Folge der Bemühung auf, die Genauigkeit und Wirksamkeit der Waffen und somit die tragischen Folgen der Duelle zu verringern. Die Duellpistolen waren nicht prunkvoll verziert, nur auf dem Schloßblech findet man zuweilen einfache gravierte Ornamente, eine mäßige geschnittene oder gravierte Verzierung kann auch auf anderen Teilen sein. Für einen wirklichen Gentleman kam nur ein Duell mit Pistole in Frage, dennoch wurden in einigen Fällen auch Gewehre, Karabiner oder Revolver benutzt.

Das Zeitalter der Duelle endete zwar in der Mitte des 19. Jahrhunderts, in geringerer Anzahl kamen sie jedoch auch später, sogar im 20. Jahrhundert vor. Das trifft vor allem für die Länder zu, in denen die ehemals herrschenden Feudalschichten starke Positionen im wirtschaftlichen und gesellschaftlichen Leben und auch im Offizierkorps (Rußland, Österreich-Ungarn) beibehielten. In verschiedenen Zeiten und Ländern wurden Duelle verboten. Einige europäische Strafgesetzbücher aus dem 19. Jahrhundert erwähnen das Duell nicht, in anderen wird die Tötung in einem Duell als Mord bewertet und eine Verletzung als Körperverlet-

357. Pistole Gaulois. Französisches Patent P. Blachon und E. Mimard, 1893, Fertigung Manufacture Française d'Armes et Cycles, Saint-Étienne. Magazin für fünf Geschosse, Abschuß durch Drücker. Die Waffe wird nach Verschieben des Magazindeckels nach vorn von oben geladen, die Öffnung dient zugleich als Hülsenauswerfer.
Pistole Protector. Konstruktion (1882) und Fertigung Jacques Edmond Turbiaux, Paris. Nach Abschrauben der rechten Gehäusewand läßt sich das kreisförmige Magazin mit sieben Geschoßkammern (es gibt auch zehnschüssige Exemplare) herausnehmen. Mit dem Drücker wird das Magazin gedreht, der Schlagbolzen feuert das Geschoß aus der vorderen Kammer ab (beim Schießen wird die Pistole mit dem freien Drückerende nach oben, also umgekehrt wie die angebildete Waffe, gehalten).

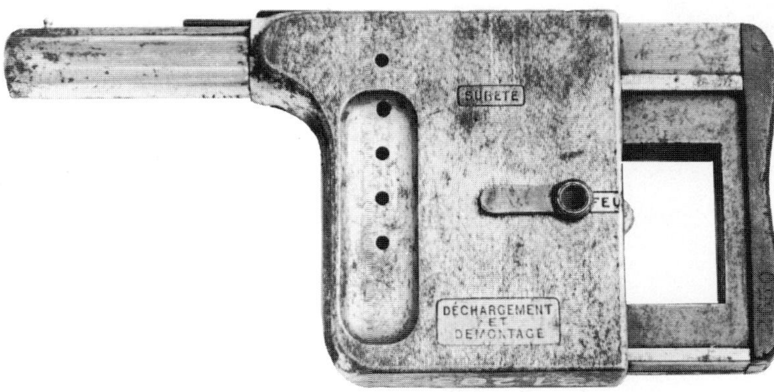

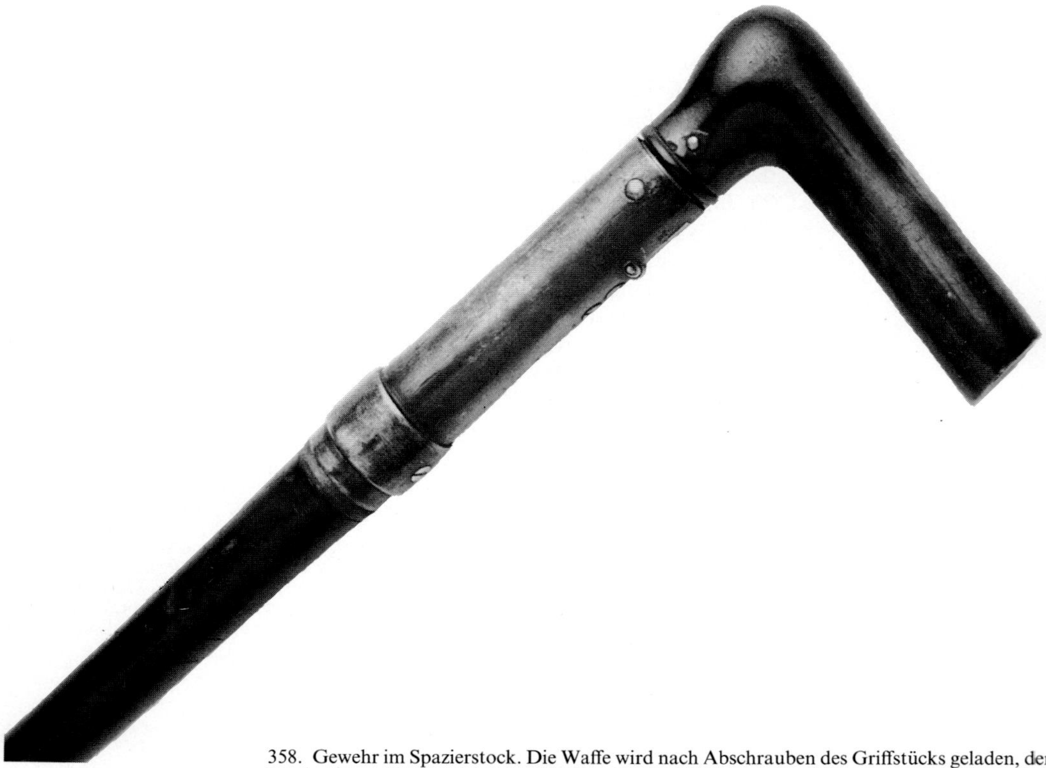

358. Gewehr im Spazierstock. Die Waffe wird nach Abschrauben des Griffstücks geladen, der Mechanismus durch Ziehen am Griff gespannt; hinter dem Lauf befinden sich Schlagbolzen und Spiralfeder; umlenkbarer Abzug; Laufmündung mit abnehmbarer Spitze verschlossen. Deutschland, Ende des 19. Jh.

zung. Die strafrechtlichen Folgen waren sehr unterschiedlich — in einigen Ländern hart, in anderen mild. Es geschah auch, daß eine von österreichischen Behörden wegen Teilnahme an einem Duell eingeleitete Ermittlung auf Anweisung Kaiser Franz Josephs I. eingestellt wurde. Und so verwundert es nicht, wenn noch zu Beginn des 20. Jahrhunderts im Katalog der Prager Büchsenmacherfirma Novotný zu lesen ist, daß „wir auf Wunsch mit einem Sonderangebot an Duellpistolen dienlich sind", oder daß „zwei oder drei Paar Duellpistolen vorrätig sind".

Im 19. Jahrhundert erschienen auch Feuerwaffen in Gestalt eines Spazierstocks zur Verteidigung. Der hohle Stockkörper diente als Lauf, im Griff befand sich der Abschußmechanismus. Diese schießenden Stöcke hatten ursprünglich Perkussionsschlösser, später Systeme für die Einheitspatronen.

Einige Spezialwaffen, die in dieses Kapitel eingereiht werden könnten, wurden bereits in anderen Kapiteln erwähnt, in die sie von ihrem Charakter her wenigsten zum Teil gehören (zum Beispiel Tromblons oder Signalpistolen unter den Militärwaffen). Als Kuriosität gab es zum Beispiel Miniaturen von Feuerwaffen. In winzige Abmessungen verkleinerte, dabei aber funktionsfähige Pistolen wurden bereits seit dem 16. Jahrhundert gefertigt, auch wenn sie viel mehr als Beweis für das Können des Büchsenmachers denn als wirkliche Schußwaffen dienten.

Zubehör von Feuerwaffen

Zu den Feuerwaffen gehörte eine Reihe weiterer Gegenstände. Einige waren für ihre Funktion unerläßlich, andere dienten zur Instandhaltung und Reparatur. Manche Zubehörteile wurden allgemein und über lange Zeit hinweg verwendet, andere nur bei bestimmten Waffentypen oder zeitlich begrenzt, in Abhängigkeit von der technischen Entwicklung der Feuerwaffen.

Zur Zeit der Vorderlader war das Schießen nicht ohne Ladestock möglich. Die ältesten Ladestöcke waren eisern, später überwog Holz und nur das Ende war aus Eisen, anderem Metall, Bein oder Elfenbein. Seit dem 16. Jahrhundert war der Ladestock im allgemeinen am Gewehr unter dem Lauf angebracht, eingesteckt in den Vorderschaft. In Ausnahmsfällen wurde der Ladestock getrennt von der Waffe getragen, zum Beispiel bei einigen militärischen Jägergewehren, bei einem Großteil der Balkanwaffen oder bei Pistolen in Kassette. Der Bruch des hölzernen Ladestockes setzte die Waffe außer Gefecht, deshalb wurden bei Militärwaffen ab der zweiten Hälfte des 18. Jahrhunderts eiserne Ladestöcke verwendet. Damit dieses wichtige Bestandteil nicht verlorenging, waren im 19. Jahrhundert zahlreiche Militärpistolenmuster mit einem Gelenkladestock ausgestattet, der am Lauf mit der Waffe verbunden war. Auch bei den meisten Perkussionsrevolvern ist die Ladepresse (unter dem Lauf oder auf seiner Seite) untrennbarer Bestandteil der Waffe; bei den Pfefferbüchsen war der Ladestock in der Mitte des Laufbündels eingeschoben.

Jeder Waffenbenutzer mußte einen ausreichenden Munitionsvorrat zur Hand haben. Das Schießpulver wurde ursprünglich wahrscheinlich in einem Lederbeutel getragen, seit dem 16. Jahrhundert wurden Pulverflaschen verschiedener Formen und aus verschiedenen Materialen verwendet. Bei keinem anderen Zubehörteil von Feuerwaffen ist eine ver-

359. Perkussionspistole; Gelenkladestock; Ansatzkolben (ermöglichte den Einsatz als Karabiner; bekannt bereits seit dem 16. Jh., jedoch nur im 19. Jh. verbreitet); entlang dem Lauf Röhrenmagazin für Zündhütchen. Mitte des 19. Jh.

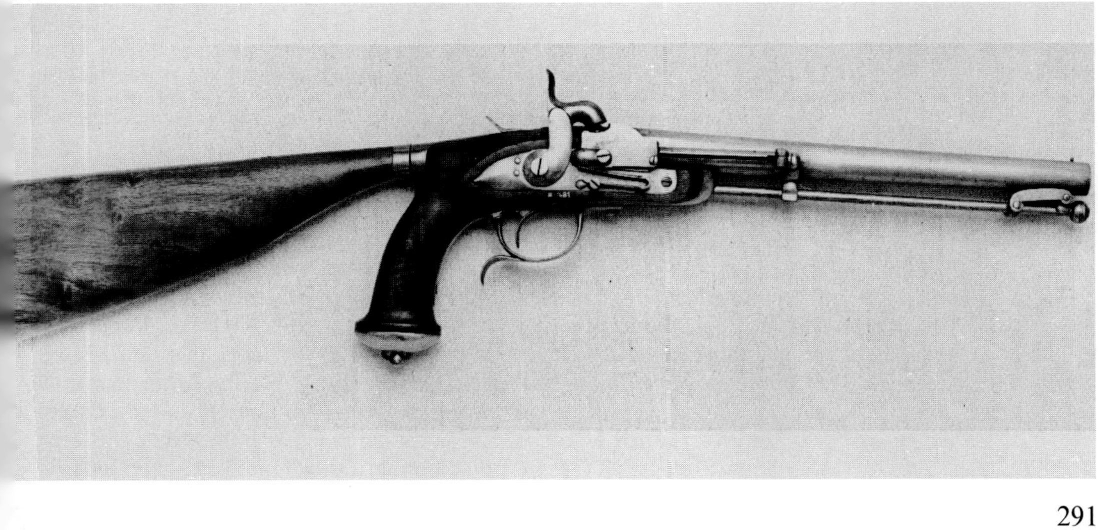

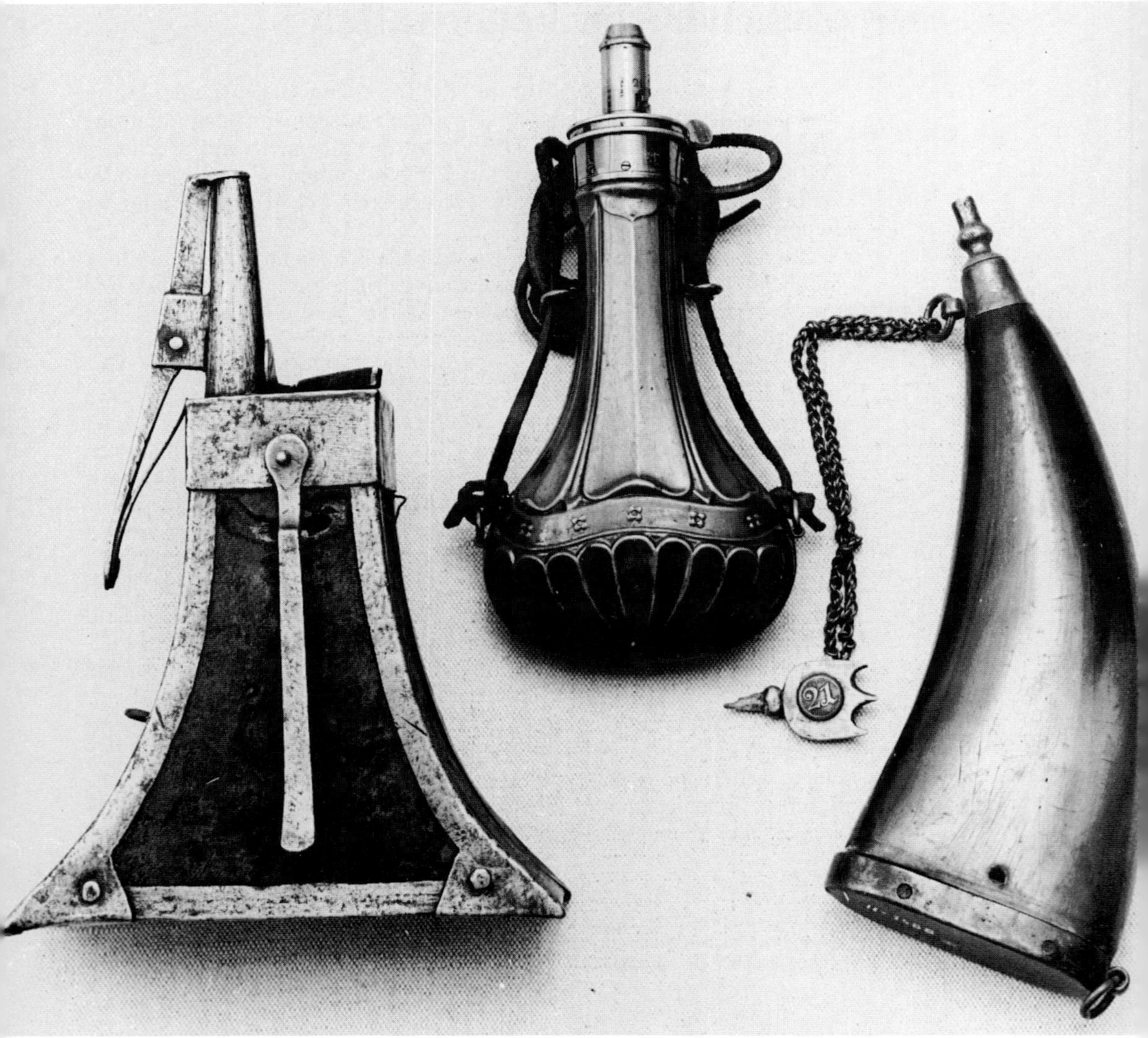

360. Musketier-Holzpulverflasche (rhombische Form). Anfang des 17. Jh.
Kupfer-Jagdpulverflasche (birnenförmig). James Dixon & Sons, Sheffield, Mitte des 19. Jh.
Militärisches Pulverhorn der österreichischen Jäger (bogenförmig), erste Hälfte des 19. Jh.

gleichbare Variabilität zu finden. In der Renaissance waren gabelförmige Pulverflaschen aus Hirschgeweih beliebt. Neben Pulverflaschen aus Horn sind unter den ältesten Exemplaren auch hölzerne, später setzten sich Pulverflaschen aus Eisen, Kupfer, Messing und anderen Materialien durch. Ebenso mannigfaltig war die Gestalt dieser Gefäße. Außer der ursprünglichen natürlichen Geweihform gab es runde, flaschen-, faß-, birnenförmige und andere Pulverflaschen; die Musketierflaschen waren rauten- oder bogenförmig. Auf militärischen Exemplaren finden sich im 18. und 19. Jahrhundert häufig militärische Symbole, zivile Pulverflaschen waren durch Gravierung, Schnitt, Ziselieren und andere Techniken verziert. Spätere Pulverflaschen hatten einen Dosierbecher zum Abmessen einer genauen Schießpulvermenge.

Die weniger verbreiteten kleinen Zündpulverfläschchen waren für ein feineres Pulver bestimmt, das auf die Zündpfanne geschüttet wurde. Bei den Perkussionswaffen diente zum Zünden der Pulverfüllung im Lauf das Zündhütchen. Die Fläschchen für Zündkraut wurden durch Magazine für Zündhütchen ersetzt, die zuweilen mit einem selbsttätigen Zubringer zum leichten Aufsetzen des Hütchens auf das Piston versehen waren.

Ein wichtiges Zubehör der Waffe war eine Zange zum Abgießen von Geschossen, denn bis zur Standardisierung der Kaliber im 19. Jahrhundert brauchte jede individuell angefertigte Waffe mit Zangen hergestellte Geschosse, deren Abmessungen der Laufbohrung entsprachen. Zunächst wurden in Zangen Kugeln abgegossen, gegen Ende des Vorderlader-Zeitalters im 19. Jahrhundert entstanden auch Zangen für spitze Geschosse. Vom 16. bis zum 19. Jahrhundert behielten die Zangen im Grunde die gleiche Form, auch wenn es von Zeit zu Zeit verschiedene Verbesserungen oder abweichende Varianten gab. Das waren zum Beispiel Zangen zum Abguß mehrerer Geschosse zugleich, und zwar entweder vom selben Kaliber (Beschleunigung der Herstellung) oder von verschiedenen Kalibern (für verschiedene Waffen). Mit den Hinterladern für Einheitspatronen verschwanden die Kugelzangen, dafür tauchten Zündhütchenzangen (Ladepresse für Wiederladen) auf.

361. Faßförmiges Holz-Zündpulverfläschchen zur Tschinke. Schlesien, um 1650

362. Beinerne Pulverflasche; verziert mit Gravierungen. Zweite Hälfte des 16. Jh.

363. Schrotvorratsbehälter. James Dixon & Sons, Sheffield, Mitte des 19. Jh.
Futteral für die glimmende Lunte. 17. Jh.
Balkanischer Pistolenladestock. 18. Jh.
Schlüssel zum Radschloßspannen für verschiedene Radachsendurchmesser, kombiniert mit Schraubenzieher. 17. Jh.

364. Holzpulverflasche; verziert mit Gravierungen. Mitteleuropa, zweite Hälfte des 17. Jh.

Kugeln wurden ursprünglich in einem Leder- oder Tuchsäckchen getragen, im 16. Jahrhundert erschienen Kästchen für Patronen und seit dem ausgehenden 17. Jahrhundert waren in den Armeen allgemein Patronentaschen gebräuchlich. In die Ausrüstung der Musketiere gehörte im 17. Jahrhundert das Bandelier — ein Gürtel mit kleinen Holz- oder Metallbüchsen, in denen jeweils die Pulverdosis für einen Schuß war. Die Jäger wiederum trugen Schrot in Ledersäckchen.

365. Kugelzange für Rundkugel (links) und für Spitzgeschoß (rechts), zwei Perkussionszündhütchenbehälter

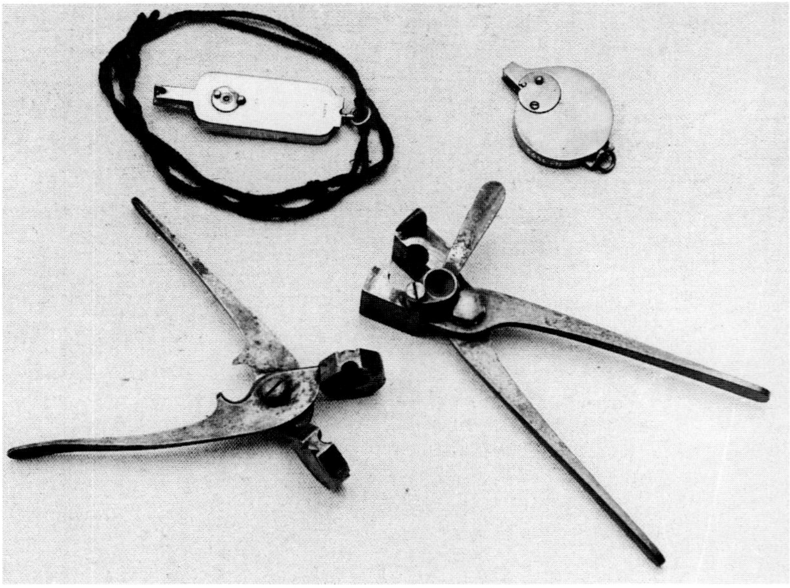

Bajonett-Typen

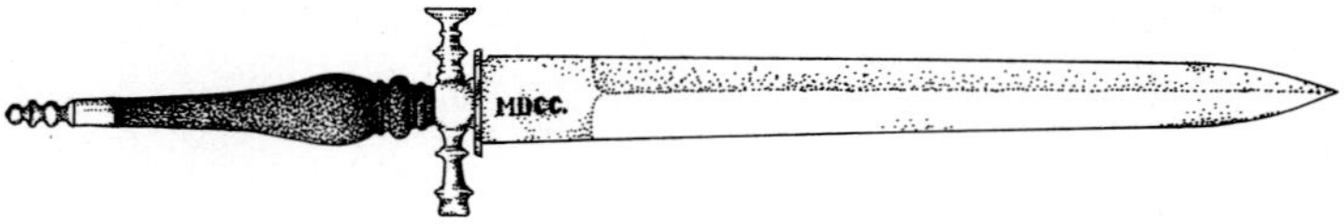

Jagdspundbajonett
(datiert 1700)

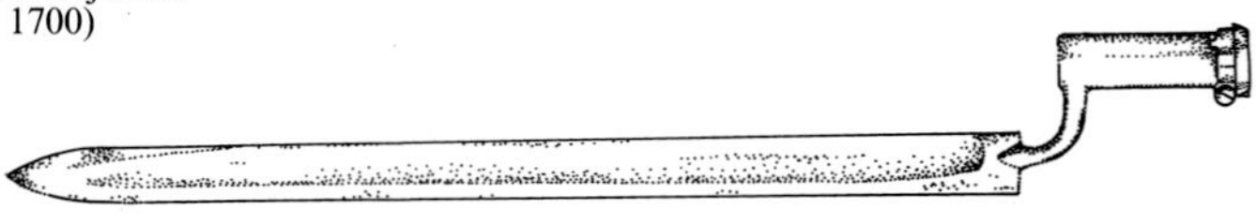

Tüllenhaubajonett, österreichisches Jägermuster 1795; Säbelklinge

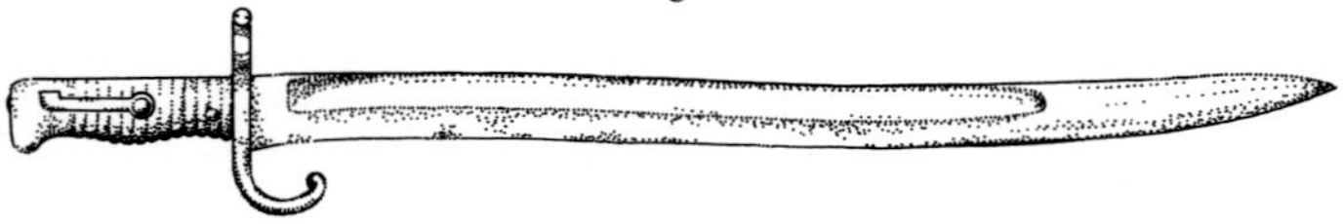

Yataganklinge, französisches Muster 1866

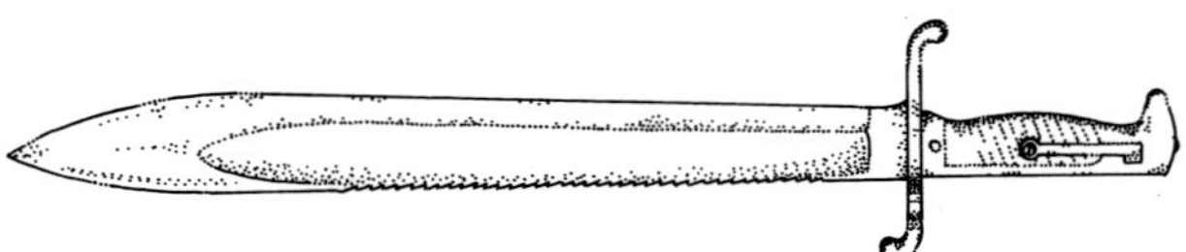

Klinge mit Sägerücken; deutsches Pioniermuster 1871

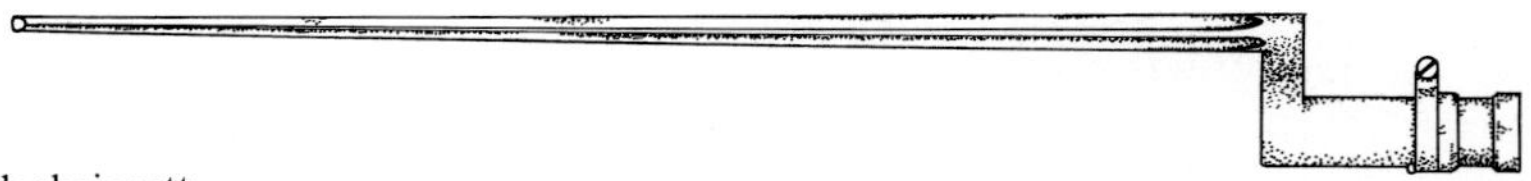

Tüllenbajonett, russisches Muster 1867; Mittelgratklinge mit konkaven Schneideflächen

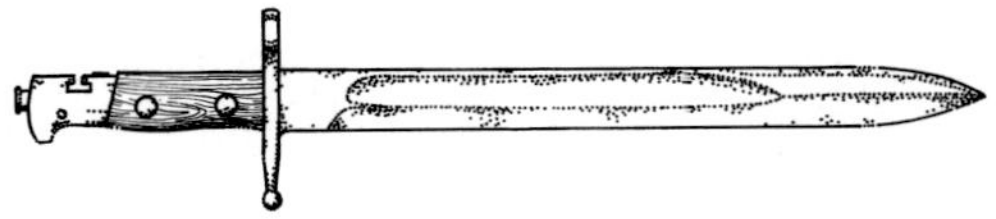

Messerklinge, italienisches Muster 1891

366. Zwei Pulverprober in Form von Steinschloßpistole (um 1760) und Perkussionspistole (um 1840). Sie werden auf übliche Weise, jedoch ohne Geschoß abgeschossen, der Druck der Pulververbrennungsgase wird an der Radskala angezeigt.

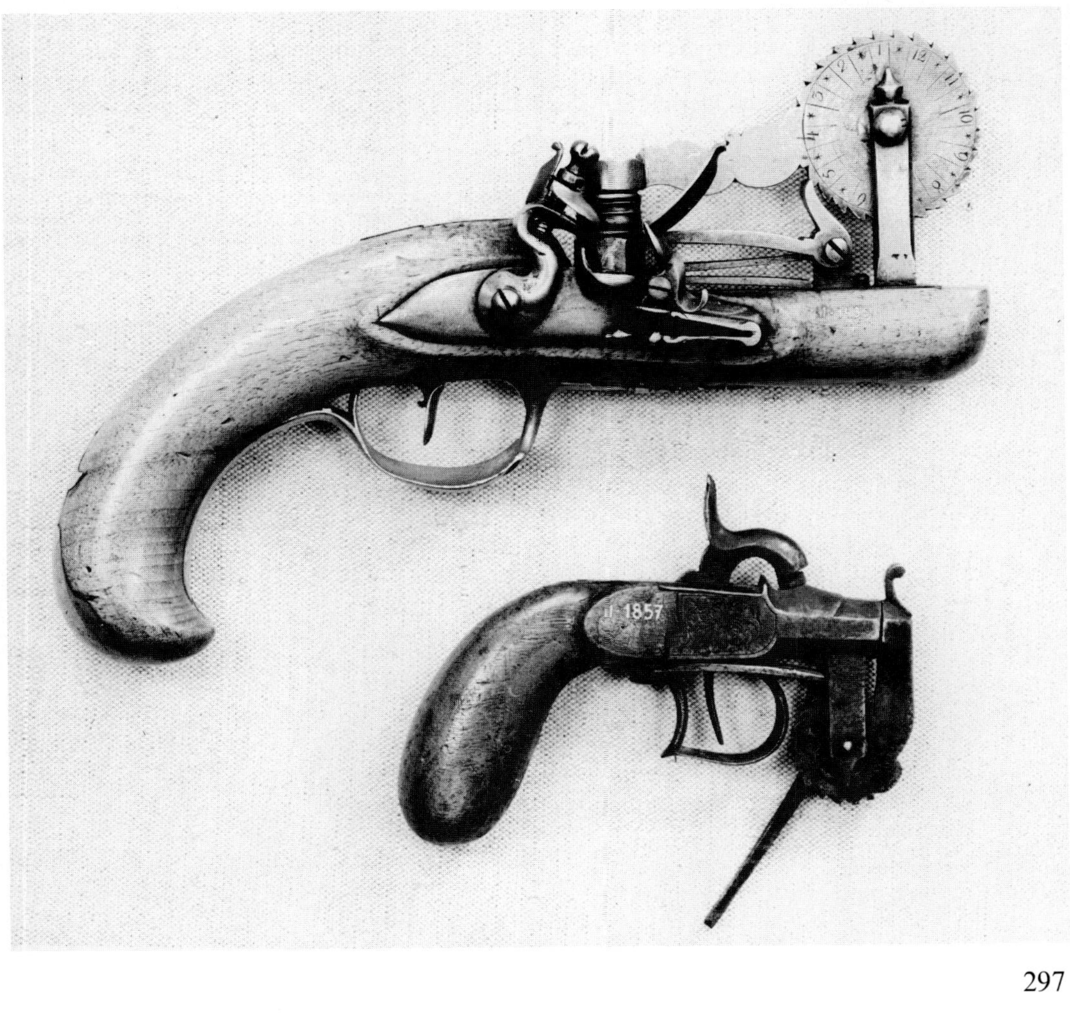

367. Patronenbüchse.
Um 1600

Bei der Munition, namentlich im 19. Jahrhundert, gibt es eine riesige Vielfalt, bedingt nicht nur entwicklungstechnisch (Papierpatronen, Lefaucheux-Patronen, Patronen mit Rand- und Mittelzündung sowie eine Reihe von Übergangskonstruktionen, die bald erloschen) und sortenmäßig (Militär- und Jagdpatronen, Gewehr-, Revolver-, Pistolenpatronen, Kugelgeschosse, Schrot, Kleinkalibergeschosse), sondern auch dadurch, daß die Geschosse von Dutzenden Herstellern gefertigt wurden und in einer Kategorie Geschosse vieler verschiedener Typen existierten. Von unterschiedlicher Gestalt (zylinder-, kegel-, flaschenförmig) waren die Hülsen, die nach der Form des Bodens in Patronen mit und ohne Rand unterschieden werden, mannigfaltig waren die Abmessungen der Geschosse und der Werkstoff.

Ab der zweiten Hälfte des 17. Jahrhunderts wurde das Bajonett zum unerläßlichen Bestandenteil der Militärgewehre. Die ältesten Exemplare waren eigentlich Dolche, deren Angel in den Gewehrlauf wie der Korken in die Flasche gesteckt wurde — deshalb hieß es Einsteck- oder Spundbajonett. Außer Militärbajonetten existierten im 17. und Anfang des 18. Jahrhunderts auch Jagdbajonette dieses Typs.

Ende des 17. Jahrhunderts entstand in Schweden oder in Frankreich das Tüllenbajonett, das sich innerhalb kurzer Zeit in ganz Europa verbreitete. Es wurde mit der Tülle auf den Lauf aufgesetzt. Bajonette verschiedener Muster und Herkunft unterschieden sich in Länge und Form der Klinge (dolchartige, Dreikant- oder Klingen von kreuzförmigem Querschnitt), der Befestigung am Lauf usw. Aus dem Hirschfänger

368. Perkussionsrevolver in Kassette mit Zubehör; verziert nach Entwurf des Malers Josef Mánes (1820—1871), auf der einen Seite der Elfenbein-Griffschale sind die altböhmischen Sagengestalten Ctirad und Šárka, auf der anderen der ukrainische Kosakenhauptmann Masepa (1664 bis 1709) geschnitten. A. V. Lebeda, Prag, um 1854, hergestellt für den Reisenden Baron Petz

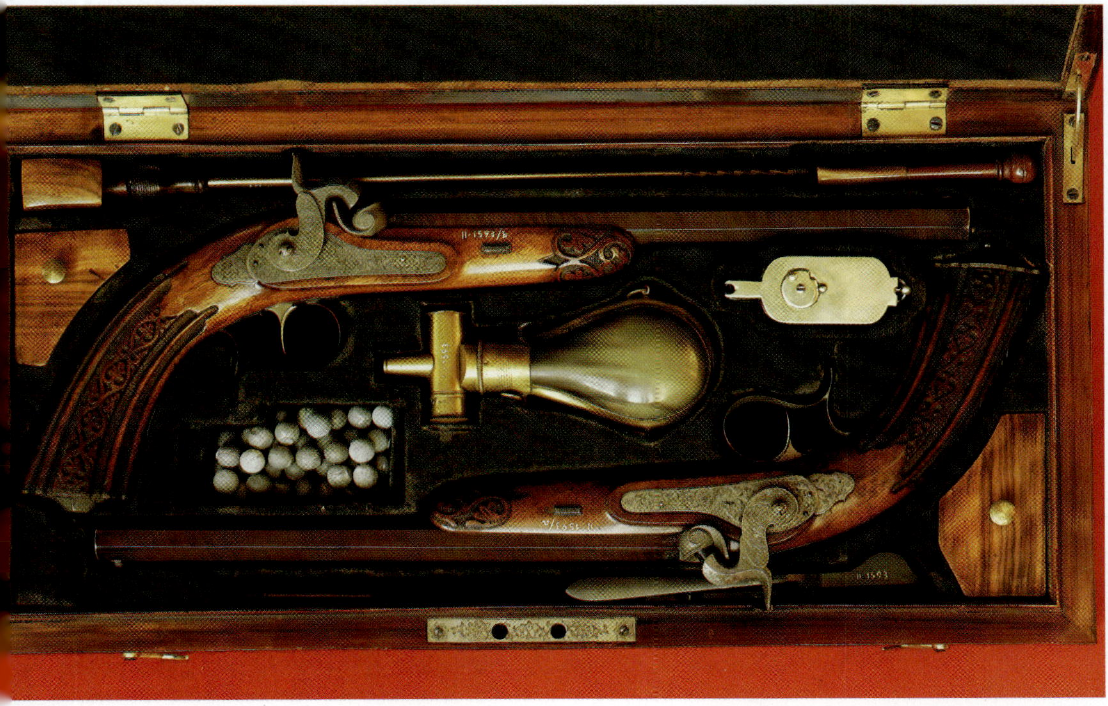

369. Perkussionspistolenpaar im Kasten, mit Zubehör (Ladehammer, Pulverflasche, Kugelzange, Zündhütchenbehälter u. a.). A. V. Lebeda, Prag, fünfziger Jahre des 19. Jh.

entwickelten sich Haubajonette, die nicht nur als Stich-, sondern auch als Hiebwaffen verwendbar waren. Ursprünglich befanden sie sich im 18. Jahrhundert in der Ausrüstung der Jägereinheiten, später erhielten sie auch andere Einheiten, manchmal die ganze Infanterie.

Vorbild für eine weitere Bajonettgruppe mit Yataganklinge wurde das französische Bajonett Muster 1840. Im Unterschied zu den Haubajonetten mit gerader Klinge hatten diese eine lange, leicht S-förmig gebogene Klinge, sie wurden mit Blattfeder mit Drücker im Griff auf das Gewehr aufgesetzt. Ende des 19. Jahrhunderts erschienen Messerbajonette, die in der darauffolgenden Zeit überwogen. Vereinzelt kamen auch unterschiedliche Bajonettvarianten (zum Beispiel mit ungewöhnlicher Klingenform) oder dauernd an der Waffe befestigte Bajonette auf; Klappbajonette gab es bereits in der zweiten Hälfte des 17. Jahrhunderts an schwedischen Musketen, das preußische Jägergewehr Muster 1854 verfügte über ein aus dem Schaft ziehbares Pikenbajonett. Im 19. Jahrhundert bekamen einige Pionierspezialeinheiten Bajonette mit Sägerücken in die Ausrüstung.

Weitere Gegenstände, die Zubehör von Feuerwaffen waren, kommen weniger häufig vor, sie waren an bestimmte Zeiten oder Waffentypen gebunden. Beim Radschloßmechanismus war ein Radschloßschlüssel (Spanner) zum Aufziehen notwendig; er konnte dauernd an der Waffe angebracht sein, war in der Regel aber ein selbständiger Teil (manchmal in Kombination mit der Pulverflasche). Der Mechanismus der Luftgewehre wurde ebenfalls mit einem Schlüssel (Hebel) aufgezogen. Das

Luntenfutteral schützte das glimmende Luntenende vor Regen und Wind. Die Musketengabel (Fourquet) diente dem Musketier zum Stützen der schweren Muskete beim Schießen. Soldaten mußten nach Beenden des Wachdienstes aus dem geladenen Vorderlader die Kugel wieder herausziehen, wozu ein Gewinde am Ladestock diente.

Das Schießergebnis konnte die Qualität des Schießpulvers auf bedeutende Weise beeinflussen. Seit dem 16. Jahrhundert wurden verschiedene Geräte zum Erproben von Pulver gebaut, im 18. und 19. Jahrhundert meist in Gestalt von Pistolen mit Stein-, später mit Perkussionsschloß. Auch die Geräte zum Ausstanzen von Leder- oder Stoffunterlagen für die Kugeln konnten das Schießen beeinflussen, denn die Einheitlichkeit der Unterlagen schlug sich in der Treffgenauigkeit nieder.

Waffentaschen dienten zum Schutz der Waffe vor Feuchtigkeit, Schmutz und Stoß, sie hatten besonders für den Transport der Waffe Bedeutung. Die Taschen (Holster) waren aus Stoff, Leder, Holz oder Metall. Am üblichsten waren Lederholster (Tornister) und Holzkassetten, namentlich für Pistolen und Revolver, aber auch für Gewehre. In der Kassette war entweder nur die Waffe oder, häufiger, die Waffe mit einem mehr oder weniger reichen Zubehör; das umfaßte in der Regel Ladestock, Kugelzange, Pulverflasche, Vorrat an Geschossen und Unterlagen, einen Hammer zum Einschlagen des Geschosses in den Lauf, bei Perkussionswaffen einen Behälter für Zündhütchen, eventuell Reserve-Pistons. In der Kassette waren auch verschiedene Werkzeuge — Schraubenzieher, Behelfe zum Einsetzen des Zündhütchens oder zum Herausschrauben des Pistons, Nadeln zum Reinigen des Zündkanals, Werkzeug zur Demontage der Waffe, zum Einstellen der Zieleinrichtungen, ferner verschiedene Ölkännchen, Reinigungs- und Konservierungsmittel. Die Kassette enthielt manchmal einen Ansatzkolben zur Pistole, bei Duellwaffen meist Mittel zur Ersten Hilfe oder ein Tintenfaß.

Verzierung der Feuerwaffen

Die Verzierung ist, besonders bei nicht markierten Exemplaren, neben der technischen Lösung ein wichtiges Erkennungsmerkmal, das die genauere Bestimmung der Entstehungszeit einer Waffe ermöglicht.

Im 14. und 15. Jahrhundert, als die Feuerwaffen eine ausschließlich militärische Angelegenheit waren, wurden sie überhaupt nicht verziert, eventuell trugen ihre Läufe nüchterne Zierelemente. Die Situation änderte sich radikal am Anfang des 16. Jahrhunderts, als es üblich wurde, Feuerwaffen zur Jagd, zum Schießsport und zur persönlichen Verteidigung zu verwenden, als sie zudem zum Gebrauchsgegenstand wurden, der seinen Besitzer repräsentierte und Symbol seiner Macht und Autorität war. Die verschiedensten Verzierungstechniken, die früher bei Blankwaffen und Teilen der Rüstungen zur Anwendung gelangten, wurden schrittweise auch bei Feuerwaffen verwendet.

Zum zierenden Element wurde auch die von Plattnern (Harnischschmieden) übernommene Oberflächenbehandlung, die zum Korrosionsschutz von Metallteilen diente. Seit dem 16. Jahrhundert wurden Läufe von Zivilwaffen geschwärzt oder gebläut, wobei dunkleres Blau für spanische, helleres für französische Erzeugnisse typisch war. Etwas später erschienen gebräunte Läufe, die sich seit dem 18. Jahrhundert unter dem Einfluß der englischen Büchsenmacher stärker verbreiteten. Die Schwärzung und Bräunung von Läufen wurde dann auch bei einigen Armeewaffenmustern üblich.

Seit dem 16. Jahrhundert wurden Metallteile von Feuerwaffen durch Gravieren und Ziselieren, seit der zweiten Hälfte dieses Jahrhunderts auch durch Schnitt verziert. Der Schaft wurde seit dem 16. Jahrhundert mit Elfenbein, Bein, Perlmutter oder andersfarbigem Holz eingelegt. Bei Prunkexemplaren aus dem 16. Jahrhundert ist häufig der ganze Schaft mit Plättchen aus Bein oder anderem Material bedeckt, das mit Gravur oder auch anderen Ziertechniken verziert ist. Seit dem 17. Jahrhundert zierten Schnitte auch den Holzschaft, im 17. und 18. Jahrhundert waren es mit Eisen- oder Silberdraht eingelegte Ornamente. Große Aufmerksamkeit begann man auch der Wahl des Holzes für Schaft bzw. Griffschalen hochwertiger Gewehre und Pistolen und seiner Struktur zu widmen; am häufigsten waren Obstgehölze (Birn- oder Pflaumenbaum), später vor allem Nußbaumholz, in einigen Fällen auch Wurzelholz oder importierte exotische Holzarten (Ebenholz u.a.).

Die Verzierung dehnte sich allmählich auf sämtliche Feuerwaffenteile aus, nicht nur die größten, wie Schaft und Lauf; als besonders geeignet bot sich das Schloßblech an, aber auch kleinere Teile — Schloßgegenblech, Abzugsbügel und Kolbenkappe. Die üblichste Ziertechnik war Gravierung oder Schnitt, doch kamen auch Ziselierung, Ätzung, Inkrustierung, Intarsierung, in kleinerem Umfang auch Malerei, Emailletechniken und weitere Verfahren zur Anwendung. Zur Verzierung von Waffen verwendete man Gold, Silber, Edelsteine, Elfenbein, Messing, Perlmutter, Geweih, Horn, Bein und weitere Materialien.

370. Lange Handbüchse mit Radschloß; Schaft mit reliefartig geschittenem Horn belegt und mit graviertem Bein umrahmt. Monogramm *HH* (*HIH* ?), 1595

371. Gewehr mit Schwamm- und Radschloß; reich graviert und vergoldet, der Ebenholzschaft mit Elfenbeinnägeln intarsiert; aus dem Besitz Karls von Waldburg. Süddeutschland (Augsburg oder Nürnberg), um 1570.
Pulverflasche; zum Gewehr gehörend und im gleichen Stil verziert

Die Anfänge der Feuerwaffenverzierung fallen in die Renaissance; mit der Änderung der künstlerischen Auffassung und dem Wechsel der Kunststile änderte sich auch der Charakter der Verzierung. Gerade das Barock mit seiner Vorliebe für üppigen Dekor trug dazu bei, daß sich die Verzierung praktisch auf alle Teile der Gewehre und Pistolen ausdehnte. Zum Zierelement wurde zu jener Zeit auch die Herstellersignatur, die oft auf dem Lauf in Gold oder Silber inkrustiert ausgeführt wurde. Seit der

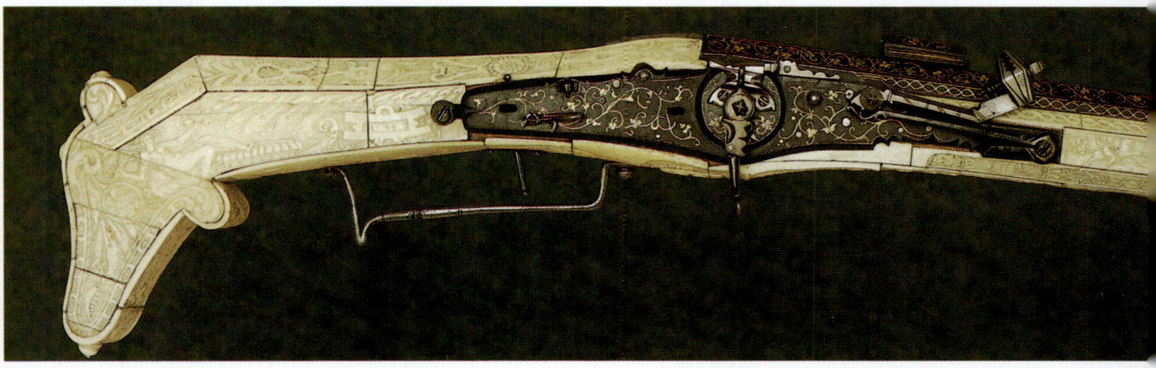

372. Radschloßgewehr; auf dem Lauf der Besitzername, unten am Lauf und Schaft das Wappen der Medici; Radachse rechts mit aufgesetztem Spannschlüssel; Lauf und Schloßblech mit Goldornament auf schwarzem Boden; Schaft von ungewöhnlicher Kolbenform, ganz mit Elfenbein in ornamentalen und figürlichen Reliefs belegt; aus dem Besitz des toskanischen Herzogs Cosimo I. von Medici. Süddeutschland (?), 1544

ersten Hälfte des 18. Jahrhunderts waren Waffengarnituren oft aus vergoldetem Messing, und an einer Waffe kamen mehrere Verzierungstechniken zum Tragen. Der Klassizismus des ausgehenden 18. Jahrhunderts begann eine zurückhaltende Verzierung zu bevorzugen, in der feine Gravierungen überwogen; besonders in England wurde an der Wende vom 18. zum 19. Jahrhundert eher auf die technische Lösung Nachdruck gelegt, der Verzierung wurde weniger Aufmerksamkeit geschenkt. Der nüchterne englische Stil beeinflußte die Waffenverzierung auf dem europäischen Kontinent. Diese Tatsache ist ohne Zweifel darauf zurückzuführen, daß sich im 19. Jahrhundert die Jagd mehr unter den bürgerli-

373. Radschloßbüchse; Lauf bezeichnet mit Buchstaben *PD* (Peter Danner) und Schlange, Schloß mit *GH* und Herz; Schaft mit grün gefärbtem Bein und Perlmutter eingelegt. Nürnberg, Ende des 16. Jh.

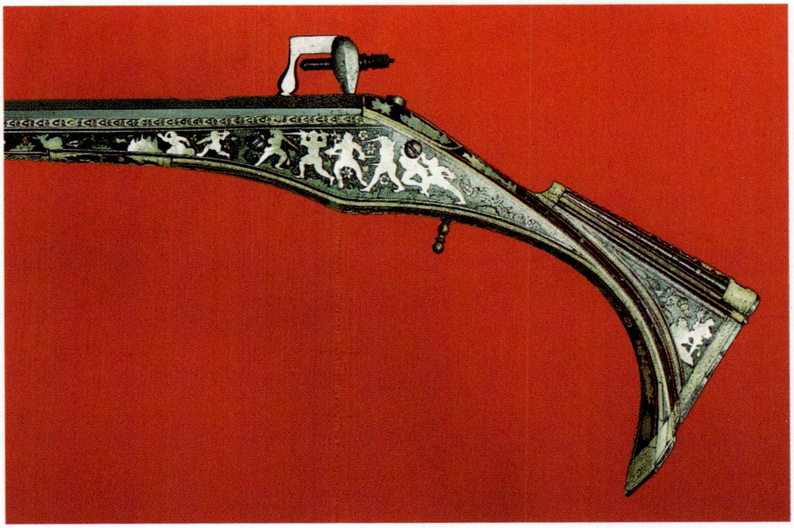

chen Schichten zu verbreiten begann, die für die Anschaffung einer Waffe nicht so viel aufwenden konnten wie die Adeligen des 17. und 18. Jahrhunderts und denen zudem die Funktionsfähigkeit und Zuverlässigkeit einer Waffe wichtiger war als eine repräsentative Verzierung. In der zweiten Hälfte des 19. Jahrhunderts wurde die handwerkliche Fertigung der Waffen von der maschinellen Industrieproduktion abgelöst. Feuerwaffen hörten auf, kunsthandwerkliche Produkte zu sein, doch mit der Serienfertigung erlosch ihre Verzierung nicht; teurere nichtmilitärische sowie Luxusexemplare wurden weiterhin verziert. An den Militärwaffen findet man eine Verzierung nur selten, zum Beispiel bei einigen Offiziers-Verteidigungswaffen (Pistolen, Revolver) und auf Geschenkexemplaren.

An der Verzierung von Waffen waren führende Künstler ihrer Zeit beteiligt, die höchstpersönlich an Aufträgen für Herrscher und Fürsten arbeiteten, meist wurden jedoch ihre graphischen Vorlagen von Berufsstechern realisiert. Im 17. Jahrhundert entstand in Frankreich eine Reihe von Musterbüchern für die Verzierung von Gewehren und Pistolen. Zu den bekanntesten Autoren zählen François Marcou, Thuraine, Le Hollandois, Jean Baptiste Berain, Claude Simonin. Um 1700 wurden Musterbücher für Waffenverzierung auch in Deutschland und den Niederlanden herausgegeben, in der ersten Hälfte des 18. Jahrhunderts erschienen weitere Vorlagenbücher in Frankreich. Sie verbreiteten sich auch ins Ausland und dienten als Vorlage in vielen europäischen Staaten, so daß Motive aus französischen Vorlagenbüchern auch auf Waffen zu finden sind, die in Italien, Mitteleuropa und anderswo angefertigt wurden. Vorlagenbücher erschienen auch im 19. Jahrhundert (zum Beispiel Charles Claesen, Lüttich 1856), in der zweiten Hälfte dieses Jahrhunderts

374. Radschloßpistolenpaar; für italienische Waffen des 17. Jh. typische durchbrochene Eisengarnitur. Giovanni Battista Francino, Brescia, um 1640

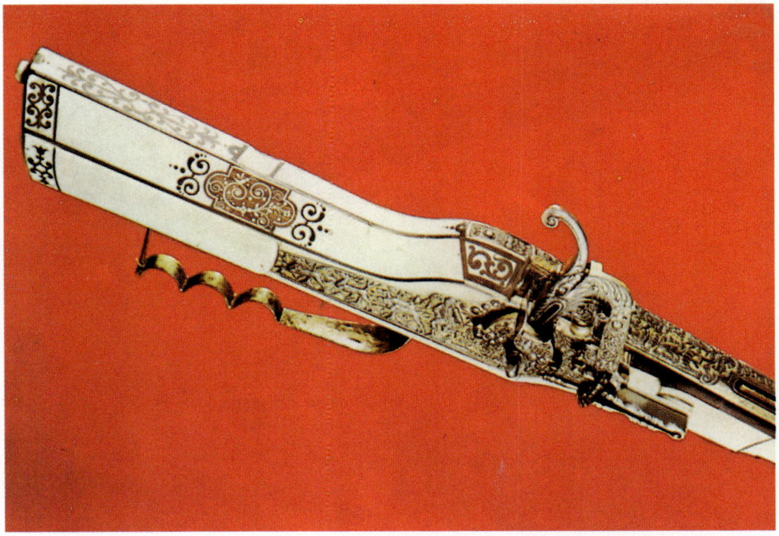

375. Radschloß-Kugelbüchse; Lauf und Schloß von Daniel Sadeler, Schaft von Hieronymus Borstorfer. Eisenschnittverzierung, Schaft mit weißem Bein (Elfenbein?) belegt und mit Ebenholz und Horn eingelegt. München, 1630

376. Radschloß-Kugelbüchse; Schaft, vergoldetes Messingschloß und Garnitur geschnitten. Martin Gummi, Kulmbach, Deutschland, 1650

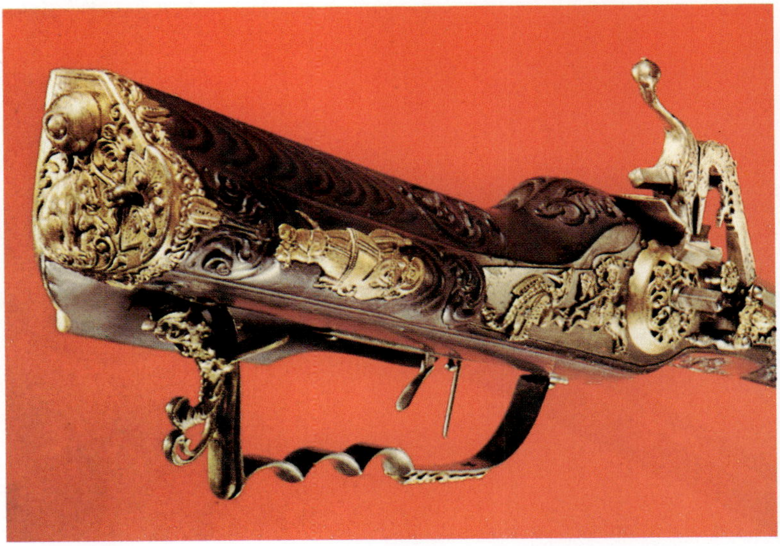

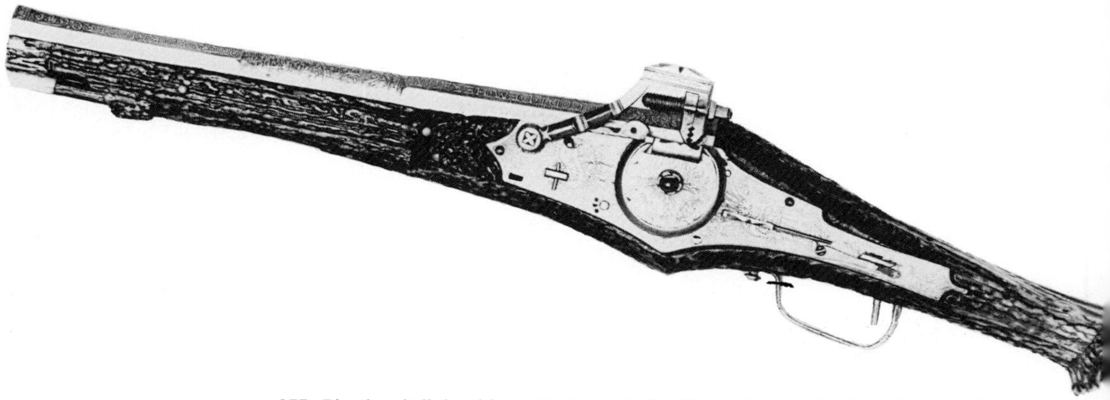

377. Pistole mit linksseitigem Radschloß; Schaft aus Geweih. Süddeutschland, 1551

378. Radschloß-Kugelbüchse (von einem Paar); Lauf bezeichnet *WW 1630*; Schaft verziert (Meister der Tierkopfranke); Lauf und Schloß mit silbernem Ornament auf geschwärztem Untergrund verziert, Schaft reich reliefartig geschnitten, in der Schaftbacke mit weißem Horn und Bein ausgelegtes Medaillon.

ergriff auch diesen Bereich des Kunsthandwerkes eine Welle historisierender Stile, die verschiedene neugotische Motive in die Waffenverzierung mit sich brachte.

Die Kunststile überschritten die Staatsgrenzen, Waffenhersteller übernahmen bewährte Verzierungstechniken und -motive, in verschiedenen Ländern wurde nach denselben Musterbüchern gearbeitet. Deshalb kann man in gewisser Weise den Charakter der Waffenverzierung als international bezeichnen. Er äußert sich durch identische Züge in zahlreichen europäischen Staaten. Dennoch behielten einige Länder und Regionen in bestimmten Zeiten eigentümliche Elemente, die nur für sie charakteristisch waren. Für die im 17. Jahrhundert im italienischen Brescia gefertigten Waffen sind reich geschnittene Eisengarnituren typisch. Diese Verzierung beschränkte sich in der Regel nicht auf den ursprünglich dafür vorgesehenen Platz, sondern setzte sich auch auf den umliegenden Schaftteilen fort. Bei zahlreichen mittelitalienischen Waffen wurden im 18. Jahrhundert die Schloßbleche im Eisenschnittverfahren reich mit figürlichen Reliefdarstellungen, oft grotesken, verziert; bei diesen Waffen hatte der Hahn häufig die Form einer Menschengestalt. Schlesische Waffen aus dem 17. Jahrhundert zeichneten sich durch einen Schaft aus, der reich mit geometrischen und Pflanzenornamenten aus weißem Bein, ergänzt mit tierischen und figürlichen Darstellungen, eingelegt ist. Solche Verzierungen finden sich vor allem an Tschinken, im schlesischen Stil wurden aber auch andere Rad- oder Steinschloßgewehre aus dieser Region sowie Fokkosch-Kombinationswaffen aus Streitaxt und Pistole verziert. Die Egerer (Cheb, Westböhmen) Reliefintarsie gab es im 17. Jahrhundert vor allem auf Schmuckkästchen, Sekretären und weiteren Möbelstücken, ebenso typisch sind jedoch reliefartig geschnitzte Schäfte von Egerer Gewehren. Außerdem ist für den Egerer Stil aus den

379. Radschloß-Kugelbüchse (von einem Paar); Schaft ganz mit Geweih belegt. Monogramm *MP*. Mitteleuropa, zweites Viertel des 17. Jh.

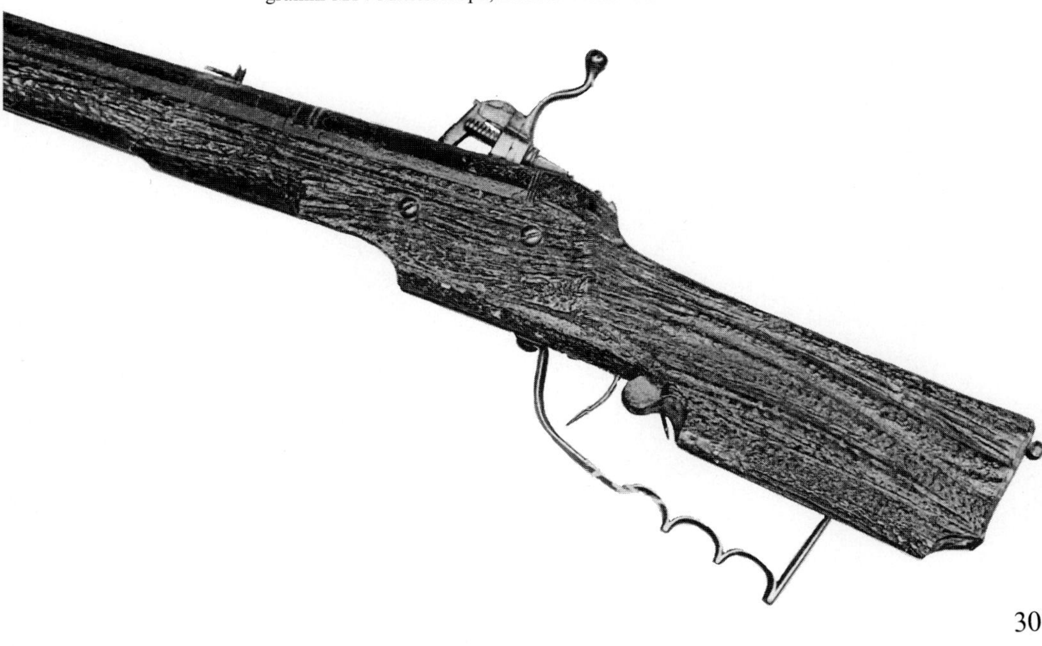

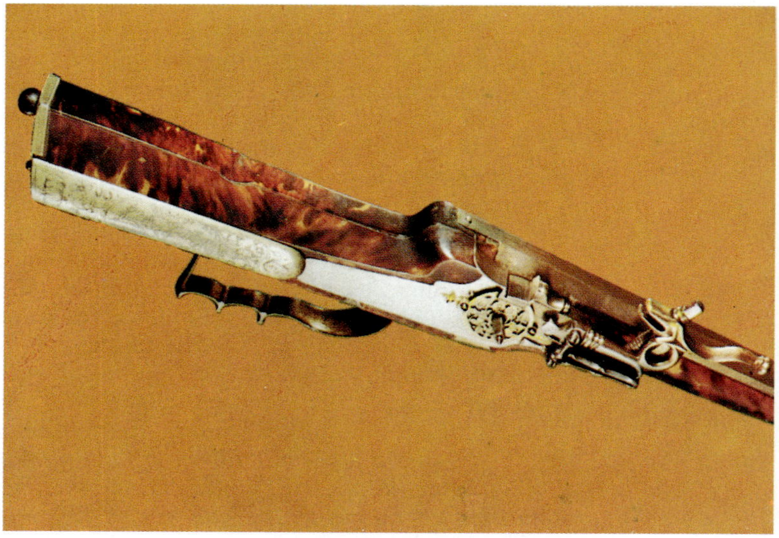

380. Radschloß-Kugelbüchse; Schaft mit Schildpatt belegt. Mitteleuropa, erste Hälfte des 17. Jh.

381. Gemalte Verzierung kommt bei Feuerwaffen selten vor. Schweres Wallgewehr; Kaliber 32 mm, Gesamtlänge 178 cm; Luntenschloß; Schaft und Lauf mit weißen und roten Streifen verziert, auf dem Kolben das gemalte Wappen der Janovský von Janovic an der Úhlava. Böhmen, 17. Jh.

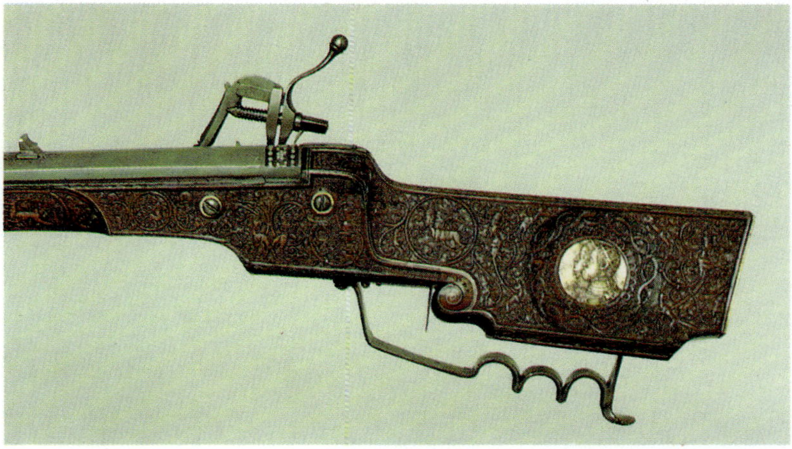

382. Radschloß-Kugelbüchse; Schaft reich mit Reliefschnitt (Meister der Tierkopfranke) verziert; im Kolben ein Medaillon mit Männer- und Frauenkopf und der Inschrift *REX BOHE* eingesetzt; Waffe wahrscheinlich an Ferdinand III. (1608—1657, 1627 zum König von Böhmen gekrönt) anläßlich seiner Vermählung mit Maria Anna, Tochter Philipps III. von Spanien, geschenkt

383. Radschloßgewehr; Schloßblech und Hahn in Eisen geschnitten und vergoldet, Raddecke mit farbigem Emaille. Ch. Herold, Dresden, 1669

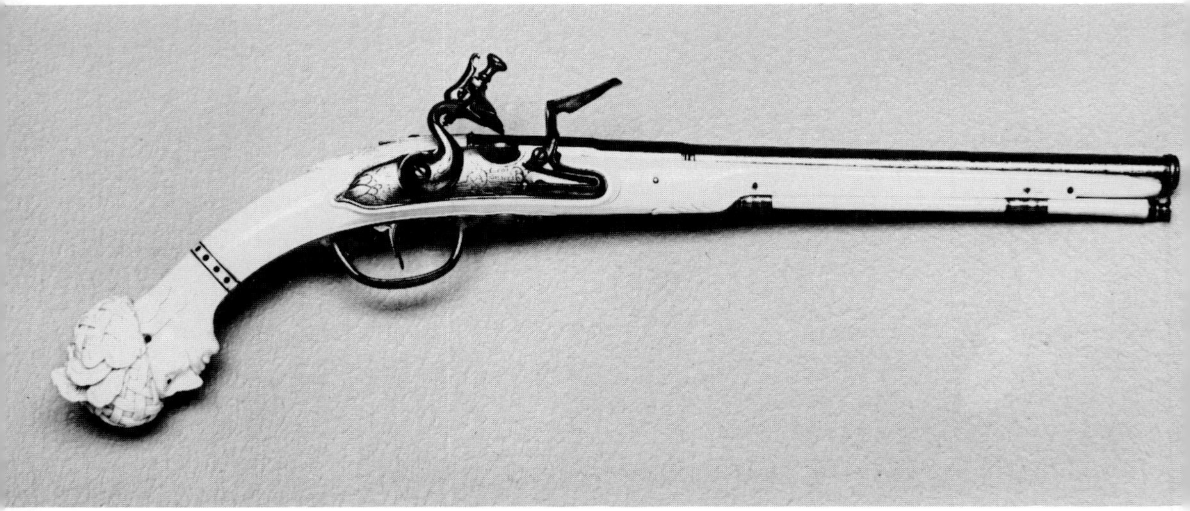

384. Pistole mit französischem Steinschloß; Elfenbeinschaft mit Türkenkopfknauf. Jacob Kosters, Maastricht. Pistolen dieses Typs wurden in der zweiten Hälfte des 17. Jh. in den Niederlanden, vor allem in Maastricht, gefertigt. Die abgebildete Waffe wurde 1709 dem polnischen König und sächsischen Kurfürsten August dem Starken geschenkt.

Jahren 1665 bis 1680 eine Verzierung von Schlössern mit gravierten oder durchbrochenen dichten Blumenmustern charakteristisch. Karlsbader Büchsenmacher (Karlovy Vary, Böhmen) arbeiteten in der ersten Hälfte des 18. Jahrhunderts oft mit vergoldeten Messinggarnituren bzw. Läufen; diese Mode war im 18. Jahrhundert allerdings nicht auf die Karlsbader Region beschränkt. Bei holländischen Pistolen aus dem 17. Jahrhundert endete der Griff mit einem Menschenkopf. Besonders charakteristisch ist das für Waffen mit Pistolengriff aus Elfenbein, die um 1660 in Maastricht gefertigt wurden. Es gibt eine ganze Reihe weiterer Beispiele aus verschiedenen europäischen Regionen.

Die Waffenverzierung entwickelte sich auf der Balkan-Halbinsel anders als im christlichen Europa. Wie in den anderen islambeherrschten Ländern war es hier aus religiösen Gründen nicht gestattet, menschliche Gestalten darzustellen, deshalb konzentrierte sich die Verziehung auf üppige geometrische Ornamente. Die Schäftung der balkanischen Waffen war in der Regel reich mit weißem oder farbigem Bein eingelegt, mit Messing-, Silber- oder ziseliertem Blech belegt, bei der Verzierung kamen Korallen zur Anwendung.

Verschiedene Zeiten bevorzugten bestimmte Verzierungstechniken. Die Ätzung von Metallteilen überwog im 16. Jahrhundert, später kam sie selten vor. Der Schaft wurde im 16. und 17. Jahrhundert ornamental eingelegt, es gab auch figürliche Motive aus weißem Bein. Im 18. Jahrhundert wurde die Schäftung vor allem mit geschnittenen barocken und Rokoko-Ornamenten oder mit metalldrahteingelegten Ornamenten verziert. Das Überwiegende läßt sich jedoch nicht verallgemeinern. In der Regel kamen an einem Exemplar mehrere Verzierungstechniken zum Einsatz. Neben reichverzierten Prunkexemplaren gab es zu allen Zeiten technisch hochwertige Waffen mit gemäßigter Verzierung. Außer Meisterstücken findet man auch Waffen, deren Verzierungen die nicht so geschulte Hand volkstümlicher Künstler erkennen lassen. Solche Werke, die mit den späteren Arbeiten der naiven Maler vergleichbar sind, gibt es nicht viele.

Wie die Bläuung, Schwärzung oder Bräunung von Läufen lassen sich bestimmte Funktionsveränderungen an Feuerwaffen im 18. und besonders im 19. Jahrhundert als Zierelement betrachten. In breitem Umfang gelangten in verschiedenen Verfahren gefertigte damaszierte Läufe zum Gebrauch. Durch Zusammenschweißen von geraden oder gewundenen Stahldrähten bzw. -bändern entstand ein Werkstoff mit einer nicht nur höheren Festigkeit und Härte, sondern auch Elastizität und Haltbarkeit. Damaststahl begegneten die Europäer bei orientalischen Blank- wie Feuerwaffen; seine älteste Nutzung bei den europäischen Feuerwaffen bestand darin, daß die von den Türken erbeuteten Läufe mit Schaft und einem Schloß von österreichischen und weiteren europäischen Büchsenmachern versehen wurden. Im 18. Jahrhundert fertigten auch schon europäische Hersteller Damastläufe, seit Anfang des 19. Jahrhunderts entstanden verschiedene Fertigungsverfahren. Benannt wurden die Damaststahlarten nach ihrer Verarbeitung (Banddamast), nach der bei der Bearbeitung des unterschiedlichen Materials auf der Laufoberfläche entstandenen Zeichnung (Rosendamast) oder nach ihrem Erfinder (nach dem Pariser Büchsenmacher N. Bernard oder dessen Sohn Leopold). Die Damastläufe waren dank ihrer Qualität derart beliebt, daß auch unechter Damast (Scheindamast) erschien — die Oberflächenbearbeitung eines im herkömmlichen Verfahren angefertigten Laufes imitierte das Aussehen der Damastläufe.

385. Tschinke (von einem Paar); Schaft mit gravierter Perlmutter, Silberdraht und Nägeln eingelegt und mit gravierten Silberplatten belegt. Monogramm *MH* (Martin Hertel, Těšín, um 1650

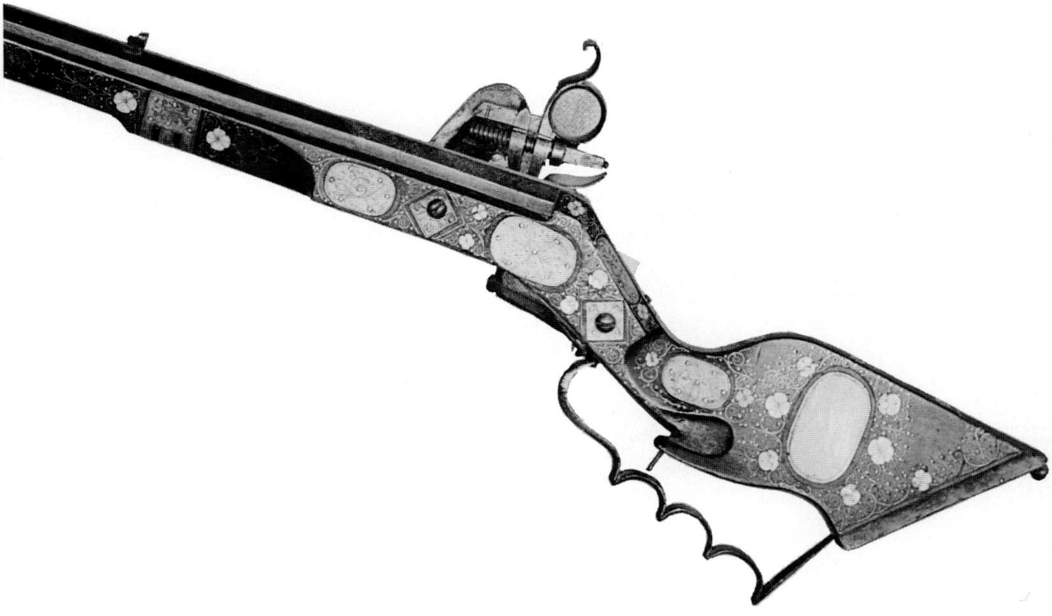

386. Radschloß-Kugelbüchse; Schaft mit Pflanzenornamenten und Vögeln eingelegt, nach Vorlagen aus Theodor Bangs „Ornamentstiche", erschienen 1610 in Nürnberg. Sachsen, 1615

387. Flinte mit französischem Steinschloß; verziert mit Gravur, Ziselierung und weiteren Techniken, Lauf geschwärzt und mit Gold ausgelegt, Schaft aus Wurzelholz, auf dem Kolbenhals Daumenblech mit Besitzermonogramm. Mitteleuropa, erste Hälfte des 18. Jh.

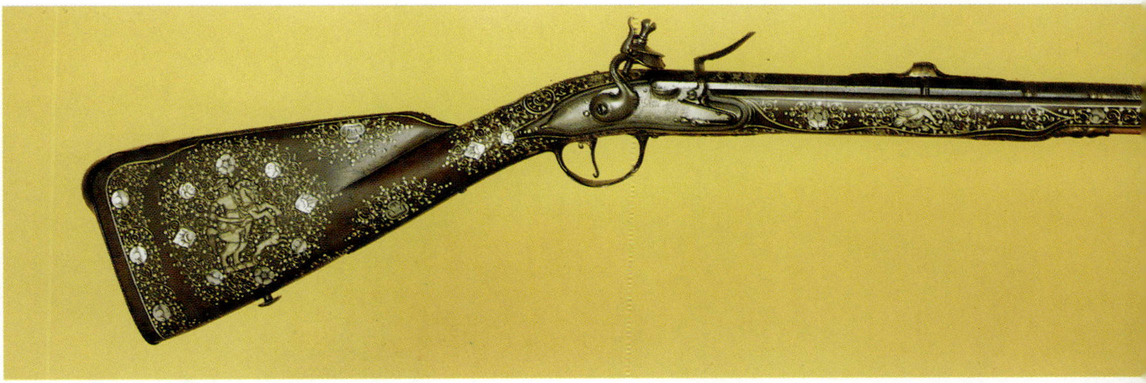

388. Gewehr mit französischem Steinschloß; Lauf bezeichnet mit *CV*, verziert mit silbernem Ornament auf schwarzem Boden; Schaft im schlesischen Stil mit Bein, Perlmutter und weißem Horn ausgelegt (Ranken, Punkte, Jagdszenen). Schlesien, Ende des 17. Jh.

In kleinerem Umfang gab es auch im 19. Jahrhundert weitere Oberflächenbehandlungen an anderen Teilen, zum Beispiel marmorierte Schloßbleche. Als ästhetisch wirkendes Element kann gewissermaßen die Fischhaut auf dem Kolbenhals und dem Vorderschaft von Gewehren oder am Griff von Pistolen bewertet werden, auch wenn es eine Verbesserung der Handlichkeit war.

389. Radschloß-Kugelbüchsenpaar; Schaft-Reliefschnitt im Egerländer Stil. Hans Keiner, Cheb (Eger), Böhmen, um 1670

390. Linkshänder-Kugelbüchse; urprünglich eine Steinschloßwaffe, umgeändert in eine Perkussionswaffe; Kolben mit Schießplatzmotiv verziert. Joseph Planer (Meister seit 1775), Wien

Ebenso mannigfaltig wie die Techniken sind auch die Motive in der Verzierung. Neben pflanzlichen und geometrischen Ornamenten gehören Jagdszenen, die Wild und Jäger darstellen, zu den häufigsten Themen. Zahlreich sind auch verschiedene militärische und historische Darstellungen, Szenen aus der antiken Mythologie und der Geschichte des Christentums, die Verzierung reflektiert auch zeitgenössische Ereignisse. Sogar das Sportschießen findet man auf Waffen dargestellt, wenn auch seltener als die Jagdmotive. Außer echtem Wild stellen die Gravuren Fabeltiere, Ungeheuer und Drachen dar, ein häufiges Zierelement ist der Maskaron; es gibt heraldische Motive und symbolische Darstellungen. Historische Feuerwaffen waren — bis auf wenige Ausnahmen — für eine Männergesellschaft bestimmt, und so verwundert es nicht, daß es in der Waffenverzierung auch erotische Motive gibt.

Wenn auch die Verzierung einer Waffe zur Bestimmung ihrer Entstehungszeit beitragen kann, muß dennoch auf die Klippen einer solchen Datierung aufmerksam gemacht werden. Ein neuer Stil verbreitete sich stets zunächst im Land seiner Entstehung und drang mehr oder weniger mit Verzögerung dann in andere Staaten vor. Dazu kommt die verspätete

391. Radschloß-Kugelbüchse; Lauf mit Monogram *HP* (Hans Paumgartner, Graz), 1591; Schloß mit Monogramm *TM*; im Schaft eingelegte scherzhafte Jagdszenen aus Bein. Ein Hase bläst das Horn und reitet auf einem Hund u.a.)

392. Radschloß-Kugelbüchse; im Kolben sind drei Hirsche mit einem gemeinsamen Kopf eingelegt. Maximilian Wenger, Prag, um 1630

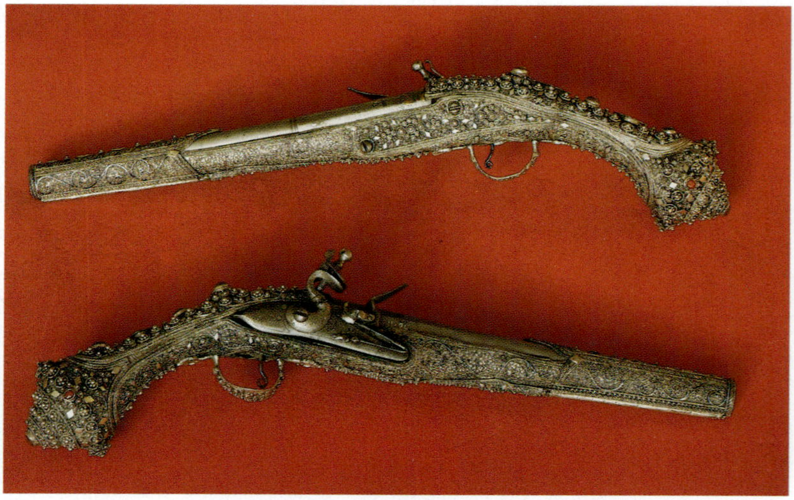

393. Pistolen mit französischem Steinschloß; typische balkanische Filigranverzierung aus Silberfaden und -körnern, besetzt mit roten und orangefarbenen Steinen

Anwendung auf dem Land gegenüber der Stadt sowie die Tatsache, daß sich in einigen Regionen die traditionelle Verzierungsart lange Jahre praktisch unverändert erhielt, oft ganze Jahrzehnte. Und schließlich, auch wenn es sich um einzelne Fälle handelt, kann man auch Waffen begegnen, die außerhalb des zeitgemäßen Stils standen. Dem Autor dieses Buches ist zum Beispiel eine (nach der Fabrikationsnummer) in den fünfziger Jahren des 19. Jahrhunderts angefertigte Waffe bekannt, die ihrer Gestaltung und Verzierung nach zu mindestens zwanzig Jahre älteren Arbeiten gehört. Sie entspricht weder der zeitgenössichen Mode noch anderen Arbeiten desselben Meisters aus derselben Zeit; am ehesten handelt es sich um eine nach Kundenwunsch hergestellte Waffe.

Kennzeichnung der Feuerwaffen

Für die genaue Identifizierung der Feuerwaffen hat ihre Kennzeichnung erstrangige Bedeutung. Es gibt zwar Waffen (manchmal sind es auch hochwertige Exemplare), auf denen sich keine Marke befindet, viel häufiger sind jedoch die Gewehre und Pistolen signiert. An Feuerwaffen erschienen die ersten Marken bereits im 14. Jahrhundert, später stieg ihre Anzahl unentwegt. Wichtig ist es, genau einzuschätzen, um welche Marke es sich handelt, und ihre Bedeutung zu dechiffrieren, denn auf Feuerwaffen findet man Marken und Inschriften verschiedensten Charakters.

Bezeichnet können praktisch alle Teile einer Waffe sein; am häufigsten sind es der Lauf und das Schloßblech, verschiedene Bezeichnungen findet man auf dem Schaft, auf Teilen der Garnitur (Kolbenkappe,

Abzugsbügel, Schloßgegenblech), bei neueren Waffen auf dem Verschluß oder dem Verschlußgehäuse. Gerade nach der Plazierung der Marke läßt sich auf ihren Charakter schließen. Manchmal stellt man die Existenz einer Marke erst nach Demontage fest, denn sie kann sich auf der Innenseite des Schloßbleches oder am Unterteil des Laufs befinden und von außen nicht feststellbar sein. Bei Waffen mit mehreren verschiedenen Marken kann deren richtige Entschlüsselung viel über das Schicksal der Waffe aussagen.

Zu den wichtigsten Identifikationsmerkmalen zählt die Fabrikationskennzeichnung. Manchmal wurde verlangt, daß im Fall einer Funktionsstörung der Urheber der schlechten Arbeit ermittelt werden konnte, meist war es jedoch ein Privileg des Meisters, der mit seiner Marke oder seinem Namen auf der Waffe deren Qualität bestätigte. Die Fabrikationskennzeichnung erschien bei Feuerwaffen bereits im 14. Jahrhundert, doch anfangs waren es einfache geometrische Zeichen (Kreuz, Stern) und die Besitzer dieser Marken sind heute praktisch nicht mehr feststellbar. Seit der Mitte des 16. Jahrhunderts kamen auf die Waffen die Initialen des Meisters, manchmal allein, meist jedoch ergänzt mit einer Bildermarke. Diese konnte, wie vorher, aus einem einfachen geometrischen Zeichen bestehen, entwickelte sich jedoch schrittweise zu verschiedenen Motiven, wie Pflanzen, Tiere, Arbeitswerkzeuge, Figuren, in einigen Fällen stellt die Marke komplizierte Miniaturbilder dar. Die Art und Weise des Stanzens oder Gravierens der Herstellermarken war nicht einheitlich, auch wenn sich in bestimmten Regionen traditionell identische Tendenzen bemerkbar machten; so kann das Monogramm des Herstellers in einem Quadrat oder Viereck, in einem herzförmigen oder ovalen Schild angebracht sein. Seit dem 17. Jahrhundert verwendeten einige Hersteller Initialen aus drei statt aus zwei Buchstaben, deren Auslegung unterschiedlich sein kann. Teils ist es die Abkürzung zweier Vor- und eines Familiennamens (*ICK* — Johann Christoph Kuchenreiter), teils sind es die Initialen beider Namen, ergänzt um einen weiteren Buchstaben aus der Mitte eines langen Familiennamens (*HBF* — Hans Breitenfelder), teils die Initialen des Meisternamens und der Anfangsbuchstabe der Stadt seines Wirkens (*GZZ* — Georg Zellner, Zell am Wallersee). Man kennt heute bei vielen Monogrammen nicht den Namen, der dahintersteckt, bei einer Reihe von ihnen gelang die Entschlüsselung jedoch.

Die Kennzeichnung von Feuerwaffen mit dem vollen Namen des Büchsenmachers und seinem Wirkungsort begann im 16. Jahrhundert, wahrscheinlich in Italien, und seit der Mitte des 17. Jahrhunderts wurde sie in ganz Europa üblich. Auch in Zeiten, als Hersteller ihre Waffen mit vollem Namen bezeichneten, verwendete eine Reihe von Büchsenmachern neben ihrer Signatur auch die Meistermarke; im 19. Jahrhundert entwickelten sich aus dieser Kennzeichnung die Firmenschutzmarken. Im Zusammenhang mit den Meistermarken sei darauf hingewiesen, daß ein Meister die Marke verändern oder, was häufiger der Fall war, ein Thema in verschiedenen Varianten anwenden konnte. Ungekehrt kam es auch vor, daß der Sohn die väterliche Werkstatt samt Marke übernahm. Hinter der vollen Signatur eines Büchsenmachers wird manchmal ein weiterer Buchstabe gefunden; ist es ein *F,* so bedeutet es die Abkürzung des lateinischen Wortes „fecit" (hergestellt von), in anderen Fällen ist es der erste Buchstabe des Namens der Stadt, in der der Hersteller wirkte (zum Beispiel deutet das *E* in der Bezeichnung *Hans Keiner E.* auf Eger).

Chassier, Paris (Flinte mit französischem Steinschloß, zweite Hälfte des 18. Jh.

Thomas Addis, London (Schnappschloßgewehr, Ende des 16. Jh.

Prüfstelle (Prüfmarke von Lüttich 1811 bis 1893)

·M·F·1691

Monogramm *MF* (Radschloß-Kugelbüchse, 1691)

Auguste Francotte, Lüttich (Firma im 19. Jh.; einzelne Ausführungen der Marke können geringfügig von der Abbildung abweichen)

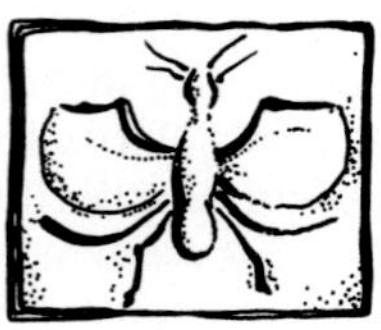

Matthias Muck, Brno (Brünn) (Flinte mit französischem Steinschloß, erste Hälfte des 18. Jh.; sogenannte sprechende Marke: Mücke)

Salvador Zenarro (Cenarro), Madrid (Flinte mit Schloß alla catalana, zweite Hälfte des 18. Jh.; Namensbezeichnung auf dem Lauf fälschlich „Savador" statt „Salvador"

Bezeichnung auf Schloß und Abzugsbügel derselben Waffe

Prüfstelle (Prüfmarke in Wien seit 1892)

M 1763

Muster von Militärwaffen (Kennzeichnung auf der Schwanzschraube der französischen Militärpistole Muster 1763)

Herrschermonogramm auf Militärwaffen (auf dem Daumenblech einer russischen Militärpistole — Nikolaus I., Zar 1825—1855)

F.R. 35
8.123

Erkennungskennzeichnung auf Militärwaffen (auf der Kolbenkappe des preußischen Füsiliergewehrs Muster 1860, Füsilier-Regiment Nr. 35, Kompanie Nr. 8. Waffen-Nummer in der Kompanie 123)

Wie bereits erwähnt, ist die Thematik der Meistermarken sehr vielgestaltig. Ein Sonderfall sind sogenannte sprechende Marken, deren Darstellung dem Namen des Herstellers entspricht. Der Büchsenmacher Hubert Storch hatte einen Storch, der Meister Jelinek einen Hirsch (entsprechend der Bedeutung seines Namens im Tschechischen), einige Angehörige der bekannten Büchsenmacherfamilie Klett hatten eine oder drei Kletten in ihrer Marke. Ähnliche Beispiele gibt es viele, und sie sind typisch für die Zeit der individuellen Büchsenmacherei. Dennoch kann auch das sich aufbäumende Pferd auf den heutigen Waffen der Firma Colt (englisch Fohlen) als sprechende Marke bezeichnet werden.

Mit der vollen Herstellersignatur wurden zunächst die Läufe bezeichnet, seit dem 17. Jahrhundert erschien sie auf den Schloßblechen. Es wurden verschiedene Schrifttypen — kursive und Großbuchstaben — verwendet. Auf dem Lauf befand sich die Kennzeichnung in der Regel auf der oberen Fläche, auf dem Schloßblech in der Mitte, aber da das Blech oft zur Verzierung genutzt wurde, erschien die Kennzeichnung auch an Stellen, wo sie die gestalterische Komposition nicht störte (zum Beispiel an der Unterkante des Schloßbleches, hinter dem Hahn, unter der Pfanne). Manchmal war die Signatur ein Bestandteil des Ziermotivs. Die Herstellersignaturen waren anfangs graviert, im 18. und teilweise im 19. Jahrhundert in größerem Maß, namentlich auf dem Lauf, mit Gold oder Silber eingelegt.

Auch die spanischen Büchsenmacher begannen im 17. Jahrhundert ihre Erzeugnisse mit dem vollen Namen zu bezeichnen, doch in einer eigenartigen Gestalt: In zwei oder mehr Zeilen übereinander war der Name auf dem Lauf in einem rechteckigen Schildchen, in dem früher nur das Monogramm des Büchsenmachers gestanden hatte. Das grafische Zeichen des Büchsenmachers ergänzte ein Bildzeichen im quadratischen Schild, auf dem Lauf war außerdem eine Reihe zierender Zeichen (Granatäpfel, Lilien, Rosen) und ein Kreuz. Spanische Schrotflintenläufe waren für ihre Qualität berühmt, sie wurden in andere europäische Länder ausgeführt; deshalb verwendeten im 18. Jahrhundert auch Büchsenmacher in Ländern, die von Spanien ziemlich entfernt waren, Kennzeichnungen spanischen Typs. So war es zum Beispiel bei den Habsburgern, die zahlreiche Kontakte zu Spanien hatten.

Gewehre und Pistolen, außer wenigen, bewußt im ursprünglichen Zustand erhaltenen Exemplaren, waren Gebrauchsgegenstände, die lange ihrem Besitzer und oft auch seinen Nachkommen dienten. Sie wurden deshalb repariert und den Bedürfnissen des jeweiligen Besitzers angepaßt, was bei der Beurteilung einer Waffe und ihrer Herstellungskennzeichnung in Betracht zu ziehen ist. Ältere, hochwertige Läufe wurden häufig neu eingeschäftet und mit neuem Schloßmechanismus versehen. Dabei blieb auf dem Lauf die ursprüngliche Signatur, während das Schloßblech den Namen eines anderen Büchsenmachers trug, der oft viele Jahrzehnte später lebte, als der Lauf entstanden war. Schnapp- und Steinschloßwaffen wurden in beträchtlichem Umfang auf das Perkussionssystem transformiert. Es kam entweder zu kleineren Eingriffen am Schloßmechanismus, bei denen die ursprüngliche Kennzeichnung beibehalten wurde, oder das ganze Schloßblech wurde ausgetauscht.

Bei der Fabrikationskennzeichnung besteht eine große Variabilität, zudem bezeichnete ein Büchsenmacher Lauf und Schloßblech nicht immer mit einer übereinstimmenden, seinen Namen und Wirkungsort enthaltenden Signatur. Bei Gewehr- oder Pistolenpaaren kann der Name

395. Flinte mit französischem Steinschloß; am Kolbenhals ein Daumenblech mit dem Wappen des urprünglichen Besitzers; Spanische Bezeichnungsweise. Jan Čermák, Ústí nad Orlicí (Wildenschwert), Böhmen, 18. Jh.

◀ 394. Flinte mit Schloß alla catalana; Schloßblech und Lauf bezeichnet mit *IOA/QUIM/ANT/DAS*, der Lauf auch mit *ARCENAL REAL DO EXERCITO 1792*; gerillter Feuerstahl, typisch für Schlösser alla catalana

des Büchsenmachers auf der einen Waffe, der Stadtname auf der anderen gewesen sein. Falls an diesen Waffen nachträglich Eingriffe erfolgten oder wenn nicht beide Exemplare erhalten blieben, kann die Kennzeichnung unvollständig sein (zum Beispiel nur Ortsbezeichnung ohne den Namen des Herstellers).

Zur Kennzeichnung der Waffen durch den Hersteller ist folgendes zu bemerken. In der Regel weist sie nur den Namen und den Sitz des Büchsenmachers auf, manchmal gibt es aber auch ergänzende Angaben, etwa daß der Hersteller ein königlicher oder fürstlicher Büchsenmacher oder Lieferant war. Der Wiener Büchsenmacher Keiser, der ein hohes Alter erreichte, führte auf seinen späten Arbeiten auch sein Alter an. Ein anderes Mal ist die Kennzeichnung mit einem ganzen Satz ausgeführt, der besagt, daß der Büchsenmacher die Waffe anfertigte, der Erfinder der Konstruktion ist u.ä.

Die Waffenkennzeichung erfolgte nicht immer in der Muttersprache des Büchsenmachers. Französisch war Diplomatensprache und Verständigungssprache des Adels in den meisten europäischen Staaten, deshalb verwundert es nicht, daß auch außerhalb Frankreichs Waffen in Französisch bezeichnet wurden. Auch Lateinisch hatte den Charakter einer Universalsprache. Es existierten mit einer lateinischen Inschrift bezeichnete Waffen oder solche, bei denen zumindest die Ortsbezeichnung lateinisch ist. In gemischtsprachigen Regionen kann die Kennzeichnung eher die Nationalität des Kunden als die des Büchsenmachers offenlegen. Es sind zum Beispiel tschechisch, deutsch, französisch, aber auch ungarisch gekennzeichnete Waffen des Prager Büchsenmachers A. V. Lebeda bekannt.

Für den heutigen Leser dürfte schwer verständlich sein, daß der Name ein und desselben Meisters auf seinen Erzeugnissen in mehreren Formen vorkommen kann, doch noch im 18. Jahrhundert war dies nicht außergewöhnlich. Die Familiennamen, die sich, historisch gesehen, erst vor kurzem formiert hatten, waren oft noch nicht stabilisiert. Verschiedene Namensgestalten gibt es nicht nur in Archiven (es hing vom Schreiber ab, wie er den mündlich ausgesprochenen Namen festhielt), sondern auch in der Waffenkennzeichnung, wo man eine größere Einheitlichkeit erwarten würde. Und so findet man den gleichen Büchsenmacher (oder Mitglieder der gleichen Familie) in verschiedenen Dokumenten so: Breitenfelder — Braydenfelter — Breidfelter — Preitenfelder; Brixi — Brykcy — Prizi — Pritzi; Bloch — Floch — Ploch — Flag; Geidel — Geudel — Jaidtl — Jeitl. Ähnliche Unterschiede kommen, wenn auch nicht in solchem Umfang wie in schriftlichen Quellen, bei Waffensignaturen vor.

Im 19. Jahrhundert, als die Tradition wieder geschätzt wurde, behielt oft der neue Firmeninhaber, selbst wenn er nicht zur Familie gehörte, die Benennung nach dem früheren Besitzer und auch die bisherige Kennzeichnung auf den Waffen bei. Sie galten als Garantie für Qualität und Verkaufserfolg. Andere Besitzer führten ihren Namen an, machten zugleich jedoch in der Kennzeichnung auch auf den vorherigen Werkstattbesitzer aufmerksam. Johann Springer, der mit der Schwester Matthias Nowotnys vermählt war, kennzeichnete nach Übernahme der Werkstatt dieses Büchsenmachers die Waffen: *Joh. Springer vorm. Nowotny in Wien*. Später verwendete er nur noch seinen Namen und wurde ein so berühmter Büchsenmacher, daß die Werkstatt nach seinem Tod die Erzeugnisse mit *Joh. Springer's Erben* bezeichnete. Häufig kommt in der Kennzeichnung die Verwandtschaftsbeziehung zum früheren Firmeninhaber zum Vorschein, wenn dessen Erzeugnisse bekannt waren. Am häufigsten geschah dies bei der Übernahme der Werkstatt durch einen oder mehrere Söhne des Büchsenmachers. Nach dem Tod des Prager Büchsenmachers A. Ch. Kehlner übernahm sein Neffe Petzold die Werkstatt, doch die Waffen wurden in der Regel *A. Ch. Kehlner Neveu* bezeichnet, weniger häufig *A. Ch. Kehlner Neffe*.

Feuerwaffen waren in der Regel nicht das Werk eines einzigen Handwerkers, auch wenn sich auf ihnen nur die Signatur des Büchsenmachers befindet. An ihrer Fertigung waren auch andere Berufe beteiligt, und auch ihren Namen, ihr Monogramm oder Zeichen kann man auf einem Gewehr oder einer Pistole entdecken. Hauptsächlich handelt es sich um Büchsenschäfter, die die Holzschäfte fertigten; in alten Zeiten wurden jedoch Büchsenmacher und Schäfter nicht immer streng unterschieden, und auch Schäfter haben manchmal Waffen komplettiert und ganz verkauft. Einige Handwerker spezialisierten sich nur auf die Fertigung von Läufen oder Schloßmechanismen und bezeichneten ihre Teile mit ihrer Fertigungsmarke. Auf der Waffe kann also auch die Kennzeichnung der Hersteller der Hauptteile des Laufs, des Gestalters und des Radierers der Waffenverzierung zu finden sein. Schließlich kommt es vor, daß die Waffensignatur nur den Händler bezeichnet, der die Waffe verkaufte und mit deren Anfertigung praktisch nichts zu tun hatte. Das ist vor allem für das 19. Jahrhundert typisch, als die Industrie zur Konkurrenz für das Handwerk wurde und die selbständigen Büchsenmacher für ihre Erzeugnisse billigere, industriell gefertigte Läufe beschaffen mußten. In der folgenden Zeit verzichteten sie gänzlich auf eigene Produktion und widmeten sich ausschließlich dem Verkauf, der Reparatur und der individu-

396. Gewehr mit Schwamm- und Radschloß; auf der Kolbenkappe Wappen, Name und Titel des Waffenbesitzers (Baron Carl zu Waldburg, Erbtruchseß des Heiligen Römischen Reiches). Süddeutschland, um 1570

ellen Gestaltung von Waffen. Die Kennzeichnung von Waffen durch den Verkäufer und nicht den Hersteller ist jedoch nicht auf das 19. Jahrhundert beschränkt. Auch aus älteren Zeiten sind Beispiele bekannt, als Händler oder Militärunternehmer von anderen hergestellte Waffen mit ihrer Signatur versahen.

Serienfertigung gibt es bei Waffen, namentlich militärischen, schon viel länger als bei anderen Produkten. Manufakturen verwendeten im 17. und 18. Jahrhundert, genauso wie später staatliche und private Waffenfabriken, Produktionskennzeichnung — in der Regel mit Fertigungsort, Inhabername und im 19. Jahrhundert auch der Bezeichnung des Betriebes. In einigen Manufakturen bezeichneten einzelne Handwerker die Teile, die sie herstellten, mit Buchstaben, die großen Waffenfabriken im 19. Jahrhundert hatten ihre Zulieferer oft aus sehr entfernten Orten, die Abzugsbügel, Gewehrringe und weitere Teile herstellten. Die Bedeutung der Marken auf den einzelnen Teilen ist jedoch nur ausnahmsweise bekannt, meist bei größeren Fabriken, die zum Beispiel auf die Fertigung von Läufen spezialisiert waren. Sowohl Manufakturen als auch Fabriken konnten Waffen mit ihrer vollen Bezeichnung oder deren Abkürzung kennzeichnen; diese Abkürzungen lassen sich viel häufiger entschlüsseln als Marken individueller Hersteller aus älteren Zeiten. Als Beispiele seien erwähnt: *IIGVW* (Johann Joseph Graf von Waldstein, Inhaber der Manufaktur in Duchcov [Dux] 1713—1719), *S. et D.* (Splittgerber & Daun, Kennzeichnung der Postdamer Manufaktur 1722—1774), auf russischen Waffen kyrillisch *T.O.Z.* (Tulskij orushenyj sawod, Tula), gekröntes *AF* (Auguste Francotte, bekannte Lütticher Firma im 19. Jahrhundert), *ML* mit Krone (Manufacture Liègeoise d'Armes à Feu, Waffenfabrik in Lüttich, gegründet 1866), *OEWG* (Österreichische Waffenfabrik — Gesellschaft in Steyer).

Wie bereits erwähnt, war die Kennzeichnung Garantie für Waffenqualität, und Erzeugnisse berühmter Büchsenmacher waren wesentlich teurer als Arbeiten weniger bekannter Meister oder unsignierte Exemplare.

397. Doppelbüchse Lancaster; im Kolben Silberschild mit Monogramm des Fürsten Colloredo-Mansfeld. Ende des 19. Jh.

398. Gewehr mit Schloß alla catalana; auf dem Lauf in Gold eingelegt die Marke mit Herstellernamen, Ort (*EN PLACENCIA*, hinterer Teil vom Visier verdeckt), Fertigungsjahr (*AÑO DE 1814*) und Bezeichnung des Werkstoffs für den Lauf (*DE HERRADURAS* = aus Hufeisen). Joseph Mendizabal, Placencia, 1814.
Aus Hufeisen gefertigte Läufe galten als hochwertigste. Als erster Büchsenmacher, der solche Läufe um 1700 verfertigte, gilt der Madrider Nicolas Bis. Etwa zur selben Zeit wurde es in Spanien üblich, Herstellernamen, Ort und Datum auf den oberen drei Flächen des kantigen Laufes zu plazieren.

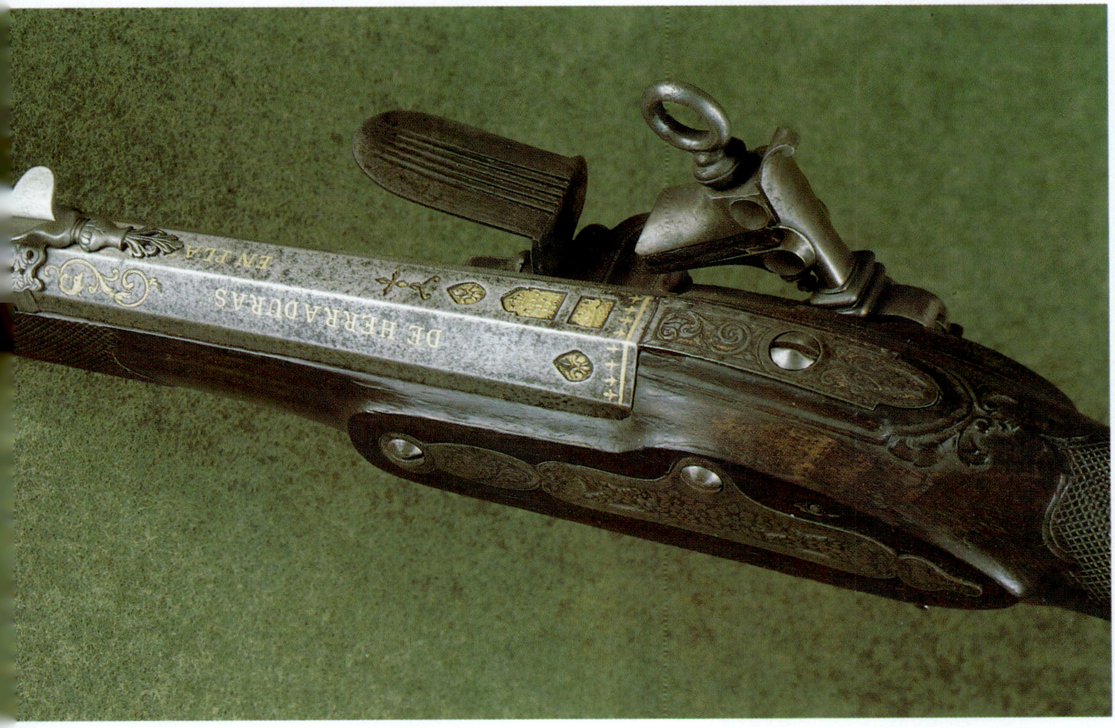

399. Pistolenpaar mit franz. Steinschloß; das erste Exemplar ist mit dem Namen des Meisters, das zweite mit dem Ort seiner Wirkung bezeichnet. Michael Bayer, Würzburg, um 1760

Deshalb kam es zur Fälschung von Signaturen einiger Hersteller, sowohl durch Zeitgenossen, die den Verkaufspreis ihrer minderwertigen Waffen höher treiben wollten, wie auch später, als eine zusätzlich nachgravierte Signatur eines berühmten Meisters den Sammlerwert der Waffe erhöhen sollte. In großem Umfang wurde die Kennzeichnung bekannter italienischer Hersteller des 17. und 18. Jahrhunderts aus der zahlreichen und verzweigten Familie Cominazzo, aber auch des Londoner Büchsenmachers Israel Segalas und anderer nachgeahmt. Auch bei fabrikmäßig hergestellten Waffen aus der zweiten Hälfte des 19. Jahrhunderts kommen gefälschte Signaturen bzw. Kennzeichnungen vor, die den Kunden irreführen und zum Bezahlen eines höheren Preises für eine minderwertige Waffe bewegen sollten.

Im belgischen Lüttich, aber auch in Spanien und anderswo wurden örtliche Erzeugnisse zum Beispiel als „System Colt" bezeichnet, oder eine englische Inschrift empfahl die Verwendung von Smith-Wesson-Patronen. In beiden Fällen sollte ein unerfahrener Käufer meinen, es handelte sich um Revolver bekannter amerikanischer Firmen. Ähnliche Praktiken wurden auch gegenüber einigen europäischen Herstellern angewandt, die beliebt waren, zum Beispiel beim Armeerevolver Muster 1870 der Wiener Firma Gasser; namentlich seine Montenegriner Variante wurde auch von anderen Firmen mit einer leicht verstümmelten Fabrikationskennzeichnung gefertigt.

Balkanische Waffen tragen manchmal eine Inschrift aus lateinischen Buchstaben, die zusammen keinen Sinn ergeben. Auch hier liegt der Grund auf der Hand — der Kunde war in der Regel Analphabet, bestenfalls beherrschte er die arabische Schrift, und ein Knäuel Buchstaben sollte den Eindruck einer Büchsenmachersignatur erwecken.

Die Fabrikationskennzeichnung ist ein wichtiges Identifizierungsmerkmal; eine Waffe kann jedoch auch eine Reihe weiterer Kennzeichnungen tragen. Auch der Name auf der Waffe muß nicht den Hersteller bezeichnen, es kann der Name des Besitzers sein. Die Bezeichnung des Besitzers ist weniger häufig als die des Herstellers und unterscheidet sich von dieser auch durch ihre Anbringung auf dem Lauf. In älteren Zeiten kam auf Waffen von Adeligen ihr Wappen vor, später eher das Monogramm des Besitzers. Häufig ist es vor allem auf Waffen aus Mitteleuropa zu finden. Bei Besitzern aus bürgerlichen Kreisen bestand die Besitzerbezeichnung aus ihren Initialen, bei den Adeligen war das Monogramm mit einer Krone ergänzt, die dem Titel des Besitzers entsprach (Fürst — geschlossene Krone, Graf — Krone mit neun Perlenzinken, Baron — sieben Perlenzinken, Ritter — fünf Perlenzinken).

Im 18. und 19. Jahrhundert war das Besitzermonogramm in einem von oben in den Kolbenhals bzw. Pistolengriff eingesetzten Metallschild, dem sogenannten Daumenschild (weil an dieser Stelle der rechte Daumen ruht), eingraviert. Die Besitzerinitialen können auch anderswo sein — entweder auf einem von unten in den Gewehrkolben oder den Vorderschaft eingesetzten Metallschild oder, zierlich ausgeführt, auf einem anderen Waffenteil (Abzugsbügel, Kolbenkappe). Manchmal steht auf der Waffe der volle Name des Besitzers. So ist es in der Regel bei den Scharfschützengewehren, auf denen der Name des Mitglieds des jeweiligen Scharfschützenverbandes auf dem Schloßgegenblech steht. Auf den Teilen, die der Fertigungskennzeichnung vorbehalten sind (Lauf, Schloßblech) kommen Name und Monogramm des Besitzers nur ganz ausnahmsweise vor.

400. Perkussions-Doppelflinte; auf dem Lauf bezeichnet mit *CANONS RUBANS A PARIS* (Ruban = Banddamast), auf dem Schloßgehäuse *INV^{N} /POTTET/DELCUSSE/BREVETE/ A PARIS* (Erfindung Pottet-Delcusse, Pariser Patent). Um 1835

Zu den Zeiten, als die Armee als Eigentum des Herrschers galt, war die Besitzerbezeichnung auch auf militärischen Waffen. Das Monogramm des Herrschers befand sich meist auf dem Daumenschild (Preußen, Rußland u.a.), die englischen Militärwaffen hatten auf dem Schloßblech eine Abkürzung aus dem Anfangsbuchstaben des Herrschernamens und dem Buchstaben *R* (rex, regina).

Von beträchtlicher Bedeutung sind die Prüfzeichen. Bald nach dem Entstehen der Feuerwaffen erwies es sich als notwendig, ihre Sicherheit zu überprüfen. Bereits im 14. Jahrhundert wurden Waffen durch einen Schuß mit erhöhter Schießpulverdosis geprüft, Pflicht wurde die Prüfung durch Beschuß erst im 16. Jahrhundert, und selbst das nur in einigen Städten. Die Bedeutung der Zeichen auf einigen Waffen aus der frühesten Zeit ist nicht ganz klar; eher handelt es sich um Zeichen über Kontrolle der Waffe durch Beschau, über die Übernahme in das städtische Zeughaus u.a., als um ein die Beschußprüfung bestätigendes Zeichen.

Waffenprüfstellen entstanden in großen Waffenfertigungszentren bereits im 16. Jahrhundert (St. Etienne in Frankreich, Placencia bei Eibar in Spanien) und besonders im 17. Jahrhundert (Lüttich, London), meist war das Prüfen jedoch freiwillig. Erst im 19. Jahrhundert wurde die Prüfpflicht für alle Waffen, allerdings nur in einigen Staaten (zum Beispiel Frankreich 1869, Deutschland und Österreich-Ungarn 1891) angeordnet. In anderen europäischen Staaten wurde das Prüfen der Waffen nicht durchgesetzt und blieb dem Gutdünken des Herstellers überlassen. Das Kennzeichnungssystem entwickelte sich in den einzelnen Prüfstellen, die Zeichen änderten sich in bestimmten Zeitabständen, und so helfen sie bei der örtlichen wie auch zeitlichen Bestimmung der Waffe. Besonders von Wert ist das in solchen Fällen, wo es örtlicher Brauch war, die Prüfzeichen mit Prüfdatum zu ergänzen.

Ihr eigenes Kontrollsystem bildeten sich die Armeen heraus. In den Militärarsenalen sowie staatlichen und privaten Waffenfabriken wirkten Abnahmekommissionen oder Inspektoren, die mit den vorgeschriebenen Kontroll- und Abnahmezeichen für die Überprüfung der Waffen und ihre Übernahme für die Armee sorgten.

Namentlich auf Militärwaffen findet man auch weitere Zeichen, wie zum Beispiel die Bezeichnung des Waffenmusters und -anwenders. Das gilt allerdings nicht für alle europäischen Armeen, und auch in denen, die diese Kennzeichnung einführten, war die Praxis unterschiedlich und es bestanden verschiedene Bezeichnungsarten. Das Muster wurde meist mit dem Jahr der Aufnahme der Waffe in die Ausrüstung bezeichnet. Die französischen Militärgewehre wurden so bereits im 18. Jahrhundert mar-

401. Pistole mit Steinschloß und Perkussionsschloß; beim Perkussionseinsatz war der Zündkanal von der Pfanne mit abschraubbarem Verschluß verdeckt, die untere Hahnbacke schlug auf das auf dem Piston aufgesetzte Zündhütchen. Auf dem Lauf der technisch interessanten Waffe steht außer der Fertigungskennzeichnung die Inschrift *Aus Gußstahl gebohrter Lauf*. Johann Baptist Strixner, Wien, um 1830.

kiert, und zwar auf dem Ausläufer der Schwanzschraube (M 1777 — Muster 1777). Bei den französischen Waffen sollte man wissen, daß zur Zeit der Französischen Revolution, im Jahr 1793, ein Kalender eingeführt wurde, in dem als erster Tag der neuen Zeitrechnung die Ausrufung der Republik am 22. 9. 1792 festgelegt wurde. Waffen aus der Revolutions- und der napoleonischen Zeit tragen dann ungewöhnliche Musterbezeichnungen: M an 9 (Muster Jahr 9, d.h. von September 1800 bis September 1801), M an 13 (Muster Jahr 13, d.h. 1804 bis 1805). Der Revolutionskalender wurde im Dezember 1805 aufgehoben, spätere Waffen tragen wiederum übliche Jahreszahlen.

Die Musterbezeichnung umfaßte manchmal nicht nur das Jahr der Aufnahme in die Ausrüstung, sondern auch die offizielle, in der Regel mit einer Abkürzung dargestellte Benennung der Waffe. Bei den Militärhinterladern wurde das Muster meist auf dem Verschlußgehäuse bezeichnet, bei preußischen Zündnadelgewehren kann man zum Beispiel die Bezeichnung ZG Mod. 62 (Zündnadelgewehr Modell 62), ZPG M. 69 (Zündnadel-Pioniergewehr Modell 69) finden. Ähnliche Abkürzungen gab es auf englischen Waffen von der Wende des 19. zum 20. Jahrhundert: S^{HT} L.E. (Short Lee-Enfield, d.h. Kurzgewehr Lee-Enfiel). Für die Bezeichnung des Musters galt ein anderes System, bei dem nicht das Jahr der Aufnahme in die Ausrüstung, sondern die laufende Nummer des jeweiligen Typs (Mk I, Mk II = Muster I, Muster II) angeführt wurde, wobei an den Waffen durchgeführte kleine Verbesserungen und Gestaltungen (Varianten im Rahmen eines Typs) durch einen zusätzlichen Stern (Mk I*) gekennzeichnet wurden.

Bei militärischen Mustern muß darauf hingewiesen werden, daß bei einer späteren, offiziell durchgeführten Umänderung einer Waffe in ein anderes Modell oft die ursprüngliche Kennzeichnung beibehalten wurde. Die preußische Kennzeichnung Mod. 54 kann sowohl das ursprüngliche Jägergewehr Muster 1854 als auch seine Umänderung mit einem um nahezu 15 cm verkürzten Lauf und einem anderen Visier, das Pioniergewehr U/M, bezeichnen.

Musterbezeichnung können auch zivile, in großen Mengen hergestellte Waffen tragen; diese Praxis gab es allerdings in Europa erst im 20. Jahrhundert (in den USA bereits im 19. Jahrhundert). Im 19. Jahrhundert wurde in einigen Armeen eine Kennzeichnung eingeführt, die den Waffenanwender identifizierbar machte. Bezeichnungen aus mehreren Buchstaben geben an, welcher Waffengattung (Infanterie, Kavallerie, Artillerie) die Waffe zugeordnet wurde, es wurden auch konkrete Nummern oder Bezeichnungen der Einheiten (Regiment, Bataillon, Kompanie, Batterie, Schwadron) sowie die laufende Nummer der Waffe in der Einheit angeführt. Danach konnten die Militärorgane den Soldaten finden, dem die Waffe gehörte; in gleicher Weise hatte zum Beispiel die Kennzeichnung des Bajonetts, das man beim Ausgang mittragen mußte, die Rolle eines Ausweises. Heute ermöglicht diese Bezeichnung — durch Vergleiche mit Angaben der jeweiligen Einheit — die Ermittlung, bei welchen Feldzügen und Schlachten die Waffe dabei war.

Zu den wichtigsten Angaben zur genauen zeitlichen Bestimmung einer Waffe zählt die Datierung. Das Fabrikationsjahr erschien auf Feuerwaffen bereits im 16. Jahrhundert, die Datierung wurde jedoch nicht zur Regel und kommt nur bei einem kleinen Teil der erhaltenen Waffen vor. Am häufigsten steht die Jahresangabe bei den Initialen oder der Signatur des Büchsenmachers, sie kann aber auch auf der Kolbenkappe oder anderswo stehen, in die Waffenverzierung hineinkomponiert sein u.ä. Manchmal ist sie sogar durch äußere Beschau nicht feststellbar, weil sie sich an der Innenseite des Schloßbleches oder auf der vom Vorderschaft überdeckten Unterseite des Laufs befindet und man sie erst nach Demontage der Waffe entdeckt.

Die Fertigungszeit einer Waffe, die nicht datiert ist, läßt sich ziemlich genau nach der Fabrikationskennzeichnung und den bekannten Tatsachen aus dem Leben des Herstellers bestimmen. Nicoalus Dreyse bezeichnete seine Militär- und Zivilwaffen mit den Initialen *ND*, nach seiner Erhebung in den Adelsstand *NvD* (Nicolaus von Dreyse). Wenn wir wissen, daß er den Adelstitel 1864 erwarb und 1867 starb, dann ist klar, daß eine mit *NvD* bezeichnete Waffe aus der Zeit zwischen 1864 und 1867 stammen muß. Der Büchsenmacher Heinrich Barella arbeitete 1844 bis 1865 in Magdeburg, ließ sich 1860 auch in Berlin nieder. In der Mitte der sechziger Jahre verlegte er seine Tätigkeit ganz nach Berlin. Waffen, die *Magdeburg und Berlin* als seine Wirkungsorte bezeichneten, müssen also zwischen 1860 und 1865 entstanden sein.

Datierung kommt nicht nur bei zivilen Waffen, sondern auch bei zahlreichen militärischen Exemplaren, je nach Gepflogenheiten der jeweiligen Armee, auf verschiedenen Teilen (Lauf, Schloßblech, Verschlußgehäuse) vor. Das bestimmt das Fertigungsjahr genau, was auch bei mit Musterangabe bezeichneten Waffen wichtig ist, da einige Typen von Militärwaffen jahrzehntelang hergestellt wurden. Das Fabritakionsjahr wurde voll (1822), aber auch mit den letzten drei (856 = 1856) oder zwei Ziffern (67 = 1867) angegeben.

Das auf der Waffe angegebene Datum muß nicht immer das Fabrikationsjahr bedeuten. Es kann das Jahr einer Reparatur, Umänderung oder Widmung sein. Auf preußischen Militärzündnadelgewehren stehen zwei Jahresangaben, von denen die frühere (1846) das Fabrikationsjahr, die spätere (1849) das Jahr, in dem die Waffe an die Einheit vergeben wurde, bezeichnet. Die hergestellten Waffen wurden in Militärlagern angesammelt und erst, wenn eine zum Umrüsten ausreichende Menge zusammen war, wurden sie an die Einheiten ausgehändigt. In einigen Fällen trägt eine Waffe eine Jahreszahl, die offenbar weder der Konstruktion noch der Verzierung entspricht; steht keine Inschrift auf der Waffe, so ist der Sinn dieser Datierung schwerlich erklärbar.

In nicht allzu großem Umfang wurden Waffen bereits im 18., vor allem aber im 19. Jahrhundert auch mit der Fabrikationsnummer bezeichnet. Schon früher waren einige numeriert worden, meist auf dem Ausläufer der Schwanzschraube. Es waren Pistolen- und Gewehrpaare (1 und 2) sowie identische Jagdgewehre, die für einen Kunden oft in größerer Stückzahl angefertigt wurden (zum Beispiel 1 bis 12). Bei großen Serien von Militärgewehren waren es zunächst ein-, zwei-, höchstens dreistellige Montagenummern, mit denen alle Hauptteile ein und desselben Exemplars bezeichnet wurden.

Im 19. Jahrhundert bezeichneten einige Büchsenmacher sämtliche Erzeugnisse, die ihre Werkstatt verließen, ohne Rücksicht auf Waffenart und -system mit einer einzigen aufsteigenden Nummernreihe. Und so ermöglichen einige datierte Exemplare, die Entstehungszeit anderer, nichtdatierter mit nahestehender Fabrikationsnummer zu bestimmen, auch wenn es keine Dokumentation der Werkstatt gibt, was bei den allermeisten der Fall ist. Mit dem Aufschwung der fabrikmäßigen Herstellung von militärischen und etwa später auch zivilen Waffen setzte sich allmählich ein System durch, in dem jedes Waffenmuster über eigene Numerierung verfügte. In einigen Fällen stiegen die Fabrikationsnummern von 1 in einer Reihe aufwärts bis zum letzten hergestellten Exemplar desselben Musters, andernfalls — besonders bei Militärwaffen, die in riesigen Stückzahlen produziert wurden — wurden die Waffen von 1 bis 9999 numeriert, die einzelnen Serien dann mit einem Buchstaben (A, B, C usw.) ergänzt. Die Fabrikationsnummer wurde stets auf alle Hauptteile der Waffe, manchmal auch auf viele weitere gestanzt. Auf weniger wichtigen Teilen (zum Beispiel dem Gewehrring) und besonders wenn nicht ausreichend Platz für eine mehrstellige Ziffer vorhanden war (zum Beispiel auf Schrauben), kann sie verkürzt sein (nur die letzten zwei oder drei Ziffern).

Bereits auf Waffen aus dem 17. und 18. Jahrhundert kann man vereinzelt eine Inschrift finden, mit der sich der Büchsenmacher z.B. zum Erfinder der technischen Lösung, der neuartigen Konstruktion erklärt. Nach der Einführung des Patentschutzes nahmen Inschriften zu, die auf patentgeschützte Lösungen an der Waffe aufmerksam machten. Im Unterschied zu den Vereinigten Staaten, wo es üblich war, in der Waffenkennzeichnung Nummer und Datum der erteilten Patente anzuführen, war diese Praxis in Europa eher eine Ausnahme, wenn auch hier einige Waffen damit versehen waren. In der Regel wurden Waffen jedoch nur mit *Patent,* in den frankophonen Regionen *Breveté* bezeichnet, einige mit *Invention* (Erfindung), abgekürzt *Inv^{n}* oder *Inv^{on}*. In Deutschland wurden

402. Doppelbüchse Lefaucheux; Lauf von der Firma A. Francotte, Lüttich; nach dem Monogramm wahrscheinlich eine Waffe des Fürsten C. Rohan. In der zweiten Hälfte des 19. Jh. bezeichneten einige Jäger auf dem Kolben die Beutestücke. Auf dem Blechstreifen an der Kappe sind die Tierarten angeführt, die ovalen Schildchen bezeichnen die Jahre, die Nägel stehen für die erbeuteten Stücke. Die Trophäenangaben stammen aus der Zeit von 1866 bis 1886, bis 1878 wurden mit diesem Gewehr 1003 Tiere erlegt. A. V. Lebeda, Prag, 1866.

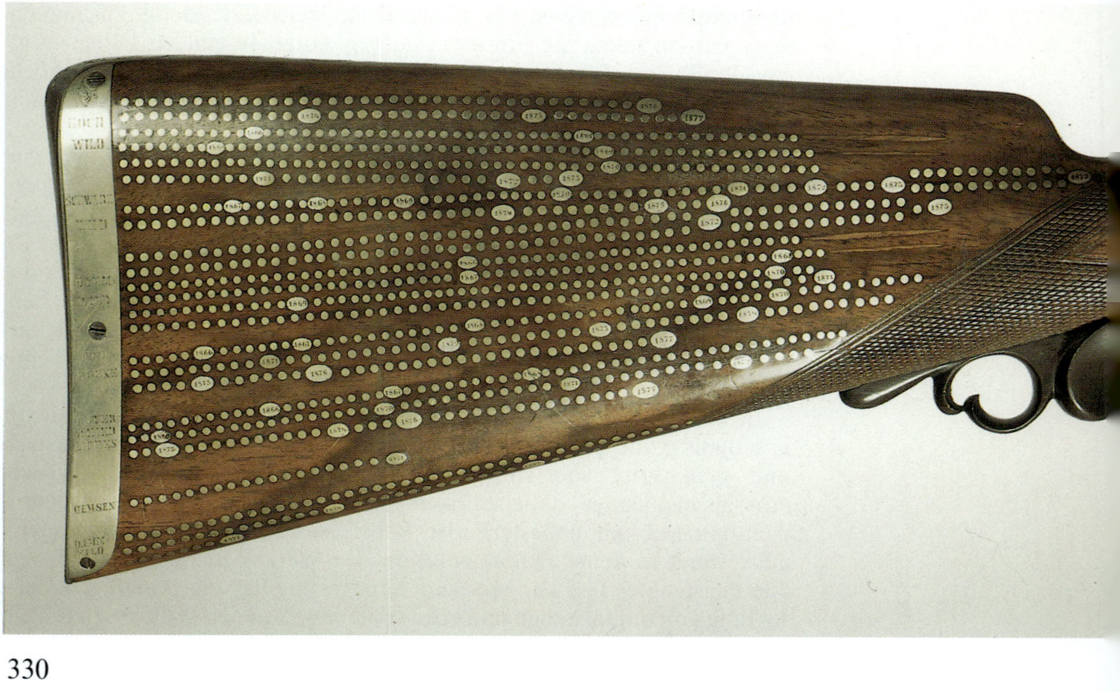

403. Scheibenbüchse mit Vertikalblockverschluß; auf dem Lauf Patent, Hersteller und Widmung; die Waffe war ein Preis bei einem Schießwettbewerb 1873 in Třeboň (Wittingau), Böhmen. Josef Plaschil, Napajedla, Mähren

auch die Abkürzungen *D.R.P.* (Deutsches Reichspatent) oder *D.R.G.M.* (Deutsches Reichs-Gebrauchsmuster) verwendet. An Waffen kann auch angeführt sein, daß eine Lösung zum Patentieren angemeldet, das Patent jedoch noch nicht erteilt wurde — *Patent angemeldet* (auch kurz *Patent angem.*), im Englischen *Patent pending*.

Angesichts der produktions- und verfahrenstechnischen Änderungen, die sich besonders in der ersten Hälfte des 19. Jahrhunderts durchsetzten, machten einige Hersteller mit der Kennzeichnung auf ihr hochwertigeres Material oder die Bearbeitungstechnik aufmerksam. Das förderte natürlich die Absatzchancen. Auf dem Lauf findet sich der Hinweis, daß er aus Flußstahl (Gußstahl) gefertigt ist, ferner Informationen über das spezielle Bearbeitungsverfahren, die Damastart (zum Beispiel *Damas Anglais, Canon Rubans* — Banddamast, *Canon Tordu* — aus gewundenem Material) u.a.

In der zweiten Hälfte des 19. Jahrhunderts erschienen auf den Waffen Aufschriften, die die Sicherheit des Schützen erhöhen sollten: Sie machen auf die zu verwendende Geschoßart, die Menge und eventuell auch die Art von Schießpulver aufmerksam. Manchmal beziehen sich diese Angaben auf die Art und Menge des in der Prüfstelle beim Beschuß verwendeten Schießpulvers.

Neben diesen vielen Kennzeichnungsmöglichkeiten gibt es auch solche, die die Waffen bereits bei der Herstellung erhalten haben, oder eine breite Skala von Inschriften verschiedenen Charakters, mit denen Waffen nachträglich versehen wurden und die von ihren Schicksalen zeugen. Zur ersten Gruppe gehören preußische Zündnadelgewehre, die (angefangen mit Muster 1860) in zwei Größen hergestellt wurden, die sich in ihrer Länge um 19,5 cm voneinander unterschieden, damit die Soldaten sich eine längere oder kürzere Waffe auswählen konnten. Deshalb wurden die Gewehre an der rechten Schaftseite entweder *K.A.* (kurzer Anschlag) oder *L.A.* (langer Anschlag) bezeichnet. Auf modernen Waffen ist die Lage der Sicherung mit einem Buchstaben oder dem ganzen Wort bezeichnet, bei Schrotflinten mit Würgebohrung warnt eine Aufschrift vor der Verwendung eines Kugelgeschosses (*Nicht für Kugel*).

Sehr umfangreich sind die zusätzlichen Bezeichnungen von Waffen: verschiedene Schenkungsinschriften, Aufzeichnungen von Jägern über Anzahl und Art erbeuteter Tiere, Vermerke über Reparaturen, Informationen darüber, daß aus der Waffe ein Herrscher oder eine andere bedeutende Persönlichkeit geschossen habe. Stücke, die Bestandteil einer großen Sammlung historischer Waffen waren, können auch die Bezeichnung der Sammlung und die entsprechende laufende Nummer tragen.

Es ist nicht möglich, alle Kennzeichnungsvarianten, die selten oder vereinzelt vorkommen, zu nennen. Bei historischen Waffen gibt es nur vereinzelte gefälschte Fabrikationssignaturen. Im 20. Jahrhundert ist die Situation diesbezüglich etwas komplizierter, denn in verschiedenen Staaten erschien nicht nur die Codebezeichnung des Herstellers, veschlüsselt kann auch das Fabrikationsjahr sein, das Muster wurde manchmal mit einer Nummer bezeichnet, die nicht dem Jahr der Einführung in die Militärausrüstung entspricht.

Die Kennzeichnung der Waffen ist von wesentlicher Bedeutung für ihre Identifizierung, die richtige Entschlüsselung kann wichtige Informationen auch über ihr Schicksal geben. Es wäre jedoch ein Fehler, diese Erkentnisse zu überschätzen. Die aus der Kennzeichnung gewonnenen Informationen müssen mit dem Gesamtcharakter der Waffe, namentlich ihrer technischen Lösung und Verzierung, in Einklang stehen.

KOMBINATIONSWAFFEN

Die Kombination von Pistole und Armbrust, also einer Feuer- und einer mechanischen Schußwaffe, sollte die Chance, das Ziel zu treffen, verdoppeln. Im ersten Viertel des 16. Jahrhunderts ermöglichte die Erfindung des Radschlosses den Bau einer ziemlich gut zu handhabenden, relativ kurzen Waffe, der Pistole. Das Mißtrauen gegenüber den Fähigkeiten der neuen Waffe bewirkte ein Experimentieren mit Kombinationen von Pistole und Armbrust: Im Fall eines Versagens der einen Waffe konnte die andere wirksam eingesetzt werden.

Die wohl älteste Kombination dieser Art stammt aus der Zeit um 1510; sie wird im Dogenpalast in Venedig aufbewahrt. Die Waffe hat einen eisernen Schaft, in dessen vorderem Teil sich ein Pistolenlauf mit Mündung oberhalb des Bogens befindet. Alle Teile des Radschlosses liegen an der rechten Seite des Schaftes.

Mitteleuropäischer Herkunft ist eine weitere Kombination von Armbrust und Pistole — mit einem frühen Radschloßtyp mit sogenannter Sichelfeder. Der Pistolenlauf lagert an der Oberseite des Schaftes. Aus einigen Umständen läßt sich schließen, daß es sich um ein Geschenk der Anna von Jagiello an der Erzherzog Ferdinand aus dem Jahr 1521 handelte.

Kombinationen von Armbrust und Pistole waren stets sehr selten, denn die Radschloßpistole setzte sich schnell durch und bewies ihre Einsatzfähigkeit als selbständige Waffe. Und so stellt der vereinzelte Fall einer mit Pistole kombinierten Armbrust aus den sechziger Jahren des 16. Jahrhunderts gewissermaßen einen Anachronismus dar. Ungefähr seit dem vierten Jahrzehnt des 16. Jahrhunderts überwogen Kombinationen von Blankwaffen mit einer oder mehreren Pistolen.

Eine Sondergruppe sind englische Morgensterne mit mehreren, mit Lunten aus freier Hand abgeschossenen Läufen im Schlagkopf aus dem zweiten Viertel des 16. Jahrhunderts. Einer von ihnen, mit drei Läufen, wurde mit Heinrich VII. in Zusammenhang gebracht.

Aus Deutschland stammt wahrscheinlich eine Reihe von Kombinationen zwischen Stangenwaffen und einer oder zwei Pistolen mit Radschloß. Unter ihnen gibt es Trabantenwaffen, Helmbarten oder Partisanen, aber hauptsächlich Jagdwaffen. Beim Jagdspieß konnte die Schießmöglichkeit, wenn ein Keiler mit dem Spieß nicht tödlich getroffen war, den Jäger vor einem Angriff des verletzten Tieres schützen. Solche langschäftigen Stangenwaffen erschienen ab den vierziger Jahren das ganze 16. Jahrhundert über, und nicht nur in Deutschland. Als Beispiel sei eine wahrscheinlich französische Helmbarte mit zwei Gabelspitzen und dem Lauf einer Radschloßpistole zwischen ihnen vom Anfang des 17. Jahrhunderts erwähnt. Später gab es Kombinationswaffen von Stangenwaffen nicht mehr. Vereinzelt steht eine französische, mit Steinschloßpistole kombinierte Enterpike von 1809 aus der Manufaktur Charleville da.

Eine eigene Gruppe bilden mit Radschloßpistolen kombinierte Streitkolben und -äxte. Meist handelt es sich um Befehlshaberwaffen von Reiterei-Rottmeistern, ziemlich häufig in Mitteleuropa, wiewohl auch ein 1551 datiertes spanisches Exemplar bekannt ist. Eine Reihe von ihnen, sowohl Streitkolben als auch Streitäxte, stammten wahrscheinlich aus Augsburger Werkstätten aus der Zeit um 1560, wie ihre reiche, geätzte Ornamentverzierung auf schwarzem Boden verrät. Deutscher Herkunft scheint auch eine Streitaxt vom Anfang des 17. Jahrhunderts zu sein, die mit einer Pistole mit Radschloß sowie mit Luntenschnappschloß kombiniert ist.

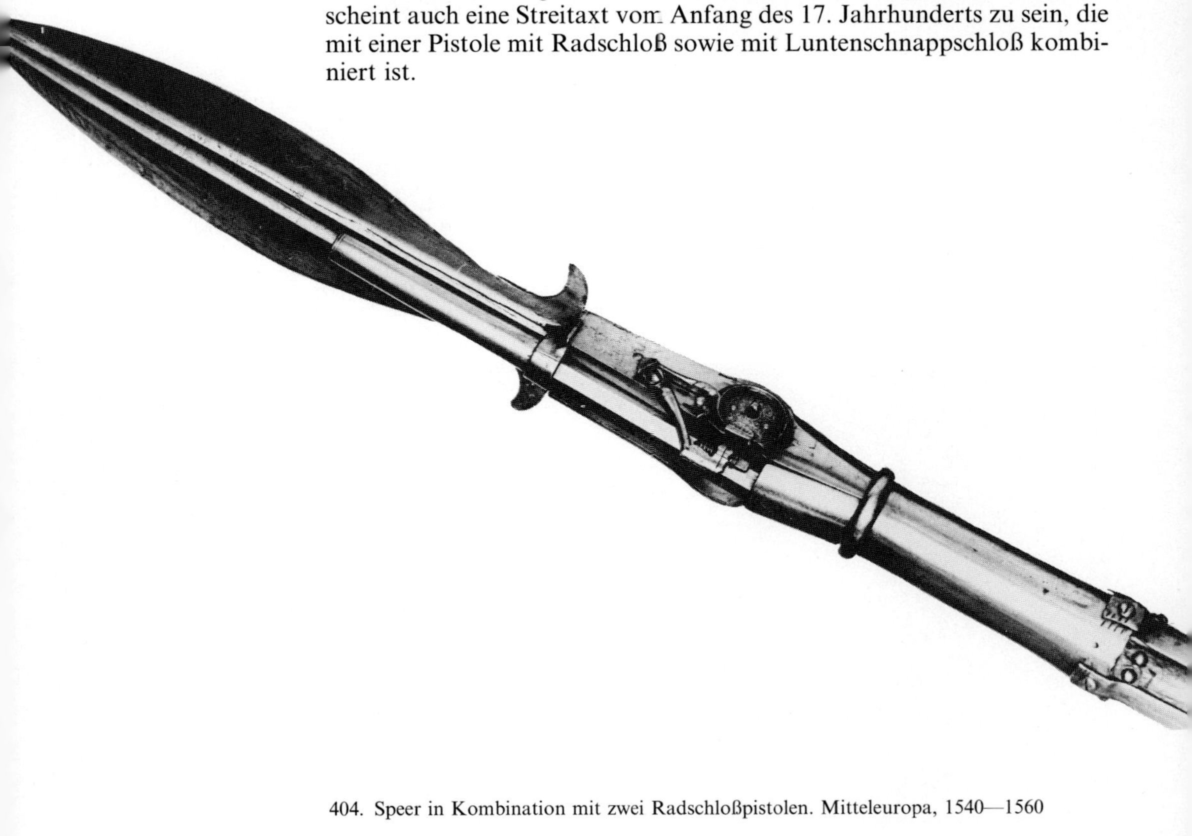

404. Speer in Kombination mit zwei Radschloßpistolen. Mitteleuropa, 1540—1560

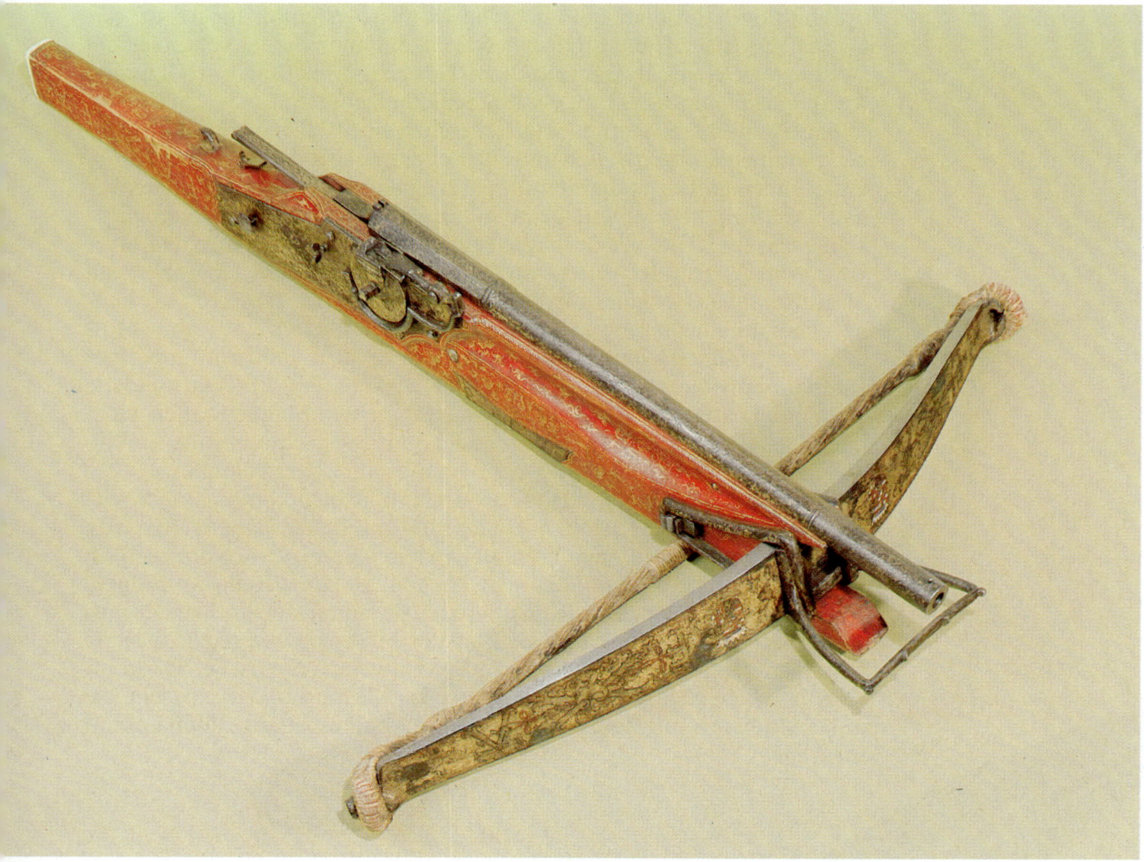

405. Armbrust, kombiniert mit Radschloßpistole; wahrscheinlich Hochzeitsgeschenk an Erzherzog Ferdinand, den späteren Kaiser, von Anna, der Tochter Wladislaws II. von Böhmen und Ungarn, 1521

406. Streitaxt, kombiniert mit Pistole mit französischem Steinschloß und Dolch; Griff inkrustiert mit Bein, weißem Horn und Perlmutter in schlesischem Stil. Ende des 17. Jh.
Hirschfänger, kombiniert mit Pistole mit französischem Steinschloß. Mitteleuropa, erste Hälfte des 18. Jh.

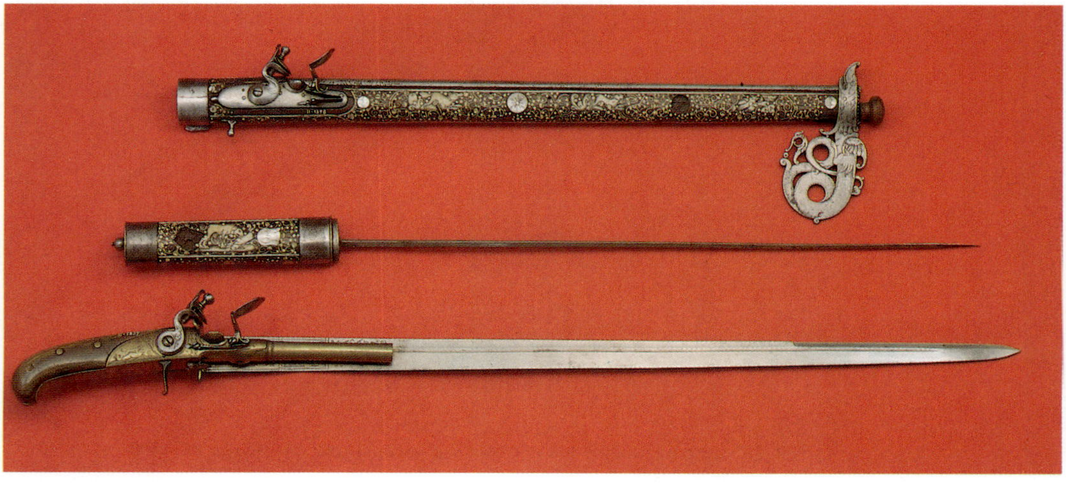

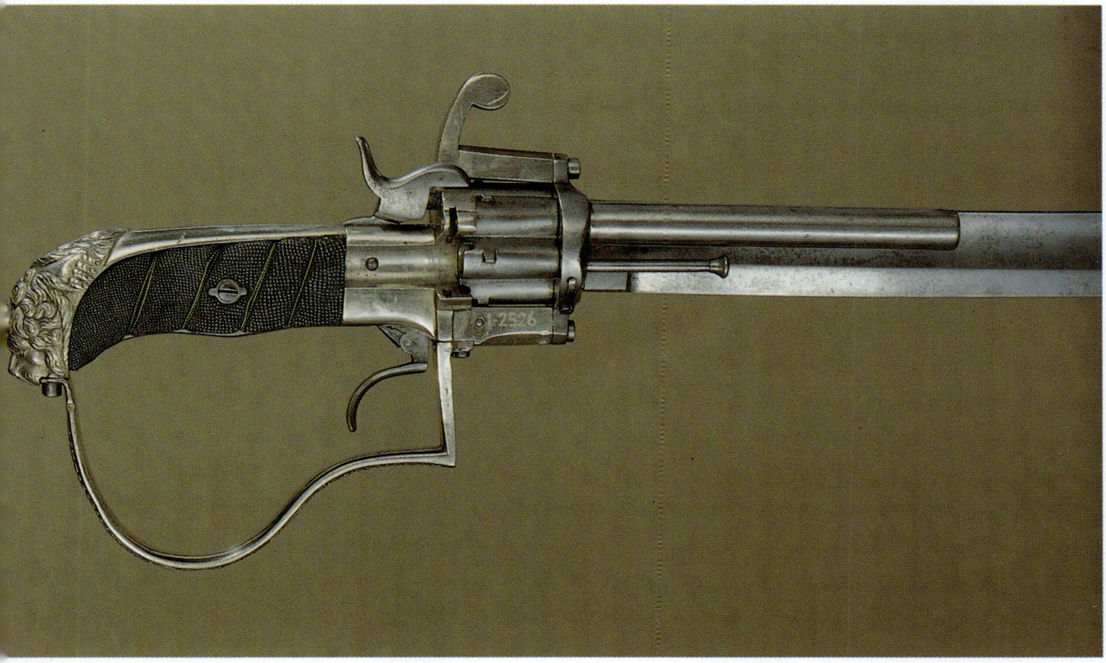

407. Deutscher Säbel, kombiniert mit Lefaucheux-Revolver. Deutschland, 1865—1875

In Mittel- und Osteuropa findet man solche Äxte noch im ausgehenden 17., vielleicht auch im beginnenden 18. Jahrhundert. Zu dieser Zeit waren sie bereits mit Steinschlössern versehen. Der Lauf war in der Regel in einem reich mit Bein, weißem Horn oder Perlmutter eingelegten Schaft gelagert. Vereinzelt kamen auch weitere Kombinationen vor. Manchmal steckte im Schaft von hinten ein dünner Dolch, dessen Angel zugleich der Axtschaft war. Eine mit Steinschloßpistole kombinierte Axt gelangte sogar am Anfang des 18. Jahrhunderts in die Ausrüstung der schwedischen Marine.

Griffwaffen in Kombination mit Pistole sind aus verschiedenen Teilen Europas bekannt. In der zweiten Hälfte des 16. Jahrhunderts waren es am häufigsten Rapiere und Degen mit Radschloßpistolen, meist aus Deutschland, aber auch aus Spanien, nach der Mitte des 17. Jahrhunderts auch aus Frankreich (Steinschloß). Um 1600 entstanden einige Waffen mit gekrümmter Klinge — Kombinationen von Säbel und Radschloßpistole.

Im 18. Jahrhundert wurden von den kombinierten Waffen vor allem Hirschfänger verwendet, namentlich in Mitteleuropa; ihr Abschußmechanismus war üblicherweise das französische Steinschloß. Aber auch in Südeuropa — in Spanien und vielleicht auch in Italien — wurden solche Kombinationen hergestellt; bekannt sind ferner Kombinationen mit Miqueletschloß. Im 19. Jahrhundert, besonders ab der Mitte, kamen in England und Amerika verschiedenartige Kombinationen von Pistole und Messer auf. Ein wirkliches Kuriosum, ungefähr aus den sechziger Jahren des 19. Jahrhunderts, ist ein Säbel deutscher Provenienz, der mit einem Lefaucheux-Revolver kombiniert ist.

LUFTDRUCKWAFFEN

Es gibt Gewehre und Pistolen, die äußerlich nahezu identisch mit Feuerwaffen sind. Ihr Geschoß wird jedoch nicht durch die Energie der durch Verbrennung von Schießpulver entstandenen Gase, sondern durch Luftdruck in Bewegung gesetzt. In größerem Ausmaß entwickelten sich die Luftdruckwaffen erst im 19. Jahrhundert, ihr Ursprung ist jedoch viel älter. Sie werden in zwei grundlegend verschiedene Gruppen eingeteilt: die Luftgewehre, bei denen Preßluft erst beim Schießen erzeugt wird, und die Windbüchsen, bei denen die komprimierte Luft in einem Spezialbehälter, einem Bestandteil der Waffe, ist. Beide Gruppen können je nach Bauweise in weitere Untergruppen geteilt werden.

Den historischen Luftgewehren und Windbüchsen ging das Blasrohr zeitlich voraus — ein Rohr, aus dem das Geschoß durch Blasen ausgetrieben wird; der Luftbehälter ist hier die menschliche Lunge. Die Blasrohre werden meist mit asiatischen und amerikanischen Eingeborenen verbunden; es gibt jedoch Belege für die Anwendung dieser Waffen im 14. bis 16. Jahrhundert in Europa zur Jagd auf Vögel und Hasen (Frankreich, Niederlande, Spanien); später, im 18. bis 19. Jahrhundert, dienten sie eher zu Unterhaltung.

Die ältesten erhaltenen Luftdruckwaffen sind vom Ende des 16. Jahrhunderts, aus dieser Zeit sind sie auch in schriftlichen Quellen belegt. Es handelt sich um Luftgewehre mit Schlagpumpe, deren Mechanismus meist mit einer sich um die Achse eines Rads wickelnden Kette gespannt wurde; von außen sehen diese Waffen wie gewöhnliche Gewehre mit Radschloß aus. Luftgewehre mit Schlagpumpe wurden auch im 17. und 18. Jahrhundert gefertigt, waren jedoch selten, und zu ihrer größeren Verbreitung kam es erst im 19. Jahrhundert.

Im 17. und 18. Jahrhundert überwogen unter den Luftdruckwaffen eindeutig die Windbüchsen, bei denen komprimierte Luft im Druckbehälter vorhanden war, der ein Bestandteil der Waffe war und dessen Kapazität für mehrere Schüsse ausreichte. Die Luft wurde mit einer Pumpe zusammengepreßt, die entweder fest im Schaft eingebaut oder ein getrenntes Zubehörteil war. Die Windbüchsen unterscheidet man nach dem Typ der Druckbehälter, die fester Bestandteil der Waffe oder abschraubbar sein konnten.

Der älteste Typ sind Windbüchsen mit Laufreservoire. In älteren Quellen ist eine Waffe dieses Typs belegt, die Martin le Bourgeoys aus der französischen Stadt Lisieux (der auch als Konstrukteur des französischen Steinschlosses gilt) baute und die am Anfang des 17. Jahrhunderts dem französischen König Heinrich IV. vorgeführt wurde. Aus der ersten Hälfte des 17. Jahrhunderts gibt es schriftliche Berichte über ähnliche Windbüchsen (eventuell über Waffen mit Luftbehälter im Kolben) aus Frankreich und Italien, die ältesten erhaltenen Exemplare stammen aus den vierziger Jahren des 17. Jahrhunderts. Die Windbüchsen, deren Behälter ein Zylinder um den eigentlichen Lauf herum bildete, hatten zwei Ventile — ein Saugventil, über das die Luft in den Behälter eingepreßt wurde, und ein Auslaßventil, das nach Abdrücken des Abzugs die benötigte Menge Luft in den Lauf ließ. Windbüchsen von diesem Typ wurden noch im 18. Jahrhundert gefertigt, zu dieser Zeit überwogen jedoch bereits andere Konstruktionen.

Im ausgehenden 17., das ganze 18. und noch in der ersten Hälfte des 19. Jahrhunderts wurden Windbüchsen mit Kesselluftreservoir (auch

Kugelluftreservoir) hergestellt. Der Luftbehälter war eine abnehmbare, am hinteren Ende des Laufs (von unten, oben oder von der Seite) angeschraubte Kugel mit einem Ventil, das sowohl zum Beaufschlagen als auch zum Auslassen der Luft diente. Waffen von diesem Typ verbreiteten sich am meisten in England, wurden aber auch in Deutschland, Dänemark und anderswo verwendet.

Seit dem ersten Viertel des 18. Jahrhunderts fertigten die Angehörigen der Familie Bossler in Darmstadt und weitere deutsche Büchsenmacher Windbüchsen mit eingebautem Kolbenreservoire. Der dauernd im Holzschaft eingebaute Behälter hatte zwei Ventile. Einige schriftliche Quellen deuten die Existenz dieses Windbüchsentyps bereits im 17. Jahrhundert an. In der zweiten Hälfte des 18 Jahrhunderts wurden solche Konstruktionen seltener und von den günstigeren Windbüchsen mit abschraubbarem Kolbenreservoire abgelöst. Waffen dieses Systems erschienen bereits am Anfang des 18. Jahrhunderts, verbreiteten sich namentlich in der zweiten Hälfte des 18. Jahrhunderts und im ersten Viertel des 19. Jahrhunderts. Der Metalldruckluftbehälter verfügte wiederum über ein einziges Ventil, bei älteren Exemplaren befand er sich in einem abnehmbaren Holzkolben. Die weitere Entwicklung machte den Holzschaft überflüssig, seine Funktion erfüllte ein abschraubbarer metallener Luftbehälter, der mit Leder oder Stoff überzogen war. Der Überzug diente als Isolation (bei Kälte war das Metall kalt, an der Sonne oder nach schnellem Aufpumpen heiß). Das Aufpumpen erfolgte anders als heute üblich: Die Kolbenstange der Pumpe wurde mit dem Fuß auf den Boden gedrückt, dann wurde der Druckbehälter oder, falls der Behälter nicht abtrennbar war, das ganze Gewehr bewegt.

Luftdruckwaffen, bei denen der Luftbehälter einen abschraubbaren Kolben (bei den Gewehren) oder Griff (bei den Pistolen) bildete, verbreiteten sich am Ende des 18. und zu Beginn des 19. Jahrhunderts nahezu in ganz Europa. In diese Kategorie gehört konstruktionsmäßig auch die einzige Windbüchse, die als Kampfwaffe einer Armee eingesetzt war — die österreichische vom Muster 1780, gebaut von B. Girandoni. Es war ein zwanzigschüssiger Mehrlader mit Röhrenmagazin entlang dem

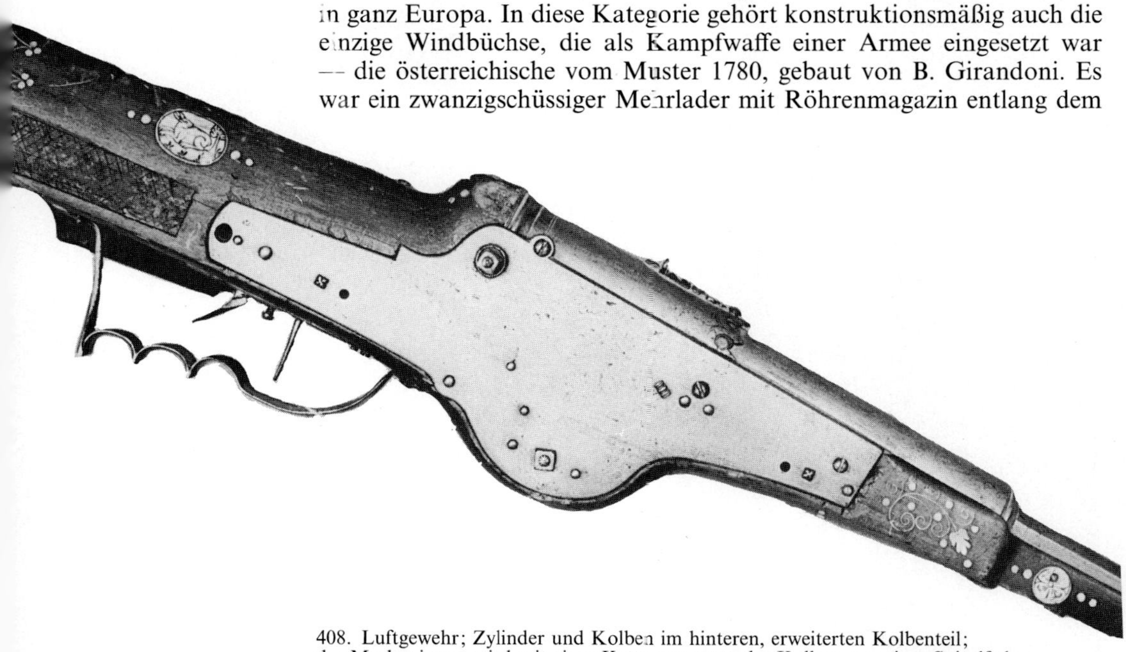

408. Luftgewehr; Zylinder und Kolben im hinteren, erweiterten Kolbenteil; der Mechanismus wird mit einer Kette gespannt, der Kolben von einer Spiralfeder gedrückt. Mitteleuropa, um 1650

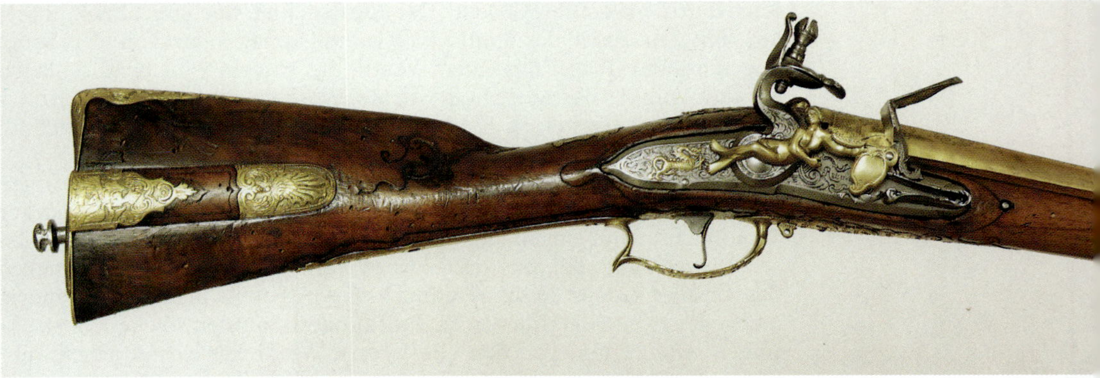

409. Windbüchse mit Laufreservoir und Pumpe im Kolben (das Pumpenende ragt aus der Kolbenkappe heraus); Abzugsmechanismus in Form eines Französischen Steinschlosses. Reismüller, Bautzen, um 1730

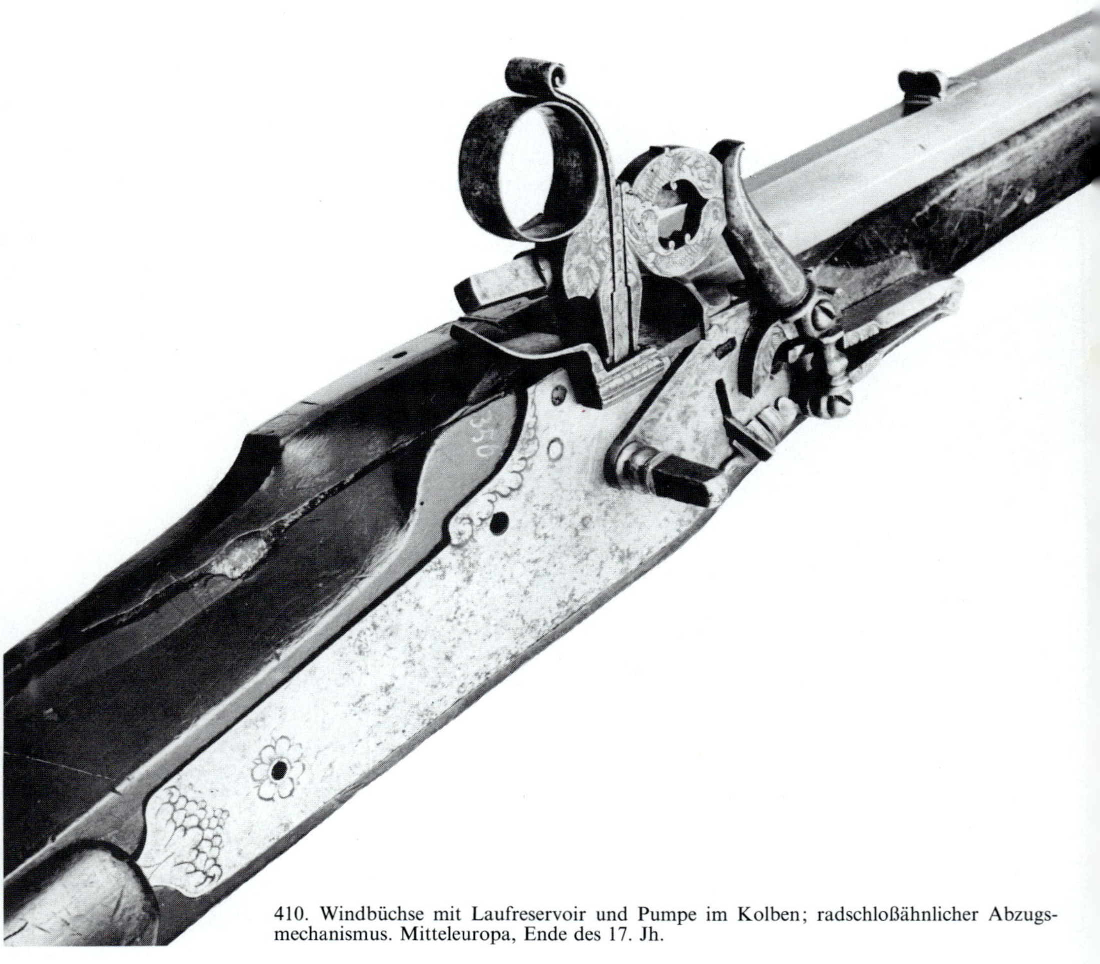

410. Windbüchse mit Laufreservoir und Pumpe im Kolben; radschloßähnlicher Abzugsmechanismus. Mitteleuropa, Ende des 17. Jh.

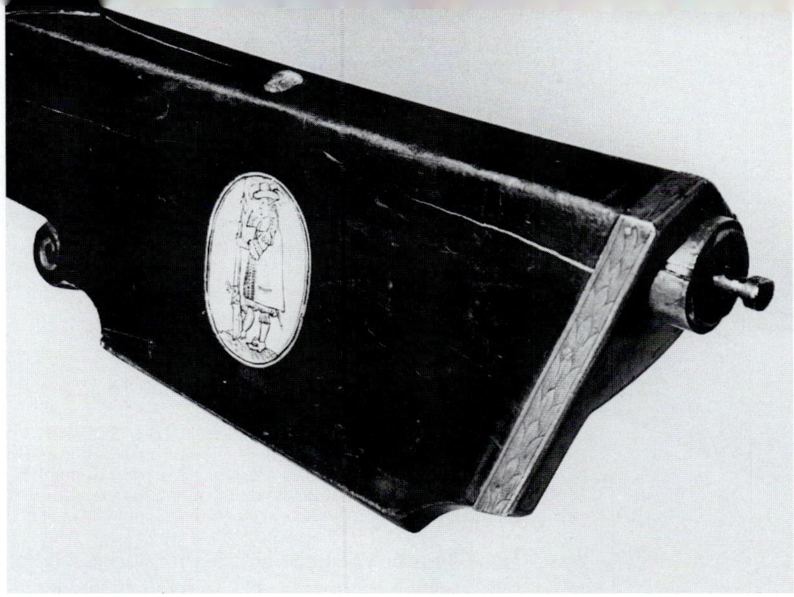

411. Detail der Büchse von Abb. 410; aus der Kolbenkappe ragt das Ende der im Kolben untergebrachten Pumpe heraus, auf der Schaftbacke ist ein ellipsenförmiges Schild mit Gravierung, es zeigt einen ein Gewehr ladenden Mann.

412. Windbüchse mit abschraubbarem Kesselluftreservoir. Ende des 18. Jh.

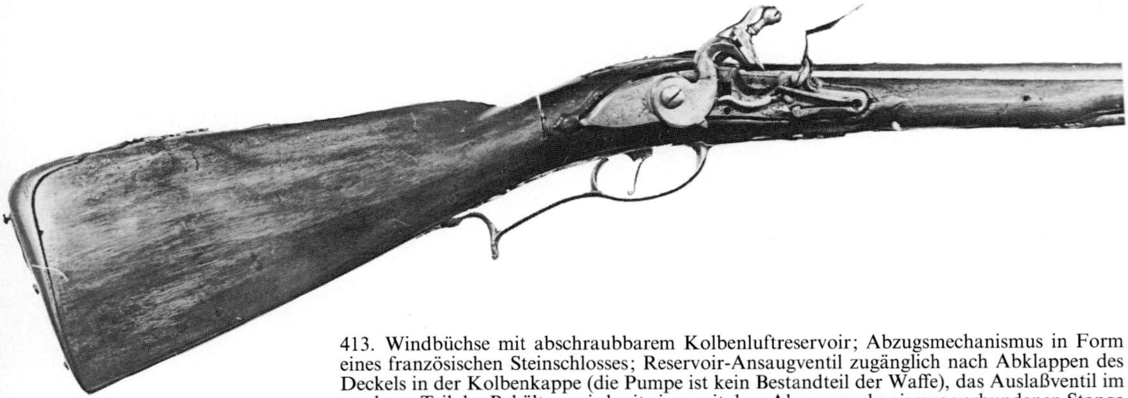

413. Windbüchse mit abschraubbarem Kolbenluftreservoir; Abzugsmechanismus in Form eines französischen Steinschlosses; Reservoir-Ansaugventil zugänglich nach Abklappen des Deckels in der Kolbenkappe (die Pumpe ist kein Bestandteil der Waffe), das Auslaßventil im vorderen Teil des Behälters wird mit einer mit dem Abzugsmechanismus verbundenen Stange geöffnet, die Luft strömt durch einen 10 cm langen Kanal in den Lauf. Mitteleuropa, um 1740

Lauf. Durch Versuche wurde ihre wirksame Schußweise ermittelt: 135 m nach zehn Abschüssen, 110 m nach zwanzig sowie 90 m nach dreißig Abschüssen (die Reichweite sank entsprechend dem Luftdruckabfall im Behälter).

Von der Mitte des 18. Jahrhunderts zum ersten Viertel des 19. Jahrhunderts wurden Luftgewehre mit Blasebalg hergestellt. Im Schaft dieser Waffen befand sich ein Lederbalg, der beim Schuß von zwei (ausnahmsweise von einer) Federn zusammengedrückt wurde, wodurch die Luft in den Lauf verdrängt wurde. Alle Waffen dieser Konstruktion sind Hinterlader, bei denen sich das Hinterende des Laufs leicht anheben läßt. Die Reichweite dieser Windbüchsen war nicht groß (10—15 m), sie wurden nur zum Übungs- oder unterhaltenden Schießen in Räumen oder im Garten verwendet, man schoß auch mit Pfeilen daraus, was zwangsläufig das Laden von hinten erforderte. Die Luftgewehre mit Blasebalg kamen ausschließlich aus dem österreichischen, böhmischen und süddeutschen Raum.

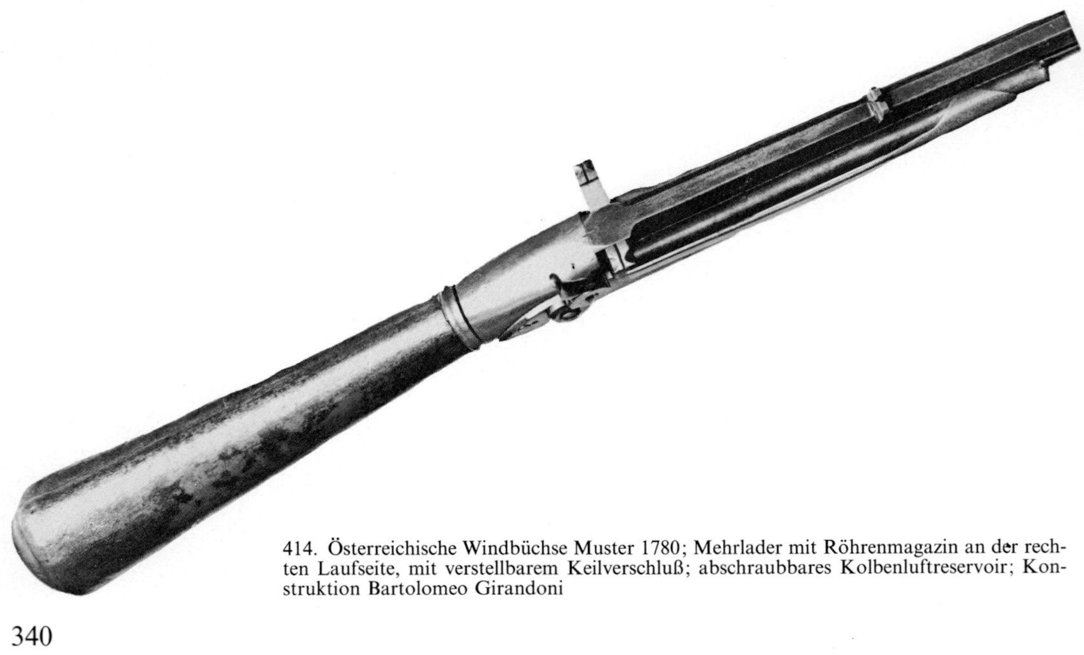

414. Österreichische Windbüchse Muster 1780; Mehrlader mit Röhrenmagazin an der rechten Laufseite, mit verstellbarem Keilverschluß; abschraubbares Kolbenluftreservoir; Konstruktion Bartolomeo Girandoni

415. Luftgewehr mit Blasebalg im Kolben. Anton Pell, Linz, um 1800

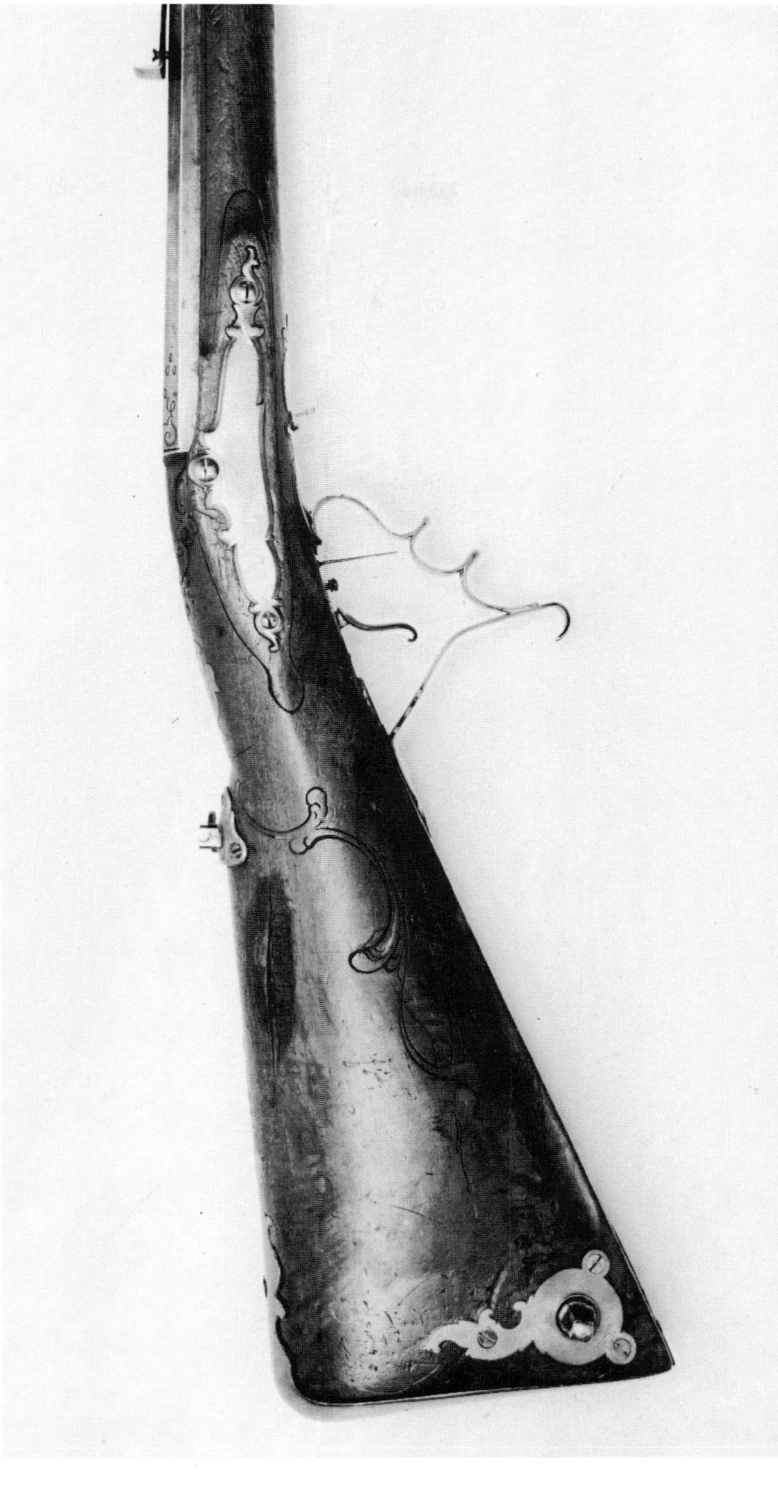

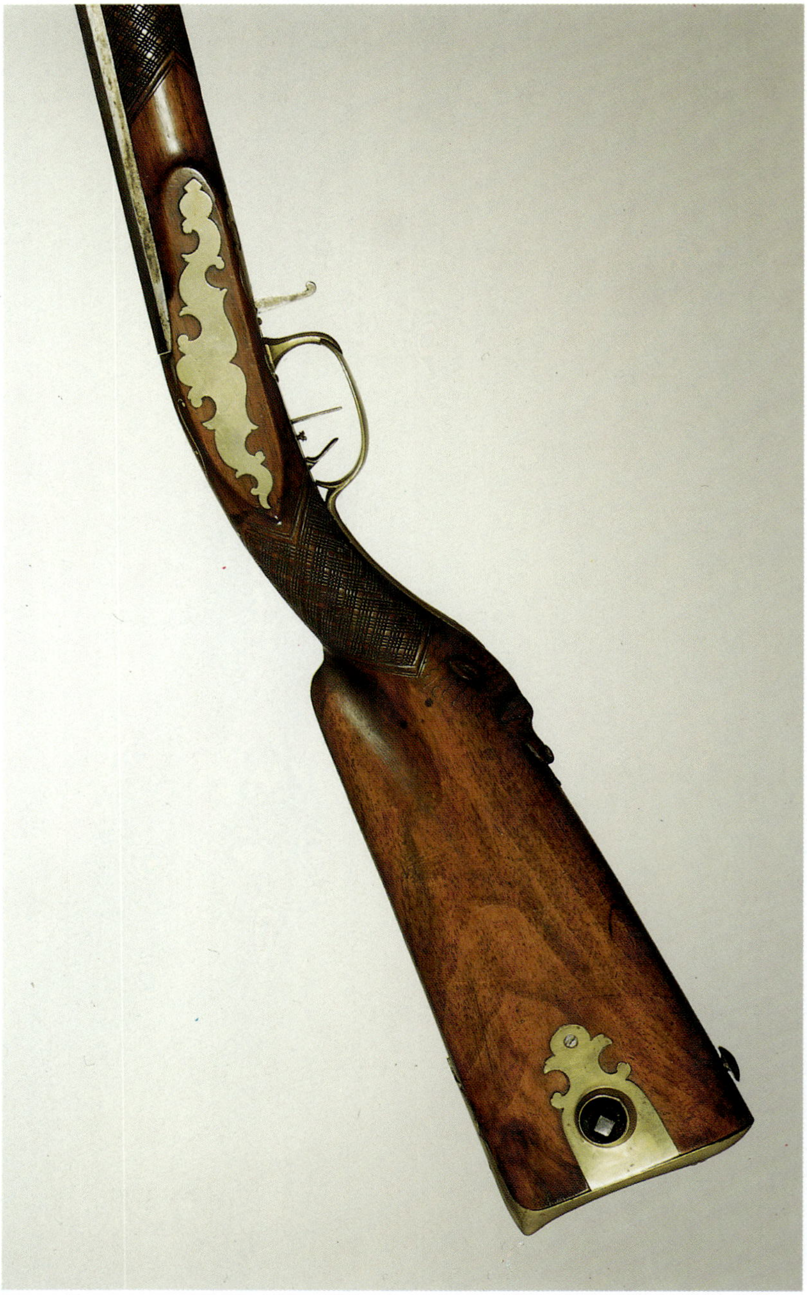

416. Luftgewehr; zwei einander gegenüberliegende Spiralfedern, Spannen des Mechanismus mit herausziehbarem Spannschlüssel; Kolbenluftreservoir. Josef Rutte d. Ä., Česká Lípa (Böhmisch Leipa), Böhmen, um 1820

Bei den Luftgewehren mit Schlagpumpe, die sporadisch im 17. und 18. Jahrhundert vorkamen, erschien in der ersten Hälfte des 19. Jahrhunderts eine neue Konstruktionslösung. Der Zylinder wurde mit zwei gegenüberliegenden Spiralfedern versehen, die in nicht zusammengedrücktem Zustand die Form zweier mit den Spitzen zueinander zeigender Kegel

417. Luftpistole; auf dem Griffrücken das Monogramm des Besitzers (Graf Franz Clam-Gallas); hinter dem Lauf das Luftreservoir mit zwei einander gegenüberliegenden Spiralfedern, Spannhebel rechts. Das Etui enthält ferner Putzstock und Holzbehälter für 12 Geschosse.

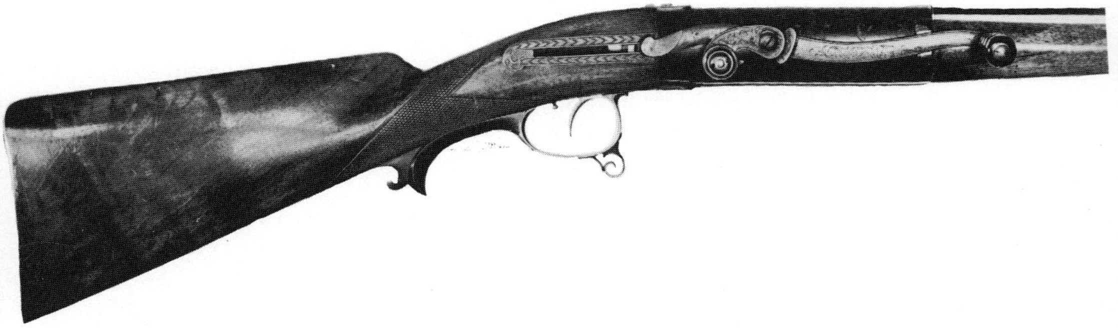

418. Luftgewehr; zwei Spiralfedern, Luftreservoir hinter dem Lauf, der Spannhebel ein fester Bestandteil der Waffe. Josef Dynter, Prag, um 1870

419. Gasgewehr; Behälter für Kohlendioxid unter dem Lauf; Zylinderverschluß, der Hahn schlägt auf eine Stange, die kurzzeitig das Behälterventil öffnet. Konstruktion Paul Giffard, Fertigung Manufacture Française d'Armes et Cycles de Saint-Étienne, um 1895

hatten. Der Mechanismus wurde mit einem abnehmbaren Schlüssel (Hebel) gespannt, bei einigen späteren Exemplaren war der Hebel dauernd an der Waffe befestigt. Die älteren Typen erinnern äußerlich an die Luftbüchsen mit Blasebalg — Zylinder und Schlagpumpe befinden sich im Kolben (anstelle des früheren Blasebalgs), der Mechanismus wird im hinteren Teil des Schaftes gespannt, und auch der Lauf ist leicht nach oben kippbar. Später verlagerte sich der Zylinder dicht hinter den Lauf. Luftgewehre von diesem Typ sind wiederum besonders aus Mitteleuropa bekannt. Der Mechanismus wurde ursprünglich durch ein in den gezahnten Teil der Stange greifendes Ritzel gespannt. Dieses herstellungstechnisch anspruchvolle System wurde nach der Mitte des 19. Jahrhunderts durch Hebelspannung (Will aus Zella St. Blasii) ersetzt, der Hebel wurde zugleich zum Abzugsbügel (Flürsheim, Baden). Seit den siebziger Jahren des 19. Jahrhunderts setzte ein großer Aufschwung der Luftgewehrfertigung in den Vereinigten Staaten und etwas später auch in Europa ein, es tauchte eine Reihe neuer Konstruktionen und Muster auf.

In der zweiten Hälfte des vergangenen Jahrhunderts entstanden Windbüchsen mit Luftreservoir unter dem Lauf und einer dauernd am Gewehr angebrachten Pumpe. Das Patent für diese Waffe erhielt Paul Giffard in den sechziger Jahren des vergangenen Jahrhunderts; ähnliche Konstruktionen wurden am Anfang des 20. Jahrhunderts unter den Handelsnamen Bamco und Excellent in Schweden hergestellt. Die Luft wurde durch mehrere Hübe der Pumpe verdichtet, für jeden Schuß mußte das Pumpen jedoch wiederholt werden. Paul Giffard baute eine Windbüchse zu einem Gasgewehr um; sie wurde Ende des vergangenen Jahrhunderts in Frankreich hergestellt. Unterhalb des Laufs befand sich ein Behälter mit Kohlendioxid, das die Luft ersetzte. Weder die Windbüchsen mit Luftreservoir unter dem Lauf noch die Gasgewehre fanden große Verbreitung, denn sie kamen zu einer Zeit, als es bereits zahlreiche Luftgewehre mit Schlagpumpe im Zylinder gab. Ihre verschiedenen Konstruktionen unterschieden sich vor allem im Spannsystem.

Im 19. Jahrhundert kamen neben Luftgewehren in größerem Umfang auch Luftpistolen auf — zunächst Windpistolen, später Luftpistolen mit Schlagpumpe. Ähnlich wie bei den Feuerwaffen, wurden auch einige Luftdruckwaffen in Form von Spazierstöcke angefertigt.

In der Vergangeheit dienten einige Luftdruckwaffen, genauso wie heute, zur Schießausbildung (denn ihr Betrieb war wesentlich billiger als bei den Feuerwaffen), aber auch zur Unterhaltung. Viele Windbüchsen waren jedoch seinerzeit den Feuerwaffen ebenbürtig und wurden oft als Jagd- oder Sportwaffen eingesetzt, in einem Fall, der bereits erwähnt wurde, auch als Militärwaffe. Unter den historischen Luftdruckwaffen findet man sehr wertvolle Exemplare, sowohl hinsichtlich Verarbeitung als auch Material und Verzierung, bei bestimmten Konstruktionen erhöhte ein ziemlich komplizierter Mechanismus den Preis der Waffe. Einige historische Luftdruckwaffen waren deshalb viel teurer als zur gleichen Zeit verwendete Feuerwaffen.

Die meisten Luftdruckwaffen weisen eine glatte Bohrung auf, bekannt sind jedoch auch Exemplare mit gezogenem Lauf. Einige Waffen hatten eine Sicherung, die ein Aufheben der Mechanismusspannung ermöglichte, ohne daß ein Teil der Luft aus dem Behälter ausgelassen worden wäre (wenn die Waffe zum Schießen vorbereitet war, man aber nicht mehr schießen wollte). Zu den Vorteilen der Luftdruckwaffen zählten ihre Geräuscharmut (wesentlich geringer als bei den Feuerwaffen), so daß bei

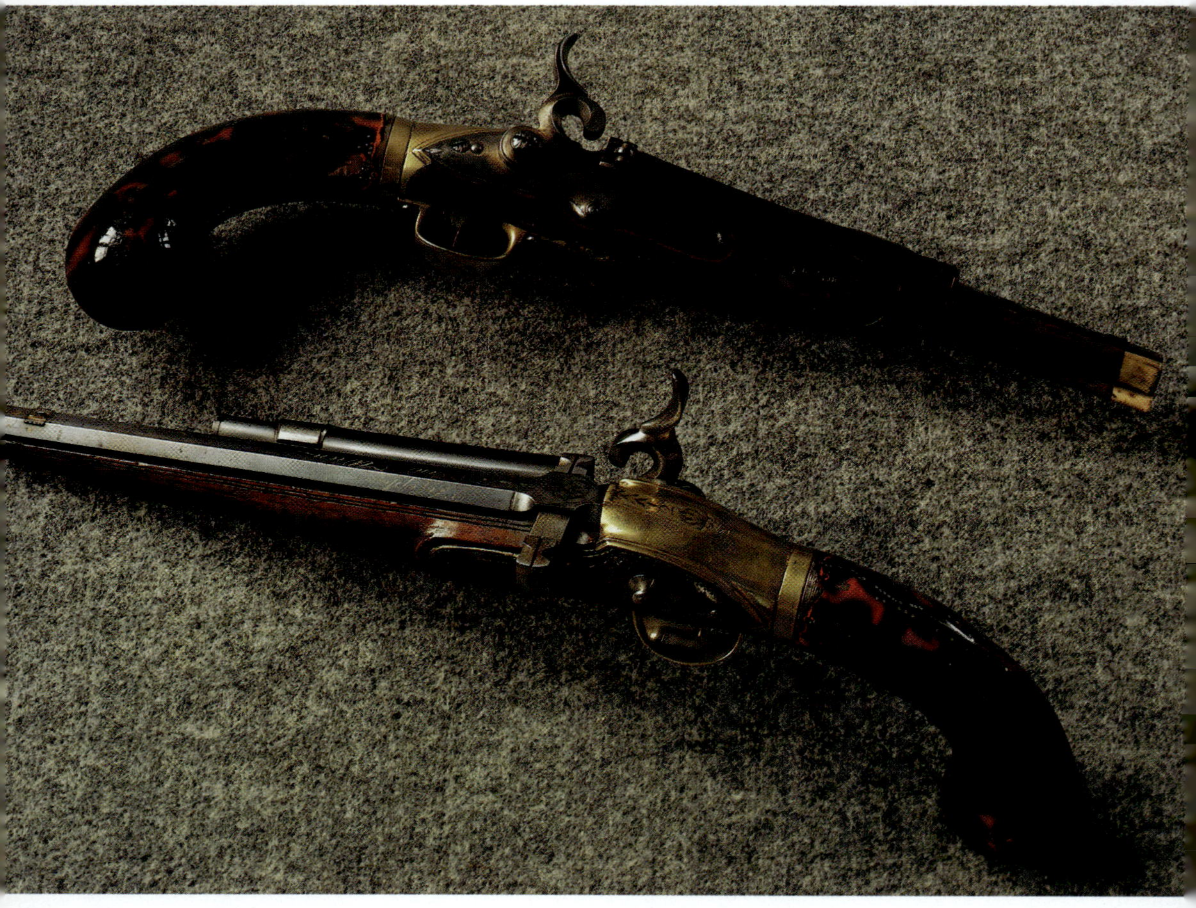

420. Repetier-Windpistolenpaar System Girandoni; abschraubbares Luftreservoir in Griffform, Oberfläche mit schwarzrotem Lack à la Schildpatt. Joseph Lowentz, Wien, um 1810

der Jagd die Tiere nicht aufgescheucht wurden, eine bessere Funktionstüchtigkeit bei ungünstigem Wetter (Regen erschwerte zum Beispiel das Schießen mit Steinschloßwaffen), leichteres Laden, eine höhere Feuergeschwindigkeit usw. Von den Nachteilen — neben dem höheren Preis und einem komplizierten Mechanismus — seien die nicht immer vollkommene Abdichtung und das daraus folgende Entweichen von Preßluft angeführt; in solchen Fällen wurde die Windbüchse unbrauchbar oder wenig wirksam. Am schwerwiegendsten waren jedoch die Unfälle, zu denen es beim Platzen des Druckbehälters oder bei einem Überpumpen kam, wenn bei einer Temperaturerhöhung der Innendruck anstieg. Das war die Hauptursache für Beschränkungen und Verbote der Fertigung und Anwendung der Windbüchsen.

Viele historische Luftdruckwaffen erinnern im Aussehen an übliche Feuerwaffen ihrer Zeit (einschließlich eines hier funktionslosen Rad- oder Steinschlosses). Manchmal ist erst beim Zerlegen der Waffe zu sehen, daß es sich um eine Luftdruckwaffe handelt.

Literatur

BÜCHER

Atkinson, J. A.: Duelling Pistols, London 1964

Blackmore, H. L.: Guns and Rifles of the World, London 1965

Blair, C.: Pistols of the World, London 1968

Boccia, L. G.: Nove secoli di armi da caccia, Florenz 1967

The complete Encyclopaedia of Arms and Weapons (Ed. L. Tarasuk; C. Blair), London 1982

Demmin, A.: Die Kriegswaffen in ihren geschichtlichen Entwicklungen ..., 4. Auflage, Leipzig 1893

Denisowa, M. M.; Portnow, M. J.; Denisow, E. N.: Russkoe orushie XI.—XIX. wekow, Moskau 1953 (Russische Waffen des 11.—19. Jh.)

Dolínek, V.; Durdík, J.; Šáda, M.: Vzácné zbraně a zbroj (Seltene Waffen und Rüstungen), Prag 1986

Dolleczek, A.: Monographie der k. u. k. österr.-ung. blanken und Handfeuer-Waffen ..., Wien 1896

Duchartre, P. L.: Histoire des armes de chasse, Paris 1955

Dunlap, J.: American, Britisch & Continental Pepperbox Firearms, San Francisco 1964

Durdík, J.; Mudra, M.; Šáda, M.: Alte Handfeuerwaffen, 4. Auflage, Hanau 1989

Eckardt, W.; Morawietz, O.: Die Handwaffen des brandenburgisch-preußisch-deutschen Heeres 1640—1945, Hamburg 1957

Faktor, Z.; Gargela, J.: Zeichen auf Handfeuerwaffen, Hanau 1985

Gaibi, A.: Armi da fuoco italiane, Busto Arsizio 1978

Gaier, C.: Quatre siècles d'armurerie liègeoise, Liège 1977

George, J. N.: English Guns and Rifles, Planterville 1947
English Pistols and Revolvers, London 1961

Götz, H. D.: Militärgewehre und Pistolen der deutschen Staaten 1800—1870, Stuttgart 1978

Hartmuth, E.: Die Armbrust, Graz 1975

Hayward, J. F.: The Art of the Gunmaker, I.—II., London 1962—1963;
Die Kunst der alten Büchsenmacher, I.—II., Hamburg, Berlin 1968—1969

Heer, E.: Der Neue Stöckel, I.—III., Schwäbisch Hall 1978—1982

Hoff, A.: Feuerwaffen, I.—II., Braunschweig 1969;
Windbüchsen und andere Druckluftwaffen, Hamburg, Berlin 1977

Kiesling, P.: Bayonets of the World, I.—IV., Zaandam 1973—1976

Kist, J. B.; Puype, J. P.; van der Sloot, R. B. F.: Dutch Muskets and Pistols, London 1974

Lavin, J. D.: A History of Spanish Firearms, London 1965

Lenk, T.: The Flintlock, London 1965;
Steinschloß-Feuerwaffen, I.—II., Hamburg—Berlin 1973

Lugs, J.: Handfeuerwaffen, I.—II., 3. Auflage, Berlin 1970
Das Buch vom Schießen, Prag 1968;
A History of Shooting, Prag 1968

Martin, J.: Armes à feu de l'armée française 1860 à 1940, Paris 1974

Müller, H.: Historische Waffen, Berlin 1957;
Gewehre, Pistolen, Revolver, Leipzig 1979

Müller, H.; Kölling, H.: Europäische Hieb- und Stichwaffen, Berlin 1981
Muster, H. P.: Revolver Lexikon, Dietikon, Zürich 1976
Peterson, J.: De norske vikingesverd, Kristiania 1920
Pollard's History of Firearms (General Editor C. Blaire), 1983
Russian Arms and Armour (Ed. Y. Miller), Leningrad 1982
Schedelmann, H.: Die großen Büchsenmacher, Braunschweig 1972
Schöbel, J.: Prunkwaffen, Berlin 1973;
Jagdwaffen und Jagdgerät des Historischen Museums zu Dresden, Berlin 1976
Seitz, H.: Blankwaffen, I.—II., Braunschweig 1965
Smith, W. H. B.; Smith, J. E.: Small Arms of the World, 10. Auflage, New York 1973
Tarasuk, L.: Starinnoe ognestrelnoe orushie — Antique Firearms (Alte Feuerwaffen), Leningrad 1972
Wagner, E.; Drobná, Z.; Durdík, J.: Tracht, Wehr und Waffen des späten Mittelalters, Prag 1957
Wagner, E.: Hieb- und Stichwaffen, 2. Auflage, Prag 1978
Ars bella gerendi, Prag 1980
Westley, L.: Air-Guns and Air-Pistols, 7. Auflage, London 1979
Winant, L.: Early Percussion Firearms, London 1961
Firearms Curiosa, New York 1955
Zygulski, Z.: Brón w dawnej Polsce (Waffen im alten Polen), Warschau 1975

ZEITSCHRIFTEN

Armi Antiche, Turin
Deutsches Waffen-Journal, Schwäbisch Hall
Diana Armi, Florenz
Guns Review, London
The Journal of the Arms and Armour Society, London
Livrustkammaren, Stockholm
Schweizer Waffen-Magazin, Zürich
Střelecká revue, Prag
Visier, Berlin
Waffen- und Kostümkunde, München

Register

Die kursiv gedruckten Ziffern weisen auf einen Abbildungstext hin.

Monogramme